U0606561

中国历史文化名人传

天生我材
李白传

韩作荣 著

作家出版社

中国历史文化名人传

组委会名单

主任：李　冰
委员：何建明　葛笑政

编委会名单

主任：何建明
委员：郑欣淼　李炳银　何西来　张　陵　张水舟　黄宾堂

文史组专家成员（按姓氏笔划为序）

王春瑜　王家新　王曾瑜　孙　郁　刘彦君　李　浩　何西来
郑欣淼　陶文鹏　党圣元　袁行霈　郭启宏　黄留珠　董乃斌

文学组专家成员（按姓氏笔划为序）

王必胜　白　烨　田珍颖　刘　茵　张　陵　张水舟　李炳银
贺绍俊　黄宾堂　程步涛

出版说明

　　中华民族五千年文明史中，涌现了一大批杰出的文化巨匠，他们如璀璨的群星，闪耀着思想和智慧的光芒。系统和本正地记录他们的人生轨迹与文化成就，无疑是一件十分有必要的事。为此，中国作家协会于 2012 年初作出决定，用五年左右时间，集中文学界和文化界的精兵强将，创作出版《中国历史文化名人传》大型丛书。这是一项重大的国家文化出版工程，它对形象化地诠释和反映中华民族文化的基本精神，继承发扬传统文化的精髓，对公民的历史文化普及和建设社会主义文化强国都具有重要而深远的意义。

　　这项原创的纪实体文学工程，预计出版 120 部左右。编委会与各方专家反复会商，遴选出在中国文化发展史上产生过重大影响的120 余位历史文化名人。在作者选择上，我们采取专家推荐、主动约请及社会选拔的方式，选择有文史功底、有创作实绩并有较大社会影响，能胜任繁重的实地采访、文献查阅及长篇创作任务，擅长传记文学创作的作家。创作的总体要求是，必须在尊重史实基础上进行文学艺术创作，力求生动传神，追求本质的真实，塑造出饱满的人物形象，具有引人入胜的故事性和可读性；反对戏说、颠覆和凭空捏造，严禁抄袭；作家对传主要有客观的价值判断和对人物精神概括与提升的独到心得，要有新颖的艺术表现形式；新传水平应当高于已有同一人物的传记作品。

为了保证丛书的高品质，我们聘请了学有专长、卓有成就的史学和文学专家，对书稿的文史真伪、价值取向、人物刻画和文学表现等方面总体把关，并建立了严格的论证机制，从传主的选择、作者的认定、写作大纲论证、书稿专项审定直至编辑、出版等，层层论证把关，力图使丛书经得起时间的检验，从而达到传承中华文明和弘扬杰出文化人物精神之目的。丛书的封面设计，以中国历史长河为概念，取层层历史文化积淀与源远流长的宏大意象，采用各个历史时期最具代表性的文化符号与雅致温润的色条进行表达，意蕴深厚，庄重大气。内文的版式设计也尽可能做到精致、别具美感。

中华民族文化博大精深，这百位文化名人就是杰出代表。他们的灿烂人生就是中华文明历史的缩影；他们的思想智慧、精神气脉深深融入我们民族的血液中，成为代代相袭的中华魂魄。在实现"中国梦"的历史进程中，必定成为我们再出发的精神动力。

感谢关心、支持我们工作的中央有关部门和各级领导及专家们，更要感谢作者们呕心沥血的创作。由于该丛书工程浩大，人数众多，时间绵延较长，疏漏在所难免，期待各界有识之士提出宝贵的建设性意见，我们会努力做得更好。

《中国历史文化名人传》丛书编委会

2013 年 11 月

李白

目录

第一章

仙人之间

写一部诗人李白的传记，不是易事。

对于中国人来说，不知道三皇五帝、历朝历代的帝王将相是何人者为数不少，可不知道诗人李白的人几乎没有。一千二百多年了，他活在世人的仰慕之中，活在楼台酒肆的莺声燕语、弦索琴音与推杯换盏里，活在老人捋着胡须、孺子牙牙学语便知"床前明月光"的口口相传之间，活在"笔落惊风雨，诗成泣鬼神"的超迈飘逸的诗章里，亦活在野史、奇闻轶事与久远的民间传说之中。这样一位诗传中外、名垂千古、震烁古今，用余光中的话说"绣口一吐就半个盛唐"的诗人，在唐代便声名远播、卓著辉煌、备受崇仰，逝去后诗文仍代代相传、妇孺皆知，一千多年来研读者无数，为这样的诗人立传，哪怕只有少许的属于自己的发现，见一点新意，也颇为艰难。然而，出于对太白其人其诗由衷的喜爱，我虽愚笨，但肯下功夫，一个写诗的人或许更能理解诗人的心态、性格，更易为其豪气及其一生的悲剧所感染，体味其天成的神来之笔的可遇而不可求。故勉力为之，亦将其作为汉诗探究的一次寻根之旅。

林语堂先生写《苏东坡传》时，曾言了解一个死去已经一千年的人并不困难，而了解一个活着的人反倒不容易。因为活着的人离我们太近，为人处世仍有变化，且每个人总有些秘密，其秘密的精彩处往往在其死后好久才会泄露出来。这话有他的道理，是就其所喜爱、熟知的东坡而言。在我看来，如果没有翔实、丰富的材料，离我们越远的人，则越不容易了解。写活着的人比写古人还是要容易些。因为在同一生存环境之下，亲眼看见、亲身经历的事情总比资料更为可靠，关键是既要知其人，也要知其心，如果与被写之人无话不谈，并为挚友，写起来自会得心应手。

就李白而言，诚然可谓家喻户晓、人人皆知，研究李白的文章浩如烟海，小说、民间文学亦不罕见。可人们津津乐道的，大都是他的奇闻轶事、故里传说，正史《旧唐书》《新唐书》中的《李白传》极为简要，亦有差错。李白在世时留下的可靠记载，以及他写的"自荐书"等，大抵也不超过五千字。好在他的诗虽十丧其九，仍留下一千余首，所谓诗如其人，雁过留声，从诗文中不难看出他读书学剑、求道寻仙、辞亲远游、待诏翰林、浪迹天涯的行踪故事；他的狂放不羁、诗酒人生、胸怀大志、梦境破灭的悲剧性格；其诗的率真纵逸、气体高妙、雄奇迅快，以自然为宗，以俊逸高畅为贵，入脑入心，所谓咏之令人飘飘欲仙的感受；以及他忽为游侠，忽为道士，忽为纵横家，忽为皇帝的宠者，忽为隐士，忽为阶下囚，忽为狂人，忽为酒徒的变换多重的身份，复杂的思想，多重的人格；那种"长揖万乘"、平交王侯、戏谑奸佞的气度，打破一切羁束、崇尚自由的浪漫精神……而从唐至今的不可计数的研究者，不厌其烦的考证、追寻、辨析、猜度，对其人其诗的认知、欣赏、争论，可谓时有新见、深入通透、细致入微，对李白扑朔迷离的家族、出生地、年龄等无法穷究、各执一词的追索，已有了大体的共识，一些无解的命题亦有独出心裁的见解，从不同的角度，加深了对李白的认识和理解，令人深思，给人以启迪。

其实，千余年来，李白已经被神仙化了。从他出生其母"惊姜之夕，长庚入梦，故生而名白，以太白字之"，已有了太白金星降世的伏笔。所谓"复指李树而生伯阳"，为葛洪《神仙传》卷一老子出生的典故，老子字伯阳，出生后就能说话，指李树为姓，而在西域隐姓埋名的李白之父归蜀指李树而复姓，亦认为生子便是伯阳再生的缘故。及至后来他求仙学道，仗剑游侠，被称为有仙风道骨，贺知章读其诗惊叹其为"谪仙"，亦有人称其为"诗仙""酒仙"。李阳冰在《草堂集序》中称其诗为"天仙之辞""力敌造化"，魏颢在《李翰林集序》中则称"鬼出神入，瞠若乎后"。《沧浪诗话》言其诗为"太白天仙之词"。《迂斋诗话》言："世传杜甫诗，天才也；李白诗，仙才也；长吉诗，鬼才也。"《居易录》戏论唐人诗，则称："王维佛语，孟浩然菩萨语，李白飞仙语，杜甫圣语，李贺才鬼语。"更有甚者为宋代徐积的崇尚，称不知几千万余年"忽生李诗仙"，盖有诗人以来，其未尝见"有如此之人，有如此之诗"……而《广列仙传》所载更为离奇，言白居易之后人白龟年在嵩山赏景，有人对他说"李翰林相招"，见之，视其人褒衣博带，风姿秀发，曰"吾李白也，向水解，今为仙矣。上帝令吾掌笺奏，于此已将百年，汝祖乐天亦已为仙，现在五台掌功德所"。遂送白龟年《素书》一卷，称"读之可辨九天禽语、九地兽语"。后白海琼亦言："李白今为东华上清监清逸真人。"这样的杜撰想来与太白醉后乘舟水中捉月而死，骑鲸升天该是一脉相承的。

至于民间传说中的《铁拐李点化李白》《勇斗白龙》《诗镇石牛》《李白与白鹤大仙》《玉皇降宝灯》等一些在李白故乡江油流传的李白少年时代的故事，亦将李白传为完人、仙人，足见故里的乡亲对诗人的尊崇和爱戴。

或许，正是一千余年来李白奇人奇事奇诗的持久流传、解析、演绎、猜想，让人们心目中的太白超越了其本身和他的诗，已被塑造成失去本真的另一个李白，再造为与人们的心理期待息息相关的虚拟的形象。这是自"焚书坑儒"以来中国饱受权势的摧残、凌辱、压制的士人扬眉吐气，激活主体精神与创造力，保持独立的人格尊严与自由理想的寄托；也是善于造神拜仙的老百姓千余年来所梦想的"布衣为相""一步登天"，以及在贪官污吏的屠戮、压榨甚至九死一生的悲惨命运之中寻求解脱，让一身豪气傲骨、蔑视权贵、戏谑王侯的李白代其出一口恶气，表达那种强烈而又复杂的世俗心理。我想尽管李白生前目高于顶、狂傲自负，对"谪仙""酒仙""诗仙"之名颇为自得，声言"申管晏之谈，谋帝王之术。奋其智能，愿为辅弼，使寰区大定，海县清一"，即自比管仲、晏婴、诸葛亮，成为国家重臣，"居卿相""佐明主""安社稷""济天下"，可当他处处碰壁，虽心有不甘，理想破灭，最终在穷困潦倒中逝去，他也不会想到死后竟会获此殊荣。如果他能真的复生，大抵也不会认识后人重塑的另一个自己了。看来理想也只存在于人的想象之中，而后人再造的太白，亦是想象中的形象，为仙为神，已和真实的李白相去甚远。

自然，真实的李白虽然狂放飘逸，卓尔不群，胸怀鸿鹄之志，诗酒风流，开一代诗风且影响深远，是数千年来中国仅有的几位伟大的诗人之一，不知养活了多少以探究其人其诗为业的研究者。可太白非神非仙，也只是个有血有肉的诗人，有独特的个性，堪称奇异的创造力，亦有人性的弱点。一个有难言之隐的家族，没有在册的谱系记载，却高标家世，与皇室联宗；于渴求入仕及困厄之时屡屡向有地位者上书自荐，请救援引、救助，亦难免有奉承溢美之词与浮夸之嫌。至于其常泡在楼台酒肆，烂醉如泥，或携妓遨游，虽然是士人通常的风气，尚可理解，亦是其从俗的一面。

李白有积极入世的宏伟抱负，一生梦想着建功立业、匡扶社稷，济苍生、安黎元，直到死前还想抱病投效李光弼军幕，可功未成，身已退，不得不哀吟着绝笔《临终歌》赍志而殁。年少时写《大鹏赋》、临终亦以大鹏自喻的诗人郁郁而不得志，于悲凉中逝去，也只能酿成一场悲剧的结局。

从李白的诗中，可以明显地看出，他是一个以高度自我为中心的诗人，主观色彩异常浓厚。诗作为一种主观的创造自然不能没有自我，即使展示一个时代也是诗人自我表达的主观感受，诗人以自我的体验和洞悟折射时代精神，体现诗人对人生、自然、社会的认知、判断和理解，继而形成一种创造。太白所留下的诗大都篇中有我，诗行中直接写出"我""吾""余""予""李白"等比比皆是，其诗自我意识极为浓厚，直抒胸臆、雄丽奇崛、玄思骚想，开阔博大且深远的境界，独有的气韵确给人心灵以震撼。然而，一般而言，诗人毕竟不是政治家，其本质上正如玄宗所言"非廊庙器"。以高度的自我为中心写诗自然符合诗之创作的规律，可目空一切，以喜走极端的为诗之道为政则只能南辕北辙，这恐怕也是太白悲剧的缘由之一。诚然，诗人有凛然正气，执着且纯净，可在相互倾轧、宫闱争斗、阴谋、陷阱、口蜜腹剑、邀功争宠、充满血腥、摧眉折腰，甚至在鹦鹉面前都不敢说话的宫廷之中，一个孤傲自负、醉酒贪杯、只说真话的诗人是无法立足的。况且太白亦只是个文学侍从，只让其写一点歌功颂德的文字，观花赏景的唱词，做一点皇家气派中的点缀，写那些无骨的带着纸醉金迷和脂粉气的东西，无异于男性宫娥。或许，正因为他被"赐金放还"，不再当吹鼓手，其颠沛流离、饱尝苦难的生涯，倒造就了一位伟大的诗人。李白与中国多数的士人一样，得意时是儒家、纵横家，失意时则是隐者、道家，貌似清高，其实骨子里总念念不忘其荣耀至极的"御手调羹""步辇以迎"，梦想着重得恩宠，再入宫廷。

我是将太白从仙还原为人来看待的，纵然他是诗人、奇人、狂人，才气横溢、名传千古。西人称"人是天使和野兽之间的中间物"，人非仙非神，而有精神；非禽非兽，但有动物性。而精神是文化造就的，故有先哲的训导，有道理伦理、善恶之分。可人毕竟由兽而来，人性与兽性同时存在于躯体之内。其实，所谓神仙也是人造的，面目和人没什么两样，只是人之虚幻的长生不死的梦想。纵然"食色"是人的本能，志在仁人流芳千古，可人性之大恶，欲望与无止境的贪婪却比兽性可怕得多。虎毒尚不食子，可宫廷里的骨肉相残、弑父杀兄灭弟之举屡见不鲜，帝王的一念之差，不知要有多少人头落地。所谓"一将功成万骨枯"，则是再凶残的野兽也做不出来的事。

诗如太白者古来鲜见，数人而已。其天赋奇才，被想象成仙人，可见对其尊崇至极。可从人的生物性着眼，据说，正常人与白痴的区别，只是甲状腺中多一点儿或少一点儿碘的区别；那点儿碘质，在药房中买来只值一枚镍币。或许天才如李白者，大抵也是甲状腺中含碘多一点儿吧。而人的性情异于常人，与人的脑白质有关，"痛饮狂歌空度日，飞扬跋扈为谁雄"的李白，若让葡萄牙的精神科医生、诺贝尔奖获得者莫尼茨施行脑白质切除手术，则立刻会变得俯首帖耳，近于憨实。自然，这是我的异想天开。

可李白真实的形象，究竟是什么样子呢？

在我的想象里，他该是高冠博带、一袭长袍、襟袖飘扬、面如冠玉、玉树临风、风流潇洒的诗人形象，所谓仙风道骨、醉卧高台、飘逸不群、高大完美之形态。我曾数次去过太白故里江油，于李白纪念馆、广场、街头、太白祠等处，见过多尊太白的塑像，大抵和我的想象所差无几。看来，这样的形象似已成共识，可崇、可敬，却有点儿不食人间烟火，与人有一点儿无法亲近的疏离感。

四川"5·12"大地震中，李白纪念馆遭受重创，临江仙馆、太白书屋、太白堂、问水长廊的地基拉裂、泥浆喷溢，醉仙楼垮塌，梁柱损毁，残壁断垣一片狼藉。然经河南省对口援建之后，重修馆舍楼榭，恢复故居原貌，已整饬一新。其中引人注目的太白堂李白雕像，由当代颇有影响、声誉的清华大学美术学院教授李象群创作。雕像一改人们常见的写实风格，却虚中含实，实中有虚。修长的身躯直立堂中，长衫无褶，似由碎片捏成，傲岸的诗人昂首向天，扬起的下颌胡须张扬，口唇若开若闭，欲言而未言，可眼睛却虚化了，无眼无珠，似乎不想看那奸佞小人、蚊蝇虫蚋，不忍看那安史之乱、生灵涂炭、黎民之苦，诗人是用心灵去看这大千世界、人世沧桑，用心灵去体验、沉思，用心胸铸就的语言，带着大境界、大悲悯观照、描绘这纷繁而复杂的世界。这是一尊颇有意味、有灵魂的雕像，让人看到雕像的背后透出的想象，蕴含着太白独有的气质和精神风貌。雕像展出后文化界、美术界均表认可，受到好评，年轻人也能接受。但有六十岁以上的老人对没有眼睛与写意方式的处理却表示极大的不解，甚至有人提出抗议。从此事可以看出太白故里的乡亲对李白情感的不可更易，传统塑造的李白形象似已根深蒂固，似乎他就应当是人们想象里的那个样子。

自唐代始，留下的李白画像可谓多矣。亦有颇多的诗人名士为画像题诗，林林总总，诗图交相辉映，给人留下深刻的印象。这恐怕也是仙化李白的来源之一吧。

《宣和画谱》中称"御府所藏有《李白封官图》"为唐代画家韩干所画。《宋中兴馆阁续录》载"中兴馆阁储藏图画有《李白像》一,不知名氏"。周必大《二老堂杂志》亦言"秘阁画有小本《李白写真》,崔令钦题"。而从陈师道的诗题《和饶节咏周昉画李白真》可知周昉亦为李白绘像。从诸多的诗文题目中可知世藏诸多的太白绘像:如《李太白图》《李白扇头》《贺知章太白合像》《李白送别杜子美图》《李白脱靴图》《李白还山图》《李白骑驴图》《李白捉月图》《李白扪月图》《李白泛月图》《李白玩月图》《李白独酌图》《李白醉饮图》《李白扶醉图》《李白醉归图》《李白舟中醉卧图》《李白酒船图》《李白扁舟图》《李白纳凉图》《李白泰山观日出图》,亦有赵孟頫所制《李白庐山观瀑图》、钱舜举画之《李白观瀑图》、张黄门靖之先生所谓之《李白看庐山瀑布图》,以及眉山老书生所作之《七贤过关图》,等等。

面对太白的写真绘像,诗人名士所题咏的诗章可谓透过画像而得神髓,华章丽句天花乱坠,对李白尊崇至极。那是可望而不可即,野鹤非鸡的慨叹;英姿秀骨可以描绘,"逸气高怀那得画"的感受;所谓天马难勒,如山忽堕;天人几何,麾斥八极;"风骨神仙品,文章浩荡人";麒麟非人间之物,谪仙乃人中之龙;甚至唾落珠玑,妙在阿堵,吸海为酒,日月飞梭;知其有倾河倒峡之气郁盘于胸,望浩茫长空青天无人而代天语;乌纱之巾白纻锦袍,谪仙非谪画里相逢,江月狂歌之夜,宫花醉眼,真个是"世上不能容此老,画图常看水中仙"……

李白的真面目究竟如何,一千余年前的诗人不会留下如今的摄影和录像,最佳妙的画像恐也只能留下虚妄的影子,读诗文也只能领略其神韵。对李白的猜度,大抵靠正史中零星的描绘,诗人自己只言片语的自述寻求蛛丝马迹了。据称,北京故宫明清库房中,南薰殿所藏字画尤多可观,其中有李白、杜甫小像各十余帧,李白面白而须稀,杜甫面黑而胖。这小像不知绘于何代,可既是皇家所藏,该是真迹,亦应当近于诗人的本来面目吧。画像与人们的想象相较,差异颇大,杜甫并非常见画中干瘦的形象,而是个黑胖子,李白虽面色白皙,可没有几根胡子。

对李白及其身世的猜度，多年来议论颇多，一九三〇年有人就说李白是生在大食国的外国人。陈寅恪载于一九三五年第十卷第一期《清华学报》上的《李太白氏族之疑问》一文中，称李白"本为西域胡人"，更有甚者认为，"李白不是汉人，亦非边疆民族"，而是外国人。并称据李白好友魏颢所述，李白"眸子炯然，哆如饿虎"，崔宗之《赠李十二白》云"双眸光照人"，认为便是外国人及西域胡人的特征。其实眼睛炯炯有神，即使哆如饿虎，既非碧眼，也非高鼻，如何就成了外国人呢？郭沫若先生从李白《上云乐》诗中描述西域胡人碧眼高鼻黄发的外貌，说胡人长相"诡谲"，即颇为奇异，说明李白不是西域胡人，而是汉人，其论还是精当的。从诸多李白的画像中亦看不到这种诡谲之相。而从李白的自述家族史及唐代的《李太白诗集》序言中已说得清清楚楚，这种猜度毫无根据。即使贺知章"既奇其姿"又"奇白风骨"，玄宗见李白"神气高朗，轩轩若霞举"，世人称李白有"仙风道骨"，所谓神仙之姿，也是汉人所特有的道家形象。

李白纵然器宇轩昂、气度不凡，诚然不会痴肥蠢胖，也不会高大威猛，玉树临风，该是个瘦削的小个子，身高较常人偏矮。他在《与韩荆州书》中说自己"虽长不满七尺，而心雄万夫"，即身材虽小而志向颇大。"七尺之躯""七尺男儿"为先秦时形成的成语，应用至今。古人称得上身材高大者如诸葛亮等，皆"身长八尺"，七尺男儿只是个中等个头。秦统一度量衡，从洛阳出土的金村古墓中战国时期的铜尺证明，一尺长零点二三一米，七尺则为一点六一七米。试想，一个身高不足一米六的李白，虽颇具风度，总称不上是高大的形象。魏晋南北朝之后尺子逐步变长，晋南朝一尺长零点二四米，北魏尺长零点二九米，唐尺长零点三一米。可这里李白所用为成语之意，他自称身材矮小，即使用唐尺度量亦不高。况且李白是个喜欢"说大话"的人，若非自己立在人前明显矮了一头，也不会说"长不满七尺，而心雄万夫"这样的话。

李白写诗是极度夸张的，喜大、喜长，所谓"燕山雪花大如席""飞流直下三千尺""黄河之水天上来""蜀道难，难于上青天"等，这些尽人皆知的句子是不能用尺来衡量的，只是一种感受极致的艺术真实。即使写愁绪，正如杨义所言："杜甫写愁，白发变短；李白写愁，白发变长"，老杜的"白头搔更短，浑欲不胜簪"，李太白的"白发三千丈，缘愁似个长"，足见两位伟大诗人的表达方式的不同，是此消彼长，一是笃实厚重，一是妙曼飘逸。说起来，如同高女人想选个矮丈夫，高大的男人更喜欢小鸟依人的女性一样，写作者也常常是高大威猛的喜欢小巧文静的风格，瘦弱矮小的作家却爱发豪语，善"心雄万夫"地描绘大境界。或许，这也是一种互补，一种求得心理平衡的姿态吧。

　　说起来，人的形貌和神态也不是一成不变的。孩提时的稚气、天真、赖皮到青春期的骚动不安、叛逆，由童音变为公鸭嗓，身躯细弱如豆芽，已是大不相同。至于年近"七尺"的容光焕发，青年才俊，由于饱读诗书而气质华美，英气逼人，光彩照人，胸藏鲲鹏高飞之志，下笔如长江大河，一泻千里，该是创造力旺盛，人之生命之中最华彩的乐章。可当岁月的车轮碾过额头，留下深深的辙印，满面风霜，眼角那两条鱼尾巴甩净了水珠，或腰围变粗，胸阔腴腹，自己看不见自己的脚，抑或复归清瘦，骨瘦如柴，衣带渐宽，只有裤子和衣服知道那人已今非昔比，诚然眉目中还依稀带有年轻时的影子，相形之下已判若两人，变化不大者恐已鲜见。自然，随着时间的推移，人会愈加成熟、老辣，满腹经纶，发金石之声。目光能穿透一切，看透了世道人心、人间万物，可纵然白炽无形之火尤为炽烈，已无烟火之气，也近于熄灭了。当然也有庸庸碌碌、酒囊饭袋，行走的衣架之空心人，可以略过不提。

　　然而，真正的诗人却不然，虽然难免人之外形会有变化，如太白，却是永远长不大的人，他的心理年龄仍旧年轻，并葆有天真，仍活在梦境之中。说其是哲人和孩子的混合体，于独有的孤傲自负的性格中仍是一肚子的不合时宜。这正如其以气韵胜的诗章一样，其外部形体可以千变万化，可外部形态却取决于内在形式的生成。诗不重物理而重心理，不是物理空间而是心理空间，不是时钟时间而是心理时间。说到底，诗之本质不在于其外形，而存在于独有的诗学结构之中。诗之道德感不存在于所写的题材及阐述的论点里，而存在于语言运用之中，那种花拳绣腿式佻薄的文字，与浸满心血有骨头的诗则有天壤之别。一些庄重、伟大的题材，在有些人的笔下也会写得轻浮虚假，几近于无耻；写香艳之诗，也会诗意盎然、格调不俗，甚至能净化人的心灵，并没有丝毫肮脏的感觉。诗人所注重的，是心理微妙感觉的捕捉，动心动情的事物，两难之境，是鲜活可感的形象，意味的追寻，独一无二的语调。创造的是与现实世界有别的虚幻的另一个世界。那是一种情绪的激发，故那种躁动不安、矛盾心理、挫折感、犹豫、人的处境与心理状态，才是诗之创造更重要的东西。

我说这些，是读太白之诗的感触，也想说明，对于一个伟大的诗人而言，其外貌形体、家族出身，只是外在的东西，身形总会随时间递增而消失，他长得什么样子、身高长短等，都不重要，只有他流传千古的诗章不会泯灭，他的性格、理想、精神、气度，他的非凡的创造力、人品、诗酒人生、明月情怀，乃至他的人性弱点等，都存活于他诗章的字里行间。

所谓诗如其人，太白的诗和他的人一样，复杂而具有多面性。一个伟大的诗人之所以伟大，其特质就是难以概括，一言以蔽之的观感只能是瞎子摸象，虽管中窥豹，可见一斑，可大道无术、大象无形，我们只能感知他的博大、深远，其难以企及的高度，苍苍茫茫，雄浑寥廓，即使更上层楼，穷千里目，恐也只能意会，不可言传。何况，诗本有可解、不可解、不必解者，只能仿佛得之，无法也不必穷究的。一首超然佳妙之诗，将其条分缕析，恐怕有打碎晶体的危险，一首好诗的多义性难以说得清楚，对其不置一词是不敬，将其打碎又不忍，解剖一只鸟寻找其啼鸣的来历是愚蠢的。

唐代以来，对太白尤其对其诗的研究、欣赏的文章可谓汗牛充栋、不可胜数，虽多为无以复加的誉美之词，奉为仙才的颂赞之语，但也有诋毁其诗的现象，亦有驴唇不对马嘴的错位的妄说。或许，在这诸多的文章、著述中有交锋，有对立，有认同，亦有商榷，抑或南辕北辙，这自然有其身世的扑朔迷离，甚至诗人本人自相矛盾的诉说，与可信的史实极为简要、缺乏有关，但也与其诗的博大无垠、复杂多变、难以穷究的特质有关。这恰恰证明了诗人的伟大之处，你无法用一种模式、一种方法来概括其诗，那大抵如竹篮打水，或如打鱼者捞取的鱼都在三寸长短，便断言海中所有的鱼都三寸长左右一样可笑。

对李白最常见、似乎已成为常识的说法是"伟大的浪漫主义诗人"。这恐怕是一种误解。浪漫主义是欧洲十八、十九世纪的文学思潮，将其戴到公元八世纪的李白头上，太白岂不成了早于雨果十一个世纪的浪漫主义的鼻祖和创始人了？太白的诗与雨果的写作有根本的不同，还是纯正的汉语诗歌的艺术思维，是广泛吸收了《诗经》、楚辞、汉赋、魏晋南北朝传统的滋养，诸子百家尤其老子、庄子的道家经典的启迪，受谢朓、谢灵运、鲍照的影响极深，而后创造出开盛唐诗风，充实光辉、大而化之的多种诗体与不同的表达方式纳于一起的神奇、美丽、丰富、集大成的中国诗歌的开创者。当然，我也认为，李白的诗中有浓郁的浪漫色彩和成分，作为浪漫主义真谛即奇异想象力的大脑中枢运思行为，与其有共同之处，然而世界上哪一种文学观念与诗观没有想象力呢？被称为"鬼才"的李贺的想象力更为奇诡。富有想象力是所有艺术的共识，仅此一点相像之处便让时间倒流，为李白找一个一千余年之后的人认祖归宗，岂不是笑话！况且李白作为世界文化名人，说李白大可不必看西方人的观念和眼色言诗言事。如果从比较文学的角度出发，论李白与雨果之同异，亦为一种研究角度，可将李白置于浪漫主义的麾下，则大可不必。

单纯将李白视为道教诗人，恐也偏颇。李白一生孜孜以求建功立业、报效朝廷，梦想着修身、治国、平天下，骨子里还是入世的儒家思想在起作用。李白其实是集杂家、道家、儒家、纵横家甚至佛家于一身，所谓红花白藕青莲叶，三教本来是一家，加之他家族系出陇西，多年居蜀，酒隐安陆十年，遨游天下，受西域文化、巴蜀文化、楚文化及吴越文化的浸润多多，是一位天才的复杂的诗人。加之他将五花马、千金裘都拿来换酒，挥金如土，及时行乐，携妓遨游，哪里还有道家的清静无为、餐风饮露，道家只是他得道成仙的梦想与失意时聊以自慰的无奈选择而已。

王安石曾言："李白诗词迅快，无疏脱处，然其识污下，十句九句言妇人、酒耳。"亦有人称"白之诗多在于风月草木之间、神仙虚无之说","李白诗类其为人,骏发豪放,华而不实,好事喜名,不知义理之所在也"。这些说法虽说不无一点儿道理,却并非准确、公正之论,多为不实之词,亦是对诗之谬解。

有专家曾将李白所留下的一千零六十四首诗做过粗略统计,其中涉及饮酒、言及妇人的诗有四十首,涉及求仙学道之诗六十首,不知为何成了"十句九句言妇人与酒"了。况且诗酒风流是中国文人的习尚,李白的《将进酒》《月下独酌》等恰恰是深受读者喜爱、流传最广、颇有特色和诗质的文学,正如苏轼所言,"酒是钓诗钩",饮酒也只是诗的语言环境,诗之本质与内涵可能与酒有关,也可能无关,诗之生成,是人类情感符号的制造,诗存在于词语的缝隙、言外之意中。而古今中外的大诗人,没有不写女性与爱情的,诗之诞生便源于情爱,而一些大诗人的代表作,亦不乏刻骨铭心的情爱诗篇。试问,这世界上如果没有妇人,能有你吗?女性是将幸福和快乐带到人间的天使,是伟大的母亲,是亲人,是人类得以繁衍的受苦受难者。诗人写的本是无限美好的诗章,只有自己识见污下者才能读出污下来。

至于风月草木,亦是大自然的美好,不是沙尘暴、污染的空气、赤地千里,或伸手不见五指的黑暗,莺飞草长、溢满生机的草木有什么不好?阳光、空气和水看似普通,却是人赖以生存的最重要的物质,该是真正的重大题材,大自然是江山的本义,而不是哪家王朝的兴亡。而"华而不实"等说,于诗倒是好事,写得过实,哪里会有诗在?诗的本质恰恰是靠虚无支撑,所谓虚怀若谷,由于虚才能容纳丰富,如杯子中空才能装水一样。当然诗要有生活实感,如杯子得有杯底和杯壁,否则它便不存在,变为彻底的虚无了。

李白的诗是得诗之真谛,异常丰富,艺术上有多种取向与表现方式的作品。其诗题诗料颇为广泛,除寻仙学道、游侠萍踪、诗酒人生、明月山川等中国特有的意象之外,尚有边塞征伐、安史之乱、民间疾苦、歌功颂德、交游赠答、忧国忧民、抚今怀古、思乡寄内、妇怨闺情、学古思边、别绪离愁、赏美携妓、琴棋书画、哭丧怀友、梦里情怀等,分门别类如万花筒目不暇接。自然，就诗而言，题材并不能说明诗之高下，题前摇曳而来，题后迤逦而去，关键是诗人创造了什么，诗不在形不在量而在乎质，是否内涵丰富，能以少许胜多许。写到这里，我想到王夫之所评选的唐诗，船山于评点中对太白《登高丘而望远海》大为赞赏，称"后人称杜陵为诗史，乃不知此九十一字中有一部开元天宝本纪在内"。他还将此扬杜抑李的俗子之论称为"几欲卖陈寿《三国志》以雇说书人打匾鼓，夸赤壁鏖兵。可悲可笑"。是啊，诗不足百字，题为登小山丘望海，抚古思今，却写出开元盛世至安史之乱整部历史，可见其高度的艺术概括，令人慨叹。让我相信，对于真正有创造力的诗人、作家而言，这世界上没有大题材，只有大手笔。亦让我想到韩愈之诗所云："李杜文章在，光焰万丈长。不知群儿愚，那用故谤伤。蚍蜉撼大树，可笑不自量。"

太白之诗在诗体的选择上，也是集前人众家之长且不拘古制，自开新境而成大家。他留有古赋八章，古风五十九首，乐府诗一百四十九首，古体近体诗七百四十四首，后编拾遗五十七首。另有表书、序文、记颂赞、铭碑祭文若干。太白作律诗不多，以绝句及七言歌行见长，无拘束之古体、乐府尤多，且多有名篇与撼人心魄之作。有的名篇如《蜀道难》等，古今评析者理解不一，颇有歧见，这恐怕也是真正好诗的特征。诗无达诂，其主题是设置的偌大空间，写蜀道也是写人生之道、追寻之道、立业之道、命运之道，非喻一事一山，已具广阔的象征之意。而他的"西风残照，汉家陵阙"，仅八个字，便营造出阔大、苍茫的氛围和境界，意味无穷，称之为"闭千古登临之口"，并非夸饰之词……

读太白诗文，翻书籍资料，我深感李白的博大精深、影响之深远。我搜集那些论证有据、言之成理的可信的史料，辨析众说纷纭的家族史、出生地、故乡、生卒年月等莫衷一是的言说，从诗文中查其行踪、心理，从其自述中洞悉其生平籍贯、生存状态与气概、心灵。尊重有共识的看法，去伪存真，力争探究出一个真实可信、还其本来面目的李白来。自然，作为人，我亦关心他的婚姻家庭，他独有的性格，人格理想，遭际命运，人性弱点；作为诗人，我则需深入理解他那些伟大的作品，给人带来震撼和惊喜的创造，以及给我带来的启迪。

可李白是孤独的，纵然他有过昙花一现的翰林待诏的荣耀，平交王侯，"酒中八仙"呼朋唤友的饮宴之乐，备受青睐、推崇的巨大声望，携妓遨游、挥金如土的享乐生涯，可他一生郁郁不得志，颠沛流离，妻离子散，虽有朋友相知，亦在离别之中，乃至于陷身牢狱、长流夜郎，最后穷困交加而死，其一生如梦，只是一场悲剧。他看月也孤独，饮酒也孤独，热闹之中恐怕更为孤独。当然，他死后是热闹的，千余年来有多少人手不释卷，与其攀谈。可他早就什么也不知道了，"独酌无相亲"的太白，注定孤独在他的结局里。

第二章

家世之谜

　　说起李白的家世，由唐代留传下来的甚至李白在世时口授的李阳冰《草堂集序》、魏颢《李翰林集序》，李白自己于诗文中的述说，以及李华《故翰林学士李君墓志并序》、刘全白《唐故翰林学士李君碣记》、范传正《唐左拾遗翰林学士李公新墓碑并序》、裴敬《翰林学士李公墓碑》，所谓两序白文四碑，该是最原始、权威的史料。这些作者都是唐人，且与李白均为同时代人或有旧，或与李白是可相托后事的朋友，自然是言之有据，不可能胡编乱造。因而，与历代研究者诸多的猜想相比，我更相信这些最早的记载。是啊，世界上谁能比自己更了解自己的家庭和出身呢？置这些历史的真实于不顾，说李白编造自己的家世，甚至猜度李白是"西域胡人"，乃至于其国籍亦被改变，等等，都是没有确切依据的猜想。

　　当然，由于这些原始资料都极为简略，两序、四碑加在一起也只有数千字，且李白家世有难言之隐，李白自己也秘不示人，故才有扑朔迷离中的猜度与假想。或许，他的家世只能是一个千古之谜，只能是其本人所提供的约略之言。作为中国可称之为伟大的诗人之一，他留下的诗文是极为宝贵的文学遗产，足以影响并继续滋养后人的精神世界，他的家世如何或许并不重要。然而，要写李白的传记，对诗人的身世进行深入探究，又是不能避开的话题。

李阳冰《草堂集序》言：

> 李白，字太白，陇西成纪人，凉武昭王暠九世孙。蝉联珪组，世为显著。中叶非罪，谪居条支，易姓与名，然自穷蝉至舜，五世为庶，累世不大曜，亦可叹焉。神龙之始，逃归于蜀，复指李树，而生伯阳。惊姜之夕，长庚入梦，故生而名白，以太白字之。

范传正《唐左拾遗翰林学士李公新墓碑并序》言：

> 公名白，字太白，其先陇西成纪人。绝嗣之家，难求谱牒。公之孙女搜于箱箧中，得公之亡子伯禽手疏十数行，纸坏字缺，不能详备。约而计之，凉武昭王九代孙也。隋末多难，一房被窜于碎叶，流离散落，隐易姓名。故自国朝已来，漏于属籍。神龙初，潜还广汉，因侨为郡人。父客以逋其邑，遂以客为名。高卧云林，不求禄仕。公之生也，先府君指天枝以复姓，先夫人梦长庚而告祥，名之与字，咸所取象。

而李白诗文中《上安州裴长史书》云："白本家金陵，世为右姓，遭沮渠蒙逊难，奔流咸秦，因官寓家。"《与韩荆州书》云："白陇西布衣。"《赠张相镐》其二言："本家陇西人，先为汉边将。功略盖天地，名飞青云上。"

上述文字说得清清楚楚，说他先祖为陇西成纪人，汉飞将军李广之后，凉武昭王李暠九世孙。而"本家金陵"也不是如今的江苏南京，据郭沫若等人考证此金陵即西凉"建康郡"，指如今的甘肃兰州一带，该是陇西的另一种说法。陇西成纪在今甘肃天水境内，至今尚有李广的衣冠冢。《晋书·李暠传》称李暠为李广的十六世孙，故李白认定李广为其远祖。

而"世为右姓，遭沮渠蒙逊难，奔流咸秦，因官寓家"，李白的这种自述，说的都是其先祖之事。清王琦《李太白全集》注云："《唐书·柳冲传》：江左定氏族，凡郡上姓第一，则为右姓。周建德氏族以四海通望为右姓；隋开皇氏族以上品、茂姓则为右姓；唐《贞观氏族志》凡第一等则为右姓。路氏著《姓略》，以盛门为右姓。柳冲《姓族系录》凡四海望族则为右姓。"看来，所谓右姓，皆为一等的皇族名门，说其"蝉联珪组，世为显著"，与李白的自述该是一致的。《晋书》称李广之曾祖仲翔，讨叛羌于素昌，由于众寡不敌而死。其子伯考奔丧，葬于狄道（即素昌）之东川，遂成为李氏家族的祖地，故称之"世为西州右姓"。李白的自述右姓的来源，盖出于此。

"遭沮渠蒙逊难"，亦指其先祖凉武昭王李暠之子被北凉王沮渠蒙逊所害，西凉灭亡的史实。

北凉王沮渠蒙逊，为临松卢水胡人，嗜杀成性，于肃州、甘州、凉州一带烧杀抢掠，极其残暴，劫掠人口为其奴隶，抢稼禾为其粮草，成年累月侵袭不止，与西凉李暠父子争战不断。据《晋书》记载：蒙逊袭番禾，"迁其五百余户而还"。蒙逊军"至显美，徙数千户而还"。蒙逊"如苕藋，俘二千余落而还"。蒙逊"乘胜至于姑臧，夷夏降者万数千户"。蒙逊对李暠父子的西凉，"每年侵寇不止"。

《晋书·李暠传》亦载：

> 沮渠蒙逊来侵，至于建康，掠三千户而归。（此处"建康"即李白所云"本家金陵"的由来。）
> 明年，蒙逊又伐士业（李暠子李歆）……蒙逊大芟秋稼而还。
> 李歆及蒙逊"距战于怀城，为蒙逊所败……勒众复战，败于蓼泉，为蒙逊所害"。

刘宋永初二年（421），沮渠蒙逊率部攻打李暠次子李恂固守的西凉最后一座城池敦煌，"蒙逊自率众二万攻之……屠其城"，西凉遂亡。

西凉败亡之后，"本家陇西""世为西州右姓"的李暠子孙只能四处奔逃。其中两人南下投奔刘宋，其一是李歆之子李重耳，其二为李暠第八子李翻的第三子李抗，二人渡江左仕宋。

据王辉斌先生考诸史籍："遭沮渠蒙逊之难"而南下"仕于宋"的李重耳与李抗家族中，曾由南国而北上"奔流咸秦"者，只有李重耳一房。《旧唐书·高祖本纪》载："（李）暠生歆，歆生重耳，仕魏为弘农太守，重耳生熙，为金门镇将，领豪杰镇武川，因家焉。"《新唐书·高祖本纪》亦云："暠生歆，歆为沮渠蒙逊所灭。歆生重耳，魏弘农太守。重耳生熙，金门镇将，戍于武川，因留家焉。"这里所载李重耳之子李熙为"金门镇将"的"金门"，据《中国历史地名辞典》可知，在"今陕西西安市西北汉长安故城中"。如此，李白之先祖"奔流咸秦，因官寓家"，亦为有史可查的言说，并非妄言。

由此可见，李白诗文中所言的家世已暗示出他是西凉武昭王李暠第二子李歆之子李重耳的后代。

从《新唐书·宗室世系表》及其序文可知，李重耳之后的每一代李姓人物，均有详细之记载，特别是从李重耳之子李熙到唐代开国皇帝李渊之间的五代世系，十分清楚。李白在《上安州裴长史书》中所言与唐皇室同宗，自然是期望裴长史向皇帝引荐，是白纸黑字，想上达天听的，并非有人所说为自己编造的家世，不敢向圣上言明。只不过因"隋末多难，一房被窜于碎叶""中叶非罪，谪居条支，易姓与名""绝嗣之家，难求谱牒"，已"五世为庶"罢了。

李白究竟是"遭沮渠蒙逊之难"的李歆、李恂等的哪一支哪一房的后人，虽可猜度，却不见明确记载。望族右姓之门第子孙颇多，如李暠第八子李翻的第三子李抗的儿子李思穆，他有子十四人。想来其长子与幼子年龄相差恐已异于两代人，这样的差异，辈分高而年幼者亦在情理之中。故李白称其为李暠的九世孙，辈分颇高亦不足为怪。

范传正碑序中言"隋末多难，一房被窜于碎叶"，李阳冰《草堂集序》中称"中叶非罪，谪居条支，易姓与名"，该是其近祖的身世之说。既称"绝嗣之家"，该是李白的祖父前后一辈，被当朝者视为犯了十恶不赦之罪所祸及，参与或受了牵连，故流窜于西域，又从贬所逃出，改姓隐名，潜隐于中亚西突厥属地。隋末至唐中叶也就百年左右，这段家史李白不可能不知道，故意含糊其词，必有难言之隐。

按唐律，流放之人逃亡处死，逃往异域，则是"谋背国从伪""投蕃国"，属直接犯了大逆之罪，变"缘坐"为主犯，杀无赦，且"家口"亦受严惩。想来李白近祖匿名逃亡，恐涉案甚为重大，故其从不言及。李白父名李客，复姓之后亦非真名，前两辈皆无记载，故猜度者众说纷纭，多异思别想，但大都似是而非，难以定论。

所谓"隋末多难，一房被窜于碎叶"，张书城先生的《李白先世之谜》以及其他论者，认为李白"属西汉李广李陵、北周李贤、杨隋李穆一系"，"多难"指隋炀帝与宇文述策划、制造的斩杀李浑、李敏等李氏宗族三十二人的"李门大冤案"。

隋文帝杨坚代周，李穆是"密表劝进"者，文帝登基，拜太师。"穆子孙虽在襁褓，悉拜仪同（从一品，仅次于皇室贵族）。其一门执象笏者百余人，穆之贵盛，当时无比"（《隋书·李穆传》）。如此功高震主，后遭炀帝忌恨，落得满门抄斩，其余男女老幼作为轻罪者均被流放。故有论者认为李白家族一房为受此牵连而被窜于西域。

然而，查《北史》《周书》《隋书》之李贤、李穆传，其祖辈无人"遭沮渠蒙逊之难"而南下仕于宋，且被流放者徙流之地并非西域，而是南方的"岭外"。再说李唐代隋后，此案的流放者自当正大光明地回归中原，亦不必"潜于广汉""逃归于蜀"，因此，此说恐不成立，李白非李贤、李穆一系的后人。

隋末系改朝换代之际，隋被李唐取而代之，并非没有先兆。《大唐创业起居注》《隋书·五行志》《旧唐书·五行志》中，都载有当时广泛流传的"李氏当为天子"的谶词、歌谣，达十余条之多。那大抵是拥重兵欲改朝换代者常用的计谋，教小儿歌谣，或埋一石人，上书新天子即将出世的流言，无非是为自己造个名分，让老百姓顺应"天意"之类。

但此谶词的流传亦给李氏带来了大劫难。隋灭十多年后，唐太宗还提起此事，说："隋炀帝性好猜防……诛戮李金才及诸李殆尽。"

其时隋炀帝三征高丽、强征暴敛，天灾人祸之下，隋地已是赤地千里、饿殍遍野，活不下去的庶民百姓亦揭竿而起，心存异志者亦乘机起事。或许因"李氏当为天子"这句谶语流传甚广，故李氏家族纷纷应谶而起，或惧祸造反。其中声势浩大者，有为人甚为卑劣的李密及其帐下诸多之李姓部属。再就是西凉的李轨，在部属怂恿之下，"久闻图谶李氏当王，今轨在谋中，乃天命也"，便自称河西大凉王，割据河西。此外，还有诸多李姓首领于各地称王建号。这些人或被隋镇压，或自相残杀，或最终被李渊所灭。

《资治通鉴》载李渊先后与李密、李轨称兄道弟。本传载李渊称李轨为从弟，李轨亦称其为从兄。于李密相称处胡三省注加以辨析，谓宗派不同，"但同姓耳"，于李轨相称处却无注。可见李渊、李轨为陇西同宗近族。李轨先附后叛，终为李渊所败，"轨至长安，并其子弟皆伏诛"，他的族人自在流放之列。由此，有人猜度，李白近祖的那一房，很可能即因李轨而流放的。或许，这也应当是一种可能，但似证据不足。

台湾学者罗香林、褚问鹃、钟吉雄先生，皆推论李白是唐初玄武门之变中，被秦王李世民诛斩的李建成或李元吉的后代。徐本立先生亦认为李白为"李渊五世孙"。韩维禄先生则著文《李白"五世为庶"当为李建成玄孙解》。

褚问鹃先生称玄武门之变时，"太子妃闻变，即将她的独子托孤给一名亲信的宫女……宫女抱着建成之子就坐车出城，往西域而去……这个孩子很可能就是李白的高曾祖了"。

徐本立先生说："建成、元吉诸子……个别人有可能逃出险境……或有怀孕的侍妾侧室，在别人掩护下出逃。"

韩维禄先生则言："当玄武门事变时，李建成满门被诛，唯长子太原王李承宗在此之前病故，若承宗有子则远离长安，免遭诛杀，其亲闻讯将其藏匿或逃往他方……'五世为庶'只能是李建成的后代，五世为：一世李建成，二世李承宗，三世李承宗之子，四世李客，五世李白。"

上述说法大抵为想当然的虚构，种种主观臆测，该为小说家言，当不得真的。《旧唐书·李建成传》言：

> 建成死时年三十八，长子太原王承宗早卒，次子安陆王承道、河东王承德、武安王承训、汝南王承明、钜鹿王承义并坐诛，太宗继位，追封建成为息王，谥曰隐，以礼改葬，葬日，太宗于宜秋门哭之甚哀，仍以皇子赵王福为建成嗣，十六年五月又追赠皇太子，谥仍依旧。

《旧唐书·李元吉传》称：

> 元吉死时年二十四，有五子：梁郡王承业、渔阳王承鸾、普安王承奖、江夏王承裕、义阳王承度，并坐诛。寻诏绝建成、元吉属籍。太宗践祚，追封元吉为海陵郡王，谥曰剌，以礼改葬。贞观十六年，又追封巢王，谥如故，复以曹王明为元吉后。

《唐六典》亦明确记载："隐太子、卫王、巢王、楚王、荆王、汉王、丰王、周王八族无后。"《新唐书》《资治通鉴》皆有类似记载。《旧唐书》载李建成长子李承宗"早卒"，建成死时才三十八岁，其长子"早卒"当然不会成年，哪里会有后代？唐高祖时"遍封宗子"，"虽童孺皆为王"，建成若真有嫡长孙，定会有封号并记入谱牒，但史书无有，故这臆想的建成之孙，即李白的祖父，只能是子虚乌有。

或许是受"中叶非罪，谪居条支，易姓与名"的启示，孙楷第先生认为李白近祖是在武则天大杀李唐宗室时逃往西域的，是"坐扬（徐敬业）、豫（李负）、博（李冲）党得罪。以扬豫博在神龙初犹不赦，故曰父潜还广汉，不敢露真姓名"。李从军先生则说："李白的祖父盖为永昌元年谋迎中宗的十二人之一，事败被杀。李白的父亲其时尚幼，被流巂州，后逃往西域，为逃避追捕而隐易姓名。神龙元年，中宗复位，李白的父亲携家返回中国，因罪仍未被赦，潜还绵州昌隆，藏身埋名。"

这就牵扯到李白谁也说不清的祖父和他在世时的父亲了。这样的说法虽另辟蹊径，足见新意，但仍显得牵强，与"范碑"所言"隋末多难，一房被窜于碎叶"时间上不合，武则天诛杀李唐宗室诸王等并非隋末，距隋亡已八十余年。所引《舆地广记》载"绵州彰明县有唐李白碑，白之先世尝流巂州，其后内移"，已明确称"内移"，并非外逃西域。况且巂州为今四川西昌，碎叶则在中亚，相隔不下万里，其时李白之父李客大抵也是十几岁的孩子，亦不可能只身逃往碎叶。

再者，神龙是个特别的年代，张柬之等逼武则天退位，拥中宗复位，恢复李唐王朝，是年正月武皇退位时便宣布大赦，得位一年之中便八次颁布大赦、特赦令，最后除徐敬业一人之外，所有被诬陷致死、连累配没以及除名削爵者皆予以平反昭雪、放还、叙官。而一些真有罪名的囚犯、流徒除点明"唯（张）易之党不在原限"，其他也一律赦免。神龙年号只存在三年，却在史传中频频出现，远高于其他年号，可见其重大的政治意义。在这种情况之下，李白之父李客若真是"谋迎中宗十二人之一"的儿子，是不必于神龙之初"潜还广汉""逃归于蜀"的。且"宗室十二人"必在李唐皇朝谱牒之内，"难求谱牒"的李白家族，即使是李暠之后，也非宗室尽人皆知的近亲。

其实，唐太宗即位时已大赦天下，贞观五年（631）四月，还"以金帛购中国人因隋乱没突厥者男女八万人，尽还其家属"。但李白的先人并未回归，直至八十年后的"神龙之始"其后代才"逃归"，或许，只有在隋末唐初时，依附李渊复又逆反者，触犯了李唐"谋大逆"的律条者才罪在不赦，不敢回归。这恐怕也是李白故意隐匿其家世的主要原因吧。自然，这也只能是猜度之言。

关于李白的家世，麦朝枢先生认为李白为达摩之后。达摩系李渊祖父的亲生哥哥，属近亲。可《新唐书·宗室世系表》中言明"达摩……其后无闻"。想来若达摩一房有子孙，必有官爵，只能说明他没有后代。

此外，曹方林先生在《李白家世别探》一文中，又提出李白先祖为皇帝"赐姓"一说。他认为李白极有可能是李勣裔孙，李白之父是徐敬业倒武案中的侥幸逃脱者。

李勣原名徐世勣，为唐开国元勋，一代名将，三朝宰辅，生前图形凌烟阁，死后配享高宗庙庭。其隋末起兵，武德二年（619）归唐，深受高祖、太宗恩宠，同年赐姓李氏，因避世民讳，改名勣。其孙徐敬业早年随勣于军中，有勇名。嗣圣元年（684）七月据扬州倒武，兵败为部下所杀，李勣子孙被诛杀殆尽，偶有脱祸者，改姓易名，或隐藏民间，或逃窜边地。武则天又下令毁李勣坟茔，诏令其子孙复其徐姓，其后继续搜捕其宗族子孙，并诛杀了不少同情者。中宗复位，虽追复了李勣官爵，但其子孙不予原宥。

此说虽与众不同，却无根据，亦属臆想，与李白自述、李序、范碑这些原始资料相去甚远，也只是猜度中的一种可能。

至于李白近祖"谪居条支""被窜于碎叶"，这两地究竟在西域何处，研究者也有不同看法。

有论者指出：碎叶或素叶系突厥语名，意为"有水的地方"，西域有多处称为碎叶。第一个碎叶为中亚碎叶，即著名的安西四镇之一的碎叶城，在今吉尔吉斯斯坦境内；第二个碎叶为伊吾（今哈密）碎叶城；第三个碎叶为《新唐书·地理志》言自"拨换碎叶西南渡浑河，百八十里有济浊馆"中的碎叶；第四个碎叶则为焉耆的碎叶城。这四处碎叶都在河、湖、泊等水盛之处，与突厥语义相同。李白的近祖究竟在哪一处碎叶，李从军先生等认为在焉耆碎叶，即今新疆库尔勒焉耆回族自治县一带。但大多数人都认为是在中亚碎叶城。

张广达先生的《碎叶城今地考》以丰富的出土文物为依据，详细论证了碎叶城即今吉尔吉斯斯坦境内的托克玛克附近的阿克·贝希姆城。而后来在吉尔吉斯斯坦出土的一块汉文碑铭，经日本学者释读考证，再度证实了中亚碎叶即唐代的碎叶城，亦即《大唐西域记》中玄奘所记素叶水城。我想，出土文物的鉴定应当是可靠的，绝非无据的猜想可比。《旧唐书·王方翼传》称其"又筑碎叶城，立四面十二门，皆屈曲伏隐出没之状，五旬而毕，西域诸胡，竞来观之"。据考古资料证明，阿克·贝希姆废城，其城垣形制完全符合王方翼筑城的"街部回互""屈曲隐伏出没之状"，而且还发掘了武则天时期敕修的供奉弥勒佛的大云寺。

王方翼筑城后，即在碎叶设镇以代焉者。史载："调露元年（679）以碎叶、龟兹、于阗、疏勒为四镇"，碎叶为四镇之首，因碎叶乃战略要地，李唐控制碎叶即可屏障安西以控制西域，后西突厥十姓可汗几次叛乱都是与唐争夺碎叶。《新唐书·地理志》称："碎叶城，城北有碎叶水，水北四十里有羯丹山，十姓可汗每立君长于此。"碎叶城又处于西突厥东西五部的交界处。唐从调露元年在碎叶设镇，至开元七年（719）撤销，前后四十年置重兵镇守。李白近祖在此徙居多年，自然亦与突厥人混居，李客远离故土，娶突厥女为妻亦极有可能。江油民间传说称李白之母为西域胡人，将其河边洗衣处称为"蛮婆渡"，亦恐并非空穴来风。而李白精通西域文字，于宫中醉酒答蕃书，恐也是其家庭所传，其受西域文化之影响，于胡姬酒肆醉卧不醒，跳青海舞之类，或许都与其母有关。自然，这也是一种猜度。

而"条支"的称呼，该由唐代从公元六六一年设置至公元七五五年安史之乱止，存在不到百年的条支都督府而来。《旧唐书·地理志》载："龙朔元年（661）西域诸国遣使来内属，乃分置十六都督府……条支都督府于诃达罗支国所治伏宝瑟颠城置。"《新唐书·地理志》亦载："西域府十六，州七十二。龙朔元年，以陇州南由令王名远为吐火罗道置州县使，自于阗以西，波斯以东，凡十六国，以其王都为都督府，以其属部为州县。"其时诸国对唐朝贡不绝。条支都督府，则在现阿富汗南部。安史之乱后，吐蕃乘机夺取陇右河西与安西四镇，中亚各国被大食征服，条支都督府也不存在了。

其实，《史记·大宛传》及《后汉书》所称的"条支"，指西临地中海的塞琉古王国，后被波斯吞并其故土后波斯统治中心西移条支故地，史籍中之记述与今学术界指伊拉克和叙利亚为古代条支是一致的。

想来，李白的近祖"谪居条支"，大抵也不会跑到如今的伊拉克和叙利亚去。其被流放时，唐之条支都督府还没有成立，李白病危时向李阳冰口述家世时，条支都督府早已不存在。只不过是用旧名，"借言作西方极远之地耳"，泛指西域，与"碎叶"之说并不矛盾。试想，如果李客真在条支都督府所在归蜀,从高昌到条支约八千余里,这一万多里的行程途经多少高山大岭、浩瀚沙漠,得走多少时间?玄奘从长安到北天竺用了四年多时间,条支都督府与北天竺相邻,况且其时因战乱安西路绝,他想走也走不回来的。

张书城先生在《李白先世"谪居条支"别探》中说,早在二十世纪三十年代,就有过论断:"汉称的条支,唐称的龟兹,即玄奘所说的屈支。"于是他下了如下结论:"汉称的条支,唐称的龟兹,即玄奘所称的屈支,亦即李阳冰所说的条支。"按他的说法,这些地名皆当地土著居民语言的音译。史家黄文弼也说:"龟兹读为屈支","与月氏音近,或亦大月氏西迁时所建立之国家",如高昌之得名源于"高车"人所建立的国家一样。故他提出"条支即龟兹,即今新疆阿克苏专区库车县"之说。当然,这种说法他自己也称"颇多臆断之辞","未敢自信必是,聊备一说而已"。

可李白父亲为什么要"逃归于蜀""潜还广汉""家于绵"呢?对此,王辉斌先生提出:"这与李重耳的子孙在今四川绵阳一带生活达数十年之久不无关系。"

由此是否可以这样猜度——谁也说不清楚的李白祖父或曾祖父,曾在绵阳一带生活过,神龙初年,李客是逃回故土,不然,为什么称之为"归蜀""潜还",又称"家于绵"呢?只有家原在这里,才能称"归""还",外徙则只能称之为"奔""走""流""被审"。李白家族既然"五世为庶",绵阳一带该有其亲属、从兄弟尚在,李客投奔而回,故指天枝复姓以"客"为名。

而《新唐书·高祖本纪》载,曾一度"奔流咸秦"的李重耳之子李熙,生子李天赐,天赐生李虎,为唐高祖李渊的祖父。李虎的生平皆附于《本纪》中:"天赐生虎,西魏时,赐姓大野氏,官至太尉,与李弼等八人佐周代魏有功,皆为柱国,号'八柱国家'。周闵帝受魏禅,虎已卒,乃追录芝功,封唐国公,谥曰襄。"

李虎死后葬于何处?据《资治通鉴》之《唐纪》中胡三省注表明,李虎死后葬龙州江油县西一里的牛心山;李虎又名李龙迁。据《元和郡县图志》与《读史方與纪要》载，李虎与李弼等八人"佐周伐魏"之后，即入蜀占据龙州，并"臣梁"于僭主萧纪。李虎为西魏太尉，位高权重，其"佐周伐魏"属叛逆行为，他改名李龙迁原因大抵因此。而其举郡以臣僭主萧纪，当然更不光彩，故唐史未载其"臣梁"之事。

由上述史实可知，远祖亦为陇西成纪人的李虎死后葬于江油，曾一家八柱国的豪门，自然子孙众多。想来李白近祖为其中一房，亦曾居于此，也是可能的。自然，这也是臆断。

《道教灵异记》载：

> 梁武陵王纪理益州，使李龙迁筑城于牛心山。龙迁既没，即葬于山侧，乡里为立祠。武德中，改为观。武氏革命，凿断山脉。明皇幸蜀，有老人苏坦奏曰：牛心山国之祖墓，今日蒙尘之祸，乃则天掘凿所致。明皇即命修填如旧。明年，诛禄山，复官阙。

由此可知，江油城最早为李虎构筑，其死后亦葬于此，该是李氏家族近祖之祖籍所在，作为一族之豪门，李客回归于此，筑"陇西院"且指天枝复姓，亦有明显的认祖归宗之意。但李客亦非李白之父的真名，复姓而不用真名，那就是再度隐名，若非有难言之隐，又何必如此呢？唐代留下所有的关于李白家世的文字，对其父的记载也极为简要，只言其"五世为庶"，"高卧云林，不求禄仕"，李白自述中，也只有少时命其读《子虚赋》一句，对他的母亲，却只字未提。故对李白的父亲，又有诸多猜度。

说李白的父亲是"富商"者颇多。

二十世纪三十年代，陈寅恪先生就提出李白之父名客，即"客商"的意思。四十年代初，詹锳先生亦说："白之家世或本胡商，入蜀之后以多赀渐成豪族。"六十年代初，麦朝枢先生又提出李白的父亲是走私商人，因绵州产金、铁之类违禁品走私而致富。七十年代初，郭沫若先生则以权威的口气称："李客必然是一位富商……他家的商业范围是相当宽广的，不仅超出了绵州，而且超出了四川，在长江上游和中游分设了两个庄口。"此外，还有人称李客是贩卖丝绸的商人，并说李白在流放夜郎之前都一直在经商……而一些教科书、通俗读物也采用"富商"说。

然而，查唐代以及其后千余年有关李白的史书，没有丝毫李白之父为商的文字，不知这必然是富商说从何而来，上说都只能是主观臆想。称名客便是"客商"，那名月也可理解为"月经"了。说西域多商人便认定李客为"胡商"，说绵州产金、铁，李客便是走私者，如同人有性器官就一定会强奸卖身一样无稽。

李白自述中称："东游维扬，不逾一年，散金三十万，有落魄公子，悉皆济之。"或许这种肆意挥霍、重义好施之举，是其父既不为官，则必为富商的猜想缘由吧，这种论断也难成立。李白之家族既是豪门之后，虽五世为庶，并不等于没有财产，有奇珍异宝祖辈传留也未可知。且无论李白氏族如何，其先世有匈奴、鲜卑甚至突厥血统应当没有疑问，因为李唐皇族血统亦如此。李白之母若为胡人，则西域各族皆重女轻男，其母有丰厚的陪嫁亦有可能。当然，我这也是猜想，可我这样说，只想言明家有资财并非只有经商一途，有钱则必为商人，显然有武断之嫌。

至于因李白的排行名"李十二"，便认定其兄弟颇多，继而说"李客由中亚碎叶迁徙入蜀，是拖着一大家子人的，李客必然是一位富商，不然他不能够携带着那么多的人作长途羁旅"。

北宋杨天惠《彰明逸事》载，李白"清廉乡故居遗址尚在，废为寺，名陇西院……有妹月圆，前嫁邑子，留不去，以故葬邑下，墓今在陇西院旁百步外"。这里明确言明李客只有李白、李月圆子女两人。陇西院、李月圆墓及月圆故居粉竹楼经历朝修葺，至今仍存。故李客归蜀不可能带一大家子人。唐代攀宗亲、认豪门是惯常的风俗，只要是同姓同宗就可以认为兄弟。如白居易亦叫"白二十二"，他的亲兄弟只有幼文、行简、幼美，他排第二，其他则为从兄弟。李白诗中提到的李凝、沈、皓、令问等，亦为从兄弟，是他出蜀后才认识的，并不是李客从西域带回的一家人。

唐代宗室豪门，所谓高名盛德，素业门风，荣绝当朝，誉兼时望者，皆各为等第，士族家族绝不会经商。贞观八年（634），唐太宗令高士廉修《氏族志》，"遍责天下谱牒，质诸史籍，考其真伪"，将"从贱入良，营门杂户，慕容商贾"等各色假冒士族清除出去，将李姓皇族提为第一等。商人在唐代属低下层人，与从贱入良、营门杂户并称，已非真正的良民，李客这"不求禄仕，高卧云林"之人，怎么会经商呢？

安旗先生在《李白纵横探》一书中，谈李白家世时认为李客是一位侠士，因行侠仗义杀了人才逃至四川江油的。安旗从《杜诗补遗》中引用范碑文字的释文"厥先避仇，客居蜀之彰明"，以及范碑原文中的"父客，以逋其邑"对照，认为"避仇"一说很有价值，李客"逃归""潜还"，并非旧案，而是新"案"。

俞平伯先生曾引《周易·讼卦》解释"以逋其邑"，卦辞曰："九二，不克讼，归尔逋，其邑人三百户，无眚。象曰：不克讼，归逋窜也。"意思是说，官司打不赢，那就流窜逃亡，去只有三百户的偏远地方，就没有灾异了。由此可见避仇、避难、避官事是李客逃归于蜀的原委，此说也合范碑所说之原意。彰明为益州小邑，偏远之地正是避祸的所在，若在通都大邑，作为人犯恐难逃法网和牢狱之灾。

魏颢的《李翰林集序》亦言："白本陇西，乃放形，因家于绵。""放形"一词，该是"放浪形骸"、放荡不羁之意。史书中称侠士多为"任侠放荡，不治行业"，"任侠，不遵法度"，李客之"放形"，恐已暗示了其有过任侠行为。唐开元年间，曾禁过游侠，即使被杀者罪有应得，杀人者亦须依法治罪，甚至处死。故任侠之人只能"事了拂衣去，深藏身与名"。而其亲友言其家世时，则"为尊者讳"，"为亲者讳"，而使用托词和曲笔，甚至惜墨如金了。或许，这正是李白故意隐其近祖家世的真正原因吧。

李白诗云："忆昔少年时，结交赵与燕。""结发未识事，所交尽豪雄。"亦言明李白结交多为豪杰侠士。魏颢序称李白"少任侠，手刃数人"，刘全白李白碣记亦说白"少任侠，不事产业"，范碑也言李白"少以侠自任，而门多长者车"。侠士扶危济困，打抱不平，轻财好施，不治产业，却为人排忧解难，少年李白所继承的该是乃父家风。安旗先生的侠客说言之有据，推之成理，其说在日本研究界影响较大。

关于李白父亲的身份，蒋志先生曾写过多篇文章考异、论证，认为李客既不是唐室宗亲，也不是富商、胡人，而是文化修养很高的耕读之家"高卧云林，不求禄仕"的隐者。蒋志先生系四川江油人，在李白读书的大匡山边长大，曾亲身考察了李白在蜀经历、学道的诸多地方，对李白的研究颇为深入。他的"隐士说"，自然也源自李序、范碑，亦属言之有据之说。就我看来，安旗先生与蒋志先生两说并不矛盾，李客既是侠士，也是隐者。

除此之外，还有李客是县尉一说，最早见于《旧唐书·李白传》。然而此说被历代学者否认，学术界公认为错误，在此略过不提。

说了这么多，列举了有关李白家族远祖近祖的诸多史料和猜想，除有定论外，恐都似是而非，自然也可能似非而是。李白家族之谜恐怕不能也无法彻底解开。不过，我还是相信唐代亲历者、李白自述这样原始的史料。如果原始的述说、本人的述说我们都不相信，而靠臆想推断来证明什么，那就更不能让人信服了。李白的家庭为什么会有这么多解不开的谜？我想来想去，恐怕只有一个原因：那就是李白压根儿就不想告诉你。既然李白隐忍不说，胡猜也是枉然，对于未知的没有谜底的问题，不猜也罢，虽然我们已猜度了这么多。我仍然认为，对于一个伟大的诗人来说，他留下的诗文是最重要的，他的父亲、爷爷是谁，并不重要。

近日读报，得知复旦大学生命科学院分子人类学的研究方向，可以将"没有文字记载的历史，通过分子人类学，用理科的方法解决"。主要是通过研究人类的线粒体 DNA、Y 染色体等遗传信息来解决与人类历史、社会相关的一系列问题，包括人类起源、人群关系、发展历史、群体结构以及迁徙方式等。

文章称："大量的历史谜案，都可以借助分子人类学证实或证伪。比如，炎黄二帝的传说是否有历史依据？曹操是从乞丐手里抱养来的或是夏侯家过继来的？"我想，如果炎黄二帝和曹操这样的问题都能解决，那李白家世之谜靠分子人类学的研究一定也可以查明。看来，将分子人类学的研究方法引入李白族谱的研究，对李白身世之谜的破解是有大帮助的。报上文章的题目是《给我几天时间，你的族谱可能被修正》，在读博士王传超通过为同学验血，收集遗传信息，便能测出验血人的祖先部落。

从人类遗传学着眼，王传超讲："成吉思汗南征北战几乎占领了整个欧亚大陆，而征战的过程就是成吉思汗部族不断结婚生子的过程。DNA 调查很早就推测，整个亚洲的男人有百分之八是成吉思汗部族的后代。当然，因为成吉思汗的部族基本上都是同一起源的'亲戚'，也就是说亚洲有百分之八的男性很可能是蒙古扩张时期的同一个祖先的后代。DNA 调查还显示，中国汉族约有一半男性是由东亚最常见的 O3 类型下的三个支系组成，这么说来，有一半男性是属于一个系的三个支系的后代。可见，虽然汉族很大程度上是一个文化概念，但基因也许为这个文化概念提供了坚实的基础。"

读了这篇文章，我突然觉得再去探究李白的远祖、近祖似乎都失去了意义。既然汉族有一半男性最终都归结到一个大支系的后代，那便即使是诸多不同姓的人也都是同一个祖先了。俗话说，同姓者"五百年前是一家"，旧时还有同姓不能通婚之俗，那么李白家族与李唐皇室同宗，不管有无谱牒，似乎不必再争论了。

第三章 生卒年考

胡应麟在《少室山房笔丛》（四库全书本）卷九中言："古今诗人出处，未有如太白之难定者。"而穷其一生研究李白的清代人王琦，也在《李太白年谱》后记中慨叹："太白事迹，多无实在年月可考。"这也让人想起孟子的话："尚论古之人，颂其诗，读其书，不知其人，可乎？"

是啊，名气越大，越令人注目，对中国人的精神世界有着巨大影响，中外驰名，并将继续滋养人类心灵的伟大诗人，对其诗文、生平的研究汗牛充栋，历千余年而不衰，浏览之下，时见真知灼见，给人以启迪。然而，对李白的探究由于其本人提供的资料极其简略，且语焉不详，亦有相互矛盾之处，加上千余年之前的地域名称多有变化，易引起误解，故歧见颇多。而抓住一点、不及其余，随意猜度，驴唇不对马嘴的言论并不鲜见，虽看似别开生面、尖新意外，多似是而非，没有确切的依据令人信服。固然有的推理判断可聊备一说。

由于上述种种原因，李白哪一年出生、何时逝世，以及他究竟出生于何处，都成了问题。众说纷纭，于是乎，李白之母尚未怀孕就让她儿子出生，抑或出生后又将他还原成一颗卵子，塞回子宫中去，或刚降生便说他已五岁，年已二十仍称其幼童，原本生于蜀地硬说他出生于碎叶，或哈密、高昌，甚至洛阳、长安，等等。而坚信李白生于蜀地江油者也忘记了李白之父神龙之初即公元七〇五年才回广汉，仍称李白生于公元七〇一年，相信"神龙"乃"神功"之误。对此，我真不知道是李白自述及新旧《唐书》之误呢，还是后人猜度之误。

其实，李白的出生时间，都是根据李白自述的年龄以及李白卒年六十二岁推算出来的，是个小学生都能算出的简单的减法。可因为其自述年龄的时间与逝世的时日未能确定，故生出这许多众说不一的结论。只要确定了李白的生年，李白生于何处的问题便不言自明，一系列的争论便迎刃而解，种种生于异地的说法也不攻自破，不必再争论了。而确定李白的生年与卒年，最可信赖的依然是李白的自述家世等原始的唐代资料，后人的臆断只能作为参考。当时人记当时事，亦得到尚在世的李白的认可，应当是可信的。

李阳冰《草堂集序》言李白之父"神龙之始，逃归于蜀，复指李树，而生伯阳，惊姜之夕，长庚入梦，故生而名白，以太白字之"。李序十分清楚地说明李白系神龙之始（705）李客归蜀时所生，时间、地点是明确的。魏颢序也肯定地说李白"身既生蜀，则江山英秀"，亦明白地把李白的出生地定在蜀中了。魏序之中还称："蜀之人无闻则已，闻则杰出。是生相如、君平、王褒、扬雄，降有陈子昂、李白，皆五百年矣。"所谓地灵人杰，列举六位名人皆诞生于蜀。

李阳冰乃李白族人，白称之为从叔。公元七六二年在安徽当涂当县令时李白投奔于他。李序系李白当涂病重时，"草稿万卷，手集未修。枕上授简，俾予为序"。故李白的家世，该是李白枕上亲授之简，相当于李白的自传。而魏颢也是李白同时代人，用今天的话说应当是李白的"粉丝"，他曾为见李白追踪至江南，不远千里遍历江东，游天台，在扬州才见到李白。见面之后泯合，李白有诗赠之。李白对魏颢视之甚高，曾说魏腾达之后"勿忘老夫与明月奴"，并将自己所有的作品命颢为集，可见魏序所记也应当是李白亲授，可信度亦极高。

陈振孙《直斋书录解题·卷十六》载："李白集自北宋以来就载有唐人所撰两序、四碑。"除上述所言两序外，尚有李华墓志序、刘全白碣、范传正碑序、裴敬碑文。李华为唐代著名散文家，碑版文字更为著名，亦为李白同代人，在长安时曾与供奉翰林的李白有过交往，李华作墓志当受李白之子伯禽所托，他称李白死时"年六十有二"，绝不会虚假。范传正虽是李白的晚辈，但其父与李白有"浔阳夜宴诗"，与白有通家之旧，所撰"新墓碑"又是李白孙女搜于箧中得李白之子伯禽手书十数行，改撰而成，大抵无异于伯禽之语。刘全白年辈亦稍晚，但他年幼时的诗便被李白所知，可知他有关李白的身世也该是亲闻。而裴敬系裴旻之族曾孙，李白曾与裴旻学剑，两家也是世交。唐文宗时，诏以李白诗、裴旻将军剑、张旭字为"三绝"。裴敬亦去过当涂，访翰林旧宅，四过青城山，两发涂口，并于故地得李白诗文多篇，广闻李白故实。因而，这"两序""四碑"，该是权威性的史料，正如清王琦《李太白年谱》所言："阳冰序，乃太白在时所作，所述家世，必出于太白自言。传正碑，据太白之子所手疏，二文序述，无有异词，此其可信而无疑者也。"

对于李白生卒年问题的研究，近年舒大刚教授等人和几篇文章应当引起重视，正如他所言：李白大有"生卒一定，诸事皆顺之效"。其《再论李白生卒年问题》《李白生卒年诸说平议》《李白卒年史料新证》等论文，言之有据、史料详尽，无猜度臆断，条分缕析，充分尊重唐人记载的原始文献，读后给人以正本清源、云破天开之感。

"两序""四碑"始于唐代，除《旧唐书·李白传》说李白是山东人这被学术界公认的错讹之外，从两宋到近代，对李白生于蜀并无异议，只有清王琦提出一个疑问，但结论仍旧明确李白生于蜀。从北宋至清代，李白生卒年一直流行生于长安元年（701），卒于宝应元年（762），享年六十二岁说，以及李白生于圣历二年（699），卒于宝应元年，享年六十四岁说。

可二十世纪八十年代以来，有学者从李白现存诗中发现宝应元年以后，即被认为死亡以后所写的诗，疑窦顿起，一些研究者则否定了宝应元年说，认为李白应逝世于其年之后。李从军先生《李白卒年辨》提出李白应生于长安元年，卒于广德二年（764），终年六十四岁。阎琦先生《李白卒年刍议》则认为生于长安元年，卒于广德元年（763），享年六十三岁。这些研究者的主要贡献，是据李白诗作否定了李白逝于宝应元年（762），却与唐李华铭称"李白年六十有二"，明显与史实不合。故林贞爱《李白身世及生卒年代新考》，又提出李白出生于神龙二年（706），卒于大历二年（767），享年六十二岁说，却嫌证据不足。然而这一想法可贵之处是首次将李白出生年代由两宋之后惯常的说法推后了数年。

舒大刚教授结合唐代诸家序文、碑传，考察李李系年诗文，以及近年的研究成果，证明李白应生于神龙元年（705），卒于大历元年（766），享年六十二岁。

说李白生于长安元年（701）之说影响最大，多年来基本上为学术界所认同。这种说法源于清代王琦，实际上是对李阳冰序的曲解、误读。正如舒大刚教授所指出的，是把李序中的"疾亟授简"，理解成李白病重中嘱托李阳冰编草堂集的时间即李白死亡之年。如此逆推六十二年，李白自然就出生于长安元年了。可此论却不顾李序所言"神龙之始，逃归于蜀，复指李树，而生伯阳"的明确言说，让李白提前五年出生，岂非怪事。对此王琦也有疑惑，便改了李序原文的一个字，认为"神龙乃神功"之误，自圆其说。武则天"神功"年号系万岁通天二年（697）七月改元，至十一月又改元为圣历，"神功"年号仅历时五个月，此一年之中年初当为"万岁通天二年"，年尾则为圣历年了，不可能有"神功之始""神功初"之说。再说李序或范碑如有一处有误尚有可能，但所有版本、文编两文都将"神功"误为"神龙"，这是几乎不可能的事情。

至于李白《为宋中丞自荐表》中言他作此文时五十有七，王琦将此表撰文时间定在至德二年（757），大抵也是他因理解的李白生于长安元年所推算出来的。因此也有据此上下推移出李白的生卒年，但这种无根之论，是误中再误。

按李白子伯禽请李华所写碑志，言李白享年六十二岁，儿子当然不会不知道父亲的卒年，更无由篡改。魏颢写序时，称"上元末"，"沉吟累年，一字不下。今日怀旧，援笔成序。白未绝笔，吾其再刊"。上元末在宝应前一年，这个年号只存在一年。魏颢说他沉吟累年才作序，至少应在两年以上，其作序时已是宝应二年（763）抑或广德年间了。此时"白未绝笔"，可知李白尚在人世，怎么可能死于宝应元年（762）呢？

再者，李从军先生从现存李白诗中已考订出李白广德时期的诗作，如《献从叔当涂宰阳冰》，末段云"小子别金陵，来时白下亭。群凤怜客鸟，差池相哀鸣。弹剑歌苦寒，严风起前楹"。这是李白自金陵赴当涂的诗，时令在宝应元年秋冬之交，李白就不可能卒于宝应元年，原因很简单。李白还有一首在当涂作的《九日诗》："九日龙山饮，黄花笑逐臣。醉看风落帽，舞爱月留人。"龙山在当涂南十里，此诗作于当涂无疑。诗又自称逐臣，亦李白晚年光景。前人多以为此诗是李白从夜郎赦还当涂后作，既然李白宝应元年秋冬之交才至当涂，就不可能又在当年作《九月诗》，是必在宝应元年以后无疑。

李白的《游谢氏山亭》诗："沦老卧江海，再欢天地清。病闲久寂寞，岁物徒芬荣。……谢公池塘上，春草飒已生。花枝拂人来，山鸟向我鸣。……"亦是于当涂所作，谢氏山亭在当涂青山之阳。写春日之诗自然是来年春天，诗该作于广德元年（763）。诗为晚年心境，其"再欢天地清"指最终平定安史之乱。于此可知，白"病亟"但并未死，"病闲久寂寞"，亦道出其患病之久。

此外，李白的《草书歌行》，写怀素草书之诗，诗中有"湖南七郡凡几家"一语，因按《新唐书·方镇表》载广德二年（764）才置湖南节度使，故注家认为是伪作。然而据上所述李白宝应元年并未死去，看见广德二年湖南置郡便是理所当然之事了，此诗倒成了李白宝应元年未死的证据。

另，阎琦先生也对李白诗中宝应以后作品进行了考述，又提出数首。安旗主编的《李白全集编年注释》，专门辟有广德元年（即宝应二年）卷。

舒大刚教授根据诸多信史，参证其他记载，特别是仔细解析了李白诗文中的纪年资料，宝应以后的诗作，证明李白生年应在神龙元年（705），享年六十二岁，其卒最早也应在大历元年（766）。将李白卒年定于大历元年，不仅李阳冰序、李华铭可以相互印证，且通过对李白其他生平事迹的考索，诗文之系年，使许多困惑于"宝应元年说"而造成的矛盾现象，都得到了合理解答。

我赞同舒大刚先生的论断。

多年来，由于受清代王琦的误导，诸多研究者都将李白的生年视为长安元年（701）。尤其是郭沫若先生在《李白与杜甫》中据此推论出李白生于西域碎叶，无视李白同代人所载之信史资料而主观臆断。大人物与权威之言影响甚大，一时间多有辞书著述都执此一词，称李白五岁之后才归蜀，亦派生出李白生于西域不同几处的言说。然而近年亦有诸多有识之士予以辩驳，还其本来面目，因为信史中的言说是真切有力的。尤其是李白出生的"神龙初年说"，令诸多的疑惑尽解，李白出生于哪里就不言自明了。

第四章

少长江汉

李白在《上安州裴长史书》中，说自己"少长江汉"。或许从字面意义理解，有人会以为是湖北的江汉平原，此处的江汉，是说他生长在西蜀。

古汉水有东西汉水之分。《汉书·地理志》载："东汉水，受氐道水，一名沔，过江夏，谓之夏水，入江……西汉水所出，南入广汉白水，东南至江州（今重庆）入江。"唐人的诗文中多将西蜀称为"江汉"。如杜甫《送李卿晔》诗中有"暮景巴蜀僻，春风江汉清"句；王勃《普安建阴题壁》诗中有"江汉深无极，梁岷不可攀"句。而卢藏用写的陈子昂文集序文中亦言："君讳子昂，字伯玉，蜀人也，崛起江汉，虎视函夏。"可见，此江汉即今之川西。

李白的父亲李客携妻从西域逃归于蜀，车马劳顿，跋山涉水，过荆榛草莽，天遥路险，晓行夜宿在阴平道上。他们不走经宝鸡、广元、剑阁的金牛道，也不走经汉中、阆中至绵州的米仓关道，而经酒泉直通西蜀。因为这条道路虽偏僻，但却是西域入蜀的最近的路途。经汶川而达绵州。李吉甫《元和郡县志》卷三二载："（茂州汶川县）故桃关，在县南八十二里，远通西域，公私经过，惟此一路。关北当风穴，其一二里中，昼夜起风，飞沙扬石。"由此看来，李客所走的路途也颇为艰难。

李客一行过了江油关便不再走大路，却向西折入山中的一个平坝，即神龙初年所称昌隆县的青莲乡，在此安顿下来。

这个地方，汉代属广汉郡，唐代为剑南道巴西郡昌隆县。后因避唐玄宗李隆基讳，改为昌明县。五代后改为彰明县，直至民国。一九五五年，彰明县与临近的江油县合并，称江彰县。一九五八年又改称江油县至今。唐代的昌明县青莲乡，就坐落在这群山环绕的平坝之中。

这就是诗人李白的故里。山清水秀，肥田沃土，天宝山、太华山与平坝相依，举目遥望，西北与西南是云遮雾绕的戴天山和紫云山。平坝之中，"涪江中泻而左旋，盘江迂回而右抱"，堪称双水清深秀美，林壑葱郁蔚然，是士人隐居的佳妙去处。

盘江上游的一段河流名清溪，盘江古名廉水，故清廉乡取清、廉二水而得名。另有一说为廉水清澈，故称清廉，南北朝时期就有著名的"廉泉让水"之典故。李白曾自称"青莲居士"大抵也是取二字的谐音，而纪念自己的故土之意吧。而李白的乡亲为纪念李白，在宋代便将"清廉乡"改为"青莲乡"。

北宋彰明县令杨遂在《唐李先生彰明县旧宅碑并序》中称："先生旧宅在青莲乡，后往县北戴天山读书，今旧宅已为浮屠者居之。"宋代彰明县令杨天惠在《彰明逸事》中亦记载："闻唐李白本邑人……清廉乡故居遗地尚在，废为寺，名陇西院。"北宋杜田在《杜诗补遗》中也有相同记载。三位宋人之史料明确记载了李白的故居为"陇西院"，即今日青莲镇天宝山上的旧宅数次损毁重修的建筑。

想李客举家迁来清廉，在构建屋宇选址上也颇费心力。家居背倚天宝山，为高坡上的平地，屋前则是涪江、盘江、西江交汇之处，该是古人筑屋颇为讲究的水环山抱的风水宝地。

从李白仗剑去国、辞亲远游时挥金如土的情景看来，其家是颇有财富的。想来李客建造这处宅邸，大抵也不会草率。唐代的建筑主要房间都是长方形的，坐北朝南。唐有"禁奢令"，三品以上官员房屋长度不可超过五贝（两个柱子之间的距离），宽度不可超过三贝。四品和五品的官员房屋长度与宽度不得超过五贝和三贝，五品以上官员与百姓不得超过三贝和一贝。李客乃五世为庶的百姓，自然不能将房子造得过高过大。但其为归隐的读书人，所造之屋虽不甚大，全厅堂、卧室、书房、子女之房间、厨房、餐室、仆人的居所及马厩等该应有尽有。房屋皆石头砌筑的地基，用模板固定夯制的土墙，圆形木柱，嵌灰瓦的大屋顶，简洁的人字梁，木制的门窗，窗格上用油纸或丝绸敷住。由于李客所选宅址比较空阔，自然该有花园与亭阁，院落颇大，亦应有习武铸剑之处。因先祖为陇西成纪人，故李客将这处宅院命名为"陇西院"。

由于年代久远，且李白的儿子和女儿也未回来居住，人去楼空之后，陇西院曾成为和尚居住的庙宇。后屡毁屡建，现存的建筑为清乾隆五十三年（1788）重建，光绪二十二年（1896）增修仓吉、太白、蓥华、嫘祖四殿。二十世纪五十年代，这四殿拆除，仅存李白故居与山门。一九八二年和二〇〇一年，江油市政府先后出资，修旧如旧，但已是清代民居的风格了。

如今的李白旧宅于石砌的石阶之上，山门为朱红色中间高两端稍矮的平顶门墙，下置三扇门，中门之上是彩瓷镶嵌的"陇西院"三字竖匾，字颇大。匾框则龙蛇盘绕、鱼鳌浪游，装饰得颇为精美。二〇〇八年五月十二日大地震，曾将院门震垮，现已按原样修复。三道石门上仍悬垂着几副对联，中门联为"弟妹墓犹存，莫谓仙人空浪迹；艺文志可考，由来此地是故居"。左门联为"太华直接青莲宅，天宝遥看粉竹楼"。右门联为"旧是谪仙栖隐处，恍闻昔日读书声"。山门内照壁有"李白故居"四字，后附碑记一篇，书写着陇西院的来龙去脉。

过山门，穿过庭院，迎面高台上是李白离蜀的塑像，丰神飘逸，气度不凡。雕像之左为李白旧宅，是小四合院，分门厅、天井、堂屋、厢房。堂屋为祭祀祖先处，两厢则为卧室、书房、琴房。雕像右边为序伦堂，正中高台的两层殿宇为陇风堂，从重华镇的一座旧庙拆迁至此，供奉着李白先辈李广像，陈列着李氏家族世系表。

自然，这些建筑已非唐代的陇西院，但在旧宅之宅基重建，无疑有着重要意义，也表达了历朝历代乡亲对李白的怀念与尊崇。

是啊，诗人李白就在这里出生。

《四川总志》载："蛮婆渡，在江油青莲坝，相传李白母浣纱于此，有鱼跃入篮内，烹食之，觉有孕，是生白。"当然，这只是个传说，但有关李白母亲的文字仅存此一条，李白之母大抵是西域胡人，故称蛮婆，常在渡口浣纱，故称此渡口为蛮婆渡，后觉此名不雅，便改称漫坡渡，成为青莲乡的代表。

传说当然只能是传说。据唐李阳冰《草堂集序》所言，则是"神龙之始，逃归于蜀，复指李树，而生伯阳。惊姜之夕，长庚入梦，故生而名白，以太白字之，世称太白之精得之矣。"

这里说得十分清楚，即公元七〇五年李客归西蜀后，妻子生了李白，临盆之夜大抵是难产。而其母梦见太白金星入怀生子，所谓"太白晨出东方为启明，昏见西方为长庚"。因此名白，字太白。"复指李树，而生伯阳"，老子字伯阳，这里是以老子出生后指李树为姓的传说代指李白出生并恢复了李姓。或许还有老子再生之意。

李客夫妇除李白外，还为李白生了一个妹妹李月圆。李白本人排行十二，人称李十二，是李姓的从兄从弟，按同姓习俗认的家门，并非一家。《彰明逸事》载：李白"有妹月圆，前嫁邑子，留不去，以故葬邑下。墓今在陇西院旁百步外"。可知北宋对此墓便有记载。现今"唐李月圆之墓"碑石，为一九六四年重新勒石所立之碑。李客为其女取名月圆，或许为一家团圆之意。古人常将日月对举而言，日出于东，则月生于西。李白《上云乐》中有"金天之西，白日所没。康老胡雏，生彼月窟"。所谓月生西方的月窟，与长庚星同在西方一样，其名为月，李客亦有怀念或纪念其西域远地故土的意思吧。

《彰明县志》载："粉竹楼，县西南十五里，青莲场侧，李白为妹月圆造，遗址尚存，土人增葺，中奉太白、月圆木主。"传说李月圆常将胭脂水泼在楼下竹丛，天长日久，将竹子染出粉色，故称粉竹楼。此楼亦几经修建，现存为清道光十七年（1837）兴建，山门前尚存《重修粉竹楼记碑》，碑文云："粉竹楼者，李青莲先生为其妹月圆所筑也。自唐迄明，崇祀不绝，迨兵燹后，庙宇倾圮，基址犹存。"清代重建的粉竹楼是四合院式庙堂，门对面是戏台，两侧为厢房。一九八七年重修时，将彰明镇的古太白楼材料拆移至此而重修。

清王琦曾言："太白诗中绝无思亲之句，疑其迁化久矣。"这种怀疑有其道理。李白之父母大抵在其出名前去世，故其墓地难以找寻。李月圆去世时李白已天下闻名，故粉竹楼与月圆墓能保留至今。我想，李客和其妻应当是在李白待诏翰林之前便已过世，葬于何处，只有李月圆知道，而李白一去未归，大抵也是父母早逝，了无牵挂，不然他一生周游天下，不会一次也不归蜀探望双亲的。旧制凡民著于某地户籍，且于居住之地置有坟庐已逾二十年者，即以其地为籍贯。因而，江油无疑是李白的原籍，只是虽有墓庐，已无可考了。粉竹楼既然是李白为其妹所建，或许他辞亲远游之时父母即使未过世亦已年迈。如此看来，李客之妻生李白时，恐也是中年得子，自是喜不自胜，继而生月圆，陇西院中该是阖家圆满。

李白神龙元年（705）出生，正是唐中宗复位李唐天下，张柬之等迫使病重的武则天让位，正月二十四日中宗正式登基，可谓是朝廷翻天覆地的时日。其时被武后迫害的唐室王公子孙都蒙赦回朝，恢复原来爵位，一些曾被放逐的朝臣及其家族都被赦回乡。当武后的男妃张昌宗、张易之的头颅悬于皇宫前的天津桥上，观者人山人海，摩肩接踵地来看张昌宗的亲兄弟及堂兄弟处斩。一时间群情激越，大快人心。随后一次又一次大赦天下，除极少罪大恶极者外，流放之人也大都赦免。李客于此时归蜀并生子复姓，该与整个大的政治气候有关。一个不再隐姓的人，虽名为客，实际上也还是复姓埋名，个中缘由，实在是不得而知了。

刚出生的幼儿是可爱的，尤其在父母的眼中，儿子是家庭之根的延续，是心头肉，是整个家族的未来。看襁褓之中的稚子稀疏的胎毛，亮晶晶的小眼睛，一哭一叫、一动一笑都牵动着父母的心弦。诚然，再伟大的诗人出生的第一声啼哭，都不会是一首好诗。然而，孩子却是李客夫妇最得意的作品。

彰明清廉乡有"洗三"的民俗，即孩子出生三天后将娃儿置于盆中，用陈年艾草浸泡，洗干净，喻示着幼子长大后好干干净净做人。满四十天时叫满月，那一天要把孩子抱出家门避邪，免得日后生病，多灾多难。

满月之时，该是李白第一次看见室外广阔的天地，看青天丽日、草木溪流，被抱在母亲的怀中看那些围观乡邻陌生的面目，聆听他还听不懂的夸赞之语，无非是白白胖胖，将来定会大有出息，光耀门庭之类，或打问孩子的名字，妇人则问其母奶水足否，说些育儿经，等等。亲朋好友则提着礼物，于陇西院内张灯结彩，喝满月酒，杯盏交错，酒香弥漫，满桌麻辣之鱼肉菜蔬，更增添了热烈之喜气。

李客夫妇精心养育，看着他一天天长大，学会翻身，从柔软中坐起，颤巍巍地站立，蹒跚不稳地学会走路，牙床上生出米粒般的牙齿，并牙牙学语，开始叫爸爸、妈妈的时候，那种幸福感是任何事情都无法替代的。

我想，李白既生于蜀，自然学的是一口川话，那语音听来如同唱歌一样。但李客家族长年流徙于西域，深受西域文化熏染，加之李白之母又极可能是西域少数民族后裔，因而，聪明早慧的李白大抵也会西域特色的汉语，以及常人未识的突厥语等，他该是个语言天才。他在待诏翰林时醉后草签和番书时该证实了这一点。

李白生于蜀地，故乡彰明临近陇南及松（今松潘）维（今理县北）茂（茂汶）诸州。据称，这些地区汉代时即已有羌人聚居。《后汉书·冉駹夷传》载："夷人冬则避寒入蜀为佣，夏则违暑反其邑。"他们在川西平原主要从事修堰打井筑墙造屋，并向蜀人学习种田技术并传授砌石技术。唐初，原河湟一带的党项羌又南迁于岷江上游，同时，成都平原西北又有西山诸羌，其中，据《羌族简史》称"以哥邻和白狗二部最为著名，哥邻又名嘉良，即今藏族中的嘉戎，而白狗是现今羌族中的一支直系先民"。因而，彰明唐时便该是多民族杂居之地，当地的民俗以及多民族文化，对幼年李白独特的个性形成该有着较大的影响。李白之父李客潜归于蜀，书剑恩仇，成为"高卧云林，不求禄仕"的隐者，为避仇、生存或斗杀，来往风尘，耳濡目染，这位有着犯罪疑点者，环境的熏陶与血统的遗传该给了李白一个不安分的灵魂，自然有着如陈寅恪所言"融合胡汉为一体，文武不殊途"的生活习惯与强烈的个性特征。

李白在《上安州裴长史书》中曾如下介绍自己:"少长江汉,五岁诵六甲,十岁观百家,轩辕以来,颇得闻矣。常横经籍书,制作不倦,迄于今三十春矣。"

从李白自述看来,他是五岁开始接受正式教育的,至于是乡村书塾还是家学渊源,不得而知。唐代的村学相当普遍,《四时纂要》曾指出:"正月,命童子入学之暇,习方术,止博弈。"元稹曾写"见村校诸童,竞习歌咏,召而问之,皆对曰:先生教我乐天、微之诗"。可见当时乡村启蒙教育的普及。然而,李白曾自述:"余小时,大人令诵《子虚赋》,私心慕之",想来亦很可能是父亲李客亲自教授知识。李白家族虽已五世为庶,然其为陇西大家族之后裔,文功武略当是家传,隐于云林的高士传学于子,也是自然之事。

旧时计算年龄皆按虚岁,孩子腊月出生,到了正月就是两岁了,其实只有一个多月。因而,李白五岁发蒙读书,实足年龄最多也只四岁。可他都学些什么呢?亦即什么是"六甲"?

《初学记》卷二十一《文字第三》云:"古者子生六岁而教数与方名,十岁入小学,学六甲书计之事,则文字之谓也。"这恐怕是六岁学习简单的数学,辨别东西南北中五方之意。而六甲指"甲子、甲戌、甲申、甲午、甲辰、甲寅",是有关时间的名词,亦代指天干和地支,实际上是上古时用的天干地支计时之法,该是学天文历法推算时日吧。而"书,文字也",大抵是认知文字的本义及练习书写,而"记",该是文字的应用了。另,《汉书·食货志》云:"八岁入小学,学六甲五方书计之事,始知室家长幼之节。十五入大学,学先圣礼乐,而知朝廷君臣之礼。"从中得知,古时十岁、汉时八岁才学六甲书记之事,唐时蒙童入小学的时候有所提前,但李白五岁诵六甲,也可视为早慧的孩子了。况且上学早一点儿晚一点儿并不能说明什么,历来的"神童"之类,最终鲜有成大器者。

据称,在战国时期,"六甲"就作为蒙童学习的内容。《礼记·内则》载:"子能食食,教以右手。能言,男唯女俞,男鞶革,女鞶丝。六年,教之数与方名。七年,男女不同席,不共食。八年,出入门户。及即席饮食,必后长者,始数之让。九年,教之数日。十年,出就外傅,居宿于外，学书计，衣不帛襦袴。礼帅初，朝夕学幼仪，请肄简谅。"这些礼仪之法与所学内容，该是童子开蒙的必学知识，李白恐也不会例外。只不过他十岁时已遍读诸子百家了。如此推算，李白大抵该是在家中受学的，因为村学诸多蒙童无法同时与他读如此多的书，不是李客亲自教授，也应当是家请的私塾先生教之。陇西院附近如今尚存洗墨池，为小方井，终年泉水不涸。这口两尺见方的井水流清澈，水面冒出珍珠般的小水泡，很像蒲花，故此井也称蒲花井，相传李白少时就在此井汲水研墨、洗笔，天长日久井水便呈淡淡的墨色，故后人将蒲花井改为洗墨池。

自汉以来，儒家经籍就成为教育的主要内容。《诗》《书》《礼》《易》《春秋》《论语》《孝经》，皆为所学。孔子删《诗》《书》，定《礼》《乐》，大抵是作为教材用的，以培养"修身""齐家""治国""平天下"的栋梁之材。唐代科举即设"童子科"，规定儿童"十岁以下能通一经，及《孝经》《论语》，背诵文十，通者予官；通七，予出身"。正如孔子所言，诗教令人温柔敦厚；书教令人疏通知远；乐教令人广博易良；易教令人洁静精微；礼教令人恭俭庄敬；春秋之教令人属辞比事。然而，这些典籍多较艰深，李白能在读罢六经之后并观诸子百家，可见其研读勤奋，亦可称为天才。

从汉代的六艺、诸子、诗赋、兵书、术数、方技、辑略之《七略》，到《新唐书·艺文志序》中所说："至唐始分为四类，曰经、史、子、集。"凡所列经典、皆在李白熟读之中，所谓"轩辕以来，颇得闻矣"，可见李白少年时涉猎之广、之宽，为其后来引经据典的写作，打下了坚实的基础。

在李白故里，流传着后人皆知的"铁杵磨针"的故事。年幼的李白曾一度贪玩好要，不安分的天性让他坐不下来。有一天，他在陇西院前的小溪边游玩，走到三步两洞桥，听到"霍霍"的声响，循声而去，发现一满头银发的老婆婆，正在石头上磨着一根铁棒。李白心里纳闷，问婆婆："你磨铁棒做啥子呀？"婆婆见是个学童，便边磨边说："我要把铁棒磨成绣花针。"李白诧异地说："那要磨到啥时候呀？"可婆婆却说："我天天磨，只要功夫用得深，铁棒也能磨成绣花针。"老婆婆的话让李白大受启发，领悟了其中深刻的含意，从此持之以恒、刻苦攻读。这个传说究竟真实性如何或许并不重要，重要的是对后人的激励与启示。后人因此而将陇西院前的小溪称为"磨针溪"。二十世纪八十年代，全国的青少年捐零花钱，在磨针溪旁建了一座磨针亭，可见这个故事对青少年的影响之深、影响之大。

据《方舆胜览》载："磨针溪在眉州象耳山下，世传李太白读书山中未成，弃去，过是溪逢老媪方磨铁杵，问之，曰'欲作针。'太白感其意，还卒业。"此载与江油所传故事相同，地点有异。然而这个传说放在李白故里更合乎情理，少年李白不会逃学跑到数百里外的象耳山去。

北宋熙宁元年（1068）江油匡山上曾立有《中和大明寺住持记》碑，上刻有："翰林学士李白字太白，少为当县小吏，后止此山，读书于乔松滴翠之坪有十载。"李白日后出川，在匡山读书十载，当是十几岁吧，此前在彰明县衙当过一段办事员。二十年后，县令杨天惠在《彰明逸事》中，对李白做过小吏有着较详细的记载。北宋宣和五年（1123）彰明县令在大匡山立的《谪仙祠堂记碑》亦载：李白曾"为邑小吏"。

宋代距唐代不远，彰明出现李白这样一位"唐代三绝"之一的大诗人，名震寰宇，故乡人自然引以为荣，敬崇有加，搜寻其逸闻趣事，口口相传，并刻于碑文之中，录于书卷之内，该有其真实性。

或许，有人以为"逸事"之类属传闻野史、街谈巷议，非正史，不足为凭。然而，正如清人王士禛所言："野史传奇往往存三代之直，反胜秽史曲笔者倍蓰……礼失求诸野，惟史亦然。"其实，历史都是人写出来的，所谓胜者王侯败者贼，历代帝王命臣下修史，莫不为自己涂脂抹粉，贬低前朝以衬托自己的文治武功、神圣英明，若史官是阿谀奉承之徒，无实事求是之心，那"当代史"常常成为"秽史"，文过饰非，难以公正，龌龊至极。故有时所谓正史，实在像任人装扮的小姑娘，时而丑陋至极，满面菜色，状若东施；时而雍容华贵，如花似玉，成为宫装美人。那种将伤口写成玫瑰，把珠玉看成粪土的正史，并不鲜见。

被誉为"史家之绝唱"的司马迁的《史记》，著作者除查阅内府所藏的图书典籍外，也曾"广采民间遗存，网罗天下放失旧闻"而成书。

司马光的《资治通鉴》，也是"遍阅旧史，旁采小说，抉拾幽隐，荟萃为收"。他还讲"实录正史未必皆可据，野史小说未必皆无凭"。就研究李白的史料而言，《旧唐书·李白传》称："李白，字太白，山东人……父为任城尉，因家焉。"但此错讹在《新唐书·李白传》中就有了更正，且被所有研究者否定。看来正史有时也未必可靠。

李白在彰明任小吏，大抵只是个侍奉县令、洒扫庭院、铺纸研墨的十几岁的少年差役，无职无品，对于心高气傲的他而言，或许是初窥官场，稍加历练，也许是希图自立，为稻粱谋故。从《彰明逸事》所载之诗看来，虽稚嫩浅显，但已颇见才气，绝无随波逐流之态，而有自己独有的感受，已初具气象。

当少年李白驱牛经县衙堂前，县令之妻见牛入衙门，有怒意，欲诘责。太白则吟诗曰："素面倚栏钩，娇声出外头。若非是织女，何必问牵牛？"信口而出，牵牛经堂前与县令妻之神态皆入诗之情境之中，随意自然，引牛郎织女的典故诙谐，似玩笑之语，信手拈来，足见思维之敏捷，一句玩笑话将怒意化为无形，让县令也惊异不已。一日，李白为县令侍砚铺纸，县令赋山火诗云："野火烧山后，人归火不归。"执笔良久，却写不出后两句来。少年李白在旁续句曰："焰随红日远，烟逐暮云飞。"闻此佳句，让县令大为惭愧。且不说续句对仗工整，焰随红日，烟逐暮云，由近及远，想象力丰富，亦提升了整首诗的境界。又有一日，李白随县令去看上涨的潮水，发现有女子溺死江上，县令又吟诗云："二八谁家女，漂来倚岸芦。鸟窥眉上翠，鱼弄口旁朱。"太白应声续之云："绿发随波散，红颜逐浪无。因何逢伍相？应是想秋胡。"县令作为父母官，见溺死之女子竟毫无怜悯之心，却卖弄词汇，写鸟窥鱼戏，确是没有心肝的昏官。而李白的续句却含蕴着深切的同情，他想到女子大抵是遭到秋胡这样好色之徒的凌辱，才像伍子胥那样含冤而死。从诗中可以看出，少年李白已洞悉人世的无常和黑暗的一面。因诗有讽喻之意，县令大为不悦。少年李白弃之而去，"隐居戴天大匡山"，结束了他短暂的小吏生涯。

十几岁大抵是人生动荡的青春期，颇有逆反心理，心高气傲的李白不甘于寄人篱下，为人跑腿打杂，也是必然。心有鸿鹄之志欲展翅高飞的他亦知自己尚需深造，才能平步青云，走捷径而成帝王之师，匡扶天下，实现自己的远大抱负。故如他自述所言，十五岁的李白于匡山读书十年，尽心竭力，"横经籍书，制作不倦"。而"十五好剑术"，"十五观奇书，作赋凌相如"，"十五学神仙，仙游未曾歇"，则是具体的写照。

李白在《上安州裴长史书》中曾言："昔与逸人东岩子隐于岷山之阳，白巢居数年不迹城市，养奇禽千计，呼皆就掌取食，了无惊猜。广汉太守闻而异之，诣庐亲睹，因举二人以有道，并不起。"

诗人用语常不以常规，匡山不说匡山，而称岷山之阳，让后来者生出疑惑，并生误解。唐代《括地志》载："岷山在岷州溢乐县（今甘肃岷县）南一里，连绵至蜀二千里皆名岷山。"在唐宋人看来，川西北的匡山、青城山都是岷山山脉的一部分。如同人称家住北京与具体的社区之别，只是大范围和具体地址之别，实际上是一回事。称大匡山为岷山之阳，《江油县志》早已有之："郡治之北有大匡山焉，于分野，当井鬼之次；在唐书，为岷山之阳。"李白恐也是据此而称之。郭沫若等人均以为"岷山之阳"是指青城山。然而杜甫怀念李白的诗中就有"匡山读书处，头白好归来"句，可青城山无任何李白读书的遗迹，《青城山志》亦言："蜀中传为李白读书处所在，非只一地，更不得附会李白遗址于此山。"且岷山山脉主峰雪宝顶距匡山较青城山近得多，匡山与岷山主峰相连，峰接山岫，仅百余公里。而李白自言与东岩子隐于岷山之阳，曾被广汉太守"举二人以有道"，说明这岷山之阳系广汉太守管辖之处。青城山从汉至唐都不属广汉郡，李白沿用汉广汉郡之名，绵州曾是汉广汉郡所属，并曾为郡治所在，匡山正在此境内。这里的广汉并非今天距青城山较近的广汉市。李白隐居时所写之诗《访戴天山道士不遇》，也因青城山为"大面山支脉古称成都戴天山"为李白隐居之地，但此论者所引之《道教论稿》则已写明江油境内有道教名山代天山，并特别指出："江油有天仓山……有代天山（大匡山顶），与青城的成都代天山同名。"

对此，从小生长在大匡山脚下的蒋志教授最为清楚，并对李白所到之处均一一实地考察。他讲：匡山是戴天山脚下的一座小山头，从匡山到戴天山主峰约五十华里，戴天山与匡山都是岷山山脉中大小不同而又紧密连接的两座山，所以杨遂《旧宅碑》说："先生旧宅在清廉乡，后往县北戴天山读书。"同时蒋志先生又引《四川通志》《绵州志》《江油县志》等，指出"大匡山又名戴天山"，大匡山"其山巅名戴天山"，"戴天山，在大匡山顶，上有饲鹤池故迹，即李白访道士不遇处，瓦砾累累皆是，其为当时寺观可知"。

此外，亦有人将匡山视为匡庐。对此，《庐山志》则称"杜子美诗云：'匡山读书处，头白好归来'，此言匡山乃彰明之大匡山，非浔阳庐江郡之匡庐山……杜公之诗或祝其生于斯者归于斯，又或以己之客望客之归。"《庐山志》尚且如此说，想来已不须再辨。

十五岁的李白与逸人东岩子在匡山深处隐居数年，不迹城市，巢居于林莽，正是他"观奇书""好剑术""学神仙"的时日。东岩子其人史书没有记载，李白也仅此一次提到此人，但从两人之行为看来，大抵也是求仙学道，与大自然融于一体，与鸟兽同类般的巢居的吧。此时的李白已遍读经典，他的"观奇书"自然不是儒家典籍那种偏于政治教化、人伦日用之常那些无奇可言的书。或许是道家的"炼丹术"《列仙传》《奇门遁甲》之类，抑或是蜀中所藏的"百家奇书"秘籍，如《墨子五行秘书白虎七变》《长短要术》，等等。因为李白既然"学神仙"，必对道家秘籍感兴趣。而"好剑术"，剑是道家擅长的武器，故他自言的"十五观奇书""十五好剑术""十五学神仙"，该是三位一体的行为。

李白与东岩子隐居的"岷山之阳"大匡山，北宋乐史编撰的《太平寰宇记》卷八四"龙州"条言："大匡山在州南八十里，高九百丈，阴洞潜穴，气蒸成川，有飞泉下流，一百里入剑州阴平合白泽水。"宋代"龙州"州治在今平武县南坝镇，其州南八十里即今江油境内。大匡山下有白鹤洞，洞中的阴河从洞口流出，形成飞泉，下泻于老龙潭。此地于二十余年前我初次来江油时曾随诗兄孙静轩先生来过，只记得潭水异常清澈，山上茂林修竹，葱翠欲滴，确是隐者栖居的好所在，记得我也曾探过白鹤洞暗河，诧异于它同浙江某地的洞中暗河颇为相像。

写到此，我想起李白隐居匡山读书时写的《访戴天山道士不遇诗》——

> 犬吠水声中，桃花带露浓。
> 树深时见鹿，溪午不闻钟。
> 野竹分青霭，飞泉挂碧峰。
> 无人知所去，愁倚两三松。

诗清新明丽，有声有色，无一字说"不遇"，却处处令人感知"不遇"，颇受后人称道。可见李白其时的生存环境与心境。据当地人告知，大匡山上世纪五十年代初还古木参天，高大的松树已历千年，双臂难以合围，那时的大匡山该与李白隐居时并无二致，只是树更高大、林更浓密吧。可一九五八年全民大炼钢铁，千年古树均化为飞灰，钢铁没有炼出来，山却秃了，一时间炉火冲天，鸟兽敛迹，生态遭遇极大的破坏，世人再无隐居之处。百姓拾柴烧饭都已困难，该是"愁倚已无松"了。如今的匡山虽已山青水碧，杂树丛生，终失去了原有的气度。

想李白与东岩子在此巢居，当年栖于"云深不知处"，饮清清泉水，食山珍野果，击打燧石取火，山居别有洞天，闲云野鹤般自在逍遥。那大抵是行到水穷处，坐看云起时，盘腿打坐，鸟鸣山幽，晨起二人击剑习武，间或炼丹煮泉，品茗谈玄。暮晚一灯如豆，读奇书而掩卷沉思。那是与林木共生、与鸟兽为伍的日子，难怪两人会养奇禽千计，鸟儿会落在他们的手掌之上啄食米粒了。所谓天人合一，与禽兽群，合乎自然，顺乎天道。正如《庄子·山水篇》所言："逃于大泽，衣裘褐，食杼栗"；《马蹄篇》言："至德之世，禽兽成群，草木遂长。是故禽兽可系羁而游，鸟鹊之巢可攀援而窥"，"同与禽兽居，族与万物并，恶乎知君子小人哉！"

这时候的李白绝非"独尊儒术"中规中矩的读书郎，所谓"轩辕以来，颇得闻矣"，就是说被儒家认为"言黄帝，其文不雅驯"而视为异端之言，李白却以"颇得闻矣"而得意。李白与东岩子巢居之时养诸多奇禽，该也是受黄帝的传说，以及《列仙传》的影响有关。

《列子·黄帝》篇中载："有役人梁鸯者，能养野禽兽，委食于园庭之内，虽虎狼雕鸮之类，无不柔驯者，雄雌在前，挈尾成群；异类杂居，不相搏噬也。"《列仙传》中亦有这样的描述："祝鸡翁者，洛阳人，居尸乡北山下，养鸡百余年。鸡有千余头，皆立名字。暮栖树上，昼放散之。欲引呼名，即依呼而至。"而《南齐书》卷五四《高逸列传》也载："永明中，会稽钟山有人姓蔡，不知名。山中养鼠数十头，呼来即来，遣去便去，言语狂易，时谓之'谪仙'，不知其终。"

这里需说及的，上述几则奇闻，系从周勋初教授的书中转引而来，我不是个遍读史书者，借用之再借用，不能掠美。

人如此与禽兽无猜疑，似也成了亲朋好友，动物也能听懂人的语言，看来心灵间也能相通。虎狼之类饱食之后尚不相互搏噬，可人吃饱了没事做却相互仇杀，确人不如兽也，所谓衣冠禽兽，倒是对人的恭维了。人类嗜杀，多少禽兽皆为腹中之物，说起来，专事屠宰的屠夫且不必说，家中最为贤惠的主妇，都是厨房里宰鸡杀鱼者，所谓"君子远庖厨"更是虚伪之至，"动口不动手"更为可恶。自然，我也是个食肉者，也不是什么好人了。然而当我听到屠宰场含泪的牛在传送带中听着音乐，随即被剥皮剔骨，顷刻间变成肉块的时候，亦不免心惊肉跳，慨叹人之残忍、可恶。这年头，或许只有小狗、小猫是备受宠爱的动物了，甚至被饲者称为儿女，不只有名字，备受呵护，比养孩子都要上心，食不厌精，那小狗了通人性，只不过和李白养的奇禽相较，一是豢养家中，一是与禽兽野居；一是都市"文明"，一是回归自然罢了。因此，世人认为能与鸟兽群者为得道之人，难怪其时广元太守"举二人以有道"了，可李白并不领情，不以为意。

据蒋志教授考述：戴天山顶正南有二百平方米的平地只生矮草。箭竹之根未能窜入，这里发现了多年沉积的木炭灰，为古人用火的炭迹，显然是唐道观遗址。或许，李白来访道士之时，也曾在这里取过火吧。如今，山上已重修了一座小观，供奉着一尊太白星君像，头戴逍遥巾，身着道袍，右手执笔，左手托书，飘逸潇洒，俨然是一尊李白像。观中张道士说："李太白本是天上太白星君下凡，所以称他谪仙，他曾在此寻仙访道，故要供他的像。"是啊，这里千余年来"道风未沦落"，这尊塑像该也是李白与东岩子于此巢居数年的纪念了。

李白当年隐居读书处，除大匡山外，还有小匡山。《彰明县志》载："小匡山，县西三十里，亦名读书台。孤峰秀拔，宛如文笔，李白尝读书于此。"小匡山位于青莲乡与大匡山之间，据说李白亦在此读过书。相传李白在此山读书时，常夜读到天明，山下远处都能看到山上的灯光，故人们也称小匡山为点灯山。清代乾隆年间这里建有太白祠，匾题"古读书台"，正殿塑李白像。光绪年间又重修扩建，有殿宇三重，后残败。如今仅存石塔一座，实为化字库，读书学子烧废字纸之处。此外，山上还有李白晒书坪、书箱石等遗迹。

二〇一二年春夏之交，我再度前往江油，诗人雨田陪我登小匡山探寻李白读书处。山上石板路逶迤弯环，掩映于草木丛中，虽未登至高处，但蛇行其中也感受到林密山幽，一眼望去旷远通达，目下水田碧绿，身旁荆棘牵衣，颇生怀念李白之情。我看着路旁丛生的草木，打探着它们的名字，那些高大的并不粗壮的是漆皮树、水楂子、翠竹、广玉兰、桂花树、香樟、红叶李等参差错落，一丛一丛的野玫瑰、七里香与藤萝缠绵纠结，枝叶葱郁，星星点点的花朵点缀其间，颇为茂盛，浓淡相宜。山上空气清新，草木野性的气息扑鼻而来，令人心旷神怡。而回身望去，不远处层峦叠嶂，一山更比一山高，若隐若现于云雾之中，该是大匡山及其极顶戴天山了。

在山路旁，我发现时有一丛一丛柠条状的植物，细长而少叶，问之，雨田告诉我，它叫金条子，当地人常用它抽打不听话的孩子。或许，李白儿时顽劣，贪玩误了读书，李客该用过这金条打过他的屁股吧。

一位诗人朋友告诉我，早年这山上多是千年古柏，由于众所周知的原因而毁灭，目前只生些杂树。想来若李白再生，该也不认识他少年时隐居的读书处了。

下山时，发现有成群的中小学生相伴，或在家长的引领下登山来读书台，大抵是临近中考，来李白读书处沾点灵气。自然，这也看出蜀中乡亲对李白的敬仰，该地勤于读书的风气。如此人杰地灵之处，诞生并养育了诗人李白，也是必然。

第五章

专车之骨

公元七一〇年，皇后韦氏和女儿安乐公主毒死中宗李显，立小皇帝李重茂登基，效仿武则天做女皇梦，把持朝政。其时宗楚客、叶静能预谋杀相王李旦，奉拥韦氏夺唐之基业。临淄王李隆基知其父温厚柔顺，便瞒着相王，濒危之际，与武后之女太平公主密结，诛杀了韦后与安乐公主，少帝李重茂亦被暗杀。多年处于武后权力阴影下的相王李旦曾坚辞皇位，此时则在群臣拥戴下登基，立三儿李隆基为太子。

李旦当政一年多后，太平公主上奏天象异常，要废李隆基改立太子。李旦当机立断，宣布退位，于是李隆基便顺理成章地当了皇帝。

其时太平公主把持朝政，在庙堂之上已与太子李隆基成分庭抗礼之势。甚至有时太平公主患病，百官不敢入朝，先去太平公主府上讨教，才敢朝见睿宗李旦。玄宗登基，太平公主预谋兵变，被玄宗李隆基勒令自杀。内乱平定，烟消云散，遂开创了李唐之开元盛世。

应当说，李隆基在除去韦后及太平公主的宫廷争斗中，掌控机变，出手利落，显现出平乱治国的才能，是颇有才智而成大业有作为的王者。加之他有贤相辅佐，励精图治，才有了开创盛世伟业的局面。

正如王夫之在《读通鉴论·卷二十二》所言："唯开元之世，以清贞位宰相者三：宋璟清而劲，卢怀慎清而慎，张九龄清而和，远声色，绝货利，卓然立于有唐三百余年之中，而朝廷乃知有廉耻，天下乃藉以乂安，开元之胜，汉、宋莫及焉。"并称"三子之清，又异于是，劲者自强，慎者自持，和者不流，而固不争也"，"夫三子之能清而不激，以永保其身，广益于国者，抑有道矣"。

天子英明，宰相清贞，强者、慎者、和者相互补益，没有党争，鞠躬尽瘁，庙堂之上正气凛然，奢淫贪纵之风得以抑制，自是国家之幸，百姓之福。三相士起田间，食淡衣粗，秉素志以立朝，所谓天下之事，自与天下共之，故智者献其谋，勇者资其断，艺者尽其才，才有了如此之和谐太平之天下。而朝政"持其正而不厉，致其慎而不浮，养其和而不戾，天下乃赖有清贞之大臣，硗硗者又何赖焉！"（王夫之语）天下之乱，自然首在帝王昏庸，奸相弄权，骄奢淫逸之风日盛，宫闱争斗谋杀，不顾百姓死活，必是乱世之兆。

开元初，民间藏有大量私铸铜钱，为经国之远图，宰相宋璟拨太府及府县粮十万石卖出，将恶钱收回销毁。发粟以收私铸恶钱，使人不丧其利而高高兴兴地将恶钱用去，何乐而不为。其时虽销毁颇多但未尽，但百姓看到宫廷将价值十万石的恶钱销毁，知道恶钱终将泯灭，再不肯藏。如此利权归一，顿改国钱不胜私铸的局面，恶钱不行则国钱重，鼓铸日兴，奸民私铸之风立止，行之十年，其利则百倍于十万粟之资。可见此举之深谋远虑，所谓"持其正而不厉"，致使风调雨顺，国泰民安。

玄宗及卿相深得理财之道，将资财散积于州。据李萼说颜鲁公言清河之富称："有布三百余万匹，帛八十余万匹，钱三十余万缗，粮三十余万斛，甲兵五十余万事。"一郡之积，充盈如此，唐之富可知矣。其时轻租薄赋，一百亩田租只取二石，绸绢六丈，绵只四两，故民安居乐业。这就是所谓盛唐的黄金时代，国富民强，道路四通八达，路上商贾不绝，客栈酒肆星罗棋布，行人走千里而不必带食粮，行程万里也不必带护身兵器。正如杜甫《忆昔》诗所描绘的，那开元全盛之日，小邑万家藏有宝藏，稻米流脂，粟米白净，公私仓廪丰实，路无豺虎，远行每天都是吉日，"齐纨鲁缟车班班，男耕女丧不相失"……

而与经济发达相对应的显现盛唐气象的文化，亦趋繁荣。以代表唐代文化之最的唐诗而言，当初唐四杰从六朝传统脱颖而出，让诗从萎靡绮丽的宫廷走向市井，从台阁转向塞漠，已初见新风，待到陈子昂写出千古绝唱《登幽州台歌》——

　　前不见古人，后不见来者，
　　念天地之悠悠，独怆然而涕下！

这样空前绝后，一扫二百年来颓废柔弱之诗风的雄阔博大、悲怆的感叹，独一无二的声音，开创了盛唐之音的先河。陈子昂主张诗应有新时代的声音，与新兴的音乐、美术、舞蹈相和。可这位开辟诗之新的疆域的诗人，被家乡射洪县令诬陷，屈死狱中，年仅四十二岁。

而此时，陈子昂的同乡，即将引领风骚唱响盛唐之音，玄宗谓之"英特越逸之气"之时代精神的李白，仍在昌隆的大匡山苦读诗书，并以笔落惊风雨的诗文初现光焰。

那大抵是李白与东岩子寻仙学道、巢居数年之后，又来到了大匡山大明寺读书。大明寺为唐贞观年间长眉僧骇智所兴建的佛教寺庙。唐僖宗中和年间"敕赐中和大明寺额"而扩建。因李白在此读书，宋代再次扩建庙宇，并建了太白祠。宋代因避赵匡胤之讳，改大匡山为大康山，故有一山两名，至今大匡山所在乡镇仍名大康。大明寺北宋末废而重建，明清仍重建、扩建。清光绪年间，龙安知府在大明寺边兴建匡山书院，筑殿三重，为文昌殿、书院讲堂、太白殿，并建有双桂堂、邀月亭，计九个院落，一百多个房间，常住师生数百人。一九五八年山林被砍光，寺庙书院亦毁。之后封山育林，于大明寺遗址建了匡山亭。当地百姓捐资，重建了太白殿。山上尚存饲鹤池，为李白吟《别匡山》之处。此山还有太白洞，相传李白曾在洞中读书。

《彰明逸事》载：

　　时太白齿方少，英气溢发，诗文甚多，微类《宫中行乐词》体。今邑人所藏百篇，大抵皆格律也。虽颇体弱，然短羽襦袢，已有凤雏态。

《酉阳杂俎》云：

> 李白前后三拟《文选》，不如意辄焚之，惟留《恨》《别》
> 二赋。今《别赋》已亡，惟存《恨赋》矣。

任何天才俊杰的写作，都是从学习模仿开始的，驾轻就熟之后才可能进入创造。李白少作自然也是如此，学得中规中矩，格律井然，写作常不如意，废纸三千亦是必然，悔其少作，将废稿烧掉，而不必留下该是认真的写作者都要做的事情。然而，天才李白初始的写作便引人注目，已是"雏凤清于老凤声"了。

李白于匡山读书，其生活是丰富的。除遍读诗书之外，时而游览名山，或勤于习练剑术，吟诗作赋，或往来蜀中旁郡，寻师访友。然而，这期间下力最多的，则是"三拟《文选》""作赋凌相如"了。

唐代诗人起步之初，几乎都从学习、摹拟《文选》入手，而李白下的功夫颇深，是一拟、再拟、三拟。应当说，这种效仿、摹拟，是写作基本功的练习，如书法的临帖，细心揣摩其笔法、笔势、笔意，既考虑字的笔法，线条的粗细相间，计白当黑，又考虑字之间的连接顾盼，亦考虑总体的谋篇布局，最后融会贯通，得心应手，开创出自成一家的新境来。或许，李白之父中原文化传统颇为深厚，家教中言传身教，而他念念不忘的魏晋情结，该也是从汉魏六朝文学的效仿中来吧？

杜甫《春日忆李白诗》云："白也诗无敌，飘然思不群。清新庾开府，俊逸鲍参军。"连杜甫从李白的诗中也看出庾信、鲍照的影子。可影响李白颇深的鲍照，虽是其时新锐诗人，然而也是在学诗时在摹拟上下功夫最深的人，《鲍明远集》中的诗题可以证明。诗人在成熟阶段亦有拟古之作，常以拟古、学古，以及代、戏作、赋得、效古、古意、感遇、感兴等名目，但已是借题发挥、借尸还魂、自出新意之作了。

就李白早期"三拟文选"所留唯一之《拟恨赋》与江淹《恨赋》对照，确是不折不扣的模仿之作，其通篇结构，段落句法，全为效法之语，甚至连接词"于是"都一模一样。只不过李白将江淹的"试望平原"换成"晨登泰山"之类，江以"于是仆本恨人，心惊不已。直念古者，伏恨而死"开端，李则以"于是仆本壮夫，慷慨不歇，仰思前贤，饮恨而没"开端，亦步亦趋，仿得毫无二致。第二段江的"帝王魂断"，李则为"汉祖晏驾"；第三段中江写"赵王幽囚"，李则为"霸王自刎"；第四段中江《赋》写李陵降北之心态，李《赋》写荆轲奇谋不成之愤惋；第五段中，江写明妃远嫁，李则写陈后失宠；第六段江写敬通见诋，李则写屈原放逐；第七段江写嵇康下狱，李则写李斯受戮……江《赋》末以"自古皆有死，莫不饮恨而吞声"作结，李赋则以"与天道兮共尽，莫不委骨而同归"终篇。清王琦曾言，此赋为齐梁间江淹所作，为古人志愿未遂抱恨而死者致慨。太白"盖全拟之，无少差异"。

这样效拟的短章，该是李白初期写作从书本到书本的习作，用的是常用典故，因袭的词汇，并无创意可言，只能让人追根溯源，看出太白亦下过死功夫、笨功夫，对楚辞及齐梁赋家浸淫之深。

这样的摹拟，只是牛刀小试，创造之基。就赋而言，表达盛唐"英特越逸之气"需要大气度、大手笔，因而，李白作为蜀人，自然对蜀中前辈的"大赋"情有独钟，或许只有巨丽恢宏、气势雄健、状如雷奔涛涌的大赋才能与这个时代相称，故小时大人令诵《子虚赋》私心慕之的李白，自然对司马相如的汉代大赋复起摹拟之心。

观唐代赋史，大抵是六朝赋的延续，除歌功颂德者外，初始多为节令及物的抒情小赋，至四杰时，方篇制加大，如王勃《滕王阁赋》，骆宾王《荡子从军赋》，杨炯《浑天赋》，王勃赋体的《九成宫颂》，皆为长篇赋作，但其体气章句、遣词结构，仍为六朝体的放大版。只有李白一反常态，承六朝而复向汉大赋回归，打破六朝赋局促狭小的格局，正如章学诚在《校雠通义》卷二所言："假设问对，庄列寓言之遗也；恢廓声势，苏张纵横之体也；排比谐隐，韩非《储说》之才也；征材聚事，《吕览》类辑之义也。"这种综合先秦诸家、总括三才、骋辞宏大的汉大赋，有着游侠习气的李白气质相合，为其所激赏，也是必然。

或许，更为重要的，是司马相如传奇般的故事对李白的吸引。相如因杨得意荐《子虚赋》为汉武帝激赏而入仕，正合他平步青云、一鸣惊人的入仕梦想。相如为汉武帝所看重，仍卓尔不群，有别于枚皋等俳优般的赋家，又曾奉旨安抚西南夷，衣锦还乡，更加受人钦羡。这无疑是蜀人及所有士人以献赋晋身又建功立业的终南捷径，这对不屑于科举而又能上动天听的李白，该有着更深的影响。

同样对李白有刺激的，还有他蜀地前辈、亦以献赋得官颇享盛誉的扬雄。李白在《答杜秀才五松山见赠》诗中写道："昔献《长杨赋》，天开云雨欢。当时待诏承明里，皆道扬雄方可观。"字里行间颇有仰慕之意。难怪李白在《东武吟》一诗中云"因学扬子云，献赋甘泉宫。天书美片善，清芬播无穷"了。而他在去蜀远游之初在扬州写《淮南卧病书怀寄蜀中赵征君蕤》时，于病中披衣而起，在孤独清冷之境中思念蜀中故土亦师亦友的赵蕤，亦想起才华横溢、名满天下的蜀地前辈、汉赋大家，故写下"朝忆相如台，夜梦子云宅"。那大抵是李白初出蜀地，仍朝思夜想先贤的腾达飞升，自己却还一事无成，病卧淮南之际颇为伤感所作吧。

司马相如、扬雄的大赋沉博宏丽，以骈辞气豪而著称，被论者视为汉赋的典范之作。其作品在《文选》中占有重要位置。且《文选》之中，京都、郊祀、畋猎、宫殿等赋，排在诸卷之首，可见其为分量颇重、首被推崇的题材。刘勰《文心雕龙·诠赋》篇称："夫京殿苑猎，述行序志，并体国经野，义尚光大。"用当下的话说，那可是"主旋律""大题材"的鸿篇巨制，总会有歌功颂德者乐此不疲。可写作者若无司马相如、扬雄的才气、水准，只重所谓题材的重大，而无力驾驭，恐只能留下笑柄。当然，我说这些，没有贬低任何题材之意，对于写作者来说，不在于写什么，而是你创造出了什么，世界上没有大题材，只有大手笔。写凡人小事，亦可以以小及大、惊心动魄，写博大、庄重的事物，在有些人的笔下，也会佻薄轻浮、涂满脂粉，几近于无耻。

想来，李白胸怀大志，苦心孤诣"三拟《文选》"之时，在熟读背诵后，自当字斟句酌，条分缕析，描红般地照猫画虎，又多付之一炬，自然出了不少废品。可天性聪慧的诗人，终得其要领，在偶有小成之后，又转向"义尚光大"的重大题材的摸索探寻之中，破解司马相如、扬子云之精髓，苦其心志，劳其筋骨，故他的《明堂赋》《大猎赋》，其初稿该是此时而作。李白所谓"十五读奇书，作赋凌相如"，不可能是短制《恨赋》之类，要"凌相如"必是大赋。李白谒见苏颋时所呈被称为"下笔不休"的诗文，该有其大赋在内。研究者对李白《明堂赋》《大猎赋》的写作时间有争论，或许十五岁时的李白尚无如此功力。其实大赋的创作颇费心思与功夫。《西京杂记》卷二云："司马相如为《上林》《子虚赋》，意思萧散，不复与外事相关，控引天地，错综古今，忽然如睡，焕然而兴，几百日而后成。"而张衡作《二京赋》、左思作《三都赋》都花了十年的时间。再大的手笔和天才，作如此长赋，"合綦组以成文，列锦绣而为质，一经一纬，一宫一商，此赋之迹也"，该是细心编织，用典之多亦需细心查阅，不可能一挥而就。或许李白之大赋少作只是初稿，虽曾示人，仍显稚嫩，而后多年曾数易其稿，最终完成的吧。

李白十五岁便自诩为"作赋凌相如"，一个"凌"字，大有超越前贤之意。年轻气盛、目空一切的李白，绝不甘居人之下。他对司马相如该是"羡慕嫉妒恨"的感受，故要"凌"之，并在《大猎赋》序言中予以诋毁、攻讦。

李白《大猎赋》序中认为，司马相如的《子虚赋》所言之地，不过千里之内，而云梦泽就占了一大半，齐国人又占其八九，已没有平地、山脉、水泽以及禽兽的承担回旋余地，如此狭小之地，"非诸侯禁淫述职之义"。而《上林赋》所说"左苍梧，右西极"，只是汉武帝广开上林，东南至宜春鼎湖，御宿昆吾，西至长杨、五柞，北绕黄山，滨渭所在，周围不过数百里。至于扬雄的《长杨赋》，言命百姓设网置罘，捕熊罴虎豹、豪猪麋鹿、狄玃狐兔，放在长杨射熊馆，让胡人空手与兽相搏，缚住其兽便归胡人所有，皇帝亲临观之娱乐而已。《羽猎赋》也不过是灵台之囿，围经百里而开殿门。故李白称"相如子云竟夸辞赋，历代以为文雄，莫敢诋讦"，"当时以为穷壮极丽，迨今观之，何龌龊之甚也"。

看来李白少时便爱说大话，已显露攻击性人格的一面。他写明皇狩猎的《大猎赋》，既效相如、扬雄献赋于帝，又贬其二人之赋而凌其上，无所不用其极，用"龌龊至极"来衬托他的"辞欲壮丽，义归博远"的大作，或许更合于玄宗所言的大唐"英特越逸之气"吧。

《大猎赋》是献给唐明皇的"光赞盛美，感天动神"之作，其"凌相如"首先便打破其地域千百里之内的狭小格局，歌功颂德于"示物周博""殚穷六合"的大气象中展开，一笔囊括了天地上下、东西南北。玄宗十月大猎于秦，所谓"曜威讲武，扫天荡野"，可见气魄之大，感天动神。

李白在大赋中对玄宗的赞颂已近极致，谓李唐皇朝虽与天地契合且元气充沛，五世如草木鲜丽秀美，却惟有开元盛世为政如北斗、北极星一样照亮了海宇而运行，总括了唐代六帝的光芒，金德玉露，文章森乎七曜，制作与天地同参，括众妙而为师。已是好话说尽，尊崇至极，大有"抬头望见北斗星，心中想念唐玄宗"的架势。

赋中写神兵出于九阙皇门，千骑飙扫，万乘雷奔，掠过日出之火云、寒冷的月窟，壮观今古，摇荡乾坤，颂其宏图大略。继而称"内以中华为天心，外以穷发为海口。豁咽喉以洞开，吞荒裔而尽取，大章按步以来往，夸父振策而奔走，足迹乎日月之所通，囊括乎阴阳之未有"。继而又云"斩飞鹏于日域，摧大风于天墟。龙伯钓其灵鳌，任公获其巨鱼。穷造化之谲诡，何神怪之有馀？"而后又言君王思绪猎于云空之中时，却"所恨穹吴于路绝"，于是乎玄宗茫然变色，居安思危，防险戒逸，施仁政，更悟到需"猎俊贤以御极"，即孟子所言"使俊杰在位"，那大抵也是李白献此赋以上动天听、暗荐自己之意。

王琦引《古赋辨体》评李白《大猎赋》云："《大猎赋》与《子虚》《上林》《羽猎》等赋，首尾布叙，用事遣辞，多相出入。"又云："太白天才英卓，所作古赋，差强人意，但俳之蔓虽除，律之根故在，虽下笔有光焰，时作奇语，只是六朝赋尔。"由此可见，此赋虽气势雄健，尽力铺排渲染，结构根蒂仍在相如、扬雄，但其音律、修辞却承六朝之余韵，存大量骈句，且意象绵密，较汉赋更为美艳，但已失汉大赋的浑朴之气。

在以汉赋赋体为正宗、标准的评论者眼中，李白的大赋较汉赋为低，甚至不及魏晋。但李白之赋自有自己的特点，体现盛唐时代的精神与气度，是继承之后自成的唐人体式，不是复制品，而具有开创性。用旧尺度量大抵是量不准的，如同汉尺与唐尺的长度并不一样。

郭沫若在《李白与杜甫》中，就《大猎赋》之辞句有过很高评价，他说："有些辞句在气魄上很足以令人佩服。试举数句如下：'擢倚天之剑，弯落月之弓；昆仑叱兮可倒，宇宙噫兮增雄。河汉为之却流，川岳为之生风。羽旄扬兮九天绛，猎火燃兮千山红。'诗情韵调的清新激越，的确是超过了汉代的司马相如，更远远超过了同时代人杜甫所自鸣得意的《三大礼赋》。"

郭沫若的评论有其道理，《大猎赋》气吞山河，如排浪大潮翻滚而来的气势却是空前的，那种九天揽月，五洋捉鳖，天地人神古今内外浑然一体，奇语颇多，大词比比皆是，该是后世"政治抒情诗"的先祖。但郭沫若也是一家之言，过于贬低杜甫恐也不合适。作品各有特色，同是动物，以飞禽飞得之高与走兽相比，似有高下，而走兽陆地奔驰之速飞禽也难以企及。那大抵是谁喜欢什么，什么就是好吧。

大抵也在李白年弱之时，前礼部尚书苏颋出任益州（成都）长史。苏颋是颇有政绩与"忠臣"之节且善于奖掖后进的人，同时也是一位著名的辞章家。他和"为文俊丽，用思精深"的张说并称"燕许大手笔"，名倾一时。当时唐之科举考试"始试辞赋"，于是文人士子写赋蔚然成风，"耻不以文章达"。这时的辞赋已不只是粉饰太平，歌舞升平与繁荣景象的摹写与赞颂，而是盛唐黄金时代有别于汉魏六朝之赋，具有时代精神的雄浑博大、高亢明确、雍容华美、气势如虹的美学品格。就是在这种情状之下，隐居匡山读书，游览名山求仙学道，书写锦绣文章，且往来旁郡，寻师访友的李白，来到了益州，路中投刺，谒见了苏长史。而见面礼自然有他"凌相如"而颇为自得的大赋。

正如李白后来酒隐安陆时，《上安州裴长史书》中所描绘的这次谒见："前礼部尚书苏公出为益州长史，白于路中投刺，待以布衣之礼。因谓群僚曰：'此子天才英丽，下笔不休，虽风力未成，且见专车之骨。

若广之以学，可以相如比肩也.' 四海明识，具知此谈。"

这是少年李白首次干谒诸侯，便得苏公如此高的品评，令他颇为自豪，也激励了他继而"广之以学"、图展鲲鹏之志的远大抱负。

何谓"专车之骨"？这个典故首见《国语·鲁语》："昔禹致群臣于会稽之山，防风氏后至，禹杀而戮之。其骨节专车。"又："吴伐越，堕会稽，获骨焉，节专车。"

对此，司马迁的《史记·孔子世家》有详细记载：说的是吴军攻伐越国，毁了越都城会稽，得到人骨，一节就装满一车。吴王遣使者询问孔子："人的骨头，数谁的最大？"孔子说："大禹在会稽山召集众神，防风氏误期迟到，大禹下令将他杀死并陈尸示众。防风氏的一节骨头就装满一车，他的骨头最大了。"吴国客人问："谁是神呢？"孔子说："山川的神灵足以造福天下百姓，守护祭祀它的就是神，祭祀社稷的是公侯，全都隶属于王。"客人问："防风氏守护祭祀什么呢？"孔子说："汪芒氏的君主祭祀封山、嵎山，是厘姓。在有虞氏、夏朝、商朝叫作汪芒，在周朝叫作长翟，如今称为大人。"客人问："人最长的有多长？"孔子说："僬侥氏身长三尺，短到了极点。最长的不过十倍于此，这是数字上的极限。"于是吴国客人说："高明啊，圣人！"

这里，孔子的意思是说王者之骨或者"大人"之骨最大，为"专车之骨"。孔子长九尺有六，也只能算是长人。苏颋评李白文章"且见专车之骨"，该是喻其文气魄宏大，有大家风骨，隐隐中已有王者之气吧。难怪李白少年诵赋，青年作赋，中年献赋，晚年忆赋，其一生的大赋情结，其实与他的功名情结紧密联系在一起，并以自诩的"清雄奔放，名章俊语，络绎间起，光明洞彻，句句动人"而自夸、自豪了。

苏颋引"专车之骨"之典故，已从以骨论人转为"以骨论文"。而"以骨论文"源于汉魏评品人物、评品歌诗崇名誉、尚声气的价值取向。魏晋南北朝文化论中所提出的"风骨""风力""骨气"，不仅对初唐陈子昂标举汉魏风骨、改革齐梁遗风的文学主张产生过重要作用，时至今日，仍被写作者奉为扬正气、维护人的尊严、具有独立意识不可或缺的品格。

第六章

巴蜀之根

开元初年，玄宗李隆基为选贤举能，曾颁《搜扬怀才隐逸敕》《求访武士诏》，其后又多次令郡县荐举才士，拟在科举之外另求高士隐逸之才、在野猛士，意在令野无遗贤，将志士仁人均网罗于庙堂之中，辅其朝政，培本固基，开创盛世。

任何一个朝代的明主，都知道人才的重要，因为事无巨细，都是人来做的，所谓人的因素第一，故育才兴学常常被放在首要位置。唐高祖登基后的第八天，就在长安兴建了三个书院，收三百余名宗室子弟及大臣之子入学。六年后，他又颁诏令所有郡县设立学堂。公元七三八年，玄宗令所有州县的长史、县令都要在乡村建立学堂，并要求聘请有资质、合格的教书先生。玄宗因迷恋长生不老，曾将道教奉为国教，并下令都城及各州均大兴土木，建道观以彰显道家之学，故文人士子亦求仙学道成风。据公元七五四年统计，玄宗时两都三百二十一个州、一千五百三十八个县和十六万八千九百二十九个乡村，按唐玄宗的旨意，全国该有十九万所学堂，这还不包括如研究医学等专门的学校。其时不包括乡村，仅在官方学堂上学的孩童就约有十三万人。当时唐总人口为四千八百九十点九八万人，可见入学的数字已相当高了。

　　都城的官办学堂书院有三处，分别为国子学、太学和四门学。律法规定分品招收一品到三品、四品和五品、六品和七品官员的儿子。后在四门学中增加八百个名额，招收八品、九品官员之子以及各州推荐的优秀的平民子弟。

　　诚然，官办书院中有出类拔萃者，但豪门官宦子弟中亦有品行不端者，考试雇用他人替考、赌博、酗酒、吵架的事时有发生，甚至有严格管教学生的先生被杀死的事件发生。而乡村学堂出身清苦的孩子却能奋发读书，或得高人传授指点而学富五车，遂成才俊。玄宗颁诏广招贤士，亦大有求贤让野无遗才之意。

　　李白大抵就是在这种情境之下在匡山大明寺读书的。因为其时寺院和道观藏书众多，既有经文，亦有世俗经典，不仅包括诸子经典，还有礼仪、占卜、医药和音乐等专著，还有诗赋文集、字典、星相、历史和传记等。李白在这里读书习剑、饱览群书、吟诗作赋之际，听说邻县有隐士高人赵蕤，著有奇书《长短经》，便决定下山，访赵蕤而师之。

　　杨天惠《彰明逸事》载："太白……隐居戴天大匡山。往来旁郡，依潼江赵征君蕤，蕤亦节士，任侠有气，善为纵横学，著书号《长短经》。太白从学岁余，去游成都。"

　　据称，赵蕤是与昌明相邻的梓州盐亭县两河乡人，在金鸡场（今盐亭南部）置有别业，看来是家有资财可供著书立说者。后其人隐居在梓州（今三台县）长平山安昌岩惠义寺旁洞窟之中，《长短经》即著于此。《三台县志》录有陈谦的"赵蕤故址诗"："畸士幽栖处，青山空复青。高踪来吊望，遗址并飘零。王霸天人学，纵横长短经。呼之当欲出，慨想此精灵。"苏颋任益州长史时，曾上《荐西蜀人才疏》，其中便荐举"赵蕤术数，李白文章"。此后玄宗下诏征赵蕤做官，因其不就，故有征君之称。

　　其时的李白求奇书心切，打马直奔梓州。他驰过山麓原野，直奔今三台县城之北、涪水西岸的长平山。当一座修长平顶的小山显现于目前，于山路上踏入北周刺史安昌公在这里创建的安昌寺（唐改惠义寺，后名琴泉寺），于寺旁洞窟中见到了隐居的赵蕤，施以弟子之礼，开始了再读"奇书"的生涯。

赵蕤生卒年不详。《全唐文》卷三五八云:"赵蕤字大宾,盐亭人,后徙居郪,隐居长平山安昌岩。开元中三诏召之不起,或云以谗死。"《彰明逸事》中称其"任侠有气,善为纵横学",应是一位与亦习剑任侠的李白气味相投、孤傲不群、行为骄纵、不拘小节者,其"以谗死",大抵是受谗言之害,空有王霸之略,却难保自身的人吧。

从赵蕤的著作中自言所知,《长短经》写作时在开元四年(716),此经该是其年前后数年所著。完成后,他继而研究《易经》多年,为《关朗易传》作注。

《新唐书·艺文志》将《长短经》归入"杂家"类,《四库全书》亦将其归于"杂家",于提要中言:"刘向序《战国策》,称'或题曰《长短》'。此书辨析事势,其源盖出于纵横家,故以《长短》为名。"

《长短经》总六十三篇,合为十卷,兼及儒、墨、道、名、法、阴阳、纵横、兵家之义,而一归于经济之道、王霸之略。这是一部内容颇为驳杂之书。从赵蕤卷首所叙看来,著者虽不废诸家,却以孔子为先师、圣人,认为儒学是探本忧末之学,而纵横、兵家等,没有爱憎,如同木匠造车舆怕无显贵可乘、造箭者盼人受伤害一样,只说末技。故著者宣称自己虽论短长,却与当世驰骛于纵横、奇正之途者有根本区别,是尊圣人"大乎王道""美乎德行"制作的本意而为之。

然而,赵蕤之尊孔与众不同。古传孔子言行著述有二种,即《论语》与《孔子家语》。因《论语》入经,故世人皆知;《家语》晚出而未入经,故知名度低且见疑于后人。但其中所载孔门事迹与其他史料对比,有弥足珍贵处。有研究者甚至认为,比起经后儒选编润色而一味温文尔雅的《论语》来,《家语》所勾画的孔门形象,有的更接近于春秋时代的实际作风。如子贡使五国事,正是孔门作为谋臣策士活跃于周代的当行本色。以德行为首义而以言语论辩为手段来建立事功,是活跃于周世的孔门儒学的本来面貌。或许,正是从这一点着眼,赵蕤虽言纵横之术与兵家,但言"公义"而非"私义",目的在于关注国家命运,探求治国济民之道,故言:"大旨在乎宁固根蒂,革易时弊,兴亡治乱,具载诸篇,为沿袭之远图,作经济之至道。非欲矫世夸俗,希声慕名。"其本意,与孔门之论并无二致。儒家与纵横家的根本区别,在于义、利之别。仪、秦之流,尚功利弃道义,师兄弟二人相约分相秦与六国以交相为利;而儒家策士则以德行为首义,以"公义"为行为准则。由此看来,赵蕤是有儒家本意而深谋远虑的高士,著书时虽值开元盛世,但其居安思危,看惯朝代更替,对上古以来数千年历史中的杰出人物如数家珍,赞颂有加,盖为固基治本,经国济民,使社稷长治久安。

《长短经》为杂霸之学,其宗旨为"随时适度""因物成务",提出王、霸、强三政说,这在《时宜》《理乱》《适变》《势运》等篇中多有阐发,并引诸多典故加以证明。正如其所言:"故圣人之理国也,不法古,不修今,当时而立功,在难而能免。"是"应时制宜"之言。

应当说,《长短经》对李白影响甚大,他的功名情结盖出于此,根深蒂固,贯穿其一生。其后来的所作所为、为诗为文、价值观、伦理观的生成,都透露出《长短经》的要义。

当弱冠之年的李白风华正茂,踌躇满志,于灯下打开《长短经·品目篇》的时候,久仰的一些历史人物、俊杰策士,走马灯一样在眼前旋转,令他热血沸腾,倾慕且慨叹,也由此决定他人生的理想和必定艰难、坎坷的道路。

他读着如下的品评:"德行高妙,容止可法,是谓清节之家,延陵、晏婴是也;建法立志,强国富人,是谓法家,管仲、商鞅是也;思信道化,策谋奇妙,是谓术家,范蠡、张良是也;其德足以厉风俗,其法足以正天下,其术足以谋庙胜,是谓国体,伊尹、吕望是也;其德足以率一国,其治法足以正乡邑,其术足以权事宜,是谓器能,子产、西门豹是也。……"此外,《长短经》还论及白起、韩信这胆力绝众、才略过人的骁雄;能文著述的司马迁、班固,亦多次称颂传说屈原、鲁仲连、诸葛亮、谢安等几乎世人皆知、历史上声名卓著的人物。

这些杰出的人物在李白心中生了根,读得他如醉如痴,甚至感觉自己就是他们的化身。后来他在《代寿山答孟少府移文书》中,声言自己是"申管晏之谈,谋帝王之术,奋其智能,愿为辅弼,使寰区大定,海县清一"。该源于此。他的理想并非作诗著文，诗行文字只是他攀高的阶梯、言志的手段。他后来所写的一些诗文常以管仲、诸葛亮、鲁仲连、谢安等人自喻。如"武侯立岷蜀，壮志吞咸京……余亦草间人，颇怀拯物情"（《读诸葛武侯传书怀》）；"齐有倜傥生，鲁连特高妙……吾亦淡荡人，拂衣可同调"（《古风》其十）；对谢安亦有"暂因苍生起，谈笑安黎元。余亦爱此人，丹霄冀飞翻"（《书情题赠蔡舍人雄》）句，并在《留别王司马嵩》中云："余亦南阳子，时为《梁甫吟》，愿一佐明主，功成还旧林……"《长短经》对李白的影响之深是致命的，其一生虽屡屡受挫，仍一朝复一朝，发白心不改，可谓建功立业之心，终生不渝。

或许李白就是在读《长短经》后，才不屑于科举，而效苏秦、张仪等以布衣而卿相，梦想着一鸣惊人而平步青云、一步登天。那种九岁以下即考童子科，以及秀才、明经、进士、俊士、明法、明字、明算等五十多种科目，初试、乡贡以及科考中的帖经、口试、墨义、策问、诗赋等等。林林总总，学子如过江之鲫，都挤在一条小道上，一步一个台阶地闯关。即使极少数人过了关，还需进一步选拔、考察，再写一篇文章，根据得分排名次。即使中了进士，也只有在官府有空缺时才能有百分之十的人谋得职位。加之有时舞弊贿赂成风，有一考生赴考时靴带上拴了一百个铜钱，考官问他何故，他说："现在的科举考试，没有钱寸步难行啊！"一时传为笑柄。李白目高于顶，想着为帝王之师、平交诸侯，哪里肯让别人考他，走如此艰辛繁复的求仕之路，当个小官，他也不放在眼里。

而此时的李白所梦想的，是鲁仲连讽赵"义不帝秦"，助齐"一箭定聊城"的故事。田单攻聊七十余日无成，鲁仲连竟以一箭书辞而克成其功。其不足千字的说辞，似乎处处为占齐聊城的燕将设身处地谋划，但却让燕将归燕从齐进退两难，终自尽而了事。他亦想像狂生、高阳酒徒郦食其，被刘邦拜为广野君，东见齐王田广，兵不血刃，说齐七十余城归汉，聘其知辩，以成大业，都是李白梦寐以求、令其效法的榜样。

或许赵蕤的《长短经》已时过境迁，但在"普天之下，莫非王土"

的时代，等级森严，需要的是恭顺的臣子，而不是傲视君王、指手画脚的师尊。李白那种人无尊卑之分、人格平等的祈望，甚至在《明堂赋》中竭尽心力大力赞颂明主之后，希望皇帝"毁玉沉珠，卑宫颓墙"，帝王亲自下地耕田，皇后亲手采桑，"弃末返本，人和时康"；于《大猎赋》中希望"六宫斥其珠玉，百姓乐于耕织，寝郑卫之声，却靡曼之色"；如此痴人说梦、异想天开，都源于《长短经》，和赵蕤主张的"以民为本""非贤者不能用贤""上主以师为佐，中主以友为佐，下主以吏为佐，危亡之主以隶为佐"，以及"古人以傲为礼"等如出一辙。李白的《战城南》一诗，开篇"乃知兵者是凶器，圣人不得已而用之"，便是从《长短经·出军》篇中来。

可李白实在不是个政治家，大抵也只能纸上谈兵，他的"纵横术"也只能在诗文中驰骋。然而他从赵蕤处学来的"以傲为礼"却学得颇为到家，傲气十足，颇为自负。他所学的杂霸纵横之学，与开元盛世国泰民安、四海清平的现实并不搭界。他本质上只是一个书生、诗人。其实，诗人的社会责任就是写好诗，在仕途上想入非非，到头来只能酿成悲剧。

赵昌平先生在《鲁仲连、赵蕤与李白》一文中，谈到日本学者川胜义雄所著《六朝贵族制社会研究》所指出的汉末至三国时期一种值得重视的历史文化现象，论证了汉末清议，实与逸民、乡论、豪侠、道教合流，形成一种以儒家的国家理念为纽带，以对抗浊流把持政府的共同体，而清流之中，"更暗示出诸生风气中有着任侠倾向"。至汉魏之交，已有清流士大夫、豪绅与军团领导人、豪侠纳于一体，由曹操等军事首领统合在一起，成为决策者，进入官僚阶层，即"士"以谋臣策士之形态与"侠"的兼容，在汉魏之交已成为一种举足轻重的势力。魏晋以后，由于玄风炽烈，士的特立独行，更多以风流任诞的名士风度出现，但历来之任侠、纵横风气仍以原初或新的形态得以延续。在世家，如王、谢、桓、刘、温等家族，固以文史传统继续，但名士风流与管晏功业的结合是普遍现象。而隋唐之际，李渊父子的关陇武装集团尤多北地豪侠风气。其谋臣群中，温大雅以才辩名知；房玄龄博览经史，杖策谒太宗于渭北军门；杜淹"聪辩多才艺"，曾隐居太白山，开终南捷径之先生。李靖"自拔草莽"，李勣"家多僮仆，积粟数千钟，与其父皆好惠施，拯济贫乏，不问亲疏，二李后终成名将"。而魏征更"少孤贞，落拓有大志，不事生业，出家为道士，好读书，多所通涉，见天下渐乱，尤属意纵横之说"。这些名臣都在不同程度上与任侠之风、纵横之习甚至道教有关，而魏征的早年，几乎是赵蕤的先行，并预演了李白的人生规划……

故赵昌平先生认为："以上所举由汉及唐这些历史人物与群体，实际上已构成了一道为常规的思想史与文化史所忽视的历史文化风景线。这就是兼济独善的立身之道与奇伟俶傥、特立独行的行为方式的统一。这种风气，源于鲁仲连一类周秦时代的另类的儒，绵延于整个中世史，而至盛唐之世，更与魏晋六朝另一种更普遍的张扬个性的行为方式——名士风度相融合，遂使当时尊孔崇老的主流意识形态，在才士中衍变为以抟合庄孟的'英特越逸之气'为精神内核，而以纵横任侠或访道问佛等行为方式的时代风气。而这种种'另类'行为，由于上述周秦以来，士这一阶层以人格觉醒为根本的精神内核，而较之常规意义的纵横家、剑侠、道流、佛流，有性质与格调上的不同。盛唐诗的多种意味、浑沦高朗，概源于此。而赵蕤的《长短经》，可视为其前期的理论表现，至李白，则将这种时代精神之正负面都发展到了极致。"

赵昌平先生之论独辟蹊径，以独到的思考论及了被思想文化史所忽略的这一重要群体的史实，同时也为李白的精神取向寻根，对人们深入理解、探求其思想文化本源颇有启示。

人的个性在刚懂事时大抵就形成了，正如弗洛伊德所言："儿童期经验是成人个性区别的根本来源。"李白生于蜀长于蜀，蜀地文化对陶冶李白的性格起到了根本性的作用。一个地域的文化是一方地域的人所创造的，人的生活方式、风俗习惯、语言方式、行为方式、个性等，这种独特的生活环境，让人一出生便浸润其中，并通过独特的言语串反复刺激人的大脑，对人的灵魂起到无可抗拒的决定性影响。一方水土养一方人，不同的自然、经济条件则产生不同的文化。所谓"广谷大川异制，民生其间异俗"(《礼记·王制》)。《汉书·地理志》亦言:"凡民函五常之性,而其刚柔缓急,声音不同,系水土之风气,故谓之风;好恶取舍,动静无常,随君上之情欲,故谓之俗。"书中将中华治地分为十二个文化区域,而《隋书·地理志》则按九州区分,分别论述其不同地理环境、风俗习惯与人文性格的差异。

蜀地古称"天府之国",处于群山、高原环护的盆地之中,其间肥田沃土,河流纵横,风调雨顺,气候适宜,曾被称为"四塞之国",但其据长江上游,虽说"山势使人塞",但"水势使人通",长江利于东西文化交流,岷江河谷则利于南北文化交流。故正如谭继和先生在《巴蜀文化辨思集》中所言:"四川盆地处于长江、黄河两大文明之间,介于西南、西北民族交汇,东亚与南亚文化交流的走廊之上。各种文化的交融,使盆地就像一个水库一样,接纳各方文明'来水'。"使巴蜀文化成为交汇、集结的"多层次、多维度的文化复合体"。以此观之,巴蜀文化有兼容开放融合而成的"杂"的特征。

据考古发现证明,川东的巴人远祖源于鄂西清水流域。《史记》《华阳国志》都称巴蜀的祖先是黄帝、高阳氏的后代支庶。巴蜀人自己认定的年代较近的祖先是廪君,居于武落钟离山(今湖北长阳县境),后至西南一带建立巴国。而蜀之先祖蚕丛氏来自岷江上游,羌族一支的首领。蜀字与镯字相通,镯为野蚕,故国号为蜀,其主要功德是"教民蚕桑",大抵是最早的蜀锦的来源吧。鱼凫氏来自长江中游,鱼凫即一种能扑鱼的水鸟,该是"教人以渔猎"的帝王。杜宇氏则从今云南北部而来,他"教民务农"。史书称春秋时"七国称王,杜宇称帝",号曰望帝,可见其独立意识颇强,世事纷乱之中称帝,已成独立之帝国。蜀因望帝农耕时代而富足,正是这几位最早的皇帝,让蜀成为花团锦簇、丰衣足食、货物山积的"天府之国"。而杜宇化身杜鹃鸟的故事,无论是千百年来叮嘱呼唤"民贵呀!民贵呀!"还是春天啼叫不止,催民春耕春种;或是遭奸人陷害化为杜鹃鸟,在皇后的花园中哀鸣,呼唤着"子规,子规",成为"杜鹃啼血,子规哀鸣"的典故,都体现了蜀人对望帝的爱戴。故川人世代有"不打杜鹃"的规矩,以表敬意。这些远古的历史以及杜鹃啼血、五丁开山等传说，都深深地印在李白的头脑之中，后写在他的《蜀道难》《宣城见杜鹃花》等诗中，可见其蜀之根蒂以及肝肠寸断、梦绕情牵的故土情怀。

秦皇汉武一统天下，中央集权专制之下，中原文化虽然强烈地影响着巴蜀，但巴蜀的文化个性仍旧是鲜明的，其生存方式、思维方式、价值观念、行为方式、民风民俗等，亦有着自己的特征。晋代裴度的《图经》中称其为"另一世界"，杜甫的蜀中纪行诗则称其"异俗差可怪"。

蒙文通先生言："词赋、黄老和卜筮、历数，这才是巴蜀文化的特点。"（《巴蜀文化的问题》）谭继和先生《巴蜀文脉》云："古蜀文化的内涵是重仙的文化，这是与中原不相同的。中原文化重礼化，它的文化元典是《诗经》。南方文化重巫，它的元典是《楚辞》。南方文化又可以分为若干区域，其中的楚重巫化、蜀重仙化、巴重鬼化。这是几种不同的文化想象力与不同的思维方式的体现。"

儒家经典在蜀并没有形成主导地位，并未形成深厚的传统。《汉书·儒林传》二十七人中没有一位蜀人。西汉蜀中著名的思想家如严君平，融合道儒两家，"专精大《易》，耽于《老》《庄》而组成一家"。其弟子扬雄，对诸子百家均有扬弃，亦是杂各家之长；而赵蕤等哲人，亦如是。

蜀这"不与秦塞通人烟""一夫当关，万夫莫开"的闭塞之地，与中原隔绝，故常常自成一统，蜀人有叛逆性强、少羁束、易动难安的特点，南北朝时期就有"蜀人贪乱乐祸"之说。《通典》亦言："巴蜀之人，少愁苦而轻易淫佚……土肥沃，少凶岁，山重复，四塞险固。王政微缺，跋扈先起。"所谓"先天下而乱，亦后天下而平"，难怪"周失纲纪，蜀先称王。七国皆王，蜀又称帝。是以蚕丛自王，杜宇自帝"了。

巴蜀的文人与清高之士，多以离经叛道、不懂礼仪、狂傲不羁、孤傲自负、豪气逼人、蔑视权贵、独立自尊而名扬天下。《汉书·地理志》言巴蜀文人"未能笃信道德，反以好文刺讥"。《隋书·地理志》说"薄于情理"。确是"别一世界"中的"异俗差可怪"。

于是，便有了司马相如与卓文君私奔，文君当垆卖酒，相如当店小二的惊世骇俗之举。司马相如被汉武帝召入京师庙堂之中，亦"称病闲居，不慕官职"。严君平不愿为官，不与当政者合作，被视为汉代的庄子。扬雄"不汲汲于富贵，不戚戚于贫贱"，著书立说，自守清贫，不与统治者同流合污。而最令人震惊的，是梓潼士人李业，面对白帝公孙述的聘书和毒酒，毅然将毒酒饮下，体现了他"名可成不可毁，身可杀不可辱"的名言……

或许，正是因为蜀地鬼斧神工般的奇峰鸟道、巴山蜀水的缥缈云烟、巫傩文化的奇妙诡异、仙人鬼怪的神秘传说等，给了巴蜀文人不竭的想象力及其独有的美学品格，才有了异乎寻常、引领一代风骚的辞赋诗文吧。正如范文澜先生所言，我国古代北方的"史官文化"，"史重人事，长于事实"，南方为"巫官文化"，"巫事鬼神，富于想象"。杜甫与李白大为相异的诗篇便是明证，让人领略何谓"诗圣"，何谓"诗仙"。

上述所言，不难看出李白受巴蜀文化浸润、影响之深，甚至是刻骨的熏染、灵魂的塑造，巴蜀文化的特征，活脱脱地再现于李白身上，其思想意识中儒道释侠兼纵横家的杂糅、融合与渗透，其性格的孤傲自负、狂放不羁，他的蔑视权贵、轻慢礼法，他的独立率真、随心所欲，甚至他的离经叛道、薄于情理，他的文采风流、凌云之志等，都从蜀中先贤而来，并有过之而无不及。

自然，巴蜀地域文化，不仅从根本上决定了他的思想意识、价值观念、所作所为，激发了诗人蓬勃强劲的创造力，蜀人寻求安逸、喜好游乐的习俗也深深地影响了他。所谓"异物诡谲，奇于八方"，"蜀风奢侈"，故许多文人士子来到此处，沉醉于酒肆茶楼之间，及时行乐，流连忘返。

李白年轻时正值开元盛世，"时累岁丰稔，东都米斗十钱，青、齐米斗五钱"（《旧唐书·玄宗纪》），一斗米只价值几枚铜钱，可见百姓之丰衣足食，国泰民安。可国富民强之后，所谓"饱暖思淫逸"，享乐、豪侈之风渐起，国家有重大事情，如新皇登基、立太子、粮食丰收、征战凯旋之类，或逢年过节，皆放假三五日不等，皇帝甚至赐臣子、百姓以酒肉，举国同欢，在大明宫殿外广场上并有精彩的伶人表演，其时花车迷目，杂耍缭乱，欢聚饮宴，弦歌盈耳，一派歌舞升平的景象。公元六二八到七五八年，唐皇下令举行演艺狂欢活动多达六十九次。《大唐新语》卷十云："开元中，天下无事，玄宗听政之后，从禽自娱。"所谓"从禽自娱"，有人以为是在外游猎，可我猜想，大抵是"斗鸡"，因玄宗属鸡，尤喜斗鸡游戏，故王公贵族、平民浪子皆附其好，在玄宗时最为风行。

而蜀中原本颇为富足的安乐之乡，"俗尚嬉游，家多宴乐"，"村落闾巷之间，弦管歌声，合筵社会，昼夜相接"。左思在《蜀都赋》中就曾言蜀人"乐饮合夕，一醉累月"，"若夫王孙之属，郤公之伦，从禽于外，巷无居人"，可见"从禽"游戏境况之盛、吸引力之大，参与者不只公子王孙，已到了全民齐上、万人空巷的地步。其实，汉晋时蜀人的游乐之风就颇盛。四川汉代的画像砖石中便有大量的宴饮游乐场面，和中原出土的画像石以遵礼说教为主的画面判然有别。看来即使在坟墓之中，蜀人也注重吃喝玩乐，"食色，性也"，也成为其另一个世界生活的主要内容。

蜀人相聚，常常是喝得痛快，玩儿得疯狂的。任正一《游浣花记》中称："虽负贩刍荛之人，至相与称贷，易资为一饱之具，以从事穷日之游。"《宋史》中之《吴元载传》亦称："蜀风奢侈，好游荡，民无赢余，悉市酒肉为声技乐"，庶民百姓即使借贷、卖东西也要一饱口福，是吃了今天不管明天如何的，正如苏轼所言："蜀人衣食常苦艰，蜀人游乐不知还。"难怪李白会常常喝得烂醉如泥，无钱之时也要"五花马，千金裘，呼儿将出换美酒""百年三万六千日，一日须饮三百杯"了。蜀人的饮宴游乐之风，亦深印在李白的脑海之中，蜀中盛产的美酒，刺激人食欲麻香的川菜，亦造就了他顽固的蜀之胃，决定了他固成的思维方式、生活方式。

龚自珍于《最录李白集》中称："庄屈实二，不可以并，并之以为心，自白始；儒仙侠实三，不可以合，合之以为气，又自白始也。"是啊，庄子的逍遥离世，屈原放逐的忠君爱楚，儒家的入世与道家的无为，以及游侠尚义，在李白身上都杂糅混合在一起，他"以儒为进，以道为退"，成功得意之时是儒家，失意时是道家，要的是纵横家的功业，庄子的自由，游侠的肝胆，体现的是对生命、自由的热爱与积极进取的精神。这大抵也是与蜀中先贤一脉相承的，或许正是这融合于一体的哲学观念，本土的文化遗传、个人经历，造就了李白独特的个性，体现出他的精神风貌和倾向性心理现象的人格特征，他自信、自负、孤傲、执着，但又自尊、尖锐、善讥刺的攻击性人格，既体现了他的理智、意志，也表现出情绪化的特点。他在青少年时期隐居读书与漫游、崇道、任侠中经历的、时代的国民性、地域文化基因等，经历二十余年的熏陶浸染，形成了他的独立个性（人格），成为其思想和行为的内驱力，并在心理结构中呈现出来，支配了他的一生。

或许，我们无法恰切、准确地概括李白相互矛盾的行为和其创作背后的精神动因，对其相互对立而又不可思议的随意褒贬，亦可认为其有双重性格或多重性格，其实世界上很多大艺术家都有着双重或多重性格，不足为怪。有人将李白个性的外观用"天真"二字概括，有其道理，但在我看来，如果用"天性纯真"来理解这二字，便不是外观，而是诗人内在的"本真"。诗人不是哲学家，没有自己创立的思想体系，哲学重理性，是将特殊性变为普遍性的东西，而诗人重感性，他不论证什么，却能够从事物的特质中去证实真理。其实，世界上诸多诗人对事物与人的特殊感受和理解，甚至比哲学家的探寻走得更远。或许，就李白而言，他的很多言行体现的是理性与非理性的分裂症候，然而，那是潜意识中的本真的自我对世俗化自我的超越，是本能对异己力量的抗拒。

他的自由、放纵，目无礼法，随心所欲，以自我为中心，想说什么就说什么，想去哪里就去哪里，想做什么就做什么，一切自自然然，发自天性，而其最珍贵的是他的不虚伪、不矫饰，将一个本真的李白展示得纤毫毕现，个性表达得淋漓尽致。

或许，正是这样的天性，成就了李白成为伟大的诗人。然而，这样的个性不能为世所容，也酿成自身的悲剧。

第七章

寻仙学道

唐代开国之初，便将道教奉为国教，并将老子奉为李唐家族的始祖。所谓政教合一，皇权、宗教都成了李家自己的事情，君权神授，神仙化的老子李耳亦是李家的祖先，自然名正言顺，皇朝之基稳固，道家的哲思亦熔铸人的灵魂，皇权与道教浑然一体，天人合一，这大抵也是盛唐气象的来由之一吧。

初唐三帝高祖、太宗和高宗"崇道抑佛"，故道教的地位崇高，势力浩大；武则天亦规定王公、百官皆学《道德经》，同《孝经》《论语》一样成为考选官员的科目；玄宗更甚，他亲自注释《道德经》，并要求举国每家必备一部；其胞妹玉真公主也在终南山修道。其时又在两京及各州设立"崇玄馆"，置"玄学博士"，学道者亦可应"道举"，与"科举"同等对待，成为仕进的重要途径之一，成为"平步青云""一飞冲天"之梦想者的"终南捷径"，在此状态之下，世风趋道，文人士子学道之风日盛。

蜀中本为道教的发源地。东汉顺帝时期，沛国丰邑（今江苏丰县）人张陵（又名张道陵，字辅汉）入蜀，率家人弟子至鹤鸣山（今四川大邑县境内），创立了"五斗米教"。张陵博通五经，潜心研道多年，他以道家的黄老之学改造蜀地的原始巫教，人称张天师。道教学者王家佑先生称，张天师所降伏的"鬼、魔、龙、虎"，实际上是指古巴蜀的少数民族的图腾崇拜物，龙代表的是古蜀族，鬼代表的是古巴人，虎则代表古彝人，张陵将巫鬼演化跃升为仙官，"鬼道"发展为天师道，遂成为道教的创立者，被世代道徒尊为"祖天师"。因入道者按例需交纳五斗米，故俗称"五斗米道"。张天师将各地分布的道徒划分为二十四个教区，即"二十四治"，各治设祭酒统领管理道民，用《道德经》教化道众，废刑罚，有过错者让其修桥筑路，将功补过。并规定祭祖不准用酒肉，春秋季不准宰牲酿酒。治内还设义舍义仓，救济路人及贫苦道友。加之张陵精通医术、气功，治病救人颇有成效，故"百姓奉事之以为师，弟子户至数万"。逐渐形成以成都平原为中心，并及西蜀东巴、北至汉中的传播区，于三世纪初，立天师道，正式创立了道教。

南北朝至隋，道教在巴蜀地区仍有广泛影响，隋文帝支持道、佛复兴。至唐，对道教之尊崇已到至高无上的地位。蜀中道士更因"能以精诚致魂魄"而天下闻名，高道辈出。道教学者李荣被召入长安，成为京城道学魁首。其时的四川，已是"五里一宫，十里一观"的道家兴盛景象。青城山的天师洞、成都青羊宫、都江堰之二王庙、梓潼七曲山文昌宫等道教胜地隋时已名闻天下；绵阳西山观玉女泉崖壁和富乐山、剑阁鹤鸣山、丹棱龙鹤山、安岳玄妙观及三仙洞、蒲江飞仙阁、江油天苍山太乙洞、泸县玉蟾山等蜀中各地四十多处摩崖造像，宫观星罗棋布，信徒络绎不绝，成为人们寻仙朝拜、寄托精神的重要场所。

李白的故土昌明，距道教发源地鹤鸣山仅数十公里，昌明的窦圌山、天仓山、紫云山、太华山、老君山以及他读书的戴天山等，都有道教宫观，亦为道风颇盛之处。李白自称李唐家族之宗，痴迷于道家，于此寻仙学道，并往来旁郡，该是自然而然的事情。

道家有十大洞天、三十六小洞天、七十二福地之说，想修炼成仙的修道者，皆选择幽静秀美的名山大川修道养生、炼丹寻药。故李白初习道家之学时，首先便在昌明及蜀地遍访名山道士，并写下最初的寻仙访道的诗篇。他被道教高人称为有"仙风道骨"，其"诗仙"之名，恐也和崇道寻仙有直接关系。或许，他的最初之寻仙学道，宗教色彩并不浓重，大抵是为了博取名声，不走制举之途，而想走"一振高名满帝都"的终南捷径，施展其远大抱负而为国效力吧。

李白在《感兴八首》其五诗中言："十五游神仙，仙游未曾歇。吹笙吟松风，泛瑟窥海月。西山玉童子，使我炼金骨。欲逐黄鹤飞，相呼向蓬阙。"这是李白自言，看来他十五岁时就较深入地涉及了道教信仰，笙瑟之中吟风窥月，炼丹求药，闲云野鹤般飞向蓬莱仙山，确有神仙洞天福地、朝在东海、暮至苍梧的成仙之想。孙夷中于《三洞修道仪》中言人十五岁方可正式入道，据此有人称李白"十五岁时曾受戒于三师，举行过最初的入道仪式"，这只是一种猜想，并无实证可查。但他在二十岁时曾受道士授予的长生符箓，却有诗为证：其《经离乱后……赠江夏韦太守良宰》诗云："天上白玉京，十二楼五城。仙人抚我顶，结发（二十岁）受长生。"道教的符箓为护身驱邪、治病救人之用，李白所受"长生箓"该是一种让人延年益寿的符箓。

李白在大匡山读书时，曾走访戴天山道士，并写下《访戴天山道士不遇》诗，前已述，不再言及。此外，他还写过一首《寻雍尊师隐居》，是写与大匡山同脉的太华山上的雍尊师居所。太华山在今江油市大康镇，其山峰奇秀，山高林密，上有三峰，状如华岳，相传为仙人修炼处，唐宋时有太华观。太华山下平通河边有雍村，历来是雍姓所居，至今这里的雍姓还是大姓。想李白登此山寻雍尊师，登石磴层层，望摩天的云峰峭壁，拨云倚树，于荆榛草莽之中寻入山古道，流泉悦耳，山色葱茏，暖色的野花间有青牛伏卧，高耸的松树上白鹤休眠，确是真人修道之处，景色奇丽，依山傍水，林木幽深，然而雍尊师似仍在云深不知处，李白只能怅然叹曰"语来江色暮，独自下寒烟"了。

少时的李白最早游过的名山，该是昌明的窦圌山了。窦圌山我曾去过两次，能记住这座山，一是不常见的"圌"字，意为装粮食的"囤"，因为其山石为豆子大的石子凝结的砾岩构成，故又名"豆子山""豆圌山"，隋代的绵州民歌便有"豆子山打瓦鼓"句。唐代的彰明主簿窦子明曾弃官隐居于此，称为窦真人，故改为窦圌山。二是此山虽不高，但山形奇异，山顶有三座石峰拔地而起，有如硕大的石塔一般，峰高七十余米，峰隔约三十米，只有一峰有险路可攀，其余双峰四围有如刀削斧劈般直立山间，无路可通，只有两根铁索上下相连，一为立足之链，一为扶手之用。看来要登这样的绝壁孤峰，胆小者难免战战兢兢，寸步难行。然而，就在这孤峰绝顶之上，各建有殿宇一座，斗拱飞檐，铁瓦盖顶，颇为壮丽。其设计之工，筑造艰难，可想而知。

窦圌山原名猿门山，因山中猿猴多，山峰似门而称猿门山。山位于现江油市武都镇东北约五公里处，山体东西宽约一点六公里，南北长约八公里，最高处之玉皇顶海拔一千一百四十米。这样山虽不高、但险峻得令人心旌摇摇的去处，年轻气盛兼身怀武功的少年李白自然不会错过这"索桥飞渡"之险。加之此山亦是道教圣地，《江油县志》载："云岩寺在圌山，唐乾符年间敕建，分东西两院，东禅林西道观"，看来佛道共处一山，尚有自己的特色。李白登此山后，曾留下名句："樵夫与耕者，出入画屏中"，将山上砍柴与山下耕耘者皆揽入图画之中，按清王琦所言，这两句话并非完整的诗篇，当为题词般的题句。

今日之窦圌山，令人称奇的还有在《李白游踪、遗迹及纪念性建筑考述》中所言的一处——"在窦圌山云岩寺大殿西侧有一座转轮经藏，又名飞天藏、星辰车。其形如塔，全由楠木构成，四层八楼，制作精巧，上雕天宫楼阁数重，斗拱飞檐，布局宏丽，木雕人物，栩栩如生，镂刻花卉，造型优美。更奇妙的是，这座高十米多、直径七米的庞然大物，全部重量支撑在一根中轴上，中轴立于地坑中心的铁臼中，轻轻摇动藏身，这数万斤的木塔就可转动。真是巧夺天工！据寺内铁钟上铭文记载，这座飞天藏建造于南宋淳熙七年（1180），距今已有八百多年历史，这是我国历史最为久远的一座飞天藏，堪称窦圌山镇山之宝。由于它的历史价值、艺术价值极高，已被公布为全国文物保护单位。在'5·12'地震时，飞天藏安然无恙，更证明古人建筑工艺之高超绝妙。"是啊，我们来窦圌山追寻李白遗迹时，还能看到如此精绝高妙的宝藏，李白若有知，也该羡慕我们。

在《题嵩山逸人元丹丘山居》诗中，李白有"家本紫云山，道风未沦落"之语。紫云山离李白故居江油市青莲镇颇近，在其西南十二里处，故李白称"家本紫云山"，唐时是著名的道教场所。《彰明县志》载："紫山，又名紫云山，在绵州彰明县西南四十里，峰峦环秀，古木苍翠，常有紫云结其上，故名。"看来道家对紫色颇为敏感，李白的诗中亦常见紫烟、紫霞、紫云，道家有紫文之谓，道人有紫阳之称，所谓紫气东来，故紫云山为修道圣地亦可想而知。据称李白曾在紫云山观斋醮，会过道长。他在蜀地亦结识了诸多尊师道友，如同东岩子巢居数年，再如戴天山道士、雍尊师以及"焚香读道经"的江油尉、元林宗等。李白有《秋日炼药院镤白发赠元六兄林宗》诗云："弱龄接光景，矫翼攀鸿鸾。投分三十载，荣枯同所欢。"可知李白与元林宗弱龄时就在蜀中相识，写此诗时相交已三十年。

　　唐代的峨眉山还不是佛教道场，而是著名道教圣地十大洞天中之第七洞天的道教名山，至今峨眉山上还存有唐玄宗下诏保护山中道教的碑刻。唐代著名道士、医药学家孙思邈曾在峨眉山炼丹，仍存药王洞遗迹。而李白于蜀中初上峨眉寻仙访道，来到白水寺，见到了好友广濬。两人于明月池畔品茶赏景，谈玄论道，素手抚琴，或舞剑长歌，大有超凡脱俗、飘然欲仙的出尘之态。峨眉山传说中有李白听蜀僧弹琴处，说池中有蛙，鸣声如琴，此蛙鸣声亦是从蜀僧和李白那里学得如琴技。从传说中也看得出巴蜀之人对诗人的追思与敬慕，连蛙鼓尚通声韵，天上之月与池里的月亮同辉，于远绝尘嚣的神仙境地，李白自然会留下妙曼的诗篇了，正是此时，写出了他的早期名篇之一，《登峨眉山》——

　　　　蜀国多仙山，峨眉邈难匹。
　　　　周流试登览，绝怪安可悉？
　　　　青冥倚天开，彩错疑画出。
　　　　泠然紫霞赏，果得锦囊术。
　　　　云间吟琼箫，石上弄宝瑟。
　　　　平生有微尚，欢笑自此毕。
　　　　烟容如在颜，尘累忽相失。

倘逢骑羊子，携手凌白日。

是啊，一位满腹经纶、飘逸出尘、慕仙寻道的翩翩少年，腰悬佩剑，足踏山石，周游仙山，浏览虚实相间、云遮雾绕、峰峦殊绝怪异的峨眉胜景，自然心胸开阔，思接千载，青峰之邈远、苍茫，其幽深莫测、鬼斧神工，令人有难以洞悉之叹。当青山于昏蒙之中倚天而现，斑斓多彩的山色有如画图，于钟磬清越之声中赏紫霞于天际林间，得炼丹长生之术，听箫声盈耳，从悠远的云烟中传来，浑圆且深沉的声音，如同云霞的沉吟；而琴瑟和鸣，山石也拨动了心弦，观此仙山胜景，听八音和鸣，竹木金革、石丝泥埙与心音同韵，那微小时尚与人间喜乐真是不值一提，如此的风烟奇景了然于心胸，故满面清奇非凡之后，尘世的俗常之累，荣辱得失骤然间消失，令他想起《列仙传》所载的葛由："好刻木羊卖之，一旦骑羊入西蜀，蜀中王侯贵人追之上绥山……随之者不复还，皆得仙道。"故有"倘逢骑羊子，携手凌白日"的白日飞升、得道成仙的遐想。

人称李白是得蜀僧所传琴技而精于琴事的。想来唐时峨眉虽是道教第七洞天，亦为道释同修之山。想山僧于松前月下，沐手焚香，一袭素袍，古琴横陈于台架之上，恍惚之中，一双手指勾剔抹挑、吟猱绰注，于七根弦索、十三点徽位之间，拨动着青山绿水，所谓恶闻角鼓，独癖于琴，清音与香炉的篆烟袅袅，心净如月，远离污浊，只有苍古松洁的琴声留下韵味的悠长，李白随着这琴声，已进入清微淡远的境界……

李白年少之时"往来旁郡"，还到过江油、剑阁等地，《赠江油尉》写于江油，游剑阁，有《剑阁赋》一文为证。唐时，江油属龙州，距彰明县北约百里；剑阁属剑州，位于彰明县东北约一百五十里。故龙州、剑州都是绵州旁郡。

李白去见江油县尉，去古江油关（即今平武南坝镇），必走通陕、甘的艰险蜀道阴平道。此小道为三国时邓艾伐蜀时于无人烟处开辟的山势凶险、布满荆棘的小路，其时邓艾率兵将行荒无人烟之地七百里，于险恶处"滚毡坠石"而下，奔袭至古江油关。而江油关下百余里被蜀人称为"左担道",其狭小如绳悬于峭壁之上,挑担子的人行走其上都无法换肩,故称"左担道",可见地势之险要。

李白从彰明青莲溯涪江而上,到平武煽铁沟,为涪江峡谷。那该是岷山主峰雪宝顶所融之雪水,流经如今誉满天下的风景名胜九寨沟、黄龙,一路吸纳飞泉流瀑、山涧溪水,穿山越岭,抵达煽铁沟时已成浩浩荡荡之大河。此段峡谷李白该是乘舟船而上,当一叶扁舟在舟子的长篙撑持间游移,李白立于船头,看清流泻于舟侧,望两壁青山灵秀,在船的前行中苍山相对而出,渐行渐高,弯环回转之中石破天开,而崖畔一丛丛杜鹃猩红惹眼,确有胸怀万壑、心旷神怡之感。而两岸的石壁或壁立千仞、如刀削而成,或参差裸露、犬牙交错;枯藤缠于老树,修竹千竿竞翠,时有岩洞幽深,偶闻鸟叫猿啼,人入画图之中,确是天人合一,呈现出雄奇秀丽的佳妙景观。

从煽铁沟至椒园子堪称十里画廊。煽铁沟对岸状如龟甲的龟山,如一只卧于岸边将头伸入江心饮水的巨龟,令江水弯环而行。涪江西岸仍旧是起伏错落有如波涛腾跃而又瞬间凝固的重重峰峦,近山翠绿,远山苍蓝,奇峰异谷跌宕起伏,云遮雾绕,如白絮,若轻纱,于不经意的遮掩之中更透露出诗人的魅力。当喷珠吐玉的飞瀑于壁间垂落,溅起细密的水沫给人以清凉沁人心脾的气息,江水喧腾的涛声轰然而来,鲜活的风景,让山也有了灵魂,水也生出激越飞腾的情感。

从椒子园继续前行至白石铺,亦有十余公里的路程。而这十余里的险峻、壮美又是另一番景象。双峰陡峭,峡细谷窄,江水在羁束之中汹涌喷溅,水流迅疾。迎面依次而来的,则是以二郎峡为代表的涪江六峡——观音崖、倒马坎、唢呐崖、腰悬崖、扫水崖……青峰壁立,峡顶青天如线,泻一缕天光,江流蜿蜒,喷云溅雪,倒挂的古松于崖畔伸出枝丫,生苔的老树藤络收缠,丝丝缕缕之间有野花裂瓣吐蕊。观音崖酷似打坐的观音,倒马坎更为险峻,尖削的顶峰下是陡峭的石壁,因古驿道上的骡马常于此地失蹄滑倒,故名倒马坎。而峡谷之中的山壁经风雕雨蚀,久而久之,石灰岩则生出形形色色的洞穴、崖壑、钟乳石、石笋,而如镂刻般的壁崖之上,凸凹错落的天然的雕饰,则如巧夺天工的石像、浮雕，如守门的士兵，若进军的将士、披头散发的妇人，等等，这样的天然雕塑，不下百余处。而唢呐崖有一对钟乳石，状如唢呐而得名。唢呐崖的对面山壁下有两孔并列的溶洞，似牛鼻之孔，称牛鼻洞，牛鼻洞下还有一洞被涪江淹没，是被传说中的二郎神一箭射穿而成，故名二郎洞，而涪江这一段峡谷便称为二郎峡。二郎峡中还有一处胜景称为草鞋洞，位于二郎洞之左上方，洞口外壁光滑如镜，因洞中悬垂的钟乳石如吊着的一串串草鞋而得名。知情者称草鞋洞洞中有洞，孔洞幽深，未有人曾到过尽头。传说刘备在此卖过草鞋，人站于涪江对岸对着洞口光滑的石壁大声呼喊："刘爷卖草鞋，卖不卖？"回音立即响起——"卖，卖，卖。"而草鞋洞的左上方还有一洞，传说洞旁茅舍的一道者于此修道，长袍高髻，发如青丝，常于江中飘然来去，为百姓治病，视为仙人。想李白来此处时，大抵也听过这样的传说，观如此清秀险峻之景，访得道高人，沿涪江而上，舟船劳顿，涉山历险于阴平道上，为写蜀道之难名篇的神来之笔而经历了真切的体验。

从二郎峡溯江而上，经地势较平缓的响岩坝，再往北十余公里就是平武南坝镇，即古龙州江油关。关口位于这片坝的北端，明月渡口。关口左倚摩天的石壁，右为波飞浪卷奔腾直下的涪江，江对岸则为左担道、凤翅山。江油关凭借山水地势之险要，扼住阴平道的咽喉，确是"一夫当关，万夫莫开"的紧要之处。当年诸葛孔明于此地置关以拒曹魏于关外。古龙州城系南梁时李龙迁所筑，李龙迁为唐皇室族祖，其葬处牛心山便成为皇帝祖陵。李唐皇室于此将原被称为李古人庙的祠庙改为道观，大修庙宇，成为道教圣地，经各代修建，颇为宏丽堂皇，体现皇家气派，李白自称与皇室同宗，又痴迷于道教，来此地拜谒，既有认祖归宗之意，亦有寻仙学道之旨，故此次龙州江油之行，该是他年少之时的一次重要的北游，并在此地住了一段时间，牛心山有太白读书台，称"书台子"遗迹。据宋祝穆《方舆胜览》载："太白台，在龙州江油县。太白与江油尉往来，故有台在尉厅。蒲翰为之记。"其后各代府志、县志等均有同样记载。

县尉大抵是八九品官员，该是年轻士子所任，青春年少、风华正茂的李白与江油尉交往，自然是两情相悦，把酒言欢，吟诗作赋，谈经论道，琴棋书画之类。江油尉慕李白之才华，二人又同为道友，笔砚墨迹，偶有品题。两人交情日笃，于是李白在江油留下了《题江油尉厅》一诗——

> 岚光深院里，傍砌水泠泠。
> 野燕巢官舍，溪云入古厅。
> 日斜孤吏过，帘卷乱峰青。
> 五色神仙尉，焚香读道经。

李白飘忽的行踪、起居故事、所思所想、平生经历等，史书鲜有记载，然而诗人所历之处，多有品题，虽动乱之时，其作品十丧其九，但其所留千来首诗书赋文字，仍如日记一般，透露出一个鲜活可感、有血有肉、才华横溢、盛气凌人、个性鲜明的李白来。

从《题江油尉厅》一诗可以看出，李白江油之行该客居于县尉官舍内。其时的江油古城为偏僻荒凉之处，没有通都大邑的繁华市井，该是景色绝佳、清幽静谧、适于修道的所在。而官舍却是古宅深院，宽阔的庭院之中可见山光水色，听得见泠泠水声，这种开放式的建筑将山水庭院纳于一体，庭院依山傍水，可见天之空阔，轩窗外水之清明，天风飒飒，树影婆娑；野燕于梁上筑泥巢，呢喃私语，尾裁春色，溪流之上流云飘移，一朵白云竟飘入厅堂中来，似也知人间的冷暖；而当白日西斜，归来孤吏的身影飘然而过，卷起竹帘登堂入室，身后凌乱的峰峦带着满山的青翠似也随之而来；这以天地为栋宇，古宅深院与大自然浑然一体的神仙境地，自然会有"五色神仙尉，焚香读道经"了。

太白的这首题诗，宋代乾道年间龙州太守史祈曾手书其诗，勒石建亭树碑于牛心山。其碑后来不知所终。经政府文化部门多方查找，终在一农户家中发现。可此碑已被村民嵌作石水槽的槽底石，天长日久，碑中"太白台"三字已被蚀磨得残缺不全，字迹模糊了，所幸碑之左右两侧的题记和署年落款字迹仍清晰可见，完好无损，不知是幸事还是不幸。碑成水槽之底，水覆其上尚可留存字迹，若铺为阶石，恐早已磨光了。现此碑已竖于南坝玉虚观内，成为较为珍贵的文物。太白台碑为长方形刻碑，高一百一十六厘米，宽一百七十二厘米，厚八厘米，青石质地。碑正中竖题"太白台"三字隶书，字径十八厘米，笔法古朴。碑左侧题记为"本州太守眉山史祈旦立"，右侧则为"乾道辛卯九月二十三日"之署，可知此碑已近千年。

在蜀地通往中原的道路中，还有一条险路金牛道，距彰明百余公里。李白曾从家乡到此一游，到过梓潼县七曲山南麓的五妇山（又称五丁山），再北行，便进入"天梯石栈相钩连"的险峻山路之中，百多公里之后始至剑门关。五妇山下有座"送险亭"，该是表明此亭由北向南，则送走了艰险之途；可从此处由南向北，则是历赴艰险之路了。

说起来，"金牛道""五妇山"之名，都出于流传在川西的"五丁开山"的故事，虽口口相传之时说法不一，但皆与开通蜀道有关，而这一神话传说，亦载在《蜀王本纪》之中。

传说望帝杜宇传位给鳖灵，鳖灵将帝位再传给自己的子孙，并迁都于成都。秦王扫六合、一统天下之时，欲灭蜀，然蜀地孤塞险要之山川无路可通，颇难攻取，于是秦惠王思得一计，令人雕五头石牛，每天在石头屁股后摆一堆金子，大肆宣称石牛为"金牛"，每日排金一堆。蜀王得此信息，向秦王求索金牛，秦王应允。可"金牛"太重，难以搬取，蜀王便命蜀中的五位大力士凿开山路，终开出一条凶险的"金牛道"，将"金牛"运回，方知受骗，非常生气，斥骂之后将石牛送回。秦王知金牛道已通，暗中高兴，可忌惮五丁之勇，不敢轻易进攻，故又称要送五位美女与蜀王，施以美人计。好色的蜀王自然欣然接受，复派五位力士接回。回蜀至金牛道时，于梓潼危崖的山洞处，忽见一条巨蛇向洞中钻去，一力士抓住蛇尾想将蛇拉出，但巨蛇太重拖之不动，于是五力士齐心合力，才将巨蛇一点点地拖了出来，然而此刻忽听得一声巨响，大山被拖得崩塌下来，瞬间将五力士与五美女尽皆压死，而一座大山化为五座峰岭。蜀王得此消息，颇为沮丧，为纪念五位美女，将这五座山命名为"五妇山"。而老百姓却对凿山开路打通金牛道的五位力士感念不已，将这座山称为"五丁山"。

神话传说自然只是神话，谁也不会当真，但却是山名的由来。山崩地裂，自然是大地震所致，二〇〇八年汶川大地震时曾有三座大山聚于一体的状况发生。古人由此编一点神话传说，表达对开凿金牛道的前人的敬意，故才有如此的命名。可蜀道的险峻，行走之艰难，李白身临其境，而金牛道的由来和传说亦深藏在记忆之中，这大抵是李白后来写《蜀道难》的名诗受孕之时吧。

李白攀岩历险，蛇行于天梯栈道之中，不下百里，才到达剑阁，即今之剑门关。此关距剑阁城三十余里，由大、小剑山组成，七十二峰连绵横亘，是蜀地通关中的要道。《一统志》称："剑阁在剑州北三十里，两岸峻拔、凿石架阁而为栈道，连山绝险，故谓之剑阁。"此关如此险要，且对语言稍有感觉者对"剑阁"二字便会生出锋芒逼人之感，故诗人对此多有题咏，看到这两个字，我脑际便浮出"细雨骑驴入剑门"的诗句，七个字中便含有时令、地域以及人孤独萧索，蹄声敲击石板路，雨中踏入险途之情境，言外之意多多。而李白来此地游历，多年后为送友人王炎入蜀而写出不足一百一十字的《剑阁赋》，写云峰之崔嵬，言剑阁横断秦蜀，剑山倚青天而中开其关，其上松风萧飒飘忽，山中传来巴猿的哀鸣，"旁则飞湍走壑，洒石喷阁，汹涌而惊雷"。由此看来，此赋有感而发，剑阁之描述，当为少时亲临之感受，而赋之尾则言"若明月出于剑阁兮，与君两乡对酒而相忆"，该是两人异地举杯，共邀明月，不对影亦是三人了。元人祝尧评此短赋曾言：此赋是揪敛《上林》《两都》铺叙体格，而裁入小赋，然而"虽以小赋，亦自浩荡而不伤俭陋。盖太白天才飘逸，其为诗也，或离旧格而去之，其赋亦然"，可谓颇有见地。

诗人需读万卷书，行万里路。李白于蜀中往来旁郡之时，自然到过益州（成都）。益州为蜀之首府，隋唐时便有除两京之外，"扬一益二"之称，即其繁荣程度仅次于扬州，如果说扬州为"销金窟"，而成都则是"安乐窝"，是士人游子流连忘返的地方，游乐之风颇盛。王勃曾将它誉为"宇宙之绝观，优游之天府"，李白后来亦曾写道："九天开出一成都，万户千门入画图""柳色未饶秦地绿，花光不减上林红"。可见成都有着磁性的吸引力。

李白在成都，自当去拜谒其颇为敬重并自喻其人的武侯祠，杜甫曾为丞相祠堂写过律诗一首，李白注定也来过"锦官城外柏森森"的诸葛武侯祠堂，走过花草掩映的幽径，听黄鹂的鸣叫，该也有"出师未捷身先死，长使英雄泪满襟"的慨叹。而以李白于《淮南卧病书怀，寄蜀中赵征君蕤》一诗中"朝忆相如台，夜梦子云宅"可知，相如台和扬雄故居均在成都，李白在成都亦游览过这两处。李白虽称"作赋凌相如"，但对这两位汉赋杰出代表的蜀中先贤心中颇含敬意，于诗文中多次提及。而《登锦城散花楼》一诗，该是其游成都之少作，登斯楼也，当日光从城头朗照，散花楼沐于光芒之下，其金窗绣户斑斓生辉，珠箔银钩美轮美奂，梯阶隐于浓绿的树荫之中，放眼望去，胸中忧愁皆散，而暮雨洒向三峡之时，看江绕双流，宛如处九天之上尽览天下，心胸开阔，颇有所感。从诗中"春江"二字，可知李白游历成都是在春天，春日于青春年少之翩翩士子，正是人生蓬勃向上之时的象征。而此次益州之行，面谒苏颋时，苏又称其"天才英丽"，该是书生意气、英气逼人，对仕途充满渴望之时。

李白此次游成都之后，又继续南游，在眉山象耳山曾短期停留，留下"李白读书台"遗迹和《夜来月下卧醒》题句，后顺江而下，去了渝州（今重庆）。

李白此次来渝州之目的是拜谒渝州刺史李邕，并结交高人道友。从李白《上李邕》一诗中可以看出，李白拜谒受到了轻慢。其时李邕已极负文名，且官居要职，见一后生少年呈诗文求其品题，大抵没把这弱冠之子放在眼里，加之李白口出大言，没有平民见官、士子见先贤执礼甚恭之态，孤傲不群，对其亦少尊重，故心中不悦，言语间自然也不会客气，居高临下，三言两语就把李白打发了。

据《通鉴·唐纪》载：开元六年（718）冬十一月，宰相宋璟上奏"括州员外司马李邕、仪州司马郑勉，并有才略文词，但性多异端，好是非改变。若全引进，则咎悔必至；若长弃捐，则才用可惜。请除渝硖二州刺史"。这该是李邕任渝州刺史的由来。按宋璟言其"性多异端，好是非改变"之说，李邕性亦偏激，令人捉摸不定，大约也是个"刺儿头"，用之让人不大放心，不用也可惜的人，该是适当控制使用的官员吧。他这样性情端者或许是见不得别人异端的，两个异端者碰到一起，言语不合，只能同性相斥，不欢而散了。故李白情绪激昂，心中颇不平，直呼其名，留下《上李邕》之句飘然而去——

> 大鹏一日同风起，抟摇直上九万里。
> 假令风歇时下来，犹能簸却沧溟水。
> 世人见我恒殊调，闻余大言皆冷笑。
> 宣父犹能畏后生，丈夫未可轻年少。

李白在这里自比大鹏，言及高远志向，自是乘风直上九霄者，即使无风借助，也能展翅颠覆苍茫的海水，让李邕不要忘记"后生可畏"，一肚子愤懑之气尽情宣泄出来，从中显示出李白年轻气盛、孤傲不屈的性格。

李白此次渝州之行，曾结交了宇文少府，宇文少府有"桃竹书筒"见赠。李白为表酬谢，亦就"书筒"赋诗一首回赠。桃竹，乃巴渝特产，宇文少府系渝州县尉，大抵在别前送本地文人士子所用书筒为念。此竹器既称为"筒"，自然是圆柱形的，故有"灵心圆映三江月"句，即筒心中空，与三江之月同辉，"灵心"既指筒心，亦暗含着友人情如皓月之心。而"彩质叠成五色云"句，或许是书筒外叠敷蜀绵绮绣，纹饰秀丽、五色斑斓吧，可见礼物之精致。诗中尾句为"中藏宝诀峨眉去，千里提携长忆君"，书筒之内藏"宝诀"，这宇文少府该也是位道友，送书筒之时尚赠道经抑或炼丹之术，亦透露出李白提此书筒上峨眉之信息，写出见书筒如见友人，依依惜别并将长相忆的友情。

李白去峨眉山时，在山下曾结识了僧人濬，并与之探讨古琴技艺，受益良多。从"蜀僧抱绿绮，西下峨眉峰"可知，弹琴之处并不在峨眉山上。蜀僧挥动手指，若万壑松涛轰鸣，琴音如水，荡涤着心灵，琴声止息，亦余音不绝，"余响入霜钟"句，既写出余音之悠长辽远，音质之洪亮深沉，又点出深秋之时令；而"不觉碧山暮，秋云暗几重"，听琴向晚，胸中波涛不息，昏暗之中或许仍对李邕轻慢自己耿耿于怀，内心亦有黯然之意。

从春日《登锦城散花楼》，到深秋《听蜀僧濬弹琴》，李白此次益州渝州之行恐已半年有余，虽开了眼界，结交了朋友，见了道长高人，受到苏颋褒奖，亦遭李邕冷遇，心情恐也是七上八下，时而高昂，时而抑郁。待他重回匡山，再潜心攻读、修炼之时已是冬日，这在《冬日归旧山》中，具体描述了山中景况和低落的心情。

尘缨未洗来到山中旧居，诚然藤径尚绿，雪峰在阳光下闪烁着光芒，然而地冷叶落，山谷中的流云也凝固了一般不再游移。新竹细密的枝条已涌入房舍，古树垂老横于江中，白狗也离村而去在路口狂吠。墙壁生出绿苔，狐狸山鸡在厨房穿行而过，偷窥归来的主人，临屋的猿猴也发出哀鸣。然而，虽然黄叶尽皆飘落，可禽鸟之巢仍在，篱笆稀疏仍有小兽钻进钻出，整理床铺时老鼠溜走，倾倒书箧时啃噬故纸的蠹鱼也惊觉。于是，诗人执笔洗砚以修良策，敲击松柏以明志，所谓"此时重一去，去合到三清"，于这种冷寂、萧索、破败、荒凉之处，于世态寒凉之中重新归来，修真养性，"去合到三清"，自然该是求仙学道，拟走"终南捷经"抵达自己的理想之意了。

道家之思想有出世的一面，所谓"道法自然"，正如庄子所言："天地有大美而不言，四时有明法而不议，万物有成理而不说。圣人者，原天地之美而达万物之理。"或许，这就是让人感受自然之美且探求事物的内在规律吧。就人而言，大抵是真性情的自然流露和显现，即消除媚俗之气，洗净蒙尘之心，亦庄子所谓"法天贵真，不拘于俗"，该是一种不为世俗功利所囿的超脱心态。也如老子所说："金玉满堂，莫之能守。富贵而骄，自遗其咎。功遂身退，天之道。"从李白的言行思维、诗文之情志，看得出其深受老子、庄子的影响，其诗文内在的骨骼支撑，其"功成身退"观，皆直接从老子、庄子的言论中来，为得"天之道"者。

其实，道家思想亦有"入世"的一面。老子曾出身于史官，五千言

《道德经》博大精深，充满了哲思。晚清启蒙思想家、政治家魏源说："老子书，救世书。"《道德经》阐明了道家极富理性的治国之道："执大象，天下往，往而不害，安平泰。"这既是"安社稷"的治国之纲，又是"济民生"的安民之术，让天下太平、国泰民安的至理。李白虽仕途不得志，但始终有着积极的人生态度，亦源于此，总想着"大鹏一日同风起，抟摇直上九万里"，一展宏图之志。

第八章

辞亲远游

李白在《上安州裴长史书》中自言："以为士生则桑弧蓬矢，射乎四方，故知大丈夫必有四方之志，乃仗剑去国，辞亲远游。"像李白这样一心想着鹏飞高举、胸怀大志者自然不会终老故园，当其羽翼已成，则要展翅高飞了。

时在开元十三年，即公元七二五年。按常说李白年二十四岁，若按神龙初李客归蜀后生白，即清代之前并无异议的说法，李白则刚刚二十岁。

诗人在蜀中时，虽则潜心于匡山读书，结交豪雄，习剑学道，往来旁郡，如野鹤闲云般游移不定，但终未离故土，此次辞亲远游，不知何日能归，家人难免有不舍之意。彰明豪友大抵也会赠金银利器，置酒饯别，或有结伴同行者也未可知。而家中最为难舍者，自然该是母亲，想来当时李客夫妇该已是满头白发的老人，为父者自然理解儿子远游之目的，认为合当如此，但惦念之心、别离之意亦溢于言表。母亲则含泪为李白打点行装，尽可能多备些盘缠细软，置备新的衣袍裤袜、头巾靴鞋之类，于灯下穿针引线，临行密密缝，意恐迟迟归，心思恍惚之中针竟扎破了手指，渗出血珠，从痴想中醒来，擦干泪水，该又去为儿子准备最后一餐饭食了。小妹月圆与哥哥一起长大，情感自是深厚，也难免泪湿双腮，甚是不舍，恐也要让哥哥注意起居饮食，防风寒炎暑，常写家书等人之常情。

父母年岁已大，小妹尚在闺中，李白行前自会安排亲友照看，嘱家中老仆尽心。小妹月圆所居之粉竹楼，大抵也是李白行前所筑。当一切安排停当，他自然要带上文房四宝，拣些常翻看的书籍藏书箧携带，平时常读的《文选》《道经》以及赵蕤《长短经》等，该是必带的书籍。于是，和亲友家人依依相别之后，李白带着对未来的憧憬和期望，踏上了人生新的旅程。

李白这次仗剑去国，辞亲远游，未走艰险的阴平道、金牛道，而是再次去成都、峨眉，再次游历之后买舟东下，到了渝州。此时，他写下著名的《峨眉山月歌》——

峨眉山月半轮秋，影入平羌江水流。
夜发清溪向三峡，思君不见下渝州。

从诗中可知时令是在秋天，月半轮该是下弦月，为秋天某月二十三日左右。诗当是李白于月夜在嘉州犍为的清溪驿乘船，经峨眉山下，写在向渝州船行的途中，此时离情别绪尚萦绕于心胸，思念故乡亲友，故有"思君不见下渝州"之句。诗中的平羌江为岷江下游，《乐山县志》云："平羌江：岷江下游。自平羌峡至乐山城东四十五里一段，旧名平羌江。"这段江水也叫青衣江。而清溪驿出平羌峡口五里，只有十余人家居此，李白便由此向三峡的方向而行，而东下渝州。

《峨眉山月歌》为李白的名篇，明代王凤洲、王麟洲兄弟对此诗有精辟见解，评价极高，并为历来注释家所引用。王凤洲言："此是太白佳境，二十八字中有峨眉山、平羌江、清溪、三峡、渝州，使后人为之，不胜痕迹矣。可见此老炉锤之妙。"王麟洲也说："作诗到精神传处，随分自佳，下得不觉痕迹，便一句两入，两句重犯，亦自无伤，如太白《峨眉山月歌》，四句入地名者五，古今目为绝唱，殊不厌重。"（引自

王琦注《李太白全集》）

明人之评有其道理。然而在我读诗的感受里，此诗给我最深的印象则是静谧之中的动感。乘舟之中半轮月影沉于水中，该是风平浪静，只有橹声衬出月夜之宁静，此时船是动的，江水是动的，甚至月亮也似乎随着船只移动，在这种状态之下，人的思绪也是流动的，诗中的五地名也似乎随船之行进有了远近的移动，而地理位置也随着情感移动，于心理空间远也是近，近也可能最远。诗读之也如行云流水，自自然然，没有刻意雕琢锤炼之痕迹，无生涩感，这是诗人内在修为的呈现，所谓触景生情的真切感受，自然流露而已，诗人写作吟咏之时，是不会刻意思索如何安排这五个地名的。

李白是从渝州走水路下三峡的。重庆这座雾都山城，空气似乎都是湿漉漉的，攥一把捏得出水珠来，整日雾气蒙蒙，难得见到晴天丽日，冬日湿冷，夏日气闷酷热，且路街高低不平，两条街高下悬殊，临街咫尺之地，也需乘绞盘垂直而上，故车马难行，官员老者大抵只能乘轿子坐滑竿让苦力抬着行走其间。或许只有在登枇杷山时，才有从万家灯火中得窥城市之全貌，诸葛孔明发明的木牛流马恐都难以行进。这里是巴人所居之地，益州、渝州虽皆蜀地，但风俗似有区别，所谓巴人重鬼，蜀人重仙，渝州之巫风较盛，与荆楚文化有相似处。而蜀人身形偏矮，女人娃娃脸居多，而渝人身形颀长，或许是晒阳光较少，肤色白皙，女多身姿秀丽者。

李白自渝州而向三峡，是古往今来文人士子及旅游者必走的观赏三峡雄奇壮丽，迅疾而又惊险的水路。不看三峡，不在峡口喷薄翻卷的湍急水流中箭一般穿峡而过，赏江边危崖绝峰，书册般相叠的山岩以及形形色色的名胜古迹，是不知道什么叫山水名胜、什么是中国独有的三峡风景之魅力的。李白于舟中饱览风景，为巴女的天生丽质所感染，行间乘风，拟渝州一带民歌，作《巴女词》——

巴水急如箭，巴船去若飞。
十月三千里，郎行几岁归。

诗借巴女送别丈夫之口，表达对远去亲人的情思，瞬间便不见踪影的别离，却不知几年才能回来，确有明白晓畅的民歌之风，都以少许胜多许，字里行间含有沉痛悲切之情，所谓"心已神驰到彼，诗从对面飞来"，相反相成，写的该是李白对故土的依恋，那种梦绕情牵的思绪，身已飞离，却把心留了下来。

船于万县夜泊，李白在江岸登上万县码头那一层层高高的石阶，他要在万县一带停留驻足，一览未曾来过的江边城郭，探寻难得的小三峡风景。李白曾在《万愤词投魏郎中》中云："兄九江兮弟三峡，悲羽化之难齐。"可知他在三峡一带有一位从弟。据奉节县的民间传说，李白的弟弟在奉节东三十里的石马河畔经商。李白来此，则要在从弟这里住一段时间。或许因李白曾在此地小住，其驿站改名青莲铺，石马河亦改名青莲河，《奉节县志》亦载"青莲河因李青莲得名"。

李白在万县留居约半年，在万县留下太白岩遗迹。明代曹学佺《万县西太白祠堂记》云："县西有太白岩，在西山，即绝尘氛也……相传李太白读书于此，有'大醉西岩一局棋'之语。"《万县志》（同治版）亦云："李白，字太白，彰明人，往来夔州，题咏甚多，万邑西山名太白岩，相传太白读书于此……距岩数里有天仙桥，亦以谪仙曾经得名，后人在岩置祠以祀。"

开元十四年（726）春，李白出峡，经巫山，过荆门，去江陵。其间又在巫山小住。李白逐步巫山，大有气吞山河、豪情满怀之态。其攀垂萝，倚穹石，凌绝顶，极目远眺，仰观青天，以胸荡层云之气，周游向晚，历览幽境，看雪照空谷，悲风鸣柯，当归途随落日的余光而昏暝，仍佳趣良多，意犹未尽。可当松螟吐月，月色悠悠之时，传来寒猿的啾啾鸣叫，却忽然感到一种萧索落寞之感，策马而回孤舟。虽辞山不忍听那巴猿的哀啼，但江面泊着一叶孤舟，只有江水击打船舷的声音，寂静中仍响着猿之悲啼，在清冷的江面回响，诗人已初尝背井离乡的寂寞了。

在巫山，李白还游历过巫山阳台。据《大明一统志》卷七〇《夔州府》载:"阳台。在巫山县西北。南枕大江,宋玉赋云:'楚王游于阳云之台,望高唐之观'即此。"阳台现仍有遗迹可寻。《巫山县志》载:"高唐观遗址,县西二里许,传为楚王行宫,始建年代不详。光绪年间重修,仅存玉皇阁,木结构,单檐歇山式屋顶,抬梁式三柱十七架梁。"

巫山因山形酷似一个"巫"字而得名。王阮亭曰:巫山"其东即阳云台,在县治西北五十步,高一百二十丈。二山皆土阜,殊乏秀色,而古今艳称之,以楚大夫词赋重耳"。看来阳云台只不过是个土包,无景观可言,因宋玉之赋而驰名,江淹亦有诗"相思巫山渚,怅望阳云台"句。而巫山的"神女峰"亦是从词赋中的传说演变而来。当代诗人舒婷的"宁可在爱人肩头痛哭一晚,也不在世上伫立千年"的诗就是今天的名字。李白来此登临,写下题词:"山高水长,物象千万,非有老笔,清壮何穷?十八日上阳台书,太白。"此题词现藏北京的故宫博物院,为惟一可证实现存的太白手迹,字形流落潇洒,笔墨粗细相间,殊为难得。

宋玉之《高唐赋》言楚王做白日梦,游高唐,见在巫山之阳"旦为朝云,暮为行雨,朝朝暮暮,阳台之下"的巫山之女,自荐枕席于王。王为其立庙,曰朝云庙。阮籍曾有诗:"三楚多秀士,朝云进荒淫。"李白到此,除题词之外,仍有《古风其五十八》一诗——

我到巫山渚,寻古登阳台。
天空彩云灭,地远清风来。
神女去已久,襄王安在哉。
荒淫竟沦替,樵牧徒悲哀。

土堆上的所谓"巫山彩云合"的荒淫只留在词赋之中,神女襄王俱已消失,那白日梦也只能随虚无的梦烟消云散。

二十余年前,我曾去过巫山县境内的小三峡,其山水的清新秀丽,确让人大开眼界。如果说三峡以雄奇壮丽见长,有着摧枯拉朽、气象万千、壮怀激烈的雄性美,小三峡则以安宁静谧温婉柔美而动人心弦,其山之多姿,水之清冽,瀑布细若丝带,野花缀其青衣,确有天然丽质的阴柔之美。那是我第一次领略如此清秀明丽的幻境之美，让我这个粗糙的北方人也顿时收敛精细起来，禁不住心旌摇摇，生怕喘口粗气都会擦伤了这宁静，只能沉醉其中。至今想起那难得一见的情境都有洗心清肺之感，而印象最深的是浅滩处五色斑斓的石子，在颇为清纯的水下闪烁着光焰，那是沉于水中的云霞，冷态的火，有生命的液体中丰富的内涵，让人禁不住想跃入其中，可又怕这污浊的肉体玷污了圣洁。如此佳境，想一千三百余年前的李白于此流连，该是何等地安然惬意，一个热爱大自然的诗人，不对这里动心、动情是不可思议的。

在太白经巫山，过荆门，到江陵，初入楚地之时，有《宿巫山下》《渡荆门送别》《荆门浮舟望蜀江》等诗记其行。其中有句云："桃花飞绿水，三月下瞿塘。"亦有句云："渡远荆门外，来从楚国游……仍怜故乡水，万里送行舟。"也有句云："春水月峡来，浮舟望安极。正是桃花流，依然锦江色。"诗行明确言及三月花开之时抵楚，初至荆门，可送舟之水仍是故乡蜀地之水，而桃花流水，依然是成都锦江的颜色，其悠悠乡思如无法断绝的水流，李白还没有从故土情结之中走出来。

太白初入楚地，最为重要的一件事，是在江陵遇到道士司马承祯，作《大鹏遇希有鸟赋》，后重新改之定稿时名《大鹏赋》。此作远承庄子，近因遇司马承祯有感而成。《大鹏赋》之序言称——余昔于江陵见天台司马子微，谓余有仙风道骨，可与神游八极之表。因著《大鹏遇希有鸟赋》以自广。此赋已传于世，往往人间见之。悔其少作，未穷宏达之旨，中年弃之。及读晋书，睹阮宣子大鹏赞，鄙心陋之，遂更记忆，多将旧本不同。

看来，此赋初稿即写于江陵之少作，中年之后再读时自感粗陋，故字斟句酌，予以增删定稿，已非本来面目。

司马承祯字子微，系唐时道教大师。王琦《李太白年谱》："开元二十三年乙亥……是年司马子微化形于天台。刘大彬《茅山志》：'司马子微于开元乙亥岁六月十八日蜕形于天台。'"司马承祯卒年八十九，以此推算，遇见李白时应该是七十九岁高龄了。二人可谓忘年之交，一见如故，李白得此赞赏，自然惊喜，太白亦成为司马承祯在天下所结的

"仙踪十友"的第十位道友。李白在赋中以大鹏自况,愿与希有鸟欣然相随,可见李白对司马子微亦推崇之至。

李白自然知道司马承祯在道教中的身份与重要地位。唐代虽然道教派别众多,但上清派却属鼎盛时期,"茅山为天下道学之宗"(见《全唐文》),成为唐代道教的主流。其因上清派兼收并蓄,吸收三教之长,融会三洞经法,无门户之见;且传统体系完备,香火不断。南朝之庐山道士陆静修就曾依据封建的宗法观念制度,亦吸纳佛教修持仪式,制定了道教的斋戒仪范;陶弘景继而吸收儒、释两家要义,充实道教内容。而在传承上,陶弘景传王远知,王远知传潘师正,潘师正传司马承祯,司马承祯传李含光,李含光传胡紫阳……

司马承祯是茅山上清派的第四代传人,身历高宗、武周、中宗、睿宗、玄宗五朝。他以隐逸致通达,特蒙皇恩优渥。《旧唐书·隐逸传》载:"道士司马承祯,字子微,河内温人……少好学,薄于为吏,遂为道士。""则天闻其名,召至都,降手敕以赞美之。""景云二年,睿宗令其兄承祎就天台山追之至京,引入宫中,问以阴阳术数之事……承祯固辞还山,仍赐宝琴一张,及霞纹帔而遣之,朝中词人赠诗者百余人。"这位以道闻名、不愿为官、颇受皇室青睐的司马承祯,其声名到玄宗时已达顶峰。《旧唐书·隐逸传》中亦载:"开元九年,玄宗又遣使迎入京,亲受法箓,前后赏赐甚厚。十年,驾还西都,承祯又请还天台山,玄宗赋诗以遣之。十五年,又召至都。玄宗令承祯于王屋山自选形胜,置坛室以居焉。"司马承祯卒后,获赠银青光禄大夫,谥贞一先生,唐玄宗亲制碑文。

太白遇司马承祯时,其时子微已名满天下,刚刚入楚的李白心深倾慕之,又得赞赏偏爱,故写《大鹏遇希有鸟赋》以抒心志。司马承祯知遇李白,系道缘,玄宗在《赐司马承祯敕》中说:"司马炼师以吐纳余暇,琴书自娱。"看来其也是文士入道,抚琴追远,炼重心灵静化之内丹,故成亲密之仙踪道友,而司马子微之言,大抵也是李白成为"诗仙"最初的由来吧。

《大鹏赋》于赋史中未有同类之作,该是太白受庄子《逍遥游》之影响而来。此赋一改历来赋家禽鸟类赋之纤细机巧，却以磅礴之气势，睥睨一世的气概拟自我抱负之作，他赋不可与之同类而语。

究《大鹏赋》其源，不仅其主体形象直接脱胎于庄子寓言，另一些物象及典故亦多取自庄子。然庄子以故事以言哲思，为旁观者志；李白却直接闯入故事之中，将自己化身为鹏，已不知何者为我，何者为鹏，大鹏与李白已浑然一体，故李白笔下之大鹏已非寓言，而是"铺采摛文"尽"赋家宏衍巨丽之体"，"极声貌以穷文"之再创造，使大鹏成为情感符号，成为向司马子微倾诉的言志缘情之语。故语言本身道家色彩颇浓，但其气势之宏已达八方之极，赫乎宇宙，所谓"五岳为之震荡，百川为之崩奔"，"怒无所搏，雄无所争"，"喷气则六合生云，洒毛则千里飞雪"……故赋之尾则曰——

俄而希有鸟见谓之曰："伟哉鹏乎，此之乐也。吾右翼掩乎西极，左翼蔽乎东荒。跨蹑地络，周旋天纲。以恍惚为巢，以虚无为场。我呼尔游，尔同我翔。"于是乎大鹏许之，欣然相随。此二禽已登于寥廓，而斥鹦之辈，空见笑于藩篱。

《神异经》载："昆仑山有大鸟，名曰希有，南向张左翼覆东王公，右翼覆西王母。背上小处无羽，一万九千里。西王母岁登翼上会东王公也。其《鸟铭》曰：'有鸟希有，绿赤煌煌，不鸣不食，东覆东王公，西覆西王母。王母欲东，登之自通，阴阳相须，唯会益工。'"（见王琦《李太白全集》卷一注释）太白于赋中将司马承祯喻为"希有鸟"，该是对其言李白之"仙风道骨，可与神游八极之表"的回应，既不屈己，自视甚高，又极为推崇司马承祯，恐非投之以桃、报之以李，而是投以仙风、报之以神灵了。马屁拍得如此高明，恐已达最高境界。

李白的"大鹏"与庄子的"大鹏"有别之处在于，庄子认为"风之积也不厚，则其负大翼也无力"，凭借风力腾空并不是真正的逍遥，其追寻的是真正的无待的逍遥。而李白的逍遥却是有待的，他的北溟巨鱼化为鹏，需"凭陵随海运，燀赫因风起"（《古风》其三十三）。这便是与庄子的相异处，他是在寻找各种凭借而得到腾飞的机遇，其愿追随司马承祯大抵也不是一心修道，当个活神仙，恐也是欲借腾飞之风力耳。

当然，李白的人生境界并非如此简单。龚自珍说："庄、屈实二，不可以并，并之以为心，自白始。"（《最录李白集》）然而这种"并"非屈原的进取与庄周的退守两者简单的相加，该是各取其长、弃其短，达其一展宏图而后功成身退的"并之以为心"之理想人格内涵。从其诗文可以看出，他不是那种既获入世之利而又沽清高之名的伪君子，是真想施展所学的纵横之术、经济策，成为毕生追求的"功成"者，以证明自己的才能与价值，他的"身退"观，也不是智者逃避"飞鸟尽，良弓藏，狡兔死，走狗烹"的结局而保命。从他诗中发自心底的对自然的亲切感，以及时而专心求道的赤诚之心，惯于过闲云野鹤的逍遥看来，其功成退隐之心也是真诚的。只不过"功成"于李白只是个泡影，只存于梦想中而已。此时他初涉楚地，得遇司马子微，对于其理想而言，只是萌芽初发之情境。

在《上安州裴长史书》中，李白自言其出川后的行程是"南穷苍梧，东涉溟海"，言明他曾抵达湖南南部。唐时水路四通八达，故唐人游历有水路可通，自然乘舟前往，借水力迅疾轻快，也免去了车马劳顿之苦。想来李白该是沿湘江南下而"南穷苍梧"的，而此行必然会在洞庭湖一游。然而这年夏日，与李白同行的故乡好友吴指南却死于洞庭湖上。李白自言——

> 昔与蜀中友人吴指南同游于楚，指南死于洞庭之上，白襌服恸哭，若丧天伦。炎月伏尸，泣尽而继之以血。行路间者，悉皆伤心。猛虎前临，坚守不动。遂权殡于湖侧，便之金陵。数年来观，筋骨尚在。白雪泣持刃，躬申洗削。裹骨徒步，负之而趋。寝兴携持，无辍身手。遂丐贷营葬于鄂城之东。故乡路遥，魂魄无主，礼以迁窆，式昭明情。此则是白存交重义也。

既然是与蜀中友人吴指南同游于楚，想来李白出门之时并非孤身一人，但两人系从彰明同行，还是在万县、巫山入其行程或在荆州相遇，则不得而知了。吴指南名不见经传，大抵也非士子，从李白少时"结交尽豪雄"之言猜度，该偏于游侠一类吧。大抵与其相交多年，才如此情真意厚。死因如何也未言明，然"死于洞庭之上"，或许为醉后坠湖而亡，也许与性子刚烈之湖南人相斗而死，恐是意外亡故，没有心理准备，李白才如此除服祭祀，痛哭得泣尽呕血，如丧自己的亲兄弟一般，且临危不弃。数年后重来葬处收拾尸骨，用刀刮其筋骨裹回而徒步赶回鄂城，其时穷困潦倒，竟靠讨要借贷而葬之，可见其对友情之珍视，侠义心肠。

对于书生士子而言，李白的"剔骨葬友"之事，该是令人惊异的匪夷所思之举。崔宗之《赠李十二白》诗云："袖有匕首剑，怀中茂陵书。双眸光照人，词赋凌《子虚》。"袖藏匕首，自然是防身或为斗殴搏杀而备。魏颢《李翰林集序》称其"少任侠，手刃数人"，当是以李白自述而记，明明白白说李白年少时曾杀过人，自然是任侠，大抵是行侠仗义之举，能手刃数人，恐也有些功夫。按唐律，杀人者死，然而所谓游侠者行侠之后飘然而去，不留身与名的，李白于此事津津乐道，也是老去之时所言，事过境迁，文字之迹或以为是其善"大言"故，恐无人追究了。想来李白在洞庭湖边"剔骨"，用的该是他袖中所藏匕首剑吧。

周勋初教授考证李白这种葬法"民俗学上称为二次捡骨葬。其源甚古，主要流行于南方蛮族地区"。并引经据典——《墨子·节葬下》："楚之南，有炎人国者，其亲戚死，朽其肉而葬之，然后埋其骨，乃成为孝子。"《列子·汤问》篇同，唯作"朽其肉而弃之"。殷敬顺《释文》："朽本作呙，音寡，剔肉也。"《太平御览》卷七九〇与《太平广记》卷四八〇引《博物志》，亦引炎人之国事，均作"刳其肉而弃之"。说明这种古时的丧葬习俗，后代一直延续。《梁书》卷五二《止足·顾宪之传》与《隋书》卷三一《地理志下》叙古荆州之地均有记载，宋代朱辅《溪蛮丛笑》中《葬堂》一节所记与此亦相似。

李白之故乡绵州昌隆之南即所谓的南蛮地区。其时南诏国之白蛮

（白族先民）实行土葬，但还实行二次捡骨葬，其葬法亦流传到蜀中一带。故李白埋友吴指南，显然是源于上述的"二次捡骨葬法"。

在初出蜀中之作中，李白之《秋下荆门》诗云——

> 霜落荆门江树空，布帆无恙挂秋风。
> 此行不为鲈鱼鲙，自爱名山入剡中。

浙东风景佳丽，六朝文士出没于此，谢灵运等名士之轶事曾深深影响着李白，且诸多道教名山都与神仙有关，素爱名山的诗人如被一种天然的磁力吸引，故沿长江一路东下。

途经江西时，李白登庐山观赏山景，写下几首千余年来尽人皆知的咏庐山的名篇。五言《望庐山瀑布》有"海风吹不断，江月照还空"的名句，以及七言同题之"日照香炉生紫烟，遥看瀑布挂前川。飞流直下三千尺，疑是银河落九天"之名诗。中有"日照香炉"，显然李白前来庐山寻仙求道，并为景色所迷，留下奇思异想，与后来苏轼的"不识庐山真面目，只缘身在此山中"等，都给庐山打上深深的印迹，成为千古名句，因山之特色而成诗，又因诗人之洞悟继而识山之真谛。

时在秋天，李白即将把足印留在金陵的土地之上。他又乘船出发了。

第九章

魏晋情结

　　李白的一生，大部分时间都是在长江流域度过的。他从巴蜀走出长江上游，到荆楚这长江中游乘船，到的是吴越之地长江下游了。正如他在《醉题王汉阳厅》诗中所言："我似鹧鸪鸟，南迁懒北飞。"因为这里有太多的诱惑，是生成梦幻、纸醉金迷的销金窟；是暴躁激越、穿山裂谷的江水趋于平缓柔和，漫溢于三江五湖，水泊星布、草长莺飞的地方；是青山秀丽妖媚，碧水清灵通透，"山不在高，有仙则名；水不在深，有龙则灵"的地方；是自古出绝色美人，吴侬软语有如歌吟，泡得人骨软筋麻的地方；更是出清诗丽句、锦绣文章以及放旷、清狂、纵逸的江南才子的地方……纵然这里有吴王金戈越王剑，有过杀伐的惨烈，争斗的凶残，鲜血曾染红了江水，可西施娇弱的身躯亦挡得住百万甲兵，柔软的水滴却能穿透坚硬的岩石。当古运河将向东流去的江河南北连通，水路四通八达，密如蛛网，这全长二千七百公里的大运河，仅江南一段，隋炀帝时便浚通下游淤塞的邗沟，开凿了北起山阳末口、南到江都茱萸湾，连接江淮的山阳渎，以通漕运，连接了"鱼盐杞梓之利，充仞八方，丝绵布帛之饶，覆衣天下"的江南。而大运河则成为开万世之利、德泽后人的连通南北的大动脉，所谓"岭南百州之物，滇黔巴蜀之产，齐鲁燕赵之货，东方渔盐之利，水陆相济，周流不息，莫不相通"。

尽管运河最早的开凿为争霸、杀伐而建，而大运河的贯通为运送甲兵、粮草，加强封建集权对江南的控制，已成为王朝的生命线，但南北文明的支流，舟楫之利，稼禾农耕的灌溉之便，商贾的南来北往，等等，对经济的发展，亦起到了至关重要的作用。整个唐代基业，"军国大计，仰于江淮"（《权载之文集》卷四十七）。尤其安史之乱后，"国之赋税，出自江南者十八九"，到韩愈时，"江南田赋已占全国田赋总数十分之九"（《历史年鉴》第四卷）。如此富庶之地，所谓"饱暖思淫欲"，官员日见骄奢，花天酒地，附庸风雅；巨商士贾于城市置庭宅修园林，豪宅处处，皆高门深院，其设计之工巧，用料之精美，雕穿檐檩之繁复富丽，无所不用其极。而秦淮河畔，瘦西湖之西岸，景色怡人，商女的指下琴音，袅袅歌吟从游船中飘出，文人士子狎妓而游，风流倜傥，吟诗纵酒，拥红依翠，温香软玉，更成一时风气。

李白是带着向往、渴望，尤其是最令其心仪的魏晋名士风流的生活方式之祈盼而来。当一位才思敏捷，既心胸藏蕴大志，又有豪侠之风，腰悬龙泉剑，阔袖白袍，身无羁束，渴慕道家的神仙境界，赞赏及时行乐，又怀藏重金、挥金如土的风流公子，到这样的地方自然是如鱼得水，畅快至极，他吟着常挂在嘴边的名句，谢灵运的"池塘生春草"、谢朓的"澄江静如练"，一些在《文选》中熟读的清词丽句，踏上吴越之地，那些纸上的风景，被素鱼啃噬的文字竟在眼前鲜活起来，令他自己也诗思喷涌，眼界顿开，诗思也如长江之水，从奔放、豪气迸发的三峡激越飘飞的状态之下平缓下来，虽亦不失劲健，但也有着清俊超拔、含蕴着沉思的转变。他漫步在六朝之都城金陵，怀着久蕴于内的魏晋名士情结，凭吊前朝遗迹，游览名胜及前贤故居，纵酒狂歌，结交新朋，并写下诸多新作，如《月夜金陵怀古》《金陵新亭》《题金陵王处士水亭》等，叙写南朝旧事、六代繁华，欣赏之余又多感慨，亦有时间老去、怅然若失之感。与此同时，他在拟作《乐府》间，亦写出自制名篇，如《长干行》《杨叛儿》《白纻辞》等，亦吸收了江南民谣俚曲之精要。

李白熟读史书经典，于遍访金陵名胜之时，烂熟于心的典故诗文不禁纷至沓来，于目睹洞察间化引经典，入自己诗思感悟，遂成诗行。他想起诸葛孔明"钟山龙蟠，石头虎踞，帝王之宅也"的慨叹，观建康城西二里的石头山；按《舆地志》载："环七里一百步，缘大江南抵秦淮口，去台城九里。自六朝以来，皆守石头以为固，以王公大臣领戍军为镇。其形胜，盖必争之地也。"此山峭立江中，虽不甚高，却缭绕如垣墙，凡舟船皆必从此入建康；故江左有变，必先固守石头，乃控扼之要地。而钟山为古金陵山，为众山之杰，金陵之名便由此而来。《六朝事迹》言"钟阜"，《图经》云"在县东北，周回六十里，高一百六十八丈，东连青龙山，西临青溪，南自钟浦，下入秦淮，北接雉亭山"。因其南北并连山岭，钟山苔莽巉异，其形若龙，故孔明言及"钟山龙蟠"，而李白则有"石头巉岩如虎踞，凌波欲过沧江去。钟山龙盘走势来，秀色横分历阳树。四十余帝三百秋，功名事迹随东流"（《金陵歌送别范宣》）之句了。

所谓"四十余帝三百秋"，按纪年，自孙权定都建业，传四主，五十九年而晋并之；元帝渡江，传十一主，一百三十年而宋代之；宋传八主，六十年而齐代之；齐传七主，二十四年而梁代之；梁传四主，五十六年而陈代之；陈传五主，三十三年而隋并之：凡三十九主，三百三十五年。李白这里是约计，举整数而言之。

然而，昔日如此壮丽之金陵，席卷英豪之处，冠盖散为烟雾飘零，金舆玉座亦成寒灰，想起梁、陈的累累白骨，诗人只能扣剑悲吟，天子沉井，无人再唱《玉树后庭花》，想起陈后主与李姓君王诗人的亡国之音，这里亦是伤心之处。

是啊，据《陈书》所载，陈后主常常引宾客和贵妃等游宴，令诸贵人女学士与狎客共赋新诗，互相赠答，选择尤为艳丽之诗当曲词，谱以新曲，选容色姣好的宫女千百人学唱新曲而歌之，并以重唱的方式分部迭进，聚乐甚欢。其曲有《玉树后庭花》《临春乐》等，内容多为赞美张贵妃、孔贵嫔之容色。略曰"璧月夜夜满，琼树朝朝新"之类。《资治通鉴》称："《玉树后庭花》《堂堂黄鹂留》《金钗两臂垂》，乃陈后主所造，恒与宫中女学士及朝臣相唱和为诗，太乐令何胥采其尤轻艳者为此曲。"然而，颇有诗才并留下千古名句的陈后主实在不是个好皇帝，当隋兵至，后主和张丽华、孔贵嫔于景阳宫之中被俘，这一切便都灰飞烟灭了。据称，其井有石栏，上多题字，石脉之色若胭脂，这颇有脂粉气的帝王于此处终结了他的王朝，亦有一种讽喻意味吧。

李白在金陵还游览了齐朝南苑，亦为陆机故宅，在上元县南五里，秦淮之侧，有二陆读书堂。李白在此想起爱鹅的王羲之写《道德经》各两章，以书换道士十余只鹅的故事，以及王子猷过吴中，见一园子竹而入庭院讽啸良久之典。看北堂轩栏，亦忆陆机之诗。于此受邀置金樽玉簟畅饮，醉后欲归去，对临轩池水，树老荒苑，闻宿鸟啼喧，却多有不舍意，便有"何时复来此，再得洗嚣烦"之感慨，对此幽静的书舍颇有恋羡之情。

在金陵，太白自然会想起自己颇为喜欢的诗人谢灵运，当他登上江宁县南十五里的望远楼，又名劳劳亭，遂写下《劳劳亭歌》——

> 金陵劳劳送客堂，蔓草离离生道傍。
> 古情不尽东流水，此地悲风愁白杨。
> 我乘素舸同康乐，朗咏清川飞夜霜。
> 昔闻牛渚吟五章，今来何谢袁家郎。
> 苦竹寒声动秋月，独宿空帘归梦长。

太白此诗，既言自己如康乐（即谢灵运）意趣相同，又忆袁宏《咏史》，言自己吟咏之妙不减袁宏，只是无相赏之人相谈，一人空帘独宿，殊觉寂寥。

《金陵城西楼月下吟》一诗中，李白亦是独上高楼夜望吴越，所谓水摇空城，露滴秋月，于月下沉吟久久，又想起了谢朓，故有"解道'澄江净如练'，令人长忆谢玄晖"。

看来，李白在孤身游历之中，对"谢"家一门的功业诗章多有仰慕之意。

其实，对于谢姓名士而言，太白最为仰慕且极力效仿的，该是东晋的太傅谢安。他在醉后过谢安东山时，颇有感触，并为之吟哦。李白在感佩之际，想起每行必携妓的谢安，甚至自比谢安，号称为李东山。

《江南通志》载："东山，在江宁府城东南三十里，一名土山。晋谢安先隐居会稽东山，既出，心尝思忆，因筑土为山拟之，寄怀欣赏。"《晋书》云："谢安于土山营墅，楼馆林竹甚盛，每携中外子侄往来游集，即此地也。"

想来，这没有岩石的堆垒的土山，是按旧隐居之地而营造的，是林木葱郁之中置台观厅堂居室的饮宴娱游之所、携妓之处。

李白自称李东山，于金陵浪游的孤独寂寞之中，全无羁束的青春放荡岂能没有名士情趣？且囊中不乏金银，于是在金陵买下一个随身小厮，赐名"丹砂"，为书童。此名自然是他学道炼丹的必备之物，他要过道家活神仙一样的日子，不必事必躬亲，故有书童随之，由此亦可见李白对道家之痴迷。

太白在金陵之初都结交了什么人，并无史料可寻，其时他诗名尚未显著，当结识一些青年才俊、文人雅士、豪阔公子吧。从其诗《出妓金陵子呈卢六四首》诗题可知，卢六该是他结识的，共同狎妓饮宴的同道。卢六大抵在金陵较有名气，既称"呈"诗，则有尊敬、求教之意。而"金陵子"则是李白非常喜爱的金陵女子，其名或许是李白所赐，或许是金陵名妓之号，那就不得而知了。不过，李白为金陵子曾写诗数首，可见对此女迷之甚、爱之切。

李白是在金陵城东漫游之时，偶然听到一栋楼舍中琴音悦耳，从雕窗里飘出而结识金陵子的。那琴音美妙至极，如他的诗所描绘的："落花一片天上来，随人直渡西江水。"将声音描绘成"落花"，是从听觉到视觉的转换，在中外新诗中，是被称为"通感"的现代派诗中常用的技巧，是直觉与错觉所致。将无形的声音表达为可看见的落花，既表现出声音之绚丽、姣美，又感受到其飘忽、轻盈；那声音沁人心脾，随人而渡西江，可见其吸引力之大。而琴音悠扬婉转，拨响心弦之际，又伴以楚歌娇唱，这勾魂荡魄的声音，只闻其声，不见其人，想象中的美人从娇声软语中一窗之隔，有着更大的诱惑，因为适度的遮掩比过度的裸露对人更有吸引力。故李白感到似难以抗拒地直言道："楚歌吴语娇不成，似能未能最有情"，简直是没有办法的，似能见到而又没见到的纠结而又急迫的心情是瞬间的强烈感受，让他想到谢安每游东山常以妓自随的故事，该让她携手陪伴畅游金陵了。

他在《出妓金陵子呈卢六四首》诗中，更把自己的心态诉说无遗。李白想象谢安居东山三十年，傲然携妓于风尘之中，而"楼中见我金陵子，何似阳台云雨人？"即想起楚王于阳云台梦神女自荐枕席之事，所谓"巫山云雨"，已公然言明两性之事了。

在这四首诗的《其二》中，李白写道："南国新丰酒，东山小妓歌。对君君不乐，花月奈愁何。"大抵是代拟之诗，以金陵子的口吻讲：虽然是好酒弦歌，美人在侧，可这临时的老公仍然不高兴，纵在花前月下，也不解其心中忧愁，令人无奈。或写男人之心情难测，多少有一点幽怨撒娇之态。诗中所言之"新丰酒"非唐代长安所酿之米酒，而为南国所产，梁元帝诗有"试酌新丰酒，遥劝阳台人"句，或许饮此酒亦暗含合欢之意，饮酒之际闹点小别扭，也是常态吧。

诗之《其三》是写与东道主于西江开诗酒之筵，友人相逢，诗酒风流，相互酬答，尽兴时不知不觉已醉去，时在历阳。

诗之《其四》，大抵是酒后吐真言了。小妓金陵子吐娇声而歌，家童丹砂吹笙相和，而李白"我亦为君饮清酒，君心不肯向人倾"，小妓、家童为客人欢愉而歌吹，太白亦为友人而醉，可客人却不和自己说心里话，如此直言，这样不交心的朋友不交也罢。

太白去游东山吊祭谢安时，是携美妓金陵子同去的，作《东山吟》一首——

携妓东土山，怅然悲谢安。
我妓今朝如花月，他妓古坟荒草寒。
白鸡梦后三百岁，洒酒浇君同所欢。
酣来自作青海舞，秋风吹落紫绮冠。
彼亦一时，此亦一时，

浩浩洪流之咏何必奇？

时在秋日，面对古坟荒草，于坟前洒酒而祭，和地下的谢安一同品饮，心中顿生惆怅悲怆之感。是啊，尽管小妓金陵子美如花月，可谢安之妓已沉没于荒草的寒凉之中，此一时彼一时的慨叹，令人深思。谢安昔日梦乘车行十六里见白鸡而止，喻在位十六年，白鸡主酉，其时太岁在酉，该大限已到，故上疏逊位后而死，至李白之时已三百余年。想人生如梦，酒酣微醉之时跳起自作之青海舞，那大抵是家传的西域之舞，于旋腾之际，秋风吹落头上冠冕，也是宣泄胸中之怅然，想起临危不惧，于刀斧丛中仍不动声色地讽"浩浩洪流"的旷远之气象，似也不必为之惊奇了。

说起来，李白倾慕谢安，并自号"李东山"，故效其名士风流，每行必携妓，即是受谢安之影响，然而纵酒携妓又是盛唐繁华奢靡之风所致，其时"无论是朝廷宰执，还是地方牧守，乃至文人士子，观妓乐舞，狎妓之风盛行"。据《唐会要》载，唐玄宗曾颁敕：五品以上官员家中即可蓄丝竹养妓。妓乐艺人，在朝廷曰宫妓，军中称营妓，地方官署为官妓，私家所蓄为家妓。他们隶属乐籍，归属教坊司管理。明《青泥莲花记》谓："妓者，技也。技丝竹讴舞及琴弈蹴鞠而已。"由此看来，唐之妓，即歌舞弹唱等艺人的总称，那高等妓女，是卖艺不卖身的。自然，有两情相悦者委身于彼也是自然而然的事情。

文人雅士的狎妓之风，或许是因为家中妻室皆贤妻良母，三从四德，相敬如宾，为了血缘的纯正而为家族传宗接代，久而久之已无情趣可言；可那才貌双全、极为风雅的文妓却更有浪漫情调和诱惑力。唐代的长安名妓鱼玄机，便喜诗书，颇有才华，其名句"易求无价宝，难得有情郎"，成为名句而传之久远。而蜀中的官妓薛涛最为著名，曾与元稹题诗赠答，书于所制小幅松花笺，为后人所津津乐道，此笺甚至流传至今，记得早年，成都朋友曾送我数张。薛涛今存《洪度集》一卷，其诗《送友人》云："水国蒹葭夜有霜，月寒山色共苍苍。谁言千里自今夕，离梦杳如关塞长。"诗情真意切，别情与时令相融营造出凄冷之氛围意境，喻体随手拈来，却不离主旨，堪称佳诗。文人士子与这样的才女相交，多的是心灵的沟通与抚慰，得到的是精神上的慰藉与心情的愉悦，有时并非生理上的需求。像金陵子这样颇有才艺而又娇小可人的妙龄妓女，得李白之青睐，也促发了诗人之诗思，而爱，恰恰是诗之永恒主题之一。诗为情感最为浓烈的文字样式，不写爱情、亲情、友情，倒是不可理解的事情。诗人是把女人看成是上帝派往人间的天使来对待的。西班牙一位诗人甚至说：只要世界上还有一个漂亮女人存在，诗便不会灭绝。诺贝尔文学奖获得者、诗人帕斯在《双重火焰》之中，更为大胆地宣称："色欲是肉体之诗，诗是语言的色欲。""诗歌的证言向我们揭示出此世界里的彼世界，彼世界即此世界。感觉既不丢失原有的能力，又变成了想象的仆人，让我们听到不可听之物，见到不可见之物。可是这一切难道不是梦幻和性交中所发生的事情吗？当我们做梦和做爱时，我们拥抱幻象。交合的一对人都拥有一个肉体，一张脸，一个名字，但是他们真正的现实就在拥抱最热的那一刻消散在感觉的瀑布中，而瀑布也随之消逝……"故帕斯称："诗歌意象包容对立的现实，押韵是声音的交媾；诗歌使语言和世界色情化，因为诗歌的运作从一开始就是色情的。"

自然，我们不能用当代外国诗人的诗观来衡量中国古人的诗，帕斯之诗观也是一家之言，不同的诗有不同的艺术观念支撑。只不过，我想李白大胆地揭示男女之情，却是一种率真与痴情。诗不在于你写什么，而在于你创造出了什么。写艳丽之诗也可以写得颇为美好，没有肮脏之感，甚至能提升人的境界。诗人的道德力量不在所写的题材之中，而在于语言的运用之中。那大抵是诗人心地坦诚，率性天真，而诋毁者心地肮脏至极。

刘熙载在《艺概》中指出："太白诗言侠、言仙、言酒、言女，特借用乐府形体耳，读者或认作真身，岂非皮相。"这话有一定道理。但太白之诗确有直接写自己性心理及明显的触及性事者，似也不必遮掩而让其失了本真状态。

正如唐魏颢《李翰林集序》中所言：太白"间携昭阳、金陵之妓，迹类谢康乐，世号为李东山。骏马美妾，所适二千石郊迎，饮数斗，醉则奴丹砂抚青海波。满堂不乐，白宰酒则乐"。

当然，李白是胸怀大志之人，其效谢安之名士风流，不仅在每行必携妓，更体现其名士风度的，则是东晋与前秦淝水之战中，谢安轻描淡写地指挥若定、以弱胜强的雅量和风采，史书在充满生活细节却不见刀光剑影的描写中，似不经心地以松弛的心态创造一种艺术作品一般，大有谈笑之间"樯橹灰飞烟灭"的情状。

面对苻坚率领的百万大军，东晋京都建康上下震惊、人心惶惶，所谓秦军投鞭便可断长江之流的危难之中，谢安只派弟谢石和侄子谢玄率八万人马迎敌，自己却邀集亲朋好友去东山游玩下棋，和谢玄以别墅为赌注，实际上是考量谢玄能否处变不惊。至晚，才指授将帅，部署兵力，各自迎敌，并拒绝援兵，让其固守西边防务。待兵临城下，谢玄乘其立足未稳，联络秦军内应，苻坚大军尚未到齐之时，夜袭其先头部队，并直通淝水，乘胜水陆并进，奋勇追杀，而秦军中之内应呼喊败逃，晋军张弓射箭，渡河追之，苻坚亦身中流箭，秦军全线崩溃，自相践踏，一路奔逃，风声鹤唳，晋军则收复了失地，创造了以少胜多的奇迹。

可当捷报传来，谢安正在下棋，看捷报之后，放于案几，面上并无喜色，仍下棋如故。其实他心里是颇高兴的，过门槛时把木屐的齿折断，亦全然不觉。

这种雅量、定力、风度，将一场决战策算于轻描淡写的谋划，下棋一般尽在把握之中，处变不惊，这恐怕是李白更为钦佩，颇为理想的辅佐君主建功立业，却体现了一种文化精神，是罕有的名士风度。这该是太白骨子里对谢安倾慕的缘由，自称李东山的本质的意义吧。如果仅仅是携妓出游，也是皮毛和表象，那是人本能欲望的显现，蜀人是不用学的。

写到此，我又想起了李白初入金陵时所写的乐府诗《杨叛儿》——

君歌杨叛儿，妾劝新丰酒。

何许最关人？乌啼白门柳。

乌啼隐杨花，君醉留妾家。

博山炉中沉香火，双烟一气凌紫霞。

    此诗脱胎于六朝同题《杨叛儿》，但原诗只有四句："暂出白门前，杨柳可藏乌。欢作沉水香，侬作博山炉。"明人杨慎说："古《杨叛曲》仅二十字，太白衍之四十四字，而乐府之妙思益显，隐语益彰。"并言："沉水博山之句，非太白以双烟一气解之，乐府之妙亦隐矣。"

    诗题名曰《杨叛儿》，自然是与世俗相异的具有叛逆性的女子形象之命名。而杨柳之中藏着鸟儿，则喻指男子藏于女人房中，两人交欢，你是沉香，我是插香之炉。原诗到此为止，只不过太白加以引申，将情事表达得更明确、大胆、热烈而已。

    诗中"乌啼白门柳"中之白门，即建康城西门。其时西门及南门秦淮河两岸，是商旅云集、最为繁华之处。从太白此诗看来，恐为有感而发，以女子的口气，叙述猎艳欢合之作。从太白同时所作之"南国新丰酒，东山小妓歌"来看，地点同为西江，所饮同为新丰酒，可见此诗该是同金陵子调笑之时，太白歌古曲《杨叛儿》，金陵子则频频劝饮新丰酒，致使"君醉留妾家"，随之便有"博山炉中沉香火，双烟一气凌紫霞"的具体感受了，深入而通透。

    所谓"双烟一气"，香遇火而化为紫烟凌空，已不仅是你中有我、我中有你的"欢作沉水香，侬作博山炉"了，而是男女双方合而为一，抵达一种高峰体验的灵魂出窍般的状态。或许，这印证了帕斯在《双重火焰》中所言的："感官既是这个世界里的，又不是这个世界里的。诗歌借助感官追溯到视觉和信念之间的桥梁。想象凭借这个桥梁得到体现，而肉体则变成意象。"

    然而，探究太白的写作之源，恐和今日之诗的观念扯不上关系。正如鲁迅先生所言："中国根底全在道教，此说近颇广行。以此读史，有多种问题可迎刃而解。"（《鲁迅全集》第九卷）李白痴迷于道教，其《杨叛儿》尾句之升华，大抵生于道教内丹双修派之旨。

将沉水香炉喻为两性结合，呈示男女恋情，令人想起孙思邈写炼丹的四言诗："取金之精，合石之液，列为夫妇，结为魂魄。一体混沌，两精感激。"以及晏殊《长生乐》之"欢声喜色，同入金炉泛浓烟"。不过一是从丹炉盛火喻其男女性爱，一是从男女欢合想到金炉之炽烈；皆异质同构，即格式塔心理学所谓的"实际经验的具体秩序是相应的生理过程的动力秩序的一个真实表现"。而太白的《杨叛儿》尾句的升华则是由物理而入心理，如王昌龄语："搜求于象，心入于境，神会于物，因心而得。"

"古人得道者，生以长寿，声色滋味，能久乐之。"（《吕氏春秋·仲春》）道教本质上有着浓厚的人间味、原始味，是肯定生活的宗教，将道人格化、神灵化，其追求欲望的享受，既是欲望的满足，亦是一种寻求自由、自在的精神束缚的解脱，该是潜意识中本我的真实凸现，肯定人的自然性，是对人之生命本体力量的肯定和赞扬。道家并不把两性之事视为龌龊，而是"天地合气，命之曰人"（《黄帝内经》）。在道学经典中占有突出地位的唐人李洞玄的《洞玄子》，开宗明义便称："夫天生万物，唯人为贵。人之所上，莫过房欲，法天象地，规阴矩阳。"这是将性事看成取法于天地相荡，遵循阴阳运转的宇宙意识的观念。和儒家所谓的男女结合为的是"上事宗庙，下以继绝世"，以及男尊女卑的意识有别。而作为两性关系的隐语之"巫山云雨"和"气凌紫霞"，其"云雨"和"合气"该属于与儒家和道家不同的文化语境。对此，吕美先生认为：前者是男权社会"生殖崇拜"的观念，后者则为"女神崇拜"的观念。所谓"负阴抱阳，烟升入霞；据形显神，肉融入灵。总之，将需要提升为欲望，将性升华为爱"。"双烟一气凌紫霞"，借用巴尔扎克的一句名言来说明："兽性借一道浩瀚的生命之流进入人性里面。"说其是提升人性，"是'天人合一'思维模式的艺术建构和反对封建的性役文化，歌颂灵肉交融的爱情的千古名句"，无疑是深刻的，有其道理。

又到一个春天，李白离开金陵，前往扬州。行前，相交的金陵子弟置酒相送，开怀畅饮，时风吹柳花，新酒初熟，吴姬压酒，江南风物之美，友情之亲之切，正如太白《金陵酒肆留别》所言："请君试问东流水，别意与之谁短长。"

夜晚，李白于金陵之征虏亭登船下广陵，月明之夜，江中渔火似流萤飞舞，山花如姣好女子的面颊，太白带着恋恋不舍之情又漂泊于长江之上。

广陵（即扬州）为唐代除京都外的第一大城市，其繁华可想而知。由于大运河的开通，古运河从瓜洲入江口至宝应的黄浦，百余公里的河段樯帆林立，桨声灯影，官舫贾舶，运载着盐粮兵甲，连接着一代代王朝的命运，连通着中国古老大陆上的江河湖海，北去南来，有如运河之水，绵绵不绝。而扬州则是应运河而生的城市，这里的水榭楼台、垂柳琼花、古寺高塔以及龙舟水殿之类，都有着皇家气派，而私家园林、假山竹影，人造的四季，亦为盐商大贾与官人名流的宅第，皆与官河水渡相连，可谓富甲天下。同时，这里也是销金窟与风月场，难怪诗人有"处处青楼夜夜歌""腰缠十万贯，骑鹤下扬州"的咏叹了，看来，腰间没有十万贯是来不了的地方。

前几年，我曾去过扬州数次，留下了深刻印象。古运河经疏通仍旧船来舟往，城内水路与河道相连，乘舟船于城中水路游览，两侧之建筑的古色古香，修旧如旧，亭阁楼台、高岩矮树、穿桥弋水，或登岸观景，入楼听琴，瘦西湖之清丽秀美，二十四桥仍如唐诗中那般，桥洞于水中映出的浑圆，有如玉人吹箫之箫孔，观之令人心旷神怡。

我惊异于扬州菜的清淡但多味。不知道初次到扬州的李白吃没吃过扬州炒饭，用芦管吸吮的包满鲜美汤汁的大包子，那细嫩的干丝，以及将素白的水豆腐切得如发丝一般精细的羹汤，和经长时间于罐内文火煨烤却极入味烂熟的猪脸之类，这些极好的菜蔬，该是太白的下酒之物。而这些食物的制作大都颇费工夫，所谓慢工出细活，没有耐心，没有闲情逸致以及安逸享受的时间和心志，以及熟能生巧的技艺制作和享用皆不可能。这是慢节奏的安恬惬意的生活方式，我曾想以词牌《扬州慢》为题写一下自己的感受，但因其时杂事甚多，终未提笔。扬州人著名的"三把刀"大抵是厨刀、雕刀、修脚刀吧，堪称绝活。而其"白天皮包水，晚上水包皮"，则是白日品茶饮酒，晚上则要在澡堂洗泡，颇得享乐之道，活得舒适安宁。想来，这些风俗情趣，该是传统的延续，古已有之吧。

李白到了扬州，自然一如既往，游览自然山水、人文景观，免不了观阁寺庙之逗留，发怀古叹今之咏叹，而在这样"处处青楼夜夜歌"的温柔乡里，亦免不了携妓周游，结交豪友文士，亦沉醉于庭堂酒肆之中。

在太白后作《上安州裴长史书》中，李白自言："曩昔东游维扬，不逾一年，散金三十余万，有落魄公子，悉皆济之。"可见其在扬州挥金如土，广事交游，轻财好施，亦有其豪侠重义之气。李白好说大话，故研究者对此皆认为多有夸张之嫌。安旗先生认为：其时累岁丰稔，"三十万钱抵来三千石。不一年而散金如此之多，无疑言过其实。越二年，再游江夏时，营葬吴指南于鄂城之东，竟至'乞贷'，何三年之间，贫富相悬乃尔！"

对此，蒋志先生亦认为："当时流行的货币是武德年间铸的'开元通宝'铜币，还杂用布帛。开元通宝一千钱重六斤四两（四千二百二十九克），三十余万钱应有一千二百多公斤重，怎么能带这么多。唐代虽有类似汇票的飞钱便于长途携带，但它最早出现于李白死后几十年的唐宪宗时期。"

两人的疑问均有道理。但扬州这样的地方，太白成群结队地交友携妓，美酒珍馐值万钱的花天酒地，与粗茶淡饭地过日子自不可比。且随身所带的钱财亦可能是金银珠宝之类。似不必背上千公斤铜钱的。自然，我也认为太白有夸大吹嘘之嫌，可"黄金逐手快意尽，昨日破产今朝贫"，却也合太白之性格。太白"少任侠，不事产业"，任侠仗义，结交甚广，扶危济困，为人排忧解难，对朋友解囊相助，而金钱非自己挣来，来得容易，去得也容易，乃至于后来自己捉襟见肘，生存艰难，也是实情。

到了秋日，太白所带钱财大抵已挥霍一空。他恐难以再过纵酒携妓的逍遥日子了。时卧病在床，只有诗伴他度寒凉之夜，写下《淮南卧病书怀，寄蜀中赵征君蕤》的思乡之诗。

李白在《上安州裴长史书》中，言其"仗剑去国，辞亲远游，南穷苍梧，东涉溟海"，说明此次初涉江南，曾南游洞庭湖，葬友吴指南之事该证其行止；而"东涉溟海"，则说的是浙东，浙东临海，有"溟海"之称。唐代李白的"粉丝"任华在其《杂言寄李白》诗中，描述白之行踪称："登庐山，观瀑布，'海风吹不断，江月照还空'。余爱此两句。登天台，望渤海，'云重大鹏飞，山压巨鳌背'。斯言亦好在。"任华此诗是按李白之行踪先后为序而言，看来李白初次出蜀漫游，该登过天台山，以"东涉溟海"结束。

《别储邕之剡中》诗中言李白曾打探去剡中之路径，指为东南方的越地。故有"舟从广陵去，水入会稽长""辞君向天姥，拂石卧秋霜"之句。后人称李白从未去过天姥山，只梦中去天姥而写其诗，可从此诗可以看出，太白初入越地便登过此山。

剡中即唐江南东道之剡县，属越州会稽郡。据《太平御览》之《郡国志》载：天姥山与括苍山相连，石壁上有蝌蚪形的石刻文字，高不可识。据说春天樵夫于山间能听到箫鼓笳吹之声，亦传为天姥歌谣之响。如此神仙家说，看来此山乃越中名胜、道家圣地。太白痴迷于道教，越中有如此佳境，安能不来。况且李白倾慕之诗人谢灵运亦有"暝投剡中宿，明登天姥岑"句，故李白出蜀之初便有"东涉溟海"之向往。而施宿《会稽志》载："天姥山在新昌县东南五十里，东接天台华顶峰，西北联沃洲山。上有枫千余丈。"《道藏经》亦云："沃洲天姥，福地也。"所谓洞天福地，神仙者流，对太白该有颇大的吸引力。天姥山又同天台山相连，李白既在天台留诗，自然亦会在天姥留迹。

据《台州府志》载：天台山在天台县北三里。从神迹石起，到华顶峰，皆为天台山之域，为城邑诸山之总称。陶弘景《真诰》又说："高一万八千丈，周围八百里，山有八重，四面如一。"《十道志》亦言：其山顶对应着天之三星辰，所谓"上应台宿，故曰天台"。该是天上星宿、神仙往来之处，或可理解为天仙留迹之台吧。而《登真隐诀》称，天台山"处五县中央，为余姚、句章、临海、天台、剡县也"。史志上称此山为"众岳之最秀者也"，又号"灵越"，孙绰的《天台山赋》所言"托灵越以正基"是也。

　　太白大抵是在登四明山之后，经赤城山取道往天台的。赤城山乃天台山之南门，《天台山赋》言"赤城霞起以建标"，是说赤城山满山都是赤红色的岩石，状似云霞，是以此山色之美而为标识的。太白刚刚看过四明山上的奇异景色，山巅方石的孔穴如门窗洞开，可见日月星辰之光，霞色穿石，光影斑驳，星月清辉，明净如水，已让其赞叹大自然之神工鬼斧，巧夺天工；又见如此明丽的山石，灿若云霞，赏心悦目。由此登临天台极处华顶峰，即天台八重最高处，虽山重路险，但年轻体健的太白一路观赏绝美之景，做神仙之游，心绪颇佳之时似也脚下生风，一扫疲惫，处处流连，间或歇息。但至极顶之时，观日月之出没，东望弥漫无际之大海，极目远眺，天风鼓其襟袍，山海纳于胸怀，所谓山邻四明，顶高百越，"门标赤城霞，楼栖沧岛月"，登高远览，东见溟渤，故有"云垂大鹏翻，波动巨鳌没。风潮争汹涌，神怪何翕忽？"之叹，似乎九天悬垂之云也如大鹏的羽翅翻飞，波涛之汹涌如将化而为鲲的巨鳌出没，似已天人合一，是云，是海，是鲲鹏，也是太白自己，成为其理想境界的幻化，现神怪翕动飘忽之境。

　　太白此次登临天台绝顶，所写《天台晓望》一诗，所恋天台胜景，仍是其寻仙学道的继续，其鲲鹏之志，亦是具有浓郁道家色彩的取喻。故太白言"观奇迹无倪，好道心不歇"。是啊，山海奇观浩瀚无垠，道家福地如此之美，愈吸引了太白的好道之心。故一路上太白攀着藤条摘取能助人劲气的朱红色的野果，采异草，并服食道家金丹，故尾句有"安得生羽毛，千春卧蓬阙"句，幻象中太白周身已生出羽毛，飞越大千世界，长生不老，千年长卧海上仙山之中了。

　　从太白《早望海霞边》一诗参照读来，似也为同期之作，诗写四明山、赤城霞，其半仍为"一餐咽琼液，五内发金沙。举手何所待，青龙白虎车"。可知之意象出自《楚辞章句》，谓春食朝霞者，日始出赤黄气。所谓日者霞之实，霞者日之精，《真诰》称"夫餐霞之经甚秘，致霞之道甚易，此谓体生玉光，霞映上清之法也"。《参同契》称："金砂入五内，雾散若风雨"，由此可见太白学道已到餐霞吞液、丹入五内的具体实践了。而其诗亦可看出，太白诗宗风骚，而《参同契》大抵也是李白

"十五读奇书"时所读,将其句化入自己诗中。而"青龙白虎车"之句,出自《太平广记》言不忘道之人吴郡人沈羲消灾除病、救济百姓得道成仙的故事,青龙、白虎车为迎送使者之车,谓之"有三仙人羽衣持节,以白玉简、青玉册、丹玉字授羲,遂载羲升天"。

二十余年前,我是去过天台山的,和邵燕祥、邹静之等一批诗人去黄岩开橘花诗会。途经台州,曾去天台山国清寺游览观光。当时只知道隋炀帝任江都总管时,曾在总管府设千僧会,隆重迎谒佛教天台宗创始人智𫖮,其礼遇之隆不亚于陈朝君臣,杨广并拜智𫖮为师。六年后,智𫖮圆寂,杨广"五体投地,悲泪顶受",十分悲痛。他依大师遗愿,于天台山南麓建立大寺院,后来他登基为帝后,御赐这座寺庙为"国清寺",可知国清寺历史之久远。我来寺庙时,虽庙阁殿堂较为陈旧,仍是金刚怒目。罗汉依旧神情各异,菩萨安然肃立,如来于莲座之上慈悲颔首,也是帘幕悬垂,香火旺盛,晨钟暮鼓,法事之声盈耳。诚然殿堂宽阔,诸佛法相庄严,古调旧迹,那也大抵是兴废轮回,不知重修过多少次了。记得当时也曾去过较高处的道观,与国清寺相较,似乎有些寒酸,但山顶地势之佳,异常空阔的偌大的平台开放式的所在,确是清静且幽雅之处。其时诸多的诗人在观前求签,我在诗友鼓励下也平生第一次也是最后一次手捧竹筒,摇晃出一竹签来,结果所有求签者中,只有我和朱先树兄两人所得为上上签,我虽并不迷信于此,但听了其签所对应之诗是好听的话,心情也很愉快。

我当时写下的一首诗《十一月三日黄昏探山寺闻鸟声》,记下了这次天台山之旅。暮晚行于山阴道上,感觉空山陷在岩石和林丛的明晰里,鸟声,从松针上滑落,将寂静刺出许多小孔。我似乎听到空山被啄击的音响,空间布满破碎的裂纹,由华美拉长的啼唱,让老树的枝叶悸动。我体味着这声音的波动和微微的战栗,鸟声用可感的圆润,托出一种情境,可瞬间有木鱼从山寺游出来,吐一声声纤维质的气泡,浑厚而坚实,让我于空间迷途。

我是个胸无大志的人,游天台山记下的也是一种闲适的情绪、静谧的感觉,知道自己是个凡夫俗子,既无太白那种鲲鹏之志,也无成仙得道的痴想，大抵也只是燕雀情怀，一小人物而已。我写下这点儿小小的感受，亦只是写诗的后人于千余年之后的崇敬里，以衬托太白之飘逸高远吧。

扯远了，还是说李白吧。

太白"东涉溟海"，尽观名山沧海之后，该自杭州、苏州等地折回，亦写了一些《越中览古》《苏台览古》，以及有着吴歌西曲意味的《估客行》《越女词》等诗作。

诗人写阖闾造九曲路，夫差作姑苏台，可"只今惟有西江月，曾照吴王宫里人"，写卧薪尝胆的越王勾践破吴，衣锦归来，"宫女如花满春殿，只今惟有鹧鸪飞"，面对朝代更替、历史兴废，颇为感慨，可见世事无常，冢中的白骨总以其长久傲视少女颊上的轻红，明月依旧，宿鸟乱飞，令人为之叹息。

然而，太白写王羲之以书法换鹅，"书罢笼鹅去，何曾别主人"，却潇洒至极。写"秀色掩今古""自与清波闲"的西施，"一破夫差国，千秋竟不还"，则是另一种感悟。

李白吴越之行，对吴越女子印象颇深，对其伴羞暧昧、媚眼春心多有描述，不但"评头"，还要"品足"。其《越女词五首》《浣纱石上女》均有记述。

诗言其"眉目艳新月""吴儿多白皙""卖眼掷春心""伴羞不出来""新妆荡新波""玉面耶溪女，青娥红粉妆"，都写的是头部，写最动情、招惹人的眼睛，写肤色之白皙，并有"折花调行客""笑入荷花去"等诱人的行为描写。

而"一双金齿屐，两足白如霜""屐上足如霜，不着鸦头袜""东阳素足女"等，对越女不穿袜子的赤足着屐于几首诗中每每提及，写其衣着风俗，更对其容色玉耀，楚骚目成、含笑留客之意，以及素足如雪的情志，有心旌摇摇、把持不定，呈现出太白风流偶傥的爱美之心，亦是一位血气方刚、有血肉之躯的人的欲望的表露。

第十章

泊居安陆

浮云游子般漫迹的李白，"南徙莫从，北游失路，远客汝海，近还郧城"（《上安州李长史书》），所谓穷苍梧，涉溟海，游洞庭吴越之后，又客走汝州、洛阳，终落脚于安陆。太白所言之"汝海"，系从《文选》所注中来，汝州"称汝海，大言之也"。而郧城即安陆，春秋时期安陆为郧城，古郧、郾二字相通，故称郧城。

李白一生所走过的地方，其祖籍故乡、长居短客之处，我几乎都去过，可他"酒隐安陆、蹉跎十年"的安陆，却从未涉足。或许是欲写这部《李白传》的缘故，读太白诗中言及的行踪，一入眼帘我便想起那里的山川风物、民风习俗、人情冷暖、人文地理，写起来感到心里有底，似有一种实在感无形中托着，心手不虚。可从未领略其风貌之处，看资料时也感到云里雾里一般，不敢下笔。二〇一二年岁末的几天，正巧我挂名主编的一部《湖北诗选》在武汉首发，邀我与会，我便乘机了此心愿，去安陆看看。

岁末是一年中最冷的时日。武汉罕见地下了一层不厚不薄的雪，整个城市银装素裹，弥散着清冷之气。下午起程去安陆时，高速路上的雪已融化，太阳也已出来。雪后空气新鲜，路途车又不多，驾车的小吴和陪我同去的朋友对我照顾得颇为周到，令我心有暖意，兴致颇高。

武汉距安陆只有一个多小时的车程。湖北素称千湖之省，水泽遍地，路旁未融的残雪在阳光下显得格外明亮。一路上我看着车窗外的景致以及路侧引路的标识，看到"云梦""随州"等地名，便想起太白《上安州裴长史书》中所言："见乡人相如大夸云梦之事，云楚有七泽，遂来观焉。"此时我也来到一看这两个字便有一种虚幻缥缈之城的地方，是从云里梦里落到了实处，原来云梦泽也就是这般模样。我想，李白南北东西地浪游一番之后泊居于这里，大抵也是"云梦"这两个字的吸引，小时便读诵《子虚赋》的太白，云梦的种子已植根心底，因此他才会一饱眼福之后留居下来。

车未进安陆城，而是直接开到了李白隐居之地白兆山下。因是隆冬，远远看去，山已失去青葱，又沾染了一层清雪，呈灰白之色。及近，我便看到了立于山间，大袖飘飘的太白立身像。山并不算高，没有雄奇伟岸的气势，可又拔地而起，于平原之中突然隆起的山峦，四围没有起伏的丘陵，还是感到这山异乎寻常。

晚居于白兆山宾馆。因这个季节已无游人，空山更空，山居清冷，阴凉之气逼人。接待者看我是一位老同志，特给我安排了一个大房间。可空调小，房间大，虽整夜开着暖气，房间仍无暖意，冷风从窗缝钻进来，盖了两床被子仍冷得哆嗦。这时节我想起李白在这山间一住多年，这冰冷的冬日该也难耐，只能食一罐瓦罐煨猪脚和此地独有的白花茶，就火取暖，靠一壶老酒挨过这寒冬吧？

白兆山，亦名碧山。此山见于文字的最早记载，是《北周书》所载之建德二年，"旧俗每逢亢旱，祷白兆山祈雨"之句，即公元五七三年，可见此山名由来已久。

如今，太白筑室隐居的屋舍早已失去踪迹，只留其遗址，唐时的白兆寺亦已不存，只有桃花岩仍还是原来的模样，位于白兆山西麓，实为一自然的山洞，"有一窍从峭壁百仞中腾出"（《安陆县志》）。其山顶有千年银杏一株，下有青绿色，内里常翻串串水泡的绀珠泉，左为龟形小山状的读书台，右为笔架山，桃花岩居于其中，确是风貌奇特、背倚青山、左环右护的风水宝地，想太白泊居之时能寻到这样的佳妙去处，确是隐身学道、读书习剑、吟诗著文的好地方。可原立于白兆寺前的明代石碑已藏安陆李白纪念馆，太白堂清道光三年（1823）所立"李翰林像青石碑"，其阴文隶书仍残存十五行，下端为蒋炯摩南薰殿本阴刻的太白像，亦存于纪念馆内。只有斗笠岩上摩岩题刻，尚存宋、明、清所刻之三处，字迹仍清晰可辨，也只是后人题咏，表达对太白的敬仰之情。

第二天，李白纪念馆馆长王清陪同我参观落成不久的纪念馆，在二楼宽大的阳台上吸烟时，王清手指不远处清晰可见的一处山峦说：那就是寿山，李白初来安陆时始居之山。他又告诉我，白兆山后另有仙城山，这三山连在一条线上，距离各约三十华里。

太白来安州选寿山落足，大抵也因此山清秀幽静，古树森森，水清冽至游鱼可数，虽山高不过五百尺，却烟岚环结，奇峰叠翠，是个"攒吸霞雨，隐居灵仙"的好所在。道家清修多选这样的地方，餐霞饮露，炼丹采药，抚绿绮和流水清音，书绝句于岩壁之上，自然利于身心康健、道学精进。且寿山周围居住的百姓大都有百岁之寿，或许这正是寿山名字的由来吧。

始居寿山之际，李白收到扬州结识的县尉孟少府的书信，言太白安于小隐，以"特秀""多奇"自居，不入三山五岳之流，劝其入名山大川方能修成正果云云。

心高气傲的李白，虽崇大唯高，可哪里容得下别人小视自己，故以神仙笔代寿山作答，用山之神异口吻说话：遣寿山东峰的大小鹤山"金衣双鹤"为使，衔飞云锦书，投维扬孟公足下。双山能化为两鹤传书，可见山之灵异，亦见太白想象之神奇。

《代寿山答孟少府移文书》是李白生平中最为重要的文字。将其一生锲而不舍的理想追求、功名情结、功成身退的远大抱负，及其自视甚高、自信、自傲、自负，甚至在这外在表达所掩饰的某种自卑，展示得淋漓尽致，似可称之为李白立世的宣言书，是其终生所求、所作所为的蓝图式的描绘。该文篇中含骨却又血肉丰富，雄健且又华美，逞才使气，引经据典，令古今为我所用，铺陈起伏，纵横驰骋，既体现其表达的主旨，亦显现了诗人傲岸不羁的性格。

文既以寿山的口气作答，则言自身诞生于远古之宇宙洪荒，经大自然之气的包裹化育，为楚之分野，控荆、衡之远势，所谓"盘薄万古，邈然星河。凭天霓以结峰，倚斗极而横嶂"，是灵仙隐居之地，亦是产隋珠和氏璧的地方，完宇宙之美，竭尽自然界的创造化育之奇，故寿山可与神仙居住的昆仑比肩，与昆仑之巅的阆风山相连。那人间的巫山、庐山、台山、霍山是不值一提的。

太白文中用典是意味深长的。所谓"卞氏之光宝"出自《韩非子·和氏》，言春秋时楚人卞和在山中得璞玉献给厉王。厉王让玉工辨识，说是石头，以欺君罪断其左足。后武王即位，卞和又献玉，仍以欺君罪断其右足。及文王即位，卞和抱玉哭于荆山下。文王派人问他，他说："吾非悲刖也，悲夫宝玉而题之以石，贞士而名之以诳。"文王使人剖玉，果得宝玉，因称和氏璧。李白借此讽喻孟少府之有眼无珠，刺之入骨，说的是寿山怀玉，亦说的是自己的处境之不为人所哀。

为驳斥孟少府对寿山"小而无名"的责难，李白文引老子"无名为天地之始，有名为万物之母"之句，所谓道虽"无名"，却是形成天地的根本，天地"有名"是因为孕育了万物，有名系由无名而来，所谓大、小之分，小亦是大的根本。况且庄子亦有高论，认为鹪雀并不羡慕大鹏，秋毫可以与泰山比美，大小之间还有什么不同呢？又以傅说、姜尚为例，称商朝的传说、周之姜太公也是隐栖于寻常的山水之间，后被帝王发现，出世治理天下，成为有名的贤相。两人均为布衣出仕，傅说不过是从事版筑（泥瓦工）的奴隶，而姜太公也只是渭水之畔的垂钓者。

在代寿山作答之书中，李白借寿山之口大肆吹捧自己一番，已达极致，读之恐令人瞠目结舌——

　　尔其天为容，道为貌，不屈己，不干人，巢、由以来，一人而已。乃蝌蟠龟息，遁乎此山。仆尝弄之以绿绮，卧之以碧云，漱之以琼液，饵之以金砂。既而童颜益春，真气愈茂，将欲倚剑天外，挂弓扶桑。浮四海，横八荒，出宇宙之寥廓，登云天之渺茫。

是啊，服丹炼药，饮玉液琼浆，童颜素衣，气血充盈，云卧高隐，弹绿绮之音，过着虬龙盘曲、神龟静息的神仙生活，并称自尧帝时巢父、许由以来，仅此一人而已。如此狂妄，将五千年来所有圣贤名士一笑抹杀。而其剑佩天外，挂弓于神树，飘游天下，显贵之时则接济天下众生，潦倒失意时则保全自身。可见其隐与修道，不只为"一朝飞腾，为方丈、蓬莱之人耳"，而是——

> 卷其丹书，匣其瑶瑟，申管、晏之谈，谋帝王之术。奋其
> 智能，愿为辅弼，使寰区大定，海县清一。事君之道成，荣亲
> 之义毕，然后与陶朱、留侯，浮五湖，戏沧洲，不足为难矣。

这里所引诸多封侯拜相者，侍奉君王，令寰区大定，海县清一，光宗耀祖，都与李白合而为一了，待功成之后，则退隐于山海之间，与范蠡、张良一般，浮五湖，戏沧洲。可见其志向之宏大，而入世之心亦极为强烈。其时玄宗刚颁诏令，制草泽有文武高才，令诣阙自举。想于如此情境之下，李白借此书大夸其才，恐也有自举之意在。

从李白自言自己的行止："远客汝海，近还邙城。"看来，大抵是落脚寿山之后，去汝州、洛阳的，一个"还"字，言出而复归才能称还。而从安州北去时，亦可能去了襄阳，结识了孟浩然，故两年后有《黄鹤楼送孟浩然之广陵》诗，才能称孟浩然为"故人"。

这次北游汝海的汝洛之行，诚然有访古仙游之意，然而更为重要的是太白广结名士、结交官员豪友的用意。当时安州有两家豪门，即曾为唐高宗宰相的许圉师、郝处俊两族，而两族间亦有亲缘关系，当地民谣中就有"贵如郝许"的说法。两族的后人显要时在洛阳为官，李白后来入赘许家为婿，或许与这次汝洛之行有关，虽然史料中没有记载，但许家在洛阳之显要，若没有见过李白，并与其结识，目睹其人品，洞悉其才华，是不可能招其为婿的。

　　洛阳系唐两京之一，系相传伏羲氏时，龙马从黄河背负"河图"、神龟于洛水背负"洛书"出现，始有八卦之地；是历代皇家开凿龙门石窟、留下了传于千古的佛雕之世界文化遗产；中外驰名，其相传以武则天之相雕就的卢舍那佛之巨像，微笑颔首，俯视着大千世界，给人以雍容宁静之感。洛阳的牡丹亦称甲天下，年年的花会吸引无数的游人。想来太白来此，自然会流连忘返，引发诗兴的。我多次去过洛阳，给我留下最深印象的除龙门石窟和牡丹外，还有"千唐志碑博物馆"。出土的上千块唐代"墓志铭"石刻，对了解唐代的历史、文化、风俗、官制，以及人情世故、天灾人祸、战争内乱等，留下了无法替代的珍贵的实证。且有大家所著铭文，书家所留珍迹，令人珍视。

　　太白于汝、洛结识了一些文友、高士及官员，并以唐同姓便认其为从兄弟的风行的惯例，认了几名从弟。他结识了后任谯郡参军的元演，同时又结识了道教中的人物元丹丘，遂成莫逆之交。《夏日诸从弟登汝州龙兴阁序》一文，言明太白此行是在夏天。他与诸兄弟游兴正浓，其"屈指乡路，还疑梦中"，当为离蜀不久。少年风华正茂之时，于木槿花繁茂的芳园，听蝉鸣阵阵，依《礼记》所言，于仲夏之夜大火漫见于南方之时，月下处台榭，居高而明亮之处。于门外系马，步金梯入阁，登高远望，只见"晴山翠远而四合，暮江碧流而一色"，敞开胸襟，依栏四顾，宛如立于云空之中。而屈原、宋玉已逝去，诗人还能与谁交谈呢？而"得我二季"句，"二季"当指结识之从弟李幼成、李令问。李白后来曾写在龙门寄幼成、令问诗，其《答从弟幼成过西园见赠》中有"二季过旧壑"句可证。文中的"白云老兄"当为王迥，经襄阳时结识，孟浩然有《赠白云先生王迥》诗，亦可佐证。

　　李白于汝、洛浪游，大抵也是放诞任情、风流倜傥的。黄金白璧买歌笑，亦为狎妓狂饮，数月间与众兄弟花天酒地，时而长醉不醒，似已有了酒精依赖，始有"酒仙"之名了。

　　元丹丘，字霞子，自号丹丘子，叶县人。为茅山派第七代嵩山传人，从学胡紫阳。为司马承祯的三传弟子。李白为司马承祯的"仙踪十友"的第十位，故太白与元丹丘自然便亲近起来。元丹丘是李白一生中最重要的交游人物之一，交往时间长达二十二年。《李太白全集》收录李白与元丹丘有关的诗文近二十篇之多，在李白一生交游的近四百人中，实属罕见。

李白大抵是从安陆至襄阳后又取道南阳，又由南阳石门山至颍阳而结识元丹丘的。《题元丹丘颍阳山居》云："仙游渡颍水，访隐同元君"，太白与元丹丘交往诗文，或称故人，或有叙旧之说，惟此诗"访隐同元君"即访隐者初识之意。而"卜地初晦迹"，亦为初游汝洛。尾句"拂衣栖江濆"，则指明此诗为离颍阳时所题。故诗序写道：丹丘之颍阳山居"北倚马岭，连峰嵩丘，南瞻鹿台，极目汝海，云岩映郁，有佳致焉。白从之游，故有此作"。诗中则有"却顾北山断，前瞻南岭分。遥望汝海月，不隔嵩丘云。之子合逸趣，而我钦清芬。举迹倚松石，谈笑迷朝曛"之句。

在《颍阳别元丹丘之淮阳》一诗中，李白诗云："我有锦囊诀，可以持君身。当餐黄金药，去为紫阳宾。"从诗中可知，元丹丘与胡紫阳相识，成为胡之弟子，还是李白指点其"去为紫阳宾"，即去随州向胡紫阳求道。这为此后元丹丘随州同太白、元演与紫阳先生相聚一事埋下了伏笔。

这次汝洛之行，李白该认识了许氏家族中任河南丞的许谏，或许这是李白相府入赘的缘由吧。或许此时已提及故许相孙女之信息，李白便想起回安陆了。

于是，是年秋天，元演便陪同李白南行，回归郧城，途中到了随州访见了胡紫阳，三人相谈甚欢，娓娓道来，对世事洞若观火，谈玄论道久谈不倦。李白于此小停，便赶回安陆了。

李白北游汝洛归来，自然免不了呼朋唤友，置酒倾谈汝海风韵，洛阳繁华，言所感所闻，新朋至交之欢。于是推杯换盏，开怀畅饮，不知不觉间已是醉眼蒙眬。唐代所酿之酒恐多为米酒之类，酿酒史称中国元代才有了蒸馏酒，即高度数的白酒，然而也有人称唐代已有了蒸馏酒，似还没有充分的证据。米酒清甜，并不辛辣，故饮量颇多，可米酒温软甘醇适口，如同温水煮青蛙一样，初时颇为舒服，然而一旦酒劲儿上来，醉后恐已失去知觉，难以自持了。我年轻时也曾有过狂饮之事，三个朋友每人喝尽两瓶十年加饭酒，竟喝得长醉不醒，友人安排在宾馆睡了一夜。第二天睁开眼睛，竟不知怎么会到了这里，可见米酒醉人比辛辣的白酒更甚，可见温软甘醇之难以抵御，防不胜防啊。

早晨初醒，太白仍旧头晕目眩。他打马归寿山居处，于路上见有车驾迎面驶来，以为是友人魏洽，便前趋而迎欲一诉别情。可没有想到来者竟是安州长史李京之。其后，李白遂写了《上安州李长史书》为擅闯车驾谢罪。

细读此书，我不仅大为惊诧，似乎看到了另一个李白。这个李白既没有谒见苏颋时的美丽之气，也没有《上李邕》诗中的孤傲轻狂。与太白刚写就不久的《代寿山答孟少府移文书》相较，面对一个县尉，他志在高远，倚剑天外，目空一切，狂妄至极；可面对一个长史，即使是误闯了车驾，谦言谢罪也就罢了，何至于如此循规蹈矩，一落千丈，卑躬屈膝，明里暗里胡吹乱捧，谦卑至极？令我读之不禁替他脸红，想起文人墨客常有的双重性格，正如他书中所言，是品格特异的"嵚崎历落可笑人也"。

其书一开始，太白便称自己曾浏览过历代典籍，读过诸子百家之书，知道圣贤而貌相似者很多。如仲尼的学生有若相貌酷似孔子；汉王大将纪信酷似刘邦；东晋的刘牢之面相和何无忌相近；而宋玉之貌又和屈原相似。故李白"遥观君侯，窃疑魏洽，便欲趋就，临然举鞭，迟疑之间，未及回避"。所谓误而成过，形似而类真，希望李长史"大雅含弘"恕之。

李白引经据典，逞其学识广博之际，暗中已将李长史喻为圣贤，并称长史为"君侯"，已将李京之尊为公侯了。

书随后太白称自己少时处理便周详审慎，可今之事却有愧于应遵循的礼法。理应做到如梁朝中书郎阮长之那样，不因进入他人没有上灯的堂室而放弃应循之礼；能像卫国大夫蘧伯玉那样正值深夜经过王宫前而不改变应遵守的常礼。而此时太白将身段降到最低，自称"小人"误闯了车驾，再称李长史为"君侯"，施与李白平易近人、怜悯爱恤的恩惠，和蔼可亲，收敛了秋霜一样的威严，给人冬阳般的温暖。这和东汉大将军卫青原谅汲黯倨傲无礼相比，亦道德无愧；汉司徒袁逢不计较小吏赵元淑只对他长揖而不跪拜，和李长史相较，袁逢还算不上贤达。而君侯一句话就见谅了太白的失礼，当为君侯九死而不辞。

接下来李白怅然谈及自己的处境，谓之"孤剑谁托，悲歌自怜，迫于凄惶，席不暇暖。寄绝国而何仰，若浮云而无依"。可见其时李白尚未与许夫人成婚，大抵是资财散尽之后的生涯。

太白又说：昨夜因长时间饮酒过量，迷蒙之际，因没有黄帝时离朱那样百步之内能见秋毫的锐眼，又没有晋时王戎仰视太阳眼不发花的能力，竟有眼不识泰山，无异于以螳螂之臂抗齐庄公的车轮。而驾车者召之询问，李白竟"入门鞠躬，精魄飞散"，已魂不附体，诚惶诚恐。李白自喻螳螂，已谦卑至极，又将李长史比为齐庄公，言螳螂若是人，定是天下勇士，于是让车避开螳螂而行，故有勇士投效。李白自言如此卑下，战战兢兢，魂飞魄散，其实字里行间已显露出依附求请赏识援引之意。与前所言"不屈己，不干人"之语相较，已是天渊之别。

此书随之又言，魏尚书郎徐邈常犯酒禁，魏文帝不加责究，反觉得他贤达；齐国女子无盐，因为极丑无双，却因指责国君淫逸误政，敢于直谏而被立为正夫人。故上常念《国风》所说人无礼仪不如"相鼠有皮"的讥讽，下存《周易》所提醒的踩着老虎会被吃掉的恐惧。幸而李长史怀同情之心，能像东海郡守王安期不以鞭笞犯夜禁的学子宁越立威那样，宽恕太白，让其承受了王公般的恩德。

接下来则是太白为之感恩的心理描绘，所谓"铭刻心骨，退思狂愆，五情冰炭，罔知所措。昼愧于影，夜惭于魄，启处不遑，战跼无地"。其言恩德之刻骨铭心，如同打摆子发高烧一样，闭门思过，心里冷一阵热一阵的，弄得六神无主而不知所措。乃至于无日无夜不对着身影灵魂深为惭愧，坐立不安，战战兢兢不敢放纵而无地自容。如此心态，大有乞怜之意，该是作秀，恐非本意。

此书继而对李长史的赞颂就更离谱了，说自己跪伏在地想君侯您哪，目光清澈胜过秋天的朗月，态度温和比得上温柔的轻风。您扫除了文坛的尘垢，振兴且发扬了艺文礼乐。陆机作为太康年间的杰出才子，不能同您比高低。曹植是建安年间的雄才，只能为您捧驾。而天下的豪士俊杰，都如同随风吹聚一般依附于您，可我并不敏感，私下却异常敬慕您的美论。然而，我为什么要像嵇康那样颓丧，不明事理；像祢衡那样狂妄，自己给自己留下耻辱呢？一旦触犯了您的容颜，使我终生感到惭愧，故负荆请罪，"倘免以训责，恤其愚蒙，如能伏剑结缨，谢君侯之德"，宁愿杀身报其恩德了。

太白此书白纸黑字，写得明明白白，我似不必再说什么。而此书之结尾称："敢以近所为《春游救苦寺》诗一首十韵、《石岩寺》诗一首八韵、《上杨都尉》诗一首三十韵，辞旨狂野，贵露下情，轻干视听，幸乞详览。"

从书尾看来，若只为谢罪，既不必有先前之肉麻吹捧，亦不必奉上诗作乞览。太白此书言外之意多多，只是以谢罪为引由，炫其才华学识，以卑下的姿态以求引荐而已。诚然古人书信多有谦词，但谦卑得如此离谱，倒是鲜见。而太白自言之三首诗，现不存，均已失传。《方舆胜览》云，救苦寺在常德府西四里，今名胜业院。石岩寺应在石岩山，《安陆县志·山》称："石岩、太平诸山，递连相接。"诗称"春游"，则李白初到安陆应在春天。

太白此时在安陆大抵较为困窘，南行北游散尽金银，即使有朋友接济亦不会长久，也是救急而难以救穷。其埋葬吴指南时已乞贷而葬，泊居安陆不事产业故难以为继。因而对李长史有依附之意，写谢罪之书以求改变窘境，恐也是写得如此卑下的缘由之一。

《秋夜于安府送孟赞府兄还都序》一文，亦是李白此时所写。唐时称县令为明府，县尉为少府，县丞为赞府。孟赞府究竟名何，不得而知，因未具名。但从文中可知，此孟姓赞府受嵩山精灵之气而生，该是河南人。太白在文中赞其如鸿飞凤立，不循常流，酒情中酣时，"天机俊发，则谈笑满席，风云动天"，赞其超然气质。太白对孟赞府大加赞颂，是因为他的义气。那些"饰危冠，佩长剑，扬眉吐诺，激昂青云者，咸夸炫意气，托交王侯"，但如有急难相求，十个人有八九个不见踪影。但义兄孟子却不然。这里显然是有急难之时，孟赞府曾予以接济。太白亦自言志弱不能树立，"亲承光辉"，恩情甚于兄弟，该是受到资助的证明。而"他乡此别，谁无恨耶"，太白泊居之初并未把安陆看作家乡，该写于其未婚之时。而"林风吹霜，散下秋草，海雁嘶月，孤飞朔云。惊魂动骨，戛瑟落涕"，写的是秋境，也是心境，故举手相别，颇为感伤。此诗该已证实太白初居安陆时所处窘境，有求于人，自己已先矮了三分。其如霜中秋草，孤雁嘶鸣，弹琴时琴音也为之落泪，而相聚的朋友相别，则更为孤独。

作为沉迷于道教的太白，与道教高人胡紫阳过从甚密，时曾冬游随州，写《题随州紫阳先生壁》，书而赠之。

随州与安陆相邻，《括地志》载，神农生于随州之厉山，故好长生的风俗久已形成。又闻紫阳先生所之餐霞楼已有仙境之名，太白向紫阳先生学习吐纳运气之法，听《步虚》之曲，领略众仙缥缈轻举之美，所谓道与仙合，心与造化相并，沉迷于道家曲中，顿失尘世仕宦之情，希望紫阳先生赐金丹灵液，能与其携手飞升，遨游于三清之境。

太白在此期间，元演和元丹丘两位至友亦相约而至，一起聚于紫阳先生的餐霞楼，"入神农之故乡，得胡公之精术"，与三人高谈天地形成之初的形态，尽得"金书玉诀"这些道家典籍和修行要旨，习道家炼气术，品青田酒，可谓得道高士，神仙者流。元演听紫阳先生大夸仙城山之清幽秘境，神往之，想乘兴前去隐居，于是别酒寒酌。而李白则言其不拘泥于物，尚有出世之态，所谓"出则以平交王侯，遁则以俯视巢、许"，与仕宦中人周旋，未能即去隐居，况且"绿萝未归"，即《古诗十九首》云："冉冉孤生竹，结根泰山阿。与君为新婚，菟丝附女萝"，未归即未婚配之意。于是，太白便书写《冬夜于随州紫阳先生餐霞楼送烟子元演隐仙城山序》一文送别。其情正如文中所言："吾与霞子元丹，烟子元演，气激道合，结神仙交，殊身同心，誓老云海，不可夺也。"大抵写的也是三人的交情之深，所谓志同道合，太白还要回安陆，"向淮南攀桂枝"去。

其后太白写《与元丹丘方城寺谈玄作》，亦为其时所写。大梦独觉，腾转风火之谈，心静清明，云山禅居，空山明月，怡然而谈于青莲宫。方城寺即仙城寺，在仙城山。

第十一章

相门赘婿

《上安州裴长史书》中，李白自言："许相公家见招，妻以孙女，便憩迹于此，至移三霜焉。"此许相公乃许圉师，唐高宗龙朔中为左相，仪凤四年（679）卒。

许相公家何以"见招"呢？自然是先有识见，才能招之为婿。真正有创造力的诗人，才华初露之后，三十岁左右正是满腹经纶、才思敏捷、精力充沛，过了稚嫩之期，已近成熟。且阳刚之气甚足，风华正茂，该是写作的喷发期，虽羽毛尚未丰满，可声望日隆，能写诸多佳诗妙文，已为士人所仰慕了。而太白作为风流才子，其时正是仪容俊朗，有如玉树临风，就安州而言，睹其风采，传其诗文，在世人眼中恐也是凤毛麟角，能得此佳婿，亦难能可贵。加之太白广结豪友俊杰之士，往来于官宦之间，以皇室远房宗亲自居，家虽五世为庶，亦攀附桂叶，与许家在任官宦该有交往，自然也应有官员高士为媒，遂入赘许家。

在《忆旧游寄谯郡元参军》一诗中，李白写下同胡紫阳交往时的回忆之句——

紫阳之真人，邀我吹玉笙。

餐霞楼上动仙乐，嘈然宛似鸾凤鸣。

玉笙所发驾凤之音，仙乐有如鸾凤和鸣，则明喻为夫妻相合之意。由此可见紫阳先生邀太白吹玉笙，该与太白与许相公孙女之婚配有关，紫阳先生相邀才有了鸾凤和鸣之音，暗示了婚姻得紫阳真人之助。

说起来，太白之所以泊居安陆，固然与司马相如大夸云梦之事有关，可更重要的原因该是寻求攀附李唐宗室的媒介，一是结交胡紫阳，走作道家之隐而入仕的终南捷径，二是与官宦往来结交，以求援引。许相公家虽已不复当年兴盛，但一些许家后人仍在朝中当权，而故相之婿的身份，既给他非蓬蒿人的虚荣光环、心理满足，又有利于与朝中高官卿相交往。

安陆是李唐皇朝发迹地之一。还在北周年间，唐高祖李渊之父李昺便任安州总管，李渊亦在此地成长生活过。唐太宗时，太宗又将性格与自己相像颇为珍爱的三子吴王恪，任为安州都督。李恪的夫人死后则葬于安陆王子山（今安陆县棠棣区境内。一九八一年曾出土墓志碑"大唐吴国妃杨氏之志"）。可见安陆与李唐宗室深有渊源。

李渊幼时，曾与许圉师之父许绍同在官学馆内读书，关系颇近。高祖李渊起兵后，许绍以隋夷陵通守率黔安、武陵、沣阳等郡起义归唐，以功被授硖州刺史，封安陆郡公。李渊登皇位后，曾亲笔作书给许绍，追忆少时同游，安州相聚，与许绍后辈伯裔戎旅，有所谓"安危契阔，累叶同之"之谊。又触事可想，"虽卢绾与刘邦同里，吴质共曹丕接席，以今方古，何足称焉。而公追砚席之旧欢，存通家之襄好，明鉴去就之理，洞识成败之机。爰自荆门，驰心绛阙，绥怀士庶，纠合宾僚，逾越江山，远申诚款。览此忠至，弥以慰怀"。从高祖李渊亲笔信中，可见许家与宗室关系之密。

而《旧唐书·许圉师传》载："圉师，有器干，博涉艺文，举进士。显庆二年（657），累迁黄门侍郎，同中书门下三品，兼修国史。三年，以修实录功封平恩县男，赐物三百段。四迁，龙朔中为左相。俄以子自然因猎射杀人，隐而不奏，又为李义府所挤，左迁虔州刺史……上元中，再迁户部尚书。仪凤四年（679）卒。"

许氏家族还与安陆另一望族郝家联姻，曾任滁州刺史的郝相贵，是许圉师的姐夫，其子郝处俊在高宗时也任过宰相。《册府元龟》卷八百八十六记："郝处俊，高宗仪凤中为侍中。时侍中许圉师即处俊之舅，早同州里，俱宦达于时。又其乡人田氏彭氏以殖货见称，故江淮间为之语曰：'贵如许、郝，富如田、彭。'"两族本籍皆在安陆，传言却起于江淮，可见其影响之大。

许圉师有五个儿子：自持、自遂、自正、自然、文思。自正曾任泽州刺史，自然、文思因射杀人事随父免职。之后未见有其儿孙辈任职、及第的记载。开元年间，许家仍能保持其世家荣耀的，都在许圉师的侄孙辈中，即忠臣钦寂、钦明两支，余皆不显。且显宦多居京洛，守着祖业的许府后人，妻于太白的孙女，不知是圉师五子中哪一个的后代。

然而，即使许府家族不再显赫，故相之府选婿亦非常人，毕竟是高官豪门且博通艺文的许圉师的后代，大家闺秀，诗书传家，族人尚有多位官宦在任，选中胸藏大志的天才诗人李白，亦在情理之中。诚然唐代世族观念颇为浓重，但已失官职的名门子女亦已为庶，已不复往日的荣耀，故才可能招李白为婿。

其实，"赘婿"这个词大抵是汉代出现的。对此称号，周勋初教授有过考证：《史记·滑稽列传》："淳于髡者，齐之赘婿、贾人也。"司马贞《索隐》："女之夫也，比于子，如人疣赘，是余剩之物也。"《汉书·贾谊传》载所撰《除政事疏》："家贫子壮则出赘。"颜师古注："谓之赘婿者，言其不当出在妻家，亦犹人身体之有疣赘，非应所有也。"

钱钟书《管锥编》中有"赘婿"一条，又申论之曰："'赘'之为言'缀'也，虽附属而仍见外之物也。"他在征引各家之说后，又补充说明道："旧日入赘之婿多为其妻兄弟所憎侮，即无兄弟而'坐产招夫'以为'补代'者，妻党皆鄙薄之。余童时尚见闻此等风俗也。"

看来，"赘婿"的日子是不大好过的，被如此看不起，如身体上长出个多余的病瘤而遭人憎恨、侮辱，依附在女人的石榴裙下，视同乞儿一样，被厌薄之甚。故《云溪友议》卷下《窥衣帷》所记曾为赘婿的丞相元载的故事，说其赘居妻家颇遭轻怠，其妻以奁资励其增学赴考，元载离家曾有别妻诗曰："年来谁不厌龙钟，虽在侯门似不容。看取海山寒翠树，苦遭霜霰到秦封。"后元载大贵，任肃宗、代宗两朝宰相，其内外亲族悉来谒贺。其妻韫秀晴日于西院以青紫丝条四十条，条长三十丈，施罗纨绮绣之饰，每条下置金银炉二十枚，皆焚异香，香熏锦衣，并引诸亲戚西院散步。其婢称这是相公及夫人晒曝衣服，韫秀则称想不到当年乞索的儿妇还有异于当年的事情，于是当年鄙薄其夫妇的诸亲羞报悄然而辞，终出了一口恶气。或许，正是赘婿在遭人白眼的巨大压力之下，才奋力攻读，以图自立，才有了日后的发达。

据查屏球先生查《新唐书·宰相世系表》与《元和姓纂》，将许氏家族后人情况所列《许绍家族世系表》可知，许圉师一辈，只有他的长兄许善一支人丁兴旺，从孙辈至三世孙辈，位居光禄卿、都督、节度使、督户、大将军、太守、刺史等十五人，只有三世孙子房一人没有官职。仍光耀门庭，承继其家族的荣耀。其次兄伯裔虽有子嗣，但均为白丁。而许圉师一支，有子五人，除自正曾为泽州刺史，文思曾为静福府果毅，自然奉辇直，并被免职外，余皆无授官职。圉师孙辈之后却一片空白，看来其子只生过不入世系的女儿，已成绝嗣之家，故李白入赘其府，亦有为之接续香火之意。

人类曾经历原始的母系氏族群婚制阶段，其时没有君主，聚生群处，民只知其母，不知其父为谁。中国自夏始，已成父系社会，商代初成宗法制度，西周后趋于完善，形成以父系为中心的伦理观念。男子顶门立户，婚配称娶，即将女子视为被取之物，取回家来，故女子出嫁为"归"。繁体字的"归"字从"止"，是女人人生归宿之处，故从止。男子娶归妻，为的是承继一姓纯正的血统，生儿育女，继承家财，续之香火，成为天经地义之事。所谓君为臣纲，夫为妻纲，父为子纲，男尊女卑，作为封建社会的人伦准则，被广泛接受，为家族所信守。而男子入赘妻家，则为反常之举，故遭轻贱蔑视。

从出土的《睡虎地秦墓竹简》记载可知，其《为吏之道》所引的《魏户律》，整理者言：这条魏律"颁布于魏安釐王二十五年（前252）内容是严格限制'假门逆旅，赘婿后父'和'率民不作，不治屋室'的人"，不许其单门立户，不给其田产，不能为官吏。即使三世之后有人出仕，仍在其属籍上写明："故某虑赘婿某叟之乃孙。"可见其时一朝入赘，三世亦不得翻身，颇受轻视。看来春秋时诸侯各国尚有悬之令典，予以迫害者。

这种状况，在秦汉两代更为严酷，赘婿地位与罪人相像。秦时守边备塞，南北用兵，戍卒不服水土而死去颇多，民多不愿前往，故官府派遣称遣戍，首先遣发的便是赘婿、商人。汉代亦如此，《汉书·武帝纪》曾载发"七科谪"的制度，其"发天下七科谪及勇敢士"下注曰：一为有罪官吏；二为流亡人员；三为赘婿；四为商人；五为故有市籍者；六为父母有市籍者；七为大父母有市籍者，凡七科也。而《贡禹传》言："孝文皇帝时，贵廉洁，贱贪污，贾人、赘婿及吏坐赃者皆禁锢不得为吏。"

写到此，我必须说明，上述有关赘婿之引文多据周勋初教授之考据，为复引。掠他人之劳动成果入此书，特此言谢。

在唐代，虽然轻贱赘婿之风气仍较普遍，但官府已宽松了许多，不再迫害。这大抵和李唐皇室有异族血缘相关。正如朱熹所言："唐源流出于夷狄，故闺门失礼之事不以为异。"如同昭君出塞所配夫君死后，复配其儿子一样，所谓收继婚，并无乱伦之忌。故太宗李世民杀元吉后，纳元吉妃杨氏，宠之，还想把她立为皇后；高宗李治收太宗的才人武氏为妾，后立为皇后，遂有武则天为女皇、迫害唐之宗亲的武周时代；而玄宗李隆基纳儿子寿王之妃杨玉环，后立为贵妃。可见唐与历代正统皇朝的婚娶制度有别，后人俗称所谓"脏唐臭汉"，都以此为缘由。

李白的家族久居西域，五世为庶，其先辈与异族人通婚，或许其母亦可能为异族女子，故其家族之中残存母系氏族所遗风习，即自古以来，妇女在家庭中居重要地位之影响应有可能。玄奘《大唐西域记序论》论及西域风俗时说："嫁娶无礼，尊卑无次，妇言是用，男位居下。"或许在李白的观念中，入赘女家并无羞耻可言，且太白天性自负，目中无人，别人的看法如何他并不在意，言之时倒颇有以妻家为荣，给人以洋洋自喜之感。

在李白为赘婿的时代，高门主动招才俊之士为婿亦已成一时风尚。自然，所择之婿当美风姿，重才艺与品德，甚至有高才的寒士亦有被世家大族招纳之可能，此类事唐代曾有一些记载。《开元天宝遗事》卷二"选婿窗"曾言李林甫有六个女儿，各有姿色，雨露之家求之不允。李林甫的客厅内有小窗，遮有纱幔，来客时每有贵家子弟入谒，李林甫便让女儿于窗后观之自选，可意者招之为婿。《太平广记》卷一百六十九《明皇杂录》中，亦记有润州刺史韦诜选婿的故事，有门弟贵盛者，声名不佳则不选，却挑中了人品诚正、八品以下的"宽衣碧衫，疏瘦而长"的参军裴宽，其家称为"鹳鹊"，惊异刺史为何选"白如瓠者人奴之才"？但其夫妇偕老，后其福寿贵盛，亲族没有与之相比者。"故开元天宝，推名家旧望，以宽（裴宽）为称首"。这种择婿的风尚，已打破六朝以来独重门户的风俗。加之科举制度日渐完善，贫寒子弟入仕者亦有人在，故在唐代，借婿之才气提高门户声望，已成为世族特有的婚姻习俗。李白被招入许府，这大抵也是缘由之一吧。

据查屏球先生介绍，史学家周一良先生通过研究敦煌文书与唐人墓志发现了唐人婚姻生活中一个极为特别的现象，即"夫随妻居"。敦煌文献 S1725 号写本"凶吉书仪"中关于"妇人疏"的解释：称妇人于夫家相识为书，不相识称疏。近代之人，多不亲迎入室，即是遂就妇家成礼，累积寒暑，不向夫家。妇人虽成礼，却与夫家人不相识，故名疏也。由此材料看来，或许敦煌亦在西域之地，这种"夫随妻居"的生活方式较为普遍。

对此，陈弱水《试探唐代妇女与本家的关系》一文，又作了补充性阐述："1725 号写本所述，与一般所说的招赘婿显然不同。中国社会中的入赘，通常是指男子家贫，入居无子嗣的女家，为其延续香火，或入居寡妇家，协助其照养家庭。赘婿与妻子所生的子女通常随妻姓，有时自己也要改姓。这种男人在社会上地位低，受歧视。"而"1725 号写本所谈是书的标准格式和语言，对从妻居的婚姻则绝无歧视的意味"。

唐时的士子出远门参加科举考试，或外出经商的年轻人远居他乡，抑或行走于官宦之间，于成名前四方游历以求得名声者，在外成婚，夫居妻家，也是间而有之之事。小说戏剧中才子佳人对上眼，赶考的书生被招之为婿的故事，也非皆是凭空臆造，该有事实原型而引申吧。唐代法律对这样的事有专门的说明，唐《律疏议》六卷十四《户婚》第一十八则言："诸卑幼在外，尊长后为定婚，而卑幼自娶妻，已成者，婚如法；未成者，从尊长。违者，杖一百。"此律条对在外成婚，先斩后奏，只要家中尊长之后同意，法律上还是予以承认。

李白之赘许府，与上述婚姻方式相像，但他出蜀之后一直未归，且可能双亲亦已亡故，孑然一身，无尊长可言，只能随自己之意而为了。

其实，高门以才艺选婿之风不止唐代。《旧唐书·后妃（高祖太穆皇后窦氏）列传上》言，当年唐高祖李渊求婚之时，只有他能两箭各射中门屏上所画孔雀之目，窦氏"遂归于我帝"。可见高才绝艺更受世人青睐，亦成为高门择婿的重要条件。

写到此，我想起一位现代女作家提倡夫妻婚后住在妻家，大抵是因为婆媳之间似乎是天敌，两女争夺一个男人，作为儿子和丈夫的男子夹在中间，顾此失彼，好人难做，颇为痛苦。婆媳关系密切者当然也有，但为数不多。而丈母娘疼女婿，女婿若为人忠直孝顺，关系则更为融洽和谐，此说虽站在女性立场说话，亦有一定道理。当下的中国家庭，失去配偶的老人随女儿住的情形不在少数，那大抵是女人在家中主内，心细、孝顺，对父母照料得更为周到、贴心之故。当代夫妻之间更为平等、自由，宗法观念、传宗接代之虑在城市已渐趋淡薄，甚至夫妇不要孩子的状况亦不鲜见。

李白入许府为婿，于女家成礼，恐和短暂的夫居妻家有别，婚后并未携妻归蜀，且一住十年，当为赘婿。是与许家同居共活，入其户籍的。

法国启蒙思想家孟德斯鸠在他的《论法的精神》中说过：中国人的法律、礼仪和习俗不分。他们的法律就是他们的礼仪，他们的礼仪就是他们的习俗。用他的话来审视中国古代的婚姻制度，该是中肯之论。唐代不会有西方人那种入教堂的宗教形式的婚姻缔结仪式，官府也没有婚姻登记制度、领结婚证之类，只要行聘后按照礼仪拜堂成亲，便成为合法夫妻了。不像现在，只有领了证才算合法夫妻，即使不举行结婚仪式，两个人出去旅游一番便正式成家了。唐代人遵从礼法，所谓"礼法"，既是礼，也是法，这正是中国古时礼法文化的本质。

唐代的婚姻礼仪，所循依然是沿周代遗制的《大唐开元礼》中的"六礼"，即纳采、问名、纳吉、纳币（或纳征）、请期、亲迎等。那大抵是媒妁之言后交换庚帖、选良辰吉日、送聘礼、定婚期、亲到女家迎娶之类。其关键是看中对方后，下许婚之书或收了聘礼便算正式订婚。女方已有许婚书或收了聘礼，如悔婚另许他人，要受杖六十之刑，打官司，官府亦判女归先聘者。男方悔约则不准追回聘财，故婚姻是否有效完全按订婚的时间先后而定。

《唐律疏议》对婚姻缔结亦有条件限定，如良贱不得为婚，同姓不得为婚，长幼不得为婚，居父母丧期间不得结婚，等等。这些礼法既为"礼"，也形之于"法"，但实行起来约束并不严格。《唐会要》卷八十三曾载唐贞观年间郑州人郑宣道娶堂姨为妻的事情，似为乱伦，但官府还是判为合法成亲。至于老夫少妻，在妻妾成群的官人显要、名门大贾之中多多，已司空见惯。至于民间婚配嫁娶，受经济条件等制约，及南北地域文化之差异，风俗不同，变数亦多。

一般说来，唐代人婚姻还是注重门第观念的，讲究门当户对，这风俗是一种传统的积淀。择偶不仅是感情性爱问题，是家庭、家族之间具有结盟性质的社会行为了。

唐之门第观念，是并不只以官位的高下与财富的多寡来衡量的。那些出身卑微而获宠至高位者都巴望与高门结亲。甚至娶皇室公主招为驸马，因公主的骄横失礼而有恐惧之心，并不比娶名门闺秀更让人羡慕。而北朝卖婚之习俗，亦延续到唐代，在有的人看来，金钱比门第更有魅力。唐律虽定良贱不得为婚，但没有律条规定不同门第男女不能结婚。

唐人所谓名门或高门，为旧族，指南北朝以来的士族，尤以山东士族崔、卢、李、郑、王诸家为最。这些家族其时地位并不显赫，也不是最富有的家族，门第却被认为最高。

为改变这种状态，太宗李世民曾诏吏部尚书、御史大夫、中书侍郎、礼部尚书撰《氏族志》，刊正姓氏，普索天下谱牒，兼据凭史、传，剪其浮华，定其真伪，忠贤者褒进，悖逆者贬黜。可这几位几乎都出身于名门望族的大臣，定氏族等第时，都认为应该以山东士族崔干为第一，可见当时社会已成共识。以此，太宗颇为生气，并言——

"我与山东崔、卢、李、郑，旧既无嫌，为其世代衰微，全无官宦，犹自云士大夫。婚姻之际，则多索财物。或才识庸下，而偃仰自高，贩鬻松槚，依托富贵，我不解人间何为重之？"

于是太宗钦定："凡士大夫有能立功，忠孝可称；或道义清素，学艺通博，此亦足为门户，可谓天下士大夫。""不论数代以前，只取今日官品、人才作等级，宜一量定，用为永则。"

按此标准，自然皇家为第一等。如此将礼仪名教混同于官品大小，借其名义实则为强化新建朝廷的权威，打击旧势力的气势。然而百年之后，唐文宗、宣宗却都为公主招婿婚于士族，所谓民间修婚姻不计官品，而尚阀阅，皇家亦不例外。

为了改变卖婚之俗，唐高宗显庆四年（659）十月诏："天下嫁女受财，三品以上之家，不得过绢三百匹；四品、五品不得过二百匹；六品、七品不得过一百匹；八品以下不得过五十匹，皆充所嫁女资妆等用，其夫家不得受陪门之财。"诚然如此，但执行起来恐难以把握。加之这只是一时之诏令，唐正式法律对聘礼之多寡没有硬性规定，况且聘财亦成为衡量女方及其门第身份的砝码，衰落的士族极强的自尊心就靠这种聘财的厚重取得尊重，以求得心理平衡。

就李白而言，绝对称得上太宗所言的"学艺通博"者，虽无官品，亦不辱没许府之门庭，况且，门第不同并非缔结婚姻之障碍，故太白就婚于许府，亦并无不合礼法处。

但李白仍为赘婿，大抵不会重礼相聘将许府孙女娶回老家的，故"六礼"之说恐打了折扣。且太白资财散尽，其时只靠豪友接济而生存，此刻即使有人救急，恐也只有象征性的表达，且许府要的是人而不是财，其婚姻的合法性，只能以于妻家拜堂成亲的婚礼为准了。

故宰相之家孙女成亲，在没有子嗣的许府自是头等大事。该是厅堂新居修饰一新，雕梁画栋之间张灯结彩，极尽豪阔奢华，绮绸锦绣，纸醉金迷，八音入耳，喜气盈门；官宦豪门负礼相贺，文人高士络绎不绝，高朋满座，尊长居中，官袍玉带，凤冠霞帔，拜天地高堂，随之夫妻对拜，喜结连理。后喜宴顿开，众声同贺，于是乎美酒珍馐，杯盏交替，喧闹不止，新人于意醉神迷之中，被送入洞房。

太白之妻为大家闺秀，自然知书达礼，持身清贞，谨守妇道，做李白之妇，亦心中窃喜，太白得此佳偶，亦有寒士入高门的心满意足之感。

婚后，李白自然住在大安山许府的新房之中。其时新婚燕尔，两情相悦，郎才女貌，情感日深。但李白这种心高气傲、闲云野鹤般游荡惯了的人，终日寄人篱下心有不适，于是他选中了距大安山许府五里的白兆山桃花岩，"入远构石室，选幽开山田"，携妻子隐居于此，过着云卧高隐、修仙学道、渔樵耕读的日子。桃花岩是个颇为佳妙的所在，其后所写的《安陆白兆山桃花岩寄刘侍御绾》一诗，李白在诗中有过颇为细致的描绘。

从诗中可知，此期间太白与许氏关系很好，所谓"蓬壶虽冥绝，鸾凤心悠然"，夫妻鸾凤和鸣，心情颇为舒畅。其所构筑的石屋为高卧云窗之地，两侧山岭之近两人可以对话，岩下的绀珠泉可作猿猴攀缘之饮。登上苍翠的山顶，若身处遥远的罗浮山巅；而山两翼的青龙、白虎小却高的山岭，环抱着桃花岩壑；岩背一嶂横西，太阳在杂树间隐没，透出放射的光亮；倾斜的崖壁时常挡住月影；芳草野色，飞萝缠烟，这样幽静的隐居之处，已无六尘牵累，是个何等清绝安逸的所在。

李白隐居桃花岩，时而便有从兄弟及友人来访。友朋来此，自当开怀畅饮，相聚谈欢。太白著名的文章《春夜宴从弟桃花园序》则写出当时的情景。此文因被《古文观止》选录，故广为流传，家喻户晓。

所谓天地乃万物之客舍，时间为百代之过客，人生有如梦幻，欢乐的日子又有几天呢？古人手持燃烛照夜，尽情行乐，实在是有原因的。更何况春日似美好的风烟佳景召唤着我们，大自然展现斑斓的色彩，此时聚于桃花盛开的芳园，叙兄弟之情谊，众小弟皆高才俊秀，都是谢灵运族弟谢惠连一样聪慧的人物，而太白则自谦因比不上谢康乐而自惭。

然而幽赏未已，又复谈清雅，所谓"开琼筵以坐花，飞羽觞而醉月"，于花丛中行觞酌酒，太白言：没有好诗，何以抒发高雅情怀呢？当年晋人石崇于金谷园宴客，谁若写不出诗来，则罚酒三杯！

"古人秉烛夜游，良有以也。"为魏文帝《与吴质书》中之句，太白引之。时曹丕于建安二十二年（217）三十一岁时所写，李白写此序时，年龄与文帝相若。欢宴之时，以文会友，该是其"三十成文章"的少壮之际。

其实李白隐于桃花岩，虽系初婚之时，夫妻情深意切，太白三年之内未曾远行，可能与次年生女儿有关，情恋妻女，放心不下；再则太白是修炼自己，以隐为进。其《山中问答》称："问余何意栖碧山，笑而不答心自闲。桃花流水窅然去，别有天地非人间。"其中"笑而不答"显然是效诸葛孔明高卧南阳而不北向之故事，此时的远离尘俗，却是别有一种境界。

有资料称太白妻许氏亦颇有才情。其时李白作乐府诗《长相思》请夫人一阅："日色欲尽花含烟，月明欲素愁不眠。赵瑟初停凤凰柱，蜀琴欲奏鸳鸯弦。此曲有意无人传，愿随春风寄燕然，忆君迢迢隔青天。昔时横波目，今作流泪泉。不信妾肠断，归来看取明镜前。"诗以妻子思夫的口吻写出，情意绵绵，却颇有伤感之情绪。可许氏则吟出武则天所写的《如意娘》："看朱成碧思纷纷，憔悴支离为忆君。不信比来长下泪，开箱验取石榴裙。"此诗短小意深，其失魂落魄、望眼欲穿，把红都看成绿的眩晕之态，斯人独憔悴之泪坠情思，写得颇为传神，而"开箱验取石榴裙"则悲喜交集，明显比太白的尾句高上一筹，让太白也不得不佩服。

写到这里，该说一下李白与许氏所生之女了。初为人父人母，夫妻自然喜不自胜，看孩子细小的身躯，晶亮的眼睛，由乳毛未干变得越来越耐看，长得却有点像太白之妹月圆，禁不住怜爱之情油然而生，心为孩儿所系，夫妻情感益笃，太白则为女儿取名平阳。

可能是婴儿生于冬日，"阴极而阳始至"，或许是用汉武帝之姊平阳公主的舞姬卫子夫以歌舞得宠，后来做了皇后的典故；后世人则以"平阳"指称能歌善舞的女子。看来，为女儿取平阳之名，太白也许是想让女儿日后有好的归宿，亦想让女孩子活得活泼欢快吧。

夫妻唱和，娇女可人，亲朋道友亦时常往来，可久卧松云，常为青山之客，固然山深云好，月衔楼峰，流水琴心，赏景怡然，得素心真趣；然鼯鼠传来秋寒的呼叫之声，桂树黄叶飘落，不免心生萧索之感。太白想起仙人洪崖尧时便已三千岁的故事，则梦想一见，得长生之术，可云海茫茫，天路相隔，非人所能为，亦没有仙人来迎的羽饰云车；如此日复一日，昨天和今天相同，今天又和明天一样，时光流逝，寻仙未成，功业未建，只能留下一声叹息，遂又激起求仕之念。

他想起不久前误闯李长史车驾，修书谢罪并附三首近作之事，可有如泥牛入海，全无消息。其时曾与故交元丹丘谒见郡督马公与李长史，一见尽礼，被许为奇才。马公曾对李京之言："诸人之文，犹山无烟霞，春无草树。李白之文，清雄奔放，名章俊语，络绎间起，光明洞彻，句句动人。"诚然如此，李长史还是没把他当回事儿，只是做做样子，敷衍而已。

或许是太白才气逼人，文章锦绣，诗名日著，引来小人嫉妒之心；也许是太白心高气傲，目中无人，又是赘婿为人所轻慢；还许是自言与皇室同宗，又无谱牒为证，被认为是大言吹嘘，凡此种种，一时间"谤言忽生，众口攒毁"。在如此情境之下，李白想起《战国策》中所载《投杼下客》的故事：曾子（曾参）所居之地有和其同姓名者行凶杀人，于是有人告诉曾子母亲："曾子杀人"，其母不信。再次有人告之，曾母疑而不信。第三次有人告之，曾母竟自抛弃织机，越墙而逃。可见人言可畏，三人成虎。其时裴长史初到安州上任，想来已被流言所惑，虽与太白多次见面，或许态度不睦，眼中流露出轻视之意。故太白遂写就《上安州裴长史书》长文，以明心迹、述家世、陈德才、排众谤，以事实言明自己轻财好施、存交重义、养高忘机、不屈不挠的性格；并借礼部尚书苏颋和安州都督马正会的赞语突出了自己的才能。最后太白以冯谖弹剑自比，希望得到裴长史的礼遇，所谓"何王公大人之门，不可以弹长剑乎？"而终结。此文软硬兼施，刚柔并济，时而趾高气扬，时而俯首帖耳，亦可见性格的多面及复杂。

这篇文章是李白自述中对其家族、故土、行止、人品、性格、诗文之影响等表达最为详尽的一篇，非常重要。故所有研究李白者皆多次引用，作为可信的史料与不同的言说相较以证真伪。我在写这部传记时亦分别引用其段落，故不再赘引已言说的部分。

用李白的话说：虽"天不言而四时行，地不语而百物生"，但人非天地，自己不说，别人怎么会知道呢？故他"敢剖心析肝，论举身之事，便当谈笑，以明其心"。即向裴长史全面谈及自己的身世，粗陈其大纲，以舒解"谤言"和"众口攒毁"的愤懑。

面对长史，太白仍以谦卑之心尊称其为君侯。除言及自己志向、招相府为婿、轻财好施、结交重义、养高忘机，以及苏颋、马都督赞其文才之外，仍对裴长史歌功颂德，已达极致。

李白首先对裴长史的仪容予以高度赞美，称其贵而且贤，"鹰扬虎视，齿若编贝，肤若凝脂，昭昭乎若玉山上行，朗然映人也"。是啊，鹰飞虎视，居高临下，颇为威严，可威严中又含着秀美风姿，光彩照人。溢美之词跃然纸上。

接下来太白又赞颂裴长史"高义重诺"，名动天子所居的京城，四方诸侯闻其高风亮节，暗暗赞许。长史慷慨，气度激昂，豪气可与虹霓融为一体。言其豪阔，则称："月费千金，日宴群客。出跃骏马，入罗红颜。所在之处，宾朋成市。故时人歌曰：'宾朋何喧喧，日夜裴公门。愿得裴公之一言，不须驱马将华轩。'"继而感叹不知道君侯为何能得如此大的声名于天地之间，该是重诺好贤，谦谦君子所致吧。而暮年改变操持，栖身寄情于翰墨之林，只任长史该是委屈了高才，但为官清正，有神灵之威，下慑群物。看来裴长史曾任京官，虽描绘其"齿如编贝、肤若凝脂"，似乎是位美少年一般，但又言其"晚节改操"，已是暮年老者。太白如此高捧，自言"趋末尘"，听信孔子的"畏天命，畏大人，畏圣人之言"，只是因为只有君侯（裴长史）能决定自己的死生啊！……祈盼能"惠以大遇"，太白则必定能以自己的精诚让上天为之感动，性命亦可为裴公所使，渡易水而不以为寒，但若长史赫然作威，"不许门下，逐之长途，白即膝行于前，再拜而去。西入秦海，一观国风。永辞君侯，黄鹄举矣"……

太白处心积虑，作此长书，又如此表白，看来裴长史并没有为其所动。投书之后亦无下文，让太白饱尝了遭人诬谤攒毁，却无人为其伸张正义的滋味。

赘婿难为呀！

第十二章

浩然正气

李白最早结识的唐代大诗人，是孟浩然。就一千多年来，流传至今的唐诗而言，家喻户晓、耳熟能详的"春眠不觉晓"与太白的"床前明月光"之句，恐怕是不分长幼，所有粗通文字的人都能随口背诵的五言绝句。或许是太熟悉的缘故，背得烂熟的诗句本来颇有意味，如之平白浅显、通俗易懂，二十个汉字常常挂在嘴边，太熟之后反倒不再深究其意，说不出好在哪里了。但诗有如此大的影响，能代代相传，让我想到诗能千古流传，首先要写得有意思，能吸引人；再就是平白如话，毫无滞涩之处，人人都能明白；自然还要精短，读一两遍就能记住，能背得下来。

若论诗之艺术水准之高，太白诗该首推《蜀道难》，可多数读者只能记得住个别语句，能逐字逐句读懂读透已不容易，更别说背诵了。而孟浩然之诗，被诗人及研究者所称道的，恐也不是《春晓》。

孟浩然堪称五言绝句的圣手。他三十岁所作的《望洞庭湖赠张丞相》诗中有这样的句子：

气蒸云梦泽，波撼岳阳城。

这两句诗自唐代殷璠编之诗选《河岳英灵集》卷中，被"孟浩然诗序"引用以来，一直被历代诗话誉为古今绝唱之名句。就我看来，诚然诗之对偶精妙，但却是一般诗人都可为之的技法，也不仅是两个动词用得好，妙在炼字、炼句之上的炼意。区区十个字浑然生成一种由独特的内在感受而达成的境界，言他人眼中之无，让不可能成为可能。这和现代诗中主体意识的渗入，重感觉和情绪的诗观有异曲同工之妙。

再者他游历之时，"秋月新露，诸英华赋诗作会"所吟咏的诗句：

微云淡河汉，疏雨滴梧桐。

诗于浩然口中吟出，"举座嗟其清绝，咸搁笔不复为继"。确堪称"绝句"，绝了后来之句，于众口一词的赞叹之中，竟然无人再敢往下吟写了。

《新唐书·文艺传（下）·孟浩然》中，曾引《唐摭言》卷十一的一段文字，说的是孟浩然之诗亦被另一位大诗人王右丞王维所激赏。王维咏之"微云淡河汉，疏雨滴梧桐"句，"常击节不已"。王维待诏金銮殿，常应召商较风雅，一日玄宗忽临幸王维宅第。其时恰巧孟浩然在王维处，错愕之中拜伏于地。王维奏闻圣上，玄宗称朕素闻其人，遂命浩然赋诗。浩然奉诏念诗曰："北阙休上书，南山归敝庐。不才明主弃，多病故人疏。"玄宗听了却说："朕未曾弃人，自是卿不求进，奈何反有此作。"因命放归南山，终身不仕。

孟浩然虽终身未入仕途，但在唐时已诗名甚高。他与丞相范阳张九龄、侍御史京兆王维、尚书侍郎河东裴朏、范阳卢僎、大理评事河东裴总、华阴太守荥阳郑倩之、太守河南独孤策，已结成"忘形之交"。唐代的诸多诗人都对其十分尊崇。

杜甫的《遣兴五首》其五云——

吾怜孟浩然，裋褐即长夜。

赋诗何必多，往往凌鲍谢。

杜甫在《解闷十二首》其六中又赞曰——

复忆襄阳孟浩然，清诗句句尽堪传。

唐代诗人大都熟读《文选》，对鲍照、谢朓尊崇有加，并深受其影响。杜甫对孟浩然评价如此之高，称其诗超越鲍谢，句句都能流传，可见已佩服之至。

唐末诗人皮日休评论唐代诗人时，亦有一说——

明皇（玄宗）世，章句（诗文）之风，大得建安体。论者推李翰林（白）、杜工部（甫）为之尤。介其间能不愧者，唯吾乡之孟先生（浩然）也。先生之作，遇景入咏，不拘奇抉异，令龌龊束人口者，涵涵然有干霄之兴，若公输氏（班）当巧而不巧者也。

对于孟浩然的生平及其评价，历来论家认为，与孟浩然同乡的处士王士源所编《孟浩然集》三卷之序言最为精当、权威。序文系孟浩然殁后数年后，最熟知孟浩然者王士源于天宝四载（745）所作，言及了孟浩然的风貌、性格、言行、诗风等，其详尽多面为他人所不及。故唐代韦韬于天宝九载（750）《孟浩然诗集》重序中言："天宝中，忽获浩然文集，乃士源为之序传，词理卓绝，吟讽忘疲。"

孟浩然为襄阳人，为孟子后裔。王士源称他"骨貌淑清，风神散朗，救患释纷，以立义表。灌蔬艺竹，以全高尚。交游之中，通脱倾盖，机警无匿。学不为儒，务掇菁藻。文不按古，匠心独妙。五言诗，天下称其尽美矣"。

由此看来，孟浩然该是位高洁清正、风仪动人的高士，且性格随和爽朗，结交重义，乐于为人排忧解难，闲时种菜养竹，得自然之情趣。

对朋友敞开心扉，心无芥蒂，率真且机敏。学问则不奉儒家，取众家之精华；诗文不拘古法，而善于独创。其五言诗称天下独步，尽善尽美。

王士源序中还谈到以荐举新人著名的郡守韩朝宗，对孟浩然评价颇高，并与其同入长安，约日引荐于朝廷。可孟浩然会友，饮酒说文已至佳妙处，虽至约期却不赴约，仍旧饮至酒酣谈到尽兴。故称其"好乐忘名如此"，浩然清发，确如其名含浩然之气。说其文不为仕，随心所欲，不拘荣达；诗文任情，而时有"迟笔"；求真性情而弃虚伪雕饰，行为放诞；游不为利，任性随意，故而长贫。不争名逐利，不聚集资财，不忧囊中羞涩，泰然自若。

李白对孟浩然心仪已久。浩然大太白十二岁，两人相识时，浩然已名满天下，而太白则是刚出蜀中的青年诗人，尚无大名。但心高气傲的李白真正佩服的诗人实在不多，若非诗作真的令其佩服，不会对其如此尊崇，况且又是同一时代的诗人。正如太白《赠孟浩然》诗所言——

　　吾爱孟夫子，风流天下闻。
　　红颜弃轩冕，白首卧松云。
　　醉月频中圣，迷花不事君。
　　高山安可仰，徒此揖清芬。

此诗系太白成名后所写，对孟浩然诗兄仍如此亲近，那大抵也是两人气味相投，都以清酒为圣人，浊酒为贤人，醉月迷花；尤其浩然不以乘轩服冕为上，云卧高隐，不事君王，如此清高如蓍草之德，确令人如高山般景仰。

所谓"高山仰止，景行行止"，出自《诗经·小雅》。太史公曾引此句赞扬孔子之德，曰"虽不能至，心向往之"。太白引此典于诗，可见浩然诗兄在其心中分量之重。

太白写给孟浩然的诗现存五首，为《游溧阳北湖亭，望瓦屋山怀古，赠同旅》《淮海对雪赠傅霭》（另题《淮海对雪赠孟浩然》）及《赠孟浩然》《黄鹤楼送孟浩然之广陵》《春日归山寄孟浩然》。另有疑为两人互赠之作，有论者为之探讨，可不计。

其实，孟浩然一生并非不想求取功名。在盛唐，文人士子都以能入仕为官、尽展才学以求宏达作为终生追寻的价值取向，孟浩然也不例外。正如他诗中所言："心迹罕兼遂，崎岖多在尘"（《还山贻湛法师》），为了谋取功名而到处奔波。故"少小学书剑，秦吴多岁年"（《伤岘山云表观主》），为此曾在长安、吴越漫游多年。

据新旧《唐书》载：孟浩然年四十岁时游京师长安，时在开元十六年（728）。其在长安所作《题终南翠微寺空上人房》诗中有"缅怀赤城标，更忆临海峤"句，赤城标即天台山前红色山石之标志，"海峤"即台州（今浙江临海），可知孟浩然是先游吴越而后才去长安的。

从孟浩然《自洛之越》诗题便可知，他是从洛阳去吴越的。其诗称："皇皇三十载，书剑两无成。山水寻吴越，风尘厌洛京。扁舟泛湖海，长揖谢公卿。且乐杯中物，谁论世上名。"古人称"三十而立"，浩然其时已三十有七，却书剑两无成，在洛阳虽"当途诉知己"，希望得到同好的援引，可达官显贵却无人赏识其才学，故他在《书怀贻京邑同好》中慨叹自己"三十既成立，嗟吁命不通"。为其坎坷的命运而厌倦了洛京，于是下吴越弄扁舟，于湖海之上饮酒自娱，不论世上名了。

孟浩然年四十入京师，应是参加科举考试的。按科举时序计，该在二月，而按制应在开元十六年仲冬十一月就须到京城。之前，还需"自怀牒于州县"，过乡贡这一关。《通典》言："大唐贡士之法，多循旧制，上郡贡三人，中郡二人，下郡一人。"襄阳为上郡应贡三人。孟浩然为得到这其中之一的名额，必得细心认真备考，应那句"槐花黄举子忙"的谚语。州县"试已，长史以乡饮酒之礼会属僚，设宾主，陈俎豆，备管弦，牲用少牢，歌鹿鸣之诗，因与者艾叙长少焉。至省，由户部集阅，而关于考功员外郎试之"（《新唐书·选举志》）。

然而，孟浩然科举并未及第。开元二十五年（737），浩然被左迁荆州大都督府长史张九龄辟入幕府，可第二年便辞去归乡，屡屡受挫，功名心已淡，故"白首卧松云"了。

太白与孟浩然相交，固然有慕其高洁、爱其人品、才华之意，但更重要的原因大抵是两人命运相像，都有宏伟的建功立业之心，有高远的抱负，都从对方看到了自己的理想与人格。孟浩然的"吾与二三子，平生结交深。俱怀鸿鹄志，昔有鹡鸰心"（《洗然弟竹亭》）；"杳冥云海去，谁不羡鸿飞"（《同曹三御史行泛湖归越》）；"谓余搏扶桑，轻举振六翮"（《山中逢道士云公》）；"再飞鹏击水，一举鹤冲天"（《岘山送萧员外之荆州》）；"安能与斥鷃，决起但枪榆"（《送吴悦游韶阳》）。这样的诗句，与太白的"不鸣则已，一鸣惊人"及其《大鹏赋》何其相似乃尔！只不过因性情不同，太白之诗更为豪阔、博大，气势更为凌人而已。

两人相像之处还在于虽入世心切，但皆怀才不遇，仕途坎坷无路可通，郁郁而不得志。卓然傲世、清高独立者，虽然"冲天羡鸿鹄"，可又"争食羞鸣鹜"。孟浩然想入世为官，又不愿意同鸡鸭一样的小人争食。面对媚俗的世风，相知甚少，因无知己乏故亲而郁闷，所谓"欲徇五斗禄，其如七不堪。早朝非晏起，束带异抽簪"（《京还赠张维》）。用陶潜不肯为五斗米折腰，与嵇康自称"七不堪"的典故，表达自己不愿卑躬屈膝、丧失人格而趋炎附势的心态。

开元盛世至此时，玄宗渐奢，且奸宦当道，忠臣良相亦遭迫害，正直率真清高之士不被所用也是必然。那些胸无点墨、只会拍马逢迎的无耻小人，一旦鞋帮做了帽檐，便以为自己离智慧近了的当权者，以为官位就是水准，不知自己有几斤几两了，大肆张扬，让人见过这样庸俗无能的，却没见过这样无耻的。那是用了一批不要脸的，伤了一批不要命的；用了一批作秀的，伤了一批优秀的；用了一批说假话的，伤了一批说真话的。

李白与孟浩然相遇应当是开元十四年（726）秋日。其时孟浩然入京之前在吴越曾滞留三年之久，其诗《久滞越中》"两见夏云起，再闻春鸟啼"可证。而李白辞亲远游初游吴越时，在溧阳与之相见初会，太白有《游溧阳北湖亭，望瓦屋山怀古，赠同旅》一诗为证。此诗一般选本为"赠同旅"，可在两宋本、缪本、《文苑英华》、《全唐诗》中俱云"一作《赠孟浩然》"。可知该是两人相遇同游而作。或许是同游者不只两人，还有新朋在侧，李白赠诗给诸友，所传皆以赠己为题，故不相同，后人才以"赠同旅"命名。而孟浩然为其中名气最大者，因此原因多本之中才有"一作《赠孟浩然》"之说吧。

溧阳距金陵很近，太白于此得遇大名鼎鼎的孟浩然，神交已久，见面自然相互尊重，亲如兄弟。其时正是太白纵酒携妓、散金三十余万的浪游之日，免不了品酒赋诗，尽名士之欢。太白任性率真，气度非凡，任侠情豪；孟浩然亦率性真诚，为人排忧重义，亦书剑兼修；两人性情趣味相投，一见如故，做倾心之谈，一起游历吴越，吟诗怀古，酬唱作答，友情日深。孟浩然善五言诗，太白赠之诗作，亦多为五言，多少亦受孟浩然体之影响。不过太白虽用孟体，但其诗一气舒卷，"质健豪迈，自是太白手段，孟不能及"（高步瀛《唐宋诗举要》）。不过就我看来，孟之清绝，太白亦难及。诗恐各有其特色，难分高下，该是文无第一，武无第二，谁喜欢其诗，在谁眼中就是最好的诗了。

太白《游溧阳北湖亭，望瓦屋山怀古，赠同旅》之诗，有"朝登北湖亭，遥望瓦屋山。天清白露下，始觉秋风还"之句，点明同游之时已近中秋佳节了。随之孟浩然与李白同游金陵，太白的《金陵城西楼月下吟》有"白云映水摇空城，白露垂珠滴秋月"，该是同时所作皆为天清白露之秋。

从李白在扬州所作之诗《淮海对雪赠傅霭》可知，或许孟浩然并未与太白一起游历扬州，分开后，太白仍念念不忘，写诗赠之。李白的这首诗，在两宋本、萧本、缪本、咸本、王琦本上都注有"一作《淮南对雪赠孟浩然》"。或许仍旧是一诗赠予了同游之两人所致吧。因此诗有"兴从剡溪起，思绕梁园发"句，有人认为似作于梁园之后，故并非赠孟浩然之诗。可"思绕梁园"并非"诗在梁园"，用的是谢灵运《雪赋》中所言是梁孝王于梁园召司马相如作赋的典故，后则文人雅士雅集赋诗便冠之于"梁园春雪"，对雪赋诗用此典故颇为恰切。所谓情思萦绕于诸人雅集赋诗之时，寄君阳春白雪之诗，或者因郢中歌和者甚寡吧，才有不识高雅、壮志难酬、"曲罢心断绝"之叹。

其时孟浩然和李白依依作别后，去会见阔别十余年的乡党，任永嘉乐城（今浙江温州附近）尉的张子容。《唐才子传》载：张子容为开元元年（713）进士，"襄阳人。……初与孟浩然同隐鹿门山，为死生交"。孟浩然至乐城会见至友，并在张宅过年。时写有《永嘉上浦馆逢张八子容》《除夜乐城会张少府》《岁除夜会张少府宅》诸诗。孟浩然与其离别至开元十四年（726），正是其诗所言"平生复能几，一别十余春"。而张子容《乐城岁日赠孟浩然》诗有"土地穷瓯越，风光肇建寅"句，开元十四年为丙寅年，正是岁在建寅。而这些诗亦证实了孟浩然与李白同时在吴越漫游的事实。

开元年间，玄宗下旨令各州刺史推荐人才，时从荆州来襄阳就任襄州刺史兼山南东道采访使的韩朝宗则推荐了孟浩然，然而孟浩然因与诗友诗酒酣畅而误时未赴。其时李白亦到了襄阳，谒见韩朝宗求其引荐，呈有《与韩荆州书》。

韩朝宗其时以识拔后进、谦恭待士而闻名，曾推荐崔宗之、房习祖、黎昕、许莹等入朝，故李白上书言"生不用封万户侯，但愿一识韩荆州"之说，称韩荆州为"文章之司命，人物之权衡，一经品题，便作佳士"。故李白毛遂自荐，希望能脱颖而出，"而君侯何惜阶前盈尺之地，不使白扬眉吐气，激昂青云耶？"

《与韩荆州书》并非长文，但言简意切，自然也有李白式的"君侯制作侔神明，德行动天地，笔参造化，学究天人"之吹捧，亦有"倘急难有用，敢效微躯"之语，但和《上安州李长史书》《上安州裴长史书》相较，或许是见的世面多了，自信更强了些，已没有那种低三下四又狂放不羁的两极拉扯的表达，较为从容，简述其"十五好剑术，遍干诸侯。三十成文章，历抵卿相。虽身不满七尺，而心雄万夫。王公大人，许与气义"的才能和志向。

此书又言："人非尧舜，谁能尽善。"称自己虽有经国济民的筹划，却不敢自夸。又谦称自己的诗文恐玷污您的耳目，恐怕只是微不足道的雕虫小技云云。太白许是求助无门，处处碰壁之后才学乖了，鲜见如此谦恭，听起来不像他说的话了。

说起来，此书倒还得体，虽有当时文人投赠中吹捧奉承的通病，也可视为礼敬的客套之词，文字不多，大抵为套话，当不得真的。没有那种令人作呕的卑下，不算失了人格。但不知为何，竟没有打动韩朝宗，大抵也是客气一番之后不了了之。或许，太白此时已声名鹊起，诗文已产生极大影响，可诗名大著的同时，其轻狂自负、谁也不放在眼里的个性亦已尽人皆知，推荐这样的人入朝恐怕韩朝宗心里也没底吧，故并未尽力引荐。

上书韩朝宗没有结果，风流潇洒的李白该去鹿门山会老友孟浩然，叙别后各自奔波游历、行路艰难之苦；以及两京问路无门，落魄归来；忆吴越同游，赋诗雅集往事。别后多年重逢，白已娶妻生女，而孟浩然已年近五旬，功利之心已淡，亦已诗酒人生、怡然高卧松云之间了。太白看到孟浩然满头白发，不免心头有些微微的酸楚，但对这位知心且性情相合的诗兄，仍充满尊敬之情，太白所写的《赠孟浩然》一诗，该作于此时。

从李白作于襄阳的诗可知，他该与孟浩然等诗友在襄阳游历了名胜古迹，登岘山，看堕泪碑，于山公所造游宴名处习家池酩酊畅饮，听襄阳小儿唱童谣"白铜鞮"，一扫郁闷之气，放浪形骸，无拘无束，以西晋征南将、镇守襄阳的山简（即山公）狂饮自喻，并与东汉酒量颇大、一次曾饮三百杯的郑玄相比；于江城绿水之滨、花月之下，行乐襄阳，醉眼迷离，轻歌曼舞之间，已忘却了人世忧烦，如同山公一样倒戴着白帽子，车侧挂着一壶酒，烂醉如泥而归。

正是此次襄阳之行，除《赠孟浩然》等为人称道的诗外，太白留下了历来颇受人喜爱，堪称为其代表作之一的《襄阳歌》。因此诗为太白重要作品，故录如下——

落日欲没岘山西，倒著接䍦花下迷。
襄阳小儿齐拍手，拦街争唱《白铜鞮》。
旁人借问笑何事，笑杀山公醉似泥。
鸬鹚杓，鹦鹉杯。
百年三万六千日，一日须倾三百杯。
遥看汉水鸭头绿，恰似葡萄初酦醅。

此江若变作春酒，垒曲便筑糟丘台。

千金骏马换小妾，醉坐雕鞍歌《落梅》。

车旁侧挂一壶酒，凤笙龙管行相催。

咸阳市中叹黄犬，何如月下倾金罍？

君不见晋朝羊公一片石，龟头剥落生莓苔。

泪亦不能为之堕，心亦不能为之哀。

清风朗月不用一钱买，玉山自倒非人推。

舒州杓，力士铛，李白与尔同死生。

襄王云雨今安在？江水东流猿夜声。

　　太白之诗，或者说古诗之中，鲜有写得如此活泼欢快，且饶有趣味的作品；满篇生机盎然，描述细腻轻灵，语调松弛随意，且有变化；典故多多，随手拈来皆为我用，却并不滞涩；既有生活的实感，又有想象的飞驰。而此诗并非简单的情境描绘、情绪宣泄，亦在后半部分渗透出对社会与人生的理解，情感之波折，言外之意，或许为易于表达太白放诞不拘、自由自在、挣脱羁束的性格，一反其时唐人热衷于格律的五绝七绝、五律七律的近体，语无拘束，虽以舒缓轻快的七言为主体，却间以三字句、九字句、十字句，节奏跌宕错落，却又颇为流畅，浑然一体，为不可多得之佳作。

　　此诗该是太白言酒诗中之上品，虽然诗之主旨并非言酒。说诗是一种生活方式，诗该体现了诗酒人生的名士风度，酒与精神相融的审美最高境界之沉醉。然而从诗中，也可领略唐人饮酒的具体方式与情境。从诗中可知，太白把一湾江水看成"鸭头绿"的颜色，如重酿未经过滤的葡萄酒，可见当时葡萄酒的酿造已为人熟知，或许睹物便随手拾来的诗思，太白所饮该是葡萄酒吧？而所饮之酒是以形似鸬鹚长颈的长柄酒杓倾入鹦鹉螺制成的酒杯之中品饮的。以及壶形的酒器罍，唐舒州产的名器舒州杓，瓷制三足温酒器力士铛，等等。

　　而魏曹彰看中别人的骏马以自己的美妾相换，秦李斯临刑前对儿子言再也不能同牵黄狗捕兔的故事，叹人生无常，都不如一醉解忧，该像晋嵇康孤松独立、如玉山自倒的醉态，更为可人。而为纪念西晋名将羊祜的堕泪碑，然碑的石龟已风化剥落，长满青苔，或许暗示韩荆州之徒有虚名，已不能让人感动落泪了。随之诗人想起楚襄王会神女之幻缈虚无，明皇之广开才路，诸侯之推贤荐士，亦只是空言，有如春梦，只能令人伤悲。故太白只能与酒器同死生，一醉方休了。

去襄阳无功而返，李白则去了江夏（今武汉）散心，在江夏又结识了一些朋友。

此时太白心中忧闷，想修仙学道登神仙居处，极目四海，手抚白日，头摩青天，来排解郁结于心的悲愤，却是不可能的事情。其服丹药炼骨并未停歇，可容颜已改，不复往日红颜，似有晦暗之色，不由得抚松伤心，望鹤叹息。想自己亦书剑两无成，浪游人间，可深宫九重，碧山万里，可望而不可即，只能慨叹自己有才无命，被时代所弃。他不由想起汉末的文学家祢衡，写得一手好文章，但因性情高傲为人所不容，所谓荆州牧"刘表不用于祢衡"，而韩荆州亦拒太白于门外，其命运何其相似。可在这样情境之下，如同贺循喜逢于张翰，太白结识了统管运粮的张祖，一见倾心，遂成知己。

在太白《送张祖监丞之东都序》文中，知两人"谈玄赋诗，连兴数月，醉尽花柳，赏穷江山"，看来李白在这里已流连数月之久。当张祖奉王命押运粮船赴东都之时，两人相别已欲去不忍，难舍难分。于是行前设宴惜别，更开芳樽，饮得酣畅至极，虽身处人寰，趣逸却有如云空之中，飘飘欲仙。故太白言："平生酣畅，未若此筵。至于清淡浩歌，雄笔丽藻，笑饮醵酒，醉操素琴，余实不愧于古人也。"

在江夏，太白曾与多位友人相聚共游，写有多首送别友人之诗，皆情真意切，"徘徊相顾影，泪下汉江流"（《江夏送友人》），其中影响最大的，则是又与孟浩然于江夏相聚后，所写《黄鹤楼送孟浩然之广陵》——

故人西辞黄鹤楼，烟花三月下扬州。
孤帆远影碧空尽，唯见长江天际流。

此诗究竟写于开元十六年（728）还是开元二十二年（734），似研究者有争议。但无论写于何时，其写太白与孟浩然惜别之情则不会变。这首诗亦是千百年来人们耳熟能详、随口背诵的作品，亦由于太熟悉而失去了新鲜感，总往外吐这二十八个字，似惯性使然，已不入脑经心。

历来评点此诗者大体都言其该是江水长则离思天涯，不见帆影，惟见长江，语近情遥，怅别之情，尽在言外。并称"尽"字妙，不作苦语，如朝阳鸣凤等，都有其道理。用老百姓的话说，则是人离开了，望不见影子啦，心里不是个滋味。其实，一直望到孤帆远影消失，长久的远望才体现了不舍之情，不是船开了便掉头而去，客走人安的礼节性送别。而"孤帆"而去，恐也有此行无人照料的惦念；烟花三月去扬州该是最美的季节，故人去曾游过的故地，也该有为故人欣慰的情绪在。诗恐不仅仅写的是惆怅之情，该有着较为丰富的内涵。

李白与孟浩然情感是浑厚的。他回安陆之后，于白兆山桃花岩隐居还常常想着与孟夫子聚首的情景。又写出《春日归山寄孟浩然》一诗。此诗诗题与内文似不搭界，故有人疑其题有误。诗似写游禅寺所感，但对佛陀所达之超脱境界，香气浮三天之上，鸟聚闻法，雾绕禅台的情境和抒写，该与孟夫子的清绝脱俗与玄思骚想有着内在的联系。而"愧非流水韵，叩入伯牙弦"句，则讲孟夫子已视其为知音。

就诗而言，由于两人的性格、气质不同，虽皆为盛唐的大诗人，但诗作各有自己的特色。一般给人的印象，孟浩然之诗清旷、清雅、清淡，所谓"澄水之貌"，有如小三峡之清幽澄澈的碧水，水中倒映的青山，无烟火之气，给人以高洁俊逸之感，其中亦有"风骨"之内涵。孟浩然这种诗风，是对南朝至唐初流行的"绮靡"之风的否定。正如《闻一多先生说唐诗》中所言："到孟浩然手里，对初唐的宫体诗产生了思想和文学两重净化作用，所以我们读孟的诗觉得文字干净极了，他在思想净化方面所起的作用，当与陈子昂平分秋色，而文字的净化，尤推盛唐第一人，由初唐荒淫的宫体跳到杜甫严肃的人生描写，这中间必然有一段净化过程，这就是孟浩然所代表的风格……在文字净化方面，只有摩诘、太白、香山可以敌也，但论纯自然不事雕琢这一点，那只有在他以前的陶渊明到此境界了。"闻一多先生认为，孟浩然是"宫体诗的净化者""盛唐初期诗清道者"。

诚然，六朝诗之绮靡之风确重，可在鲍照、谢灵运、谢朓的诗中，已有向乐府回归并重革新独创，以及清丽淡雅之风，而且取得了令后来者赞叹的成就，对六朝诗风，恐也不能一概而论。后来者是不可能没有脐带的凭空创造者，只不过是在前行者走出的路上继续开拓，才取得了令人瞩目的成就。

太白的诗，或许是流传甚广的作品大都雄健豪迈、豪气逼人、壮丽奇崛、想象力极为强劲的缘故，给人的印象颇深，故常以"浪漫主义"的伟大诗人称之，这实在是一种以偏概全的误解。太白诗师宗风骚，受汉赋影响尤大，确有上述的特征，但其对乐府歌行浸润之深，对鲍照、谢朓的钟爱，对民间歌谣的营养吸收，亦受乡人陈子昂的影响，对"清水出芙蓉，天然去雕饰"的追寻，已成为采诸家之长、文质兼备、呈现一种写作方式多元并存的创造者，用一两句话来概括其作品，只能是徒劳的一厢情愿的说法。太白影响最大、成就最高的诗作是乐府歌行，是七绝圣手，同时也是不同写作方式的探求者，是有多副笔墨、写出不同诗体诗境且多达极境的伟大诗人。说太白之诗，不能脱离中国诗歌的母体与诗观，亦不能脱离唐之语境与中国人的审美习惯，以西方十九世纪的"浪漫主义"来界定太白的作品，并不恰当。

正如李阳冰在《草堂集序》中所言："陈拾遗横制颓波，天下质文，翕然一变，至今朝诗体，尚有梁陈宫掖之风，至公大变，扫地并尽，今古文集，遏而不行，唯公文章，横被六合，可谓力敌造化欤。"

陈拾遗（陈子昂）作为太白的乡人，对李白曾有过很大影响。陈子昂亦不专攻儒家经典，"少好三皇五帝霸王之经"（《谏政理书》）；"经史百家，罔不该览。尤善属文，雅有相如、子云之风"（卢藏用《陈氏别传》）；"平生白云志，早爱赤松游"（《答洛阳主人》）。陈子昂诗有"赤丸杀公死，白刃报私仇"句（《感遇》三十四），《旧唐书·陈子昂传》称其"好施轻财而不求报"等，都曾学纵横之术，有道家情结，任侠仗义，轻财好施。陈子昂首倡唐代诗之革新，抨击"逶迤颓靡，风雅不作"（《修竹篇序》）的衰败诗风，承"风雅兴寄""汉魏风骨"，确为唐诗除旧布新之先驱。李白受陈子昂影响颇大，正如朱熹在《朱子语类》中所言：李太白诗之"《古风》两卷，多效陈子昂，亦有全用其句处。太白去子昂不远，其尊慕之如此"。李白正是承继了陈子昂的革新精神，并发扬光大，而"横被六合，可谓力敌造化"的。

李白亦受到孟浩然的影响。太白的《下终南山过斛斯山人宿置酒》诗云——

> 暮从碧山下，山月随人归。
> 却顾所来径，苍苍横翠微。
> 相携及田家，童稚开荆扉。
> 绿竹入幽径，青萝拂行衣。
> 欢言得所憩，美酒聊共挥。
> 长歌吟松风，曲尽河星稀。
> 我醉君复乐，陶然共忘机。

这哪里还像印象中雄强豪迈、大鹏垂翼腾飞的太白的诗，简直可乱真陶渊明、孟浩然之作，那种闲情逸致、生活化的书写，高天幽境，耐人寻味。难怪王夫之于《唐诗评选》中评此诗："清旷中无英气，不可效陶，以此作视孟浩然，真山人诗尔。"

第十三章

西入长安

在《上安州裴长史书》中，李白在此书之末曾云：裴长史"若赫然作威，加以大怒，不许门下，逐之长途。白即膝行于前，再拜而去，西入秦海，一观国风。永辞君侯，黄鹄举矣，何王公大人之门，不可以弹长剑乎"。

所谓"西入秦海，一观国风"，说得已很清楚，陕西古为秦地，地域阔大则称海，能"一观国风"之处，自然是京都长安。太白的意思是"此处不留爷，自有留爷处"，去天子居处碰碰运气，总比这偏远之处机会多吧。

在裴长史那里又碰了钉子，太白心中郁闷，便去了应城玉女泉，想泡泡温泉，松弛一下神经、筋骨，洗洗晦气。

应城（今湖北应城市）唐时为安州所辖，与安陆颇近。玉女泉在"应城县西五十五里，其泉热沸。野老相传：玉女炼丹之地"（清《一统志》）。

洗温泉是惬意之事，将躯体泡在泉水里，被柔暖与灼热浸透，时光松弛下来，肌肉松弛下来，洗去疲惫、燥闹，缭绕的雾气里，人仿佛轻盈了许多。太白置身汤泉，想神女只留在传说之中，消失于淡淡的水汽里，随水流去。而水如此之热，该是大自然的造化之功，结炎炭，开灵泉，地下的红焰流动，才使这里白气升腾。而沸气凝珠，似在月光之下跃动，水明如镜，涵映着碧落空天。蒸汽弥漫，携着花草的芳香流溢，桃花灼灼，令泉水也气色如春。身临其境且如此美好，令太白感应天地造化而孕生万物，形形色色，变幻无穷；汤泉为人洗心疗疾，变幻充盈之中已达道之圆满境界，令人心怡，可谓道可道、非常道。太白手掬清水，濯洗干燥的乌发，于温泉之中揉搓，让发丝随潺湲之水流荡，心也随水流飘散，流向楚之七泽，去滋泽宋玉之田……

太白每有游历，大抵总要以诗纪其行。此次温泉洗浴，心有所感，遂写下《安州应城玉女汤作》，写出自己的感受，其尾句为："可以奉巡幸，奈何隔穷偏。独随朝宗水，赴海输微涓。"是以温泉自喻，言如此美好景致、有道之泉，本该得上皇巡幸，奈何地处偏远之地，无缘得见，只能在云梦之泽朝思暮想，故其要随江汉之水流向大海，为沧海输入一股清流，此诗亦以表明太白即将"西入秦海，一观国风"的心迹。

别妻离女及诸日相交的朋友，太白此去长安，免不了安排家中事宜。许氏为相府居人之女，豪门中人，想必家境殷实，衣食无忧，该有家奴侍奉，小女儿亦有奶妈抚育，对此太白自可放心。然而此去不知前途如何，何日能归，于白兆山中夫妻小女三载未曾久别，情感日深，此次相离，难免依依难舍，牵肠挂肚。许氏为大家闺秀，通情明理，太白此行虽心有不舍，但她明了丈夫心志，总不能将男人拴在裙带之下，只能默默为丈夫打点行装，并叮嘱寒暖衣食，勿受风寒，饮酒适度，注重身体之类。小女亦牵衣撒娇，依偎入怀，父女情长，让太白不忍离去。可大丈夫志在四方，所谓"黄鹄举矣"，不能不展翅腾飞。

离家西去，亲朋好友自然也要置酒钱行。《送二季之江东》即为一首钱别之作。"二季"为李白结识的李姓从弟，即幼成、令问，是太白相交颇近的两位至友。他们曾一起漫游，同登汝州龙兴阁，太白有"起予者谁，得我二季"之句；另有《答从弟幼成过西园见赠》中的"二季过旧垫，四邻驰华轩"句；尚有《秋夜宿龙门香山寺奉寄王方城十七丈奉国莹上人从弟幼成令问》一诗，从所乘之车为"华轩"看来，该是豪门子弟，太白的这两位从弟恐也是习剑修道者。此刻太白将西入秦海，两位从弟则分别要去会稽、庐山，故称"江东"，所谓劳燕分飞，太白以诗相赠，写相交之情意，以及对从弟未来的祈望与祝愿。

太白借用南朝谢灵运和从弟谢惠连于强中相别，各自远游一方的故事，言别情离意。太白纵然孤高自负，盛气凌人，但在朋友面前倒从不摆架子，常似谦谦君子，这从他诸多的送别、赠答诗中都看得出来。太白谦称自己虽痴长几岁，却不如两位从弟这般如龙得水、大有作为。诗中描述船出西塞山，南风吹送，云峰远海，帆挂清川。所去会稽为黄帝藏书、大禹得书获治理百川之法的地方，而庐山为董奉为人医病得十万余株杏树之处，看来两位从弟大抵是分赴两处就职从政，故太白以禹书杏田之典予以勉励，让其为百姓谋福。鉴于此，太白才称自己"不及二龙贤"吧，此去长安尚不知有无所获，于安陆屡屡受挫，去秦海恐也前程未卜，世事难料，难免心事重重，既为二从弟心喜，亦为自己的前途而生愁思。

从"忆昨去家此为客，荷花初红柳条碧"（《幽歌行上新平长史兄粲》）可知，李白是在初夏离家去长安的。其诗《酬坊州王司马与阎正字对雪见赠》则称："游子东南来，自宛适京国"，知太白西入长安是取道南阳而行。唐之南阳，战国时为韩国之宛邑，秦时称宛县。而其《留别王司马嵩》则言："愿一佐明主，功成还旧林。西来何所为，孤剑托知音。"说明西入长安的目的，仍旧是寻觅知音、孤剑有托，实现其报效明主、功成身退的理想。而从《与韩荆州书》中"三十成文章，历抵卿相"亦可知，李白去长安遍谒权贵，求其引荐，时年龄三十岁。

南阳战国时称宛邑，为汉光武帝故里，因其地处洛阳之南，亦称南都。或许是地近洛京，亦颇为繁华，商旅往来，人文荟萃，"高楼对紫陌，甲地连青山"。太白是有诸葛孔明情结的，卧龙当年隐居于此，躬耕陇亩，刘备三顾茅庐，诚请出山，诸葛亮著名的《隆中对》，居茅屋而洞识天下大事，终辅佐刘备得三分天下。太白于此大为感慨，不禁发出"谁识卧龙客，长吟愁鬓斑"（《南都行》）之叹。

初入长安，李白此时是故相许圉师后人之婿，有了异于庶人的身份，许、郝家族虽有分支尚支撑着家门的荣耀，可时过境迁，其时朝中并无显要人物，即无卿相王公者可依附。而与太白交好的官员，多为少府县尉，位低言轻，大抵也帮不上忙，置酒款待、谈玄赋诗颇为尽兴，可靠他们举荐、上动天听则是没有可能的事情。想到此，他想起道友元丹丘，此人神通广大，该去嵩山与之一聚。

于嵩山元丹丘山居，故人相聚，因为道友，谈玄论经，炼内丹求药，品清酒，赋诗章，看丹丘赏丘壑之美，高卧空林，至白日东升仍慵睡不醒，过着"松风清襟袖，石潭洗心耳"般神仙一样的生活，心无纷喧，颇为羡慕。而此时的太白为进身之事正在闹心，故打破了丹丘的清静，与其商讨入长安干谒之路。

元丹丘与玄宗之妹、热衷于修仙学道的玉真公主相识。公主法号无上，真字玄玄，于天宝中更赐号持盈。《中州金石记》卷三著录《玉真公主受道灵坛祥应记》载："玉真公主受坛祥应记，在济源灵都宫。"末云："天宝二年立，道士蔡玮撰，元丹丘正书。"诚然，玉真公主正式为道士为天宝二年（743），但元丹丘能为之书写受道灵坛祥应记，可见其关系之密切。魏颢《李翰林集序》言："白久居峨眉，与元丹丘因持盈法师达，白亦因之入翰林。"自然，这是后来之事。其时元丹丘在京师已颇有名望，李白在《西岳云台歌送丹丘子》中称"丹丘谈天与天语，九重出入生光辉"，言其能与天子论道，出入九重宫阙。此次见面所写《元丹丘歌》，称丹丘"横河跨海与天通，我知尔游心无穷"，恐不只是神仙语，是知丹丘与深宫皇苑有所交往，似有所求于丹丘。想来元丹丘该向他介绍了玉真公主，亦指点他走入仕的终南捷径。也让其干谒宰相张说，所谓"历抵卿相"，多方寻求出路。随后丹丘亦去长安，助太白一臂之力。看来，此次入京之前来嵩山对太白来说，亦是颇为重要之事。

从太白之诗《颍中王大劝入高凤石门山幽居》可知，在嵩山小住一段日子之后，李白于颍阳至洛阳的途中，可能与王昌龄相遇。王昌龄开元十五年（727）进士及第，其仕历仅为汜水尉与校书郎之低品官员。王昌龄亦称王大，王维、孟浩然、岑参等诗赠之皆称其为"王大昌龄""江宁大兄""王大校书"。或许太白此诗即写给神交已久、初次见面的王昌龄。

王大得知李白将入长安，深知仕途艰险的未来实难预料，劝他到石门山幽居。石门山是汉代先贤高凤隐居之处，水静山幽，为高人隐居之佳境，碧溪开钓，心入林泉，该是何等惬意之事，何必为仕途奔波，自寻烦恼，劝太白隐居此处。然而李白壮志未酬，实难静心终老青山，言"富贵吾自取，建功及春荣"，人各有志，两人只能互道珍重，挥手告别。

其实，李白来颍州嵩山，自然是奔元丹丘而来，但嵩山少室山中还居住着一位道教神人，德高思精的女道士焦静真，人称"焦炼师"。据日本专修大学土屋昌明先生考证，焦炼师亦为司马承祯的弟子之一，与胡紫阳是同辈，该是元丹丘的上一辈人。焦炼师是玄宗之妹玉真公主的师父，故元丹丘该与玉真公主为同辈修道者。从司马承祯、胡紫阳、焦静真与元丹丘、玉真公主这一脉相承，皆为上清派的道士。与太白前后交往的经历看来，李白亦深受上清派的影响，这些人亦是他走上仕途之终南捷径的进身之梯。因而，在嵩山寻觅焦炼师的隐身处，亦是他来嵩山的重要目的。因而，太白此次虽未曾相遇，仍写出他此行所作《赠嵩山焦炼师并序》——

> 嵩丘有神人焦炼师者，不知何许妇人也。又云生于齐梁时，其年貌可称五六十。常胎息绝谷，居少室庐，游行若飞，倏忽万里。世或传其入东海，登蓬莱，竟莫能测其往也。余访道少室，尽登三十六峰，闻风有寄，洒翰遥赠。

> 二室凌青天，三花含紫烟。
> 中有蓬海客，宛疑麻姑仙。
> 道在喧莫染，迹高想已绵。
> 时餐金鹅蕊，屡读青苔篇。
> 八极恣游憩，九垓长周旋。
> 下瓢酌颍水，舞鹤来伊川。

还归空山上，独拂秋霞眠。

萝月挂朝镜，松风鸣夜弦。

潜光隐嵩岳，炼魄栖云幄。

霓裳何飘飖，凤吹转绵邈。

愿同西王母，下顾东方朔。

紫书倘可传，铭骨誓相学。

从此诗可以看出太白笔下的焦炼师可谓活神仙了，李白对她的推崇已达极致。而诗中所用道家术语，可知太白亦懂其术，多有沉迷。

序中所言"胎息绝谷"，来自《汉武内传》，说的是上党人王真"习闭气而吞之，名曰胎息。习嗽舌下泉而咽之，名曰胎食。真行之，断谷二百余日，肉色光美，力并数人"。《抱朴子》亦言："得胎息者，能不以口鼻嘘吸，如在胞胎之中，则道成矣。"看来，胎息即道家闭气修炼之法，如婴儿在母腹之内，是不用口鼻呼吸的，且吞食口中唾液，居然能二百余天不食五谷，该是人称道家的"辟谷"之术吧。

嵩山为五岳中的中岳，东为太室山，西为少室山，相去十七里，嵩山为其总名。因两山皆有石室，虽山相类似，但有大小之分，故称太室、少室。少室高八百六十丈，上方圆十里。焦炼师便在此筑庐而居。少室山生有贝多树，与众树不同，一年开三次花，花朵色白香美，俗称系汉代野人于山上种植。

诗中与道教有关的还有"时餐金鹅蕊"句，按杨升庵的解读，"金鹅蕊"为桂。或许是桂树的花蕊吧。《临海记》称郡东南有白石山，望之如雪。山上有湖，古老相传云："金鹅所集，八桂所植。"其名或由此来。

另有"炼魄栖云幄"句，系指《太微灵书》中所言之炼魄法："每月朔望晦日，七魄流荡，交通鬼神。制检还魄之法，当此夕，仰眠伸足，掌心掩两耳，令指相接于项上。闭息七遍，叩齿七通，心存鼻端白气如小指大，须臾渐大冠身，上下九重。气忽变成两青龙在两目中，两白虎在两鼻孔中，朱雀在心中，苍龟在左足下，灵蛇在右足下。两玉女着锦衣，手把火光，当两耳门。毕，咽液七过，呼七魄名：尸狗、伏矢、雀阴、吞贼、非毒、除秽、臭肺。即咒曰：'素气九还，制魂邪奸，天兽守门，娇女执关，炼魄和柔，与我相安。不得妄动，看察形源，若有饥渴，听饮月黄日丹。'"

说得如此玄虚，在常人看来，似乎是幻觉出现，有些精神错乱的状态。不过，还是让我们知道了丧魂落魄之"魄"原初的本意和名称，也算多了一点见闻。所谓"炼魄栖云幄"，不过是指以云为帐之处打坐吧，大抵是静心宁神，炼气功之法。

太白笔下的焦炼师，确已被描绘成神仙了，腾云驾雾，来去无踪，瞬间达万里之遥，常住九天之外高阶；可又能下临颍水，手掬清流，舞鹤伊川，萝挂明月为镜，松风似琴弦轰鸣；彩衣飘摇，仙乐辽远，上同王母相会，下观曾偷仙桃的东方朔云云。太白敬慕如此，祈盼能得紫书相传，并发誓刻骨铭心而习之。

其时焦炼师名声极大，诸多诗人都曾与她有交往，并频频赠诗。

李颀有《寄焦炼师》："得道凡百岁，炼丹惟一身。悠悠孤峰顶，日见三花春。白鹤翠微里，黄精幽涧滨。始知世上客，不及山中人。仙境若在梦，朝云如可亲。何由睹颜色，挥手谢风尘。"言及若一见真容，便远离尘世，和她修仙学道去了。

王昌龄有《谒焦炼师》："中峰青苔壁，一点云生时。岂意石堂里，得逢焦炼师。炉香净琴案，松影间瑶墀。拜受长年药，翩翩西海期。"看来王大有幸见到焦炼师，并拜受丹药，该是有缘之人。

钱起有诗《题嵩阳焦道士石壁》："三峰花畔碧堂悬，锦里真人此得仙。玉醴才飞西蜀雨，霓裳欲向大罗天。彩云不散烧丹灶，白鹿时藏种玉田。幸入桃源因去世，方期丹诀一延年。"诗中的"锦里"为成都，言明焦炼师来自四川。

王维有《赠东岳焦炼师》："先生千岁余，五岳遍曾居。遥识齐侯鼎，新过王母庐。不能师孔墨，何事问长沮。玉管时来凤，铜盘即钓鱼。竦身空里语，明目夜中书。自有还丹术，时论太素初。频蒙露版诏，时降软轮车。山静泉逾响，松高枝转疏。支颐问樵客，世上复何如。"诗题虽为"东岳焦炼师"，但说其"五岳遍曾居"，"王母庐"亦在嵩山。王维称其"频蒙露版诏，时降软轮车"，说的是皇帝常常邀请她下山到深宫谈玄论道。

我读过的资料与典籍有限。据土屋昌明先生考证，这个焦炼师该是天宝二年（743）《玉真公主受道灵坛祥应记》中所见的上清羽人焦真静。《祥应记》中说，玉真公主"息驾太室，扪日阙，步玄门，挹上清羽人焦真静于中峰绝顶，访以空同吹万之始，丹田守一之妙"。这里所说的焦真静天宝二载住在嵩山，玉真公主执女弟子之礼，焦真静的道术是"访以空同吹万之始，丹田守一之妙"，与李白诗中所言"胎息"、王维所谓"自有还丹术，时论太素初"是一致的。

另外，元代成书的《历世真仙体道通鉴后集》卷四说："唐女真焦静真，因精思间，有人导至方丈山，遇二仙女，谓曰：子欲真官，可谒东华青童道君，受三皇法。请名氏，则司马承祯也。归而诣承祯求度，未几升天。尝降谓薛季昌曰：先生得道，高于陶都水之任，当为东华上清真人。"此处为焦静真，《祥应记》为焦真静，名字反过来，在古书中不算问题。元代这个故事该源于中唐人李渤《真系》（《玄笈七签》卷五），其中明确写着焦静真是个女道士，为当时最著名的道士司马承祯的高足、茅山李含光的同门。司马承祯和皇室的关系非常密切，焦静真是他的入室弟子，玉真公主拜她为师，也有其渊源。李白此次来颍州虽未曾见到焦静真焦炼师，但心向往之。作为玉真公主同门的元丹丘，自然也会言及焦炼师与玉真公主的师徒关系，李白自然会西入长安时谒见公主，以求得援引。

嵩山我曾去过多次，并以诗记其行。目前的嵩山因电影《少林寺》而为天下所知，可谓名扬中外，似没有知中国而不知嵩山少林寺者。它吸引了海外的总统、政要来此参观，甚至西方的一些年轻人来此习武学拳。如今的嵩山已成佛教禅房圣地，只不过来的多为旅游者。唐时玄宗下旨于五岳各置一所真君祠，其形制皆按道经制造，如今已没有任何形迹了，只在典籍中记载着。有如神仙声称可活千余载的焦炼师，亦只在诗文中存在着，成为故事。如今的嵩山只是佛家天下，道教似已销声匿迹。

其实，嵩山的山之特色，并没有南方山之葱翠，那般植被繁茂，茂林修竹、瀑布流泉，嵩山山骨裸露，只敷着些许丝丝缕缕的青绿，但其雍容大度、雄阔高大，给人的感觉是饱满又蕴含着力量。我虽未曾遍登嵩山的七十二峰，但也曾登高观赏云雾里的嵩山。那是夏日的早晨，在我的感觉里，云雾里的嵩山好像刚刚出浴，润泽、清新。云似乳液，流淌在深峡沟谷，遮覆了山体，只有近处的峰顶裸露着，峰岩嶙峋，点缀着丝丝缕缕青绿，在云雾之上悬浮，仿佛失去了重量。我看不透这云遮雾绕的山谷，一种弥漫与轻盈，让高耸的山峰也失去了挺拔的气度。柔软是无法抵御的，再尖利的锋刃也削不断云烟，甚至七十二峰也挡不住梦幻般的游移，让你感知柔弱却顽强地渗透。置身云里雾里，不知身在何处。阻不住、扯不断、撕不开的缠绵，令人慨叹——随物赋形且无法把握的虚妄与轻盈，有时恰恰是致命的伤害，在迷蒙无奈之中，我只能远远地站着，把它看成风景。其实，有时候云雾是看不见的，它遮住你的内心，再犀利的目光也穿不透无知。

我不是寻仙学道者，我写下这些我在嵩山的内心感受，写的是自己的无知和茫然、求真的艰难和无奈。然而幻梦毕竟是虚妄的，和现实毕竟是两回事。如今，怀想嵩山，想起李白曾在此寻觅焦炼师和他的神仙梦，西去长安之际，焦炼师和玉真公主能引他到九重宫阙吗？或许理想只是想象中的事情，可他面对的则是冷酷的现实。

从《秋夜宿龙门香山寺奉寄王方城十七丈奉国莹上人从弟幼成令问》诗的题目、内文可知，太白从颍州出发，经方城、奉国寺抵达洛阳，宿龙门香山寺，所谓"朝发汝海东，暮栖龙门中"。

在方城，张县尉得知李白到此，早知太白大名的张少府恭迎诗人，倾情款待，并执意相留小住。并于灯下展开自己绘就的《猛狮图》请太白题字。盛情难却，太白挥洒翰墨，稍加思索，一挥而就——

张公之堂，华壁照雪，狮猛在图，雄姿奋发。
森竦眉目，飒洒毛骨。
锯牙衔霜，钩爪抱月。

掣躄胡以震怒，谓大厦之嶢屼。

永观厥容，神骇不歇。

　　所题仅五十二字，却将猛狮之形骸神态、风骨雄姿展示得淋漓尽致，顿时为此图大增光芒。县尉能得太白亲笔题字，喜不自胜，称谢不已。而县令亦亲自登门，请太白做客，置酒相欢。

　　经东都奉国寺时，太白应莹禅师之请，观赏了莹上人珍藏的《山海图》。《山海图》大抵是《山海经》之绘图本。太白展卷细读，见峰嶂入云，丹崖炫目，烟涛喷薄，岛屿星散，仿佛蓬莱仙山就在轩窗之侧，大海却喧腾在书案之上，所谓"征帆飘空中，瀑水洒天半"，看得他心旌摇摇，叹为观止。

　　读《猛狮图》与《山海图》，李白都留下题字题诗。在西入长安之前，关于这两图的文字都隐约露出太白的心态。如果说前者猛狮之中亦有自己的心态，但《山海图》中"峥嵘若可陟，想象徒盈叹"之句，则表达出对行路艰难的感慨。

　　秋日的龙门已是风凉水冷，木落山空。两山对峙的伊阙如门扇洞开，伊水从山隙流过，不舍昼夜。太白夜宿龙门，看峰间皓月令人眼亮，听岭上松风令人心清，坐于僧房案几之侧，北斗已横窗户之上，想起路上一起欢聚的朋友，仍逸趣未尽，余情未终，禁不住是思绪绵绵，遂写下诗章，其"凤驾忆王子"，以仙人王子乔喻王方城；其"虎溪怀远公"，以晋僧惠远送客莹上人；而"棣华不复同"之句，则指从弟幼成、令问；其情切切，其意殷殷，以一首诗同赠寄四人，表达未尽的情意。

　　在洛阳，李白还写了《冬日于龙门送从弟京兆参军令问之淮南觐省序》等诗。从诗中可知深秋已过，时令已是冬天，太白在洛阳已住了一段时间了。

　　冰塞长河、大雪满山的时节，路途艰难，李白只好在洛阳暂住。在洛京期间，太白自然该与故友新朋论交欢聚、诗酒尽欢。看前途茫然、孤剑无托，洛阳大抵也没有得力相助者，郁闷时，时而喝得酩酊大醉。

一日，他醉脱长剑，夜宿龙门，该是做了一个梦吧，夜半忽然惊醒，于是他坐起点起烛火，开窗望去，只见早晨便下起的大雪覆满山地冰河，一股寒气迎面而来，不禁打了个寒战，不由得哀从心起，风寒衾冷，孤灯长夜，顿生惆怅之情。此时，他想起傅说曾是个泥瓦匠，李斯也不过是个鹰犬之人，他们都能雄起扬威，匡扶社稷，亦受过多少艰难困苦。而自己仍无所作为，不禁在龙门之下发一声叹息，何时能鱼跃龙门呢？真是荣华富贵不会自来，未来难以预料，满腹的忧虑不知向谁倾诉消除，想到这里，黯然泪落，只能哼一曲忧伤的《梁甫吟》了。

此时，任京兆府参军的从弟令问，回安州省亲经过伊川，与太白在江夏分别之后又在洛阳一聚，共叙亲情。太白自然要他回安州时代为看望妻女。再聚再别之时，令问言及路途遥遥，劝太白经潼关到华州走古道而至长安。长安附近的州县，亦有一些朋友，可作为进京干谒的引荐之人。于是两人珍重道别，各奔东西而去。

华州任司士参军的王司士，热情地接待了李白。在《赠华州王司士》一诗中，太白赞其如淮水不绝一样一门兴盛，为士中之俊，有毛中之长毫一般的盛德，言"知君先负庙堂器，今日还须赠宝刀"，暗示其有公辅之量，那大抵也是希望王司士能助他一臂之力吧，可司士只是个从七品官，恐也无能为力。

商州的裴使君知李白来此，亦慕名来见，请李白在商州过年，并于大年初一携全家人一起游览了距商州城西十里仙娥峰下的石娥溪。然而，石娥溪纵然苍崖壁立，洞壑幽邃，正月恐也溪流冰结，一片肃然。所谓每逢佳节倍思亲，远客他乡的游子见裴使君一家团聚出游，其乐融融，不免想起远在安州的妻女。当裴使君又欲东游之时，太白就此作别而西去了。

"淹留惜将晚，复听清猿哀。清猿断人肠，游子思故乡。"太白写《春陪商州裴使君游石娥溪》一诗，记录此行。听那清猿的哀声，太白亦想起蜀中故土的猿啼了，难免伤感。

诗人太白终又起程，奔长安之终南山而去。

第十四章

终南捷径

今天的西安已经极少古长安的痕迹了，然而这里中国古老文化积淀之深厚，塬上黄土与泾渭分明的河流，高拔险峻的山峰，吼得人震耳欲聋的秦腔，以及城市宽阔博大的气势，总让人想起古长安往日的辉煌。

博物馆里仍陈列着周原出土的青铜器、锈蚀的长剑、铜戈、弓弩，让人想起青铜时代的征战杀伐，诸侯相互吞并的血腥，与骊山之上烽火戏诸侯的故事；而出土的秦始皇兵马俑，那一队队仿佛等待出征的将士、车马，场面何等宏大、严整；我甚至在兵马俑的面容、骨骼的轮廓上看出陕西朋友的先祖模样，与今人竟那般相像。

在长安西北的帝王陵墓群中，我沉迷于汉代的石雕，那种写意般的粗放且简洁的轮廓，颇有意味，比那些精雕细刻的石雕不知要高出多少倍。我在武则天的无字碑前思绪万千，这一扇掩住历史的石门，让人猜度里面的隐秘、宫闱后的血腥和剑光的清寒，猜想一些曲曲折折的声音，已被黄土包裹的故事和兴衰；让你面对这一片空白，倾听风的声音、石头喘息的声音，窥视时间留下锈蚀的水迹，让人一次次杜撰一些假设的碑文。

在乾陵，我曾购得一村妇绣制的荷包，竟让一条鱼的背上生出一只鸟的头来。是的，它的翅膀披满鱼鳞，尾鳍生一层茸毛，鱼非鱼，鸟非鸟，在有与无、空气和水之间，一种啼也不啼的鱼鸟，一种游也不游的鸟鱼，布片、剪刀，针与线在村妇的手中超越了现实。它是什么，也不是什么，却存在着种种可能，让我感觉到，这里的一个村妇，都和西方超现实主义的大师不相上下。

我也曾参观法门寺地宫出土的文物，黄金器具、舍利子，令人惊叹。并请一位中国钱币学会的理事帮我鉴定真伪，在寺前买了一些铜钱，有已锈蚀斑驳的秦半两、汉五铢、唐之开元通宝，甚至还有一枚王莽时代的小钱，串在一起，如今还在我的书柜上陈列着。

我看过碑林的石刻，秦篆、汉隶、唐楷及龙飞凤舞的草书，为大家的真迹而心怡；走在西安的大街上，稠酒的香气扑鼻而来，羊肉泡馍的味道令人垂涎，而油泼辣子浇在面碗之上亦引发人的食欲。而那么多史书和唐诗中熟悉的地名纷至沓来，一搭眼就是典故和诗章中的名句。

我曾在采风时观看过临潼骊山脚下实景舞剧《长恨歌》，领略唐玄宗与杨贵妃的爱情、马嵬坡的悲剧。曾在西安第二届中国诗歌节上，观看北京人艺的话剧《李白》，亦为之叹息……

尽管大雁塔仍旧在今日的西安矗立着，可阿房宫早已灰飞烟灭，唐代的长安城只存在于典籍之中，甚至曲江也没了踪迹，灞桥折柳也成了典故；然而在中国建筑史上，长安城的盛唐气象，仍旧是中国黄金时代的代表，是当时世界上聚集二百万人的最大的都市。

其实长安就是隋之大兴城。隋文帝建都时认为周长安故宫"不足建皇王之邑"，"召左仆射高颎，将作大匠刘龙等，于汉故城东南二十一里龙首山川原创造新都，名曰大兴城。城东西十八里余，南北十五里余。城内北部为皇城；皇城内北部又为宫城；即文帝之大兴宫也。自两汉南北朝以来，京城宫阙之间，民居杂处；隋文帝以为不便于民，于是皇城之内唯列府寺，不使杂人居止，区域分明，为都市计划上一重要改革。后世所称颂之唐长安城，实隋文帝所创建也。"（梁思成《中国建筑史》）

从《唐代长安平面图》看起来，有如方方正正的棋枰，道路横平竖直，将城市分成网状的方格，整齐划一。而四面街所划定的方格之内称为坊，以一坊为小城，四面都有门，故所居之处不称何街何号，而称何坊。街道不只平直如线，且规定有百步、六十步、四十七步等标准宽度。长安城区南北方向的道路有十一条，东西方向的道路有十四条。最窄的街道宽度也有二十五米，连通城门的街道宽一百米；城市正中心皇家专用街道则宽一百五十米；这样的宽度，即使今天看来也是相当宽阔的。

长安城的东面、西面、南面，城墙中各开有三个城门，北边城墙通往宫殿和御花园，开有十几个城门。每个城门有三个入口。左、右入口供常人出入，中间入口无非是供皇室使用，非有天子出宫、仪典之类，大抵是不会打开的。宫城与皇城约有三十个大坊的面积之大。宫城之南则为官府衙署，约有二十坊之广。而禁苑东南似已出棋枰之外的大明宫，为太宗所建，应为唐初宏伟的建筑，占地几乎与整个宫城相近。就整个唐代而言，其城市格局皆颇有气度，规矩方正，恢宏宽阔。故顾炎武曾说："予见天下州之为唐旧治者，其城郭必皆宽广，街道必皆正直，廨舍之为唐旧创者，其基址必皆弘敞。宋以下所置，时弥近者制弥陋。"唐代建制之气魄，可想而知，确是大国气象。

想李白初入长安之时，他虽已去过洛阳、扬州与成都这些堪称唐代的几座大城市，可谓见过世面之人，但其城和长安相较，皆不可同日而语。深宫之内的九重宫阙只能望之兴叹，就连皇城东南外郭附近坊里的王公宅第也不识其门，恐也难以敲开。他站在路旁排水渠的小桥之上，在槐荫榆树下思量进取之门。太白此时入长安，大抵不会像初出蜀中，游扬州时那般豪阔，一掷千金了。他虽是高宗时许相的孙女婿，或许靠这样的身份，还能拉上点关系，总比一介布衣面见高官要容易些，但"遮莫（哪怕）姻亲连帝城，不如当身自簪缨"（《少年行》），虽有许家的姻亲关系对其起一定的媒介作用，但求取功名还要靠自身的努力。此时他离蜀渐久，资财荡尽，虽有许家与朋友资助，但寄人篱下，恐也羞于伸手，故恐难以在城里寓居。加之他要找机会谒见玉真公主，走终南入仕之捷径，故太白决定隐居终南山。

三十而立，古人是很重视三十岁的。

士人三十岁大抵已羽翼丰满，该展翅高飞的年龄了；满腹经纶，体力、智力已达顶峰，该创宏图大业了。一个写作者，三十岁亦是创造力颇为强健，脱却青涩而达成熟，写出佳作的年龄。正如李白"常横经籍书，制作不倦，迄于今三十春矣"（《上安州裴长史书》）；"云卧三十年，好闲复爱仙"（《安陆白兆山桃花岩寄刘侍御绾》）；以及初入长安之"三十成文章，历抵卿相"（《与韩荆州书》）。功利心颇强的李白，三十载时尚书剑两无成，内心焦灼，似再也无法好闲云卧，他要主动出击，以图朝中要人青睐，予以援引，一展胸中抱负。

在唐代，入仕途径一般都要经过科举考试而求发达，但应科举的士子不但有层层选拔的烦琐程序，且士人身份的确认亦极为严格，身份不明、商贾子弟与当过小吏者是不准参与科考的。或许是因为这样的原因，也许是太白不屑于从底层一级一级地往上爬，总想一步登天，故他只能采取以退为进、走隐逸致仕的路径，所谓"足崖壑而志城阙也"。

唐开国后，唐太宗即注重举用隐逸，搜罗在野遗贤，曾在贞观八年（634）下诏："若有鸿材异等，留滞末班，哲人奇士，隐沦屠钓，宜精加搜访，进以殊礼。"隐逸是中国古代文人所崇尚的人生哲学与生活方式，多为高人雅士所为。然而到了唐代，多少已有些变味儿，隐逸的动机一是为科举出仕而静心读书习业，以期登科入仕；二是以隐逸邀名声，所谓"谁能为扬雄，一荐甘泉赋"，以期获得征召而入仕。

《新唐书》曾载卢藏用：始隐山中时，有意当世，被人视为"随驾隐士"，后被召授左拾遗。故司马承祯称"隐逸终南"为"仕宦之捷径耳"。李白在故乡蜀中时，就曾隐于匡山读书习剑；后又同东岩子巢居数年，不迹城市；与赵蕤习《长短经》；婚后仍隐居白兆山桃花岩；他边交游，边借隐逸扩大名声，且频繁地求仙学道遍访名山，与司马承祯、胡紫阳、元丹丘等著名道士交往，并欲结识玉真公主，寻找入仕良机。而今，他终于来到俯视长安的终南山了。

终南山在长安之南五十里。《史记正义》中之《括地志》云："终南山，一名中南山，一名太乙山，一名南山，一名橘山，一名楚山，一名秦山，一名周南山，一名地肺山。"《图书编》称："终南乃关中南山，西起陇、凤，东逾商洛，绵亘千里有余。其南北亦然。随地异名，总言之则曰南山耳。"

从太白诗《春归终南山松龙旧隐》之诗题可知，既称"旧隐"，该是太白初来时隐居之地，其隐居处即终南山的松龙。

松龙地处终南山之阳，自然该是距长安较近的隐居处。于此结庐而居，傍灵山秀水，于山岩之上栖息，有蔷薇缘东窗盛开，丝丝缕缕的女萝环绕着北面的墙壁，草茂山幽，林木葱郁，出门可见远处的紫阁峰，满目苍翠，颇为秀丽，时见白云浮动舒卷，想那里的幽人云卧，所谓"放声灭迹，巢栖茹薇"，太白既为之神往，也为之叹息。

自然，李白落脚终南山，其实志在城阙，并非为了终老于南山，短暂的休憩之后，他便开始了长安交游，历抵卿相了。

时张说任左丞相，颇有文名，且"善用人之长，多引天下知名士，以佐佑王化"（《新唐书》本传）。而张说的次子张垍，尚宁亲公主，拜驸马都尉，时为卫尉卿，亦能文。李白所谒之卿相，即张氏父子。他首先要见张垍。

张垍既是驸马都尉，自然就是玉真公主的侄女婿，太白与张垍相识，见玉真公主也算摸到了门路。其时的卫尉张卿，"玄宗特深恩宠，许与禁中置内宅，侍为文章，尝赐珍玩，不可胜数"（《旧唐书·张垍传》）。可见若张垍以及玉真公主鼎力推荐，就该是李白的出头之日了。然而张垍只将李白安排在玉真公主的一处别馆，一去再无消息，让李白备受冷落，度日艰难。

《玉真公主别馆苦雨，赠卫尉张卿二首》具体写出了李白此时的遭际。时在秋日，连日阴云蔽日，秋雨绵绵不停，别馆之南山烟雨迷离，肃杀的风吹来，黄叶飘落，一片阴湿萧条之气；昏雾垫溺，饱受霖雨之苦，忧郁在心，沉沉恨意难消；于孤苦伶仃之中，只能以杯中酒聊以自慰了。此时的太白苦雨悲吟，想自己空有管仲、乐毅之才，却不被赏识，不禁喟然长叹："弹剑谢公子，无鱼良可哀"，引《国策·冯谖客孟尝君》典故，自比冯谖，颇有望主人眷顾之意。

玉真公主的别馆，即楼观台，在今西安西南百余里的终南山麓，自古为道教圣地，唐时宫馆林立。其西南小山有玉真观，今已堙没无存，元代（后）至元二年（1336）碑碣，上有楼观全图，"玉真观"三字尚依稀可辨。《古楼观紫云衍庆集》称之为玉真公主祠堂，俗称邸宫，即玉真公主别馆。

李白入住楼观时，别馆已无人居住，荒凉破败，已是灶无青烟，刀机生锈，故太白腹饥之时只能寄食田家，日以缀补旧书为事。看到长脚的小蜘蛛结网，则想到垂丝牵衣，暗结思幽，想着该有亲客到来；听到蟋蟀的鸣声，那声声催促，亦令人心惊。然而，秋雨连绵过三日之后已成霖，如井水倒悬不绝，雾锁山峰，咫尺之间已成山川之隔，秋水积聚，百川灌河，泥沙淤塞道路，牛马亦不可辨识，太白被困于此，所谓"苦雨思白日"，此雨既是秋日之连绵雨，也是太白人生路上无路可走的遭遇之雨，他甚至已穷困得无银买酒，只能解下身上的鹔鹴裘衣换酒，让自己一醉北堂，浇灌心中之抑郁了。

此时此刻，太白想起南北朝时刘穆之的故事：所谓丹徒布衣者，少时家贫，嗜酒食，不修拘检。好往妻兄江氏家乞食，常受辱，却不以为耻。江氏后有庆会，穆之不请自来，酒饭后求槟榔，江氏兄弟戏之曰："槟榔消食，君乃常饥，何忽须此。"后来穆之发迹，任丹阳尹时，召妻兄弟来府中饮宴，大醉之时，令厨人以金盘贮槟榔一斛赠之，遂成典故。太白此时落魄如此，与穆之少时何其相似，故慨叹"何时黄金盘，一斛荐槟榔。功成拂衣去，摇曳沧洲傍"。虽穷困如此，仍进取之心未泯，以诗刺之张垍，书写功成身退的理想。

此次长安之行，李白本欲谒见玉真公主，但无缘得见。玉真公主系睿宗之女，玄宗之妹，太极元年（712）出家为道士，筑观京师以居。公主对道家痴迷，曾请求玄宗舍去公主名号，不食租赋，一心求仙学道，故与玉真公主言皇家富贵，恐难入耳，言道称仙，该与其心志相和；太白深明此理，写《玉真仙人词》为谒见之诗——

　　玉真之仙人，时往太华峰。

　　清晨鸣天鼓，飙欻腾双龙。

弄电不辍手，行云本无踪。

几时入少室，王母应相逢。

或许，此时的玉真仙人已去嵩山去见焦炼师去了，故无缘得见。但此诗已将玉真公主描绘成来无影、去无踪的仙人形象，且语词皆为道家行话，可见李白亦深知其道术，似有一脉相承的近道之意。

所谓"鸣天鼓"，《云笈七签》中的《九真高上宝书神明经》曰："扣齿之法。左相扣名曰打天钟，右相扣名曰槌天磬，中央上下相扣名曰鸣天鼓。若卒遇凶恶不祥，当打天钟三十六遍；若经凶恶辟邪威神大咒，当槌天磬三十六遍；若存思念道致真招灵，当鸣天鼓，以正中四齿相扣，闭口缓颊，使声虚而深响也。"

据《汉武帝内传》载，西王母请上元夫人将"六甲灵飞等十二事"传授给汉武帝，上元夫人"于是闭诸淫，养汝神，放诸奢，从至俭，勤斋戒，节饮食，绝五谷，去膻腥，鸣天鼓，饮玉浆，荡华池，叩金梁。按而行之，当有异耳"。鸣天鼓即为所传道术之一。而其中言及的"六甲灵飞"，玉真公主受道的《祥应记》亦有记载：玉真公主"佩五老真印，仗八威神策，端五度灵飞六甲，传豁落七元，或日月交辉，或云霞动色，晃朗天宇，扬光仙山"。

至于"飙欻腾双龙"，亦是"上清乘飙欻之道"，前已言及，无须赘言。

而"弄电不辍手"，亦从《汉武帝内传》中来，言："东方朔昔为太上使，令到方丈助三天司命收录仙家。朔到方丈，但务游戏，了不共营和气，擅弄雷电，激波扬风，风雨失时，阴阳错迕。"谢灵运亦有"弄波不辍手，玩景岂停目"句。按太白所言，玉真公主已达仙人境界，去见"位配西方，母养群品，天上无下三界十方女子之登仙者、得道者，咸所隶焉"（《太平广记》）的西王母去了。其称颂亦已达极致，可谓高矣。

此时的李白是郁闷、忐忑的，穷困潦倒的太白求助无门，王公大臣、皇亲国戚难得一见，他只能和性情相投、慕其才华的低品次官员相交往，大抵也会给他一点资助，聊备无米之炊。从他初入长安的一些诗作看来，大都是言怀请荐、吊古怀今之词，再就是赠诗酬谢之句，虽然托知音观国风之中亦明心言志，逞才使气，但时时亦有寒苦凄怆、沉吟叹息的悲凉之感透露出来，似已绝少英气逼人、酣畅淋漓之作。真可谓人穷志短、马瘦毛长，令他无可奈何。

在长安县尉崔叔封处，崔少府热情地接待了李白。夜晚，灯下，感慨系之的太白打开《诸葛武侯传》，细读汉末群雄逐鹿、霸图未立，刘备三顾茅庐请卧龙出山的故事，所谓"鱼水三顾合，风云四海生。武侯立岷蜀，壮志吞咸京"。读得太白血气偾张，大有拍案而起，立即出山匡扶社稷、建功立业的冲动。然而，当夜晚窗外的微风将他吹醒，想到自己目前的处境，虽为草野之人，心怀拯救天下的壮志，却没有崔州平、徐元直这样的人支持引荐，颇为伤感。掩卷之后，太白又想起后汉的崔瑗，锐志好学，与扶风的马融、南阳张衡交好，结华发同衰荣之谊。又想起了管仲少时贫困，鲍叔知其贤，虽常遭管仲之欺，但鲍叔终善待之，在管仲下狱之时，却甘做管仲的下人扶持于他。想到这些，太白对穷困之时善待自己的崔叔封颇有感念之情，遂写下《读诸葛武侯传书怀，赠长安崔少府叔封昆季》一诗。

杜甫所写《酒中八仙歌》之一的崔宗之，大抵也是太白初次长安之行得以结识的。

崔宗之系宰相日用之子，《新唐书》对他的介绍附在日用传后，只有一句话："袭封，亦好学，宽博有风检，与李白、杜甫以文相知者。"崔祐甫《齐昭公崔府君集序》（《文苑英华》七〇二卷）记载得较为详细："公嗣子宗（之）。学远古训，词高典册，才气声华，迈时独步。仕于开元中，为起居郎，再为尚书礼部员外郎，迁本司郎中，时文国礼。十年三入，终于右司郎中，年位不充，海内叹息。"

崔宗之既是"与李白、杜甫以文相知者"，且"才气声华，迈时独步"，与太白相识该是互慕声名，且性情相投，一见如故了。

李白写给崔宗之的诗《酬崔五郎中》《赠崔郎中宗之》该是同期所作，从诗中看来，前者《酬崔五郎中》则是初识所写。

"是时霜飙寒，逸兴临华池"句，告诉我们两人相遇时在深秋之华池，即长安的昆明池，也称蒙汜池。晋张载有《蒙汜池赋》"丽华池之湛淡，开重壤以停源"之句。赋中描绘蒙汜池之浩大云："激通渠于千金，承瀍洛之长川。抱洪流之汪秽，包素濑之寒泉，既乃北通醴泉，东入紫宫，左面九市，右带阆风。"

李白是在心思苦闷之时来昆明池的，观浩茫的池水以开阔胸襟、舒解沉郁。其时朔云横空，万里秋色。虽壮士有飞扬之志，看暮晚的日落却只能空自叹息。于是他步入旷野，仰天长啸，吐出心中郁结的沉闷之气，那是一种号叫，尖锐凄厉之音划破原野的寂静，那是体内无法承载的气流无意义的喷射，在喉管间震颤，面孔扭曲，皮肉痉挛，周身的孔窍郁闭，在无法遏止的憋闷中，语言消失，音调消失，只有被挤扁的粗重声音，通向大张的口唇；那是聚集于体内的风暴，洗涤酸涩的肌体和血液黑紫的昏暗；在一声高高的长啸之中，似乎全身的血肉，都成为一丝丝纤维，随着声音飘散，融入云絮。

待太白沉静下来，于池边临轩独坐，心里虽然畅快了许多，可一股凛然的寒风吹来，又搅起心中的凉意。是啊，功业未成，心怀良图，却寻门无路，忧愁又起。于是，所谓"杖策寻英豪，立谈乃知我"，大抵是此时遇见了崔宗之，诗中所言该是初逢，两人各通姓名，皆早慕其人，一谈而成知己。

崔宗之系仪表堂堂、聪慧俊秀者，太白夸其"崔公生人秀，缅邈青云姿。制作参造化，托讽含神祇。海岳尚可倾，吐诺终不移"，大抵是崔郎中有助其一臂之力的承诺，故太白言山海可以倾倒，崔公却是信守诺言矢志不移的人。

于是，在昆明池畔，太白与崔宗之等文朋诗友一聚相欢，杯盏交替，饮得兴起则抚剑起舞，太白该又跳起他擅长的青海舞，令四座扬眉惊叹，并把酒吟诗，互赠诗文，一见倾心，作神仙友，结把袂之交，可见两人已成知心好友。

在《赠崔郎中宗之》中，太白亦将自己比作素秋之胡雁，辞朔方沙漠之地而来却迷于河洲，有如飞蓬之人逐万里之游，望浮云若故土，看沧海日落，波涌天涯，可太白只能长啸倚孤剑，目极千里而心伤，想来侯门深似海，富贵难求，孔子欲行王道，却不能容于世，周流游说七十余国也未有成效；而鲁仲连谈笑之间退秦军，功成耻受赏，太白此说，其实已言明其志，自是期待崔宗之相助，并言如无遇合之时，即与草木为伍，终老林下。而"希君同携手，长往南山幽"，既暗示其终南捷径之托，又是功成身退之想吧。

纵观李白初入长安的诗作，时有逞才言志、自视甚高的豪壮之词，亦有交游赠酬、美言求助之言，也有落魄孤独、穷困不堪的苦语；少有闲情逸致，却多愤懑不平、悲凉无奈与心灰意冷。《赠新平少年》则写出了他艰难困苦的遭遇和心境——

> 韩信在淮阴，少年相欺凌。
>
> 屈体若无骨，壮心有所凭。
>
> 一遭龙颜君，啸咤从此兴。
>
> 千金答漂母，万古共嗟称。
>
> 而我竟何为？寒苦坐相仍。
>
> 长风入短袂，内手如怀冰。
>
> 故友不相恤，新交宁见矜？
>
> 摧残槛中虎，羁绁韝上鹰。
>
> 何时腾风云，搏击申所能？

新平是今西安之邠县。不知李白所赠诗的新平少年是何人，或许也是遭同伴欺凌的孩子吧，与太白困苦无奈的处境相同，同病相怜；也许是富家公子，资助了缺衣少食的太白，为表酬谢，故写诗赠之。从诗中所言太白的窘迫处境看来，很可能是个富家子。诗写韩信昔日受胯下之辱，仍能忍气吞声，并非没有骨气，而是胸怀大志的能屈能伸。挨饿之时受漂母之食数十天。后遇刘邦，助其成大业，为报答当年漂母赠饭之德，赐漂母千金以酬谢。而眼下太白恰恰正处于贫寒苦难之中，短袖口的衣衫被冷风灌入，袖手取暖仍怀中似抱着寒冰，可见已衣难蔽体，食不果腹。而在这种情境之下，老朋友都不加体恤，新朋友又哪里会予以怜悯。自己就是困于槛中的老虎，饱受摧残；是被绳索束缚的鹰无法施展才能，还不知道哪一天能虎跃鹰飞，实现自己的雄心和抱负！言下之意，此时正如韩信贫寒时所受的恩惠，必将重重报答。

在《幽歌行上新平长史兄粲》一诗中，太白亦多苦语，也该是同期所作。古豳地在邠州三水县西南三十里，邠州即古豳国，州治在新平县。长史即州之佐职，上州为从五品上，中州为正六品下，下州不设。

诗言"哀鸿酸嘶暮声急，愁云苍惨寒气多"，时光流变，胡霜萧飒，"寒灰寂寞凭谁暖，落叶飘扬何处归"，该是何等凄惨，清冷无依。可新平长史府中日夜欢宴，满堂是容颜如玉的美人，赵女长歌入彩云，燕姬醉舞娇若红烛，狐裘生暖，炭屑做成兽形用以温酒，倾入翡翠流霞之杯，如此鲜明的对比，荣枯之别，怎么能不引起太白的嗟叹悲吟呢？故李白引《史记》甘茂之言：贫人女无钱买烛，而富人女的烛光盛而有余，故贫女求富女分其余光，既不损于富人，又给贫女带来了方便。太白尽以弟敬兄之礼请长史以荣覆弟，"何惜余光及棣华"，困苦贫寒之中出语已近乞求了。

在这种情境之下，太白《登新平楼》，亦有怀归伤暮秋的愁思，"天长落日远，水净寒波流"，极目苍茫的感受。《赠裴十四》之诗亦有"徘徊六合无相知，飘若浮云且西去"之语。

在长安干谒无所得，李白游邠州之后，于冬日又到了坊州。坊州地处长安之北，今黄陵县。坊州司马王嵩在太白隐居终南山时，曾慕名造访未遇，已有神交，来坊州太白自然是投奔王嵩而来。其诗《酬坊州王司马与阎正字对雪见赠》，系太白坊州之作。阎正字名不可考，但"正字"为秘书省官名，为正五品下。

此时困苦已极的太白有求于人，两位五品官员热诚相待，自是感激。李白与王嵩把酒相谈昔日探访未遇，却在此时相聚，大慰平生的心情，颇为欣慰，就如同《世说新语》中的山阴王子猷，大雪之夜忽然想起居于剡溪的好友戴安道，于是连夜乘小舟雪夜访戴；也如嵇康和吕安之谊，想起嵇康，哪怕千里之外也要命驾前往寻嵇。此时太白故称去愁言而发新欢，饮宴之后仍谈兴甚浓，畅言早存于心的倾慕。与此同时，李白对阎正字亦美言称颂，诗称阎公先祖即在汉帝朝中为官。是沉郁内敛、富于才力者，为太子宫楼中颇为倚重的官员，声望高于群僚云云。而今与太白坊州亦为雪夜相遇，于华馆陪同游走憩息，为之感动。希望主人不负天下苍生之期望，如果能给太白腾飞青云之翼，当凭借二位的引荐，丢弃隐逸垂钓的鱼竿，辅佐帝王以成大业。诗中言"积雪明远峰，寒城锁春色"，该是寒春之交了。

太白于坊州华馆大抵过了年关，闲居一段时间将离去时，又有《留别王司马嵩》之作，再明心志，称鲁仲连助赵国退秦兵之围，并不是为了做官，亦不爱千金之酬；范蠡辅佐越王灭吴，辞官不做，泛舟五湖。太白亦自比诸葛亮，作《梁父吟》，卧息苍山，叹时光空逝，称"愿一佐明主，功成还旧林"。此次前来，为的就是孤剑有托，寻觅知音，待功成之后，仍隐居深山，那时闲时若再相访，当鼓素琴以迎之，共作神仙之游。

李白离开坊州，已是春天。此次他还在长安干谒公侯，历抵卿相，几乎处处碰壁，而邠州、坊州之游，虽竭尽心力，但所结交的官员大都位低言轻，即使想鼎力相助，恐也无济于事，难以得到上皇垂顾。于是他只能再回终南山松龙旧隐之地，等待机会。

松龙旧隐事事如昔，依然是溪水长流，女萝绕壁，花开山野，只是草木繁茂，已有数尺之高。太白洒扫庭除，整理床铺书箧，临轩小坐，复拾酒樽，草庐独酌，不禁思绪万千。

偶尔，太白于终南山上遥望咸京，但见皇室宫阙重重殿阁列于城北，坊间里巷万井豁然，所谓"九衢如弦直"，渭水贯都，长流不息，朝野衣冠鲜明，尽呈盛唐气象。其时玄宗好大马，开元十三年（725）时，已有四十三万匹，之后日盛，厩马连山，军容威绝，而美相贤达，将帅勇武，盛世歌钟不休，老臣赐金还乡，颐养天年，一派歌舞升平、国泰民安的太平盛世之象。然而，这些似乎与孤苦无依的太白没有多少关系，无所作为的他此时想起故土，不禁悲从中来，怆然泪下，不经意间，泪水已落满胸襟。

他想起了燕昭王听从郭隗的意见，筑黄金台，置千金于台上，招引天下贤才的故事，想起豪门"珠玉买歌笑"，自己却是"糟糠养贤才"，被弃之如尘土，只能"千里独徘徊"，叹无慧眼识真，更为抑郁。想当年曾散金三十余万，"赤心用尽为知己，黄金不惜栽桃李"，而自己落魄长安，求仕无果，不觉心寒。

于终南山之隐中，太白大抵接到了故友元丹丘之书，让他想起丹丘的多次相助之情，学道之谊，故写《以诗代书答元丹丘》一诗，想象着青鸟衔着锦字凌紫烟而飞，书留绮窗，故人开缄一笑，知是老友所传。难得故友情真意切，为太白相助劳心，颇为感念。然而长望杳远，云横山阻，却难得一见。从诗中"三见秦草绿"可知，太白来长安已达三年。

初入长安期间，穷困潦倒，李白亦曾与市井少年浪游，亦和长安恶少发生冲突，寡不敌众，幸为友人陆调救出。李白在《叙旧游赠江阳宰陆调》中曾有回忆："风流少年时，京洛事游遨。腰间延陵剑，玉带明珠袍。我昔斗鸡徒，连延五陵豪。邀遮相组织，呵吓来煎熬。君开万丛人，鞍马皆辟易。告急清宪台，脱余北门厄。"

说起来，李白于蜀中时就多结豪友，有较重的游侠情结，在长安，则很自然地和那些龙马金鞍、斗鸡射虎、因酒使气、三杯弄宝刀、凶顽的富家子弟混在一起。然而，这些人恐极少有真正的游侠，多为黑社会中的恶少。所谓"五陵豪"，指长安的长陵、安陵、阳陵、茂陵、平陵一带的豪士，或以擅长斗鸡取悦于权贵，或以曾立军功获宠于朝廷，或供职军中，或混迹游侠，多仗势欺人，为非作歹。李白误入其中，不知深浅，危殆不测，太白作为外来者，恐备受欺凌，心高气傲的李白自然不会俯首低眉，或许是酒后语言不合，便动起手来，李白虽自幼习剑，有武功在身，但遭围攻，寡不敌众。幸好好友陆调途经于此，长安之北门则在皇宫附近，告急御史领兵前来，才解了太白北门之厄。

其时，唐之边境安宁，吐蕃求和，暂无征战，刑部奏天下死罪者仅二十四名。玄宗见天下太平无事，令百官休日选胜行乐。自宰相至员外，凡设十二筵，各赐五千缗，或御花萼楼，赐群臣宴，迭使起舞，尽欢而散。

开元十八年（730）十二月，宰相张说逝世。玄宗颇任宦官，高力士尤得宠信。明皇安于享乐，四方表奏，皆先呈力士，往往决之，权倾内外。

宫廷之中以及官宦之家享乐之风日盛。唐开国之初，娱乐之中还有尚武精神，舞蹈中首推《秦王破阵乐》，太宗诏令魏征等撰词七首，吕才协律度曲，后由李世民亲制《破阵舞图》，对舞蹈形制定为：左圆、右方，先偏、后伍，鱼丽、鹅贯、箕张、翼舒，交错屈伸、道尾回互，往来刺击，以像战阵之形。舞凡三变，每变为四阵，计十二阵，与歌节相应。令吕才依图散乐工一百二十人，披甲持戟，执演薰习，定名为"七德之舞"。此舞仍蕴含着大唐雄风，盔甲兵器鲜明，战阵变幻，尽显英武之气。

可玄宗时，娱乐方式也逐渐软化，阴柔之气颇浓，最著名的舞蹈已变为《霓裳羽衣舞》了。传说此舞系玄宗梦至月宫听仙月而得，回醒后据记忆写下舞曲。实为由天竺音乐改编而成。那大抵是妙龄女子身着翠鸟羽毛制成的衣裙，戴宝石珠链，杨贵妃曾单独表演过这一舞蹈。多位女子群舞时，会戴珍珠挂坠的帽子。公元八三六年，宫廷散坊挑选了三百多名女子一起表演此舞，她们年龄都在十八岁以下，以衣饰华丽炫目、柔美著称。

玄宗又是个对动物着迷的帝王，他令人驯养大象、犀牛。新年时，这些大象、犀牛会给皇帝拜年，随着音乐的节拍跳舞，然后向皇帝鞠躬。此外，宫廷还有舞马的表演。马的身上涂有五种颜色，以黄金、丝绸装饰马具，马鞍上则是独角兽和凤凰的纹饰。舞马能随着音乐的节奏舞动，跳至舞台中央，有人献酒，马则衔杯而饮，饮酒之后，马则有"垂头掉尾醉如泥"的神态。玄宗曾令人驯有舞马一百四，皆"衣以文绣，络以金银，饰其鬃鬣，间杂珠玉"，打扮得异常华丽精美。舞马表演的《倾杯舞》有十个部分，可以"奋首鼓尾，纵横应节"。最后"施三层板床，乘马而上，旋转如飞；或命壮士举一榻上"。安史之乱后，这些舞马落入安禄山手中，有的混入战马之中。一次，安之部下田承嗣宴请诸将，马群中之舞马听到乐曲，便随之而舞。马卒以为马疯了，便以鞭子抽打。舞马以为舞步没有跳对，便更加卖力地舞蹈，以适乐曲之节奏。于是鞭子越重，马跳得越欢。田承嗣及诸将都以为是妖孽作祟，遂将马杀死。

除此之外，玄宗最为喜欢的，则是斗鸡。他还没有继位之前为藩王时，便特别喜欢民间清明节斗鸡的游戏。继位之后，则治鸡坊于两宫间，挑选长安的金毫铁距、高冠昂尾的雄鸡上千只，养在鸡坊，又从军中选小儿五百人，专门驯养雄鸡。因上皇好为此戏，故民间斗鸡之风尤甚。诸王世家、外戚家、公主家、侯家，都以养斗鸡为乐，甚至有的为此而倾家荡产。当时一只好的斗鸡能卖到二百万铜币，都城中的男女皆以弄鸡为事，并以斗鸡赌博。

斗鸡比赛时，主人将斗鸡放出，雄鸡会排列成阵，竖起羽毛、拍打翅膀，然后进入"战斗"。有的斗鸡主人还在鸡距扎上短刀，鸡受伤时，驭鸡者用嘴喷水，增其斗志。比赛结束，驭鸡者会把所有的鸡引出亮相，赢得比赛的斗鸡位于最前，败者已毛飞尾残，列于最后，然后整齐划一地回归鸡舍。

陈鸿《东城老父传》曾载："贾昌，长安宣阳里人。生七岁，矫捷过人，善应对，解鸟语音。……帝出游，见昌弄木鸡于云龙门道旁。召入，为鸡坊小儿，衣食右龙武军。"亦言贾昌虽三尺童子，在鸡群之中与鸡戏之，对鸡的强弱、勇怯、饮水食谷、疾病之候都了如指掌，驯鸡颇有奇术，雄鸡都如人一样服其指令。玄宗知之，召试殿庭，上甚满意，命为五百小儿长，加以忠厚谨密，天子甚为喜欢，常有金帛之赐。当时贾昌之父死于泰山，归葬雍州时，县官为其置葬器丧车，乘传洛阳道。当时天下皆知贾昌之名，号称鸡神童。故时人有歌谣云："生儿不用识文字，斗鸡走马胜读书。贾家小儿年十三，富贵荣华代不如。能令金距期胜负，白罗绣衫随软舆。父死长安千里外，差夫持道挽丧车。"

李白浪迹于长安三年之久，耳闻目睹了盛唐之世已渐趋享乐与腐败，他虽也是及时行乐者，甚至穷困潦倒时也曾混迹于市井之中，"羞逐长安社中儿，赤鸡白狗赌梨栗"，也曾玩过斗鸡的行当；但深植于心的匡扶社稷、拯救民生之志始终没有泯灭。他看到朝中宦官当权，上渐昏庸，世风日下，亦不免为之感叹，正如他的《古风·其二十四》所言——

> 大车扬飞尘，亭午暗阡陌。
>
> 中贵多黄金，连云开甲宅。
>
> 路逢斗鸡者，冠盖何辉赫。
>
> 鼻息干虹蜺，行人皆怵惕。
>
> 世无洗耳翁，谁知尧与跖！

　　是啊，其时宦官内臣之中贵势力颇大，《新唐书·高力士传》载：大批中人"并内供奉，或外监节度军，修功德，市鸟兽，皆为之使。使还，所裒获动巨万计。京师甲第、池园、良田、美产，占者什六"。而卫尉少卿王准，三品之卿，亦以斗鸡供奉禁中，骄甚，以弹弹驸马头巾，并折玉簪为乐。可见斗鸡之徒亦何等骄奢，车骑显赫，一掷千金之气成虹蜺。难怪行人都有恐惧之感。也不由得让太白感叹，世上再无听污言洗耳之人，也分不清谁是贤人、谁是大盗了。太白想起自己满腹经纶，却沦落如此地步，而宦官小儿、斗鸡之徒则随鸡犬升天，岂能不愤慨，故以诗刺之。

　　既然京城容不得李白，冷酷的现实让其愤懑、伤感，诗人三载之后已萌归意，君门深九重，邈然不可攀，那便归去吧。他在写给好友韦镒的诗中，写此行路径，为"蹈海寄遐想，还山迷旧踪"。与薛校书的诗里，亦称"举手谢东海，虚行归故林"（《赠薛校书》）。他想起乐毅、苏秦之名垂千古，而自己却一事无成："乐毅方适赵，苏秦初说韩。"（《秋日炼药院镊白发赠元六兄林宗》）亦想起张仪、庄舄游说不成而思归："笑吐张仪舌，愁为庄舄吟"……

　　然而，虽然这次长安之行未有所获，但李白仍旧对玄宗、对仕途充满着幻想，仍满怀深情地写了一首《长相思》——

> 长相思，在长安。
>
> 络纬秋啼金井阑，微霜凄凄簟色寒。

孤灯不明思欲绝，卷帷望月空长叹。
美人如花隔云端。
上有青冥之高天，下有渌水之波澜。
天长路远魂飞苦，梦魂不到关山难。
长相思，摧心肝。

诗不难解，对美好之理想的渴望而遥不可及，孤苦无依，只留下空叹，甚至梦魂都难越关山，摧心裂肺，有如怨妇，恐也只是单相思耳。

第十五章 七言歌行

西入长安，秦草三绿。李白此次京师之行，虽隐终南却未找到进身的捷径，他干谒公侯，历抵卿相，却频遭冷遇，求助无门；虽然也结交了一些下层官员、文人士子，也只能聊补无米之炊，即使肯大力相助，也是心有余而力不足。他是一只大鹏，无风力可凭借也无法展翅高飞，且受伤的翅膀由于太大而妨碍了自己正常的行走。最后竟落魄到凤不如鸡，靠田家施舍饭食，写诗向豪门求乞，甚至混到二十五家为一社的市井里巷之内，靠"赤鸡白狗赌梨栗"混口饭吃，还差一点儿在北门之厄中送了性命，故而他满怀悲愤地喊道："大道如青天，我独不得出！"可见无助之下生存之艰难。

或许是"诗穷而后工"吧，一个人吃得太饱，周身的血液都向胃部集中，脑子大抵会有些迟钝，而饥肠辘辘之时，头脑却异常灵敏，加之体验深切，却往往能写出好诗来。李白的《行路难》三首之二，大抵为此时所写，另外两首相隔的时间也不会太长。

这三首诗，将李白的境遇、心胸、志向，表达得简明、清晰。

太白是有丰厚的创作准备的诗人。三十余岁，已将先哲经典、道家奇书、风骚传统，以及汉魏六朝诗文读得烂熟于心，加之他巴蜀文化之根的熏染，足迹遍及名山大川，亦领略了长安洛阳二京及扬州益州文明胜迹，更深入洞悉了世道人心，盛世的掩饰之下所暗藏的腐败堕落、危机，虽求仕无门，初入长安以失败告终，但他的诗名却名扬京师，诗之写作却由此进入一个新的境界，进入一种高峰式的写作状态。而《行路难》等作品，正是这种高峰状态的前奏。

《行路难》是古乐府《杂曲歌辞》旧题，表达的多为世路艰难和离别的忧伤之主题。南朝的诗歌虽被唐人认为"绮丽不足珍"，但鲍照却对唐代诗人，尤其是李白与杜甫有着直接的深远的影响。清人何焯《义门读书记》卷四十七云："诗至明远，发露无余，李、杜、韩、白皆从此出也。"朱熹甚至说："鲍明远才健，其诗乃《选》之变体，李太白专学之。"

鲍照写有《拟行路难》十八首，诗之立意多为怀才不遇的压抑情绪，愤懑不平的抗争之情。钟嵘《诗品》说其："然贵尚巧似，不避危仄，颇伤清雅之调。"处世心态不平，自然清雅不起来，却多奇矫凌厉，人生慨叹。沈约之《宋书》卷五十一所附《鲍照传》中言："明远，文辞赡逸，尝为古乐府，文甚遒丽。"鲍照是中国文学史上第一个大量写作七言诗的诗人，他的《拟行路难》十八首，在六朝诗中别具一格，具有开创性，奠定了以七言为主的杂言乐府的基础，且首创了以"君不见"开头的句式。其诗将逐句押韵改为隔句用韵，并于诗中数次换韵，句法、音节之错综变化，抑扬顿挫，更便于情感的自由抒发，直接推动了唐代歌行体诗的发展。

或许李白与鲍照的境遇有相似之处，两人均怀才不遇，愤懑不平，均感同身受任途之艰难，两人都有孤傲不羁的个性，故素喜鲍照之诗的李白对《拟行路难》十八首的体会亦更为深切，他的《行路难》三首，大抵也是受鲍明远启示，题从中来，甚至《行路难》其一与《拟行路难》其六颇为神似，有的句子亦从鲍诗而来，如鲍之"对案不能食，拔剑击柱长叹息"，与李诗的"停杯投箸不能食，拔剑四顾心茫然"。

李白模仿鲍照，有时甚至达到亦步亦趋的地步，两者最为相像，不仅题材相同，结构也大为相近，甚至鲍照首创的首句为三言，余用七言句及后三句换韵都一致，写盛赞舞者之美的白纻歌，更能看出其实乃一脉相承。

鲍照《代白纻曲》其五——

> 朱唇动，素腕举，洛阳少年邯郸女。
> 古称《渌水》今《白纻》，催弦急管为君舞。
> 穷秋九月荷叶黄，北风驱雁天雨霜。
> 夜长酒多乐未央。

李白《白纻辞》其一——

> 扬清歌，发皓齿，北方佳人东邻子。
> 且吟白纻停渌水，长袖拂面为君起。
> 寒云夜卷霜海空，胡风吹天飘塞鸿。
> 玉颜满堂乐未终，馆娃日落歌吹濛。

两者何其相似乃尔。

山东大学文学院博士、韩国人吕寅炬曾写《鲍照对李白和杜甫诗歌的影响》一文，他指出：李白的《夜坐吟》，在用意上与鲍照的《代夜坐吟》极为相似；李白的《出自蓟北门行》与鲍照的《代出自蓟北门行》，诗中描绘的边塞景色与慷慨激昂的情调皆酷似。李白有乐府诗一百四十九首，其中十七首诗题与鲍照相同。其中的《夜坐吟》《出自蓟北门行》《春日行》《鸣雁行》《空城雀》《行路难》等诗，据郭茂倩《乐府诗集》所载，是鲍照自创的乐府诗题，或乐府古题，前人所作已散佚，而以鲍照作品为最早的乐府诗。

李白的歌行体诗，句法长短兼施，首句喜用"君不见"句式，诗风飘逸潇洒，感情奔放强烈，明显受到鲍照的影响。他在遣词造句、立意造境时，广泛化用鲍照诗句。如鲍照有"流浪渐冉经三龄，忽有白发素髭生。今暮临水拔已尽，明日对镜复已盈"（《拟行路难》其十三），李白则有"君不见高堂明镜悲白发,朝如青丝暮成雪"(《将进酒》);鲍照有"自古圣贤尽贫贱"(《拟行路难》其六),李白则有"古来圣贤皆寂寞"(《将进酒》);鲍照有"但愿樽中酒酝满,莫惜床头百个钱"(《拟行路难》其十八),李白则有"主人何为言少钱,径须沽取对君酌"(《将进酒》);鲍照有"人生亦有命,安能行叹复坐愁"(《拟行路难》其四),李白则有"人生达命岂暇愁,且饮美酒登高楼"(《梁园吟》);鲍照有"人生不得恒称意"(《拟行路难》其八),李白则有"人生在世不称意"(《宣州谢朓楼饯别校书叔云》)等等。从上述引诗中可以看出,李白在学习效仿鲍诗的过程中,或仿其句,或袭其意,颇得其味,太白的很多诗句都化用了鲍诗。故沈德潜云:"明远乐府,如五丁凿山,开人世所未有。后太白往往效之。"(《古诗源》卷十一)

从上述之比较可知,李白受鲍照影响之深。但由于他独特的个性,胸襟阔大,狂放不羁,飘逸洒脱,神龙见首不见尾,所谓诗如其人,其傲岸不屈,桀骜不驯,放浪纵情,无拘无束,极重个性自由的性格,恰恰与七言歌行的形式相对自由、长短不拘、容量大、易于淋漓尽致的表达相适应,太白受鲍明远影响,又博采众家之长,水乳相融,又开创出自己的体式,成为七言歌行的集大成者。李白最著名的一些诗篇,如《蜀道难》《将进酒》《梦游天姥吟留别》《行路难》等大篇,皆七言歌行。

就《行路难》之立意而言,无非是李白初入长安处处碰壁之后的遭际以及他惯常的抒写心态之语。纵然"欲渡黄河冰塞川,将登太行雪满山",写其艰难,叹行路之难,发问"多歧路,今安在?"可他仍相信"长风破浪会有时,直挂云帆济沧海"。

《行路难》其二颇多苦语,亦是重复韩信曾受胯下之辱,受人讥笑;贾谊为公卿所忌,以及燕昭王筑黄金台招纳贤士的故事,虽为失意之语,颇为失望,但还没有绝望。其三则仍是自己功成身退之态,所谓思故乡鲈鱼鲙,"且乐生前一杯酒,何须身后千载名"。是啊,太白纵作失意之声,身处困境也易化解,故杨慎称"太白诗,仙翁剑客之语",其情感跌宕起伏,失望与希望并存,苦语与豪语同在,时而低沉,时而昂扬，时而愤然不平，时而又充满自信，复杂的心绪，其诗随情感波动的内在节奏与旋律生成，亦是太白七言歌行的佳作。

伟大的诗人，必然有堪称伟大的作品。

太白的《蜀道难》该是其登峰造极之作，正是这首诗，使他获得了巨大的声誉，千百年来被公认为李白的代表作。

李白的同时代人殷璠，以"文质半取，风骚两挟"的标准编选《河岳英灵集》时，便将太白的《远别离》《野田黄雀行》与《蜀道难》三篇连接，编入首卷。并在集中称《蜀道难》"可谓奇之又奇，然自骚人以还，鲜有此体调也"，可见唐代太白在世时，此诗已产生重大影响。

李白在他的诗作《对酒忆贺监》序中，明确提到"太子宾客贺公，于长安紫极宫一见余，呼余为谪仙人，因解金龟，换酒为乐。殁后对酒，怅然有怀，而作是诗"。诗序已写明李白第一次见贺知章是在长安紫极宫，有资料称贺知章是看到《蜀道难》之后才惊呼太白为谪仙人的，因没带金钱，竟解下标志其官阶的金龟换酒与太白畅饮，可见对此诗已钦佩之至。贺知章亦是千百年来尽人皆知的名诗人，他的《回乡偶书》："少小离家老大回，乡音未改鬓毛衰。儿童相见不相识，笑问客从何处来。"也几乎家喻户晓，为千古名篇。贺知章读到此诗该在李白为翰林待诏之前，或许该是李白初入长安之时。李白《答湖州迦叶司马问白是何人》诗云："青莲居士谪仙人，酒肆藏名三十春。湖州司马何须问，金粟如来是后身。"这首诗恐为李白声名未著时所写，如其已入宫任翰林待诏，便不会"酒肆藏名"，该是尽人皆知，而谪仙人之称呼，亦该是见贺知章之后才有的事。而长安紫极宫不会是长安城内大宁坊的玄元庙，后改为"太清宫"，该是终南楼观山的老子庙，才会称为后改的"紫极宫"。以后名称前庙，亦是常见的事情。或许贺知章与李白该是这时相见相识，呼其为"谪仙人"的吧。

《蜀道难》究竟何时所写？其中寓意为何，众说不一，千百年来研究者不绝，且多有争论。在我看来，一部有争论的作品该有着丰富的内涵，预示着种种可能，这正是重要作品的固有特征。一眼能看到底的浅显之作不会有争论，争议本身便是一首大诗有广泛影响的标志。

安旗先生认为：此诗是李白初入长安期间，因屡逢踬碍，"备受蹭蹬之苦，对唐王朝大为失望，作《行路难》诸诗后，意犹未已，又因送友人入蜀一事触发，乃借蜀道之艰险，状世途之坎坷，抒胸中之愤懑，作《蜀道难》"。

安旗先生此说有其道理。诚然此诗不仅仅是这种情绪的表达，但太白此次长安之行的遭遇，所历之艰辛，内心的复杂、纠结，应当是引发此诗写作合乎情理的起因。

作为李白最重要的代表作，我还是将《蜀道难》抄录如下——

噫吁嚱！危乎高哉！蜀道之难，难于上青天。蚕丛及鱼凫，开国何茫然！尔来四万八千岁，不与秦塞通人烟。西当太白有鸟道，可以横绝峨眉巅。地崩山摧壮士死，然后天梯石栈相钩连。上有六龙回日之高标，下有冲波逆折之回川。黄鹤之飞尚不得过，猿猱欲度愁攀援。青泥何盘盘，百步九折萦岩峦。扪参历井仰胁息，以手抚膺坐长叹。

问君西游何时还？畏途巉岩不可攀。但见悲鸟号古木，雄飞雌从绕林间。又闻子规啼夜月，愁空山。蜀道之难，难于上青天！使人听此凋朱颜。连峰去天不盈尺，枯松倒挂倚绝壁。飞湍瀑流争喧豗，砯崖转石万壑雷。其险也如此，嗟尔远道之人，胡为乎来哉！

剑阁峥嵘而崔嵬，一夫当关，万夫莫开。所守或匪亲，化为狼与豺。朝避猛虎，夕避长蛇。磨牙吮血，杀人如麻。锦城虽云乐，不如早还家。蜀道之难，难于上青天，侧身西望长咨嗟。

对于这首诗的内涵，前人有过种种揣测，有人认为写此诗是影射剑南节度史章仇兼琼的；宋本《李太白集》中，《蜀道难》题下注有"讽章仇兼琼也"。赞同此说的有北宋的黄庭坚、沈括等。而元代萧士赟反对此说，而后明代胡震亨亦认为："《蜀道难》自是古相和歌曲、梁陈间拟者不乏，讵必尽有为而作。"明末顾炎武亦认为："李白《蜀道难》之作，当开元、天宝间。时人共言锦城之乐，而不知危途之险，异地之虞，即事成篇，别无寓意。"而今人对此则认为"太白亦断不致以兼琼比诸豺狼也"，或认为"为附会之说无疑"。

说起来，诗人写诗自然是有感而发，大抵是在特定的情境之下突然有了独特的感受，在自己记忆的库存之中找到表达这种独特感受的核心意象和语境，继而生成诗学结构。而这种诗学结构的生成，与诗人心灵的感悟、洞察密切联系在一起，然后以与诗章相一致的语调、与心象同一的词语组合，以及形式独有的话语旋律与节奏，各种因素浑然一体而成为最终完成的艺术。简单地认为一首高妙之作只是影射某人或是对安史之乱后玄宗逃蜀的讽谏，无疑是不合艺术规律的浅薄之见。

当然，从社会人生、政治讽喻这一角度着眼，说玄宗承国家高强，侈心动，遂贪边功，正如杜甫的《兵车行》所言："边庭流血成海水，武皇开边意未已。"安禄山等节度使拥兵自重，已预示着将来的安史之乱等，这样理解也不能算错，只不过将"天梯石栈相钩连"看成朝廷与边镇的上下关系仅系于一线，这种联想恐过于牵强。如果把此诗仅仅看成阶级矛盾、政治讽喻，就如同在风景画上研究植物学一样，诗毕竟是语言的艺术，更重要的是语言带给我们的审美和精神的启示性，如果对"青泥何盘盘，百步九折萦岩峦"和"又闻子规啼夜月，愁空山"这样的诗句，对其语言描述之妙、音韵节奏之美不留下赞叹，没有感觉，恐也不算完全读懂了全诗。

诗写得越是纯粹、单纯，其内涵越是宽阔，诗的主题便成为一个开放的空间，有着诸多的容纳。说它具体写的像什么，表达的是什么，诗的内涵倒狭窄了。所谓老僧看山，第一层境界是看山是山，看水是水；第二层境界则是看山不是山，看水不是水；第三层境界则是看山是山，看水是水了。但这第三层境界，则是山，是水，又是一切。《蜀道难》该是第三层境界的"蜀道之难"，它只写蜀道之难，却可以包含着诸多的言外之意，它可以是政治讽喻，也可以是人生路途的艰险，甚至是战争开疆拓土的征战，国之兴亡的警示，也可以是求仙学道、仕途险恶，以及经商求富、爱情失望、学艺难精等。或许诗人写作之时，尚没有这么多想法，但当他创造出这样一首大诗，则内涵极为丰富，它有了诸多的理解和可能。

对于唐人七言歌行所取得的成就，其发展脉络，胡应麟在《诗薮》内编卷三曾有过辨析和论述。他认为：初唐四杰王、杨、卢、骆这"垂拱四子，词极藻艳，然未脱梁陈也，张、李、沈、宋，稍汰浮华，渐趋平实，唐体肇矣，然而未畅也。高、岑、王、李，音节鲜明，情致委折，浓纤修短，得衷合度，畅乎，然而未大也。太白、少陵，大而化矣，能事毕矣"。意思是说，唐之歌行初唐还是效仿梁陈旧调，虽曾有少许变化，只是初见端倪。直到高适、岑参、王维、李颀这里，格调才为之一变，各有特色，达到颇高的水准，但格局仍小。直到太白、杜甫手中，才集大成尽造化之能，达到巅峰状态。故胡应麟又称："李、杜歌行，虽沉郁逸宕不同，然皆才大气雄，非子建、渊明判不相入者比。有能总统为一，实宇宙之极观。第恐造物生材，无此全盛。近时作者，间能俱备两公之体，至熔液二子之长，则未睹也。"

汤华泉教授有《七言歌行的体式与李白歌行的特征》一文，是深入探究，对歌行本体进行归纳、对照、解析、提炼、综合的颇有分量与说服力的论文。文章之摘要称："七言歌行产生于汉魏，发展于齐梁，依其句式、韵式、修辞手法和后出的声律诸种构成要素，形成了古七言体、骚体、乐府杂言体、齐梁体、赋体等体式，各体都有自己的独特形态。李白在歌行创作中全面吸收了之前歌行创作的艺术经验，接受了各体式的深刻影响，从而使他的歌行形成了有别于前人和时人独特的体式特征。"

按汤华泉先生的说法，七言歌行有五种体式：

一为古七言体。指齐梁前七言诗之体式，其句式、用韵的总体特征是：通篇七言，句句入韵。分转韵、不转韵两类。

句句入韵、一韵到底的七言诗，后人以汉武帝时出现较早、篇幅较长的《柏梁诗》为代表，称之为"柏梁体"。柏梁体还附有两个特征，一是押平声韵，二是有奇数句。

转韵的古七言体与柏梁体大同小异，有学者称之为"柏梁变体"。韵脚二句、三句、四句及四句以上转韵者均有。两句、三句便转韵亦称短韵或促句转韵，以两句一转较多见。各种转韵形式中以一篇混用多种转韵句数的较常见。

古七言体由于句句入韵显得音韵谐和，又由于多用平声，声调悠扬，但用韵过密，且一律七言句，易给人以单调感，语言也较质实。但后人为调节诗句的韵律、节奏，追求风格的古拗、劲峭，也时而采用这样的体式。

二为骚体。骚体是汉代以后仿效楚地民歌和楚辞而产生的。骚体的基本句式为七言，亦是较早出现的七言诗的一种体式，其数量远多于古七言体，既有数句的短歌，亦有较长的篇章。

骚体句式的显著特征是句中或句末常有一个"兮"字。兮字是语助词，常用来表示停顿和感叹，有调节句子节奏、增强情感表达的特别作用。句子中的"兮"字还能充当介词、连词、结构助词，有相当于"以""于""而""之"的作用，往往能与前面二字组合成三字节拍，从而改变七言诗惯常的二二三音顿，使七言诗的节奏更为丰富。骚体句子长短组合比较灵活，多于七言、少于七言的都有，往往有长句出现。由于"兮"字上下能连带缀加较多的字，分开则为两短句，合之则为一长句。骚体的韵式齐梁前与古七言体大致相同，差不多是句句入韵，转韵的方式亦同古七言体。

骚体在句式上较古七言诗灵活多样，节奏明快，修辞手法如重叠、蝉联、铺排也多见使用，辞藻也较华茂，艺术表现力强，还能与时更新，亦影响了其他诗体的创作。

三为乐府杂言体。乐府杂言体乃区别于齐七言乐府而言。相对于齐七言乐府，杂言出现最早，作品数量亦多。汉魏乐府中杂有七言句的作品不少，在郊庙歌辞、鼓吹曲辞、相和歌辞等类中多见。《乐府诗集》杂歌谣辞还收有汉魏以来民间歌谣，乐府杂言体其实也就是民间歌谣体。早期乐府杂言体七言句所占比例较少，句式较杂，从一言到九言、十言都有，还有散文句式。

乐府杂言体至鲍照有了发展，鲍照多数杂言以七言为主。除七言外主要是三言、五言与七言搭配，多见三三七、五五七、五七七、五五七七这样的组合，在节奏上既有民谣风味，又有规律性。在韵式上早期的杂言一般是隔句押韵，有多句七言相连时也句句入韵。鲍照的乐府杂言无论是七言及七言外句子，绝大多数是隔句押韵且转韵。

杂言体语句一般都比较活泼、流畅，重叠、蝉联、句子的复沓较为常见。鲍照还经常使用排比、对偶，在篇首、句首还创造性地使用"君不见"这样的呼告语，为用于抒情、议论的杂言歌行发明了一个十分富于情感力度的表达方式。鲍照是先唐今存乐府杂言创作量最大的作家，尤其是他的《拟行路难》十八首，为以后乐府杂言体七言歌行创作提供了范式。乐府杂言体对唐代特别是盛唐以后七言歌行的发展影响巨大。

四为齐梁体。齐梁体指齐梁后出现的七言诗新体式。相对于古七言体来说是隔句押韵并有规律地转韵，同时自觉地引入了声律要素，注意调配一句和两句间声调的平仄。七言的齐梁体典型形式要求一要平仄多数入律；二要四句一换韵；三要平仄递用。韵式上除隔句押韵、有规律转韵外，篇首及转韵首句一般皆入韵；以通体七言为主，亦有篇首、篇末等处偶尔用杂言者；大量使用对偶句，除篇首、篇末及转韵起首二句外，一般皆对偶，也是律化程度较高的句子；在修辞上集上述各体修辞手法之大成，尤以蝉联、铺排为多见，还特别注意使用关联词以绾接、照应句子间、章节间语意、声情。

齐梁体全面整合句工、韵式、修辞、声律七言歌行四要素，形式有别于各体的体调特征，句式整齐，声韵铿锵，脉络分明，情词婉畅，十分富于情感和气势。这样的体式最适宜游观、咏物、闺情、叙事诸种题材内容的抒写，也宜于辞藻典故的撷取、篇幅的扩充。这一体式因初唐后最为时兴、活跃，作品量亦较多，历代诗论家常将其作为歌行惟一体式对待。

五为赋体。赋体是由骚体衍生的一种体式，其基本特征同于骚体。这种赋体的来源一是齐梁体的放大，齐梁体的转韵、铺排十分适宜长篇的写作，若写作的内容有明显的时间、空间、性状的展示和铺叙，即成赋体。七言赋体的另一来源是骈赋。齐梁后兴起的骈赋多夹用五七言诗句，夹用的句子都是偶数，二、四、六、八都有，一节一节夹用，每一节都换韵，以七言为主，一般也都有五言，如果将这些句子抽取出来，往往就是一首完整的五七言交替成章的长诗。

以上摘取这么多，自然是为了了解七言歌行的主要特征，实际上是要说明七言歌行的外部形式，以期为更好地理解李白歌行诗所进行的阅读准备，也为了增强我习唐诗的学术营养。看来教授的文章就是学术性强，读之受益不少。

以上述的标准对照李白的歌行诗，范围则较为宽阔了，将李白诗集乐府卷中六十多首七言乐府亦纳入，太白之歌行诗则有一百一十九首。

对太白歌行诗之特征，汤教授概括为五点。一是诸体皆备；二是融合众体；三是杂言独多；四是韵式丰富；五是修辞具有两种长处。

具体说来，李白最有影响或称代表作的该是赋体歌行，近二十首，且多为大篇，如《蜀道难》《猛虎行》《西岳云台歌》《梁园吟》《庐山谣》《天姥吟》《鸣皋歌》。但这些大篇，又多有众体融合的特征。

宋曾季貍《艇斋诗话》中言："古今诗人有《离骚》体者，惟太白一人，虽老杜亦无似《骚》者。"清冯班在《钝吟杂录》中说："李太白崛起，奄古人而有之，根于《离骚》，杂以魏三祖乐府，近法鲍明远，梁陈流丽亦时时间出，谲辞云构，奇文郁起，后世作者，无以加矣。歌行变格，自此定也。"可见太白之歌行，是取众家之长，熔古今于一炉，是有异于任何体式的自成一体的创造，已达极致的高峰。

李白歌行中杂言最多，乐府杂言加上其他各体杂言共九十二首，占全部歌行诗近百分之八十的比重。其杂言句式主要源于杂言乐府体和骚体，句式纷繁参差，二言、三言、五言至八、九、十言以上皆有，而"兮"字句、"之""而"结构，关联词连接的句子亦多。太白最特殊的是四言句、长句以及"之""而"结构及关联词连接的句式，这些在楚辞与汉乐府中大量存在，可见其渊源。沈德潜在《说诗晬语》中论七古长短句之妙说："七言古或杂以两言、三言、四言、五六言，皆七言之短句也。或杂以八九言、十余言，皆伸以长句，而故欲振荡其势，回旋其姿也。其间忽疾忽徐，忽翕忽张，忽淳漾，忽转掣，乍阴乍阳，屡迁光景，莫不有浩气鼓荡其机，如吹万之不穷，如江河之滔滔而奔放，斯长篇之能事极矣。"这样的概括，也正是李白歌行句法的特征。

在用韵方面，李白歌行基本的韵式是隔句押韵，数句一转，其转韵的比例达百分之八十三，一韵到底的颇少。李白有时也喜用古七言体韵式，即句句押韵，为转韵与不转韵的柏梁体和柏梁变体，力求于和谐中有变化，在顺适中见奇崛。另其歌行中奇数句也较多，有二十三例。

李白歌行亦具有各体荟萃的修辞手法，最突出的两点：一是排比的使用，二是"君不见"的用语。杂言体适宜排比而不大适宜对偶，骚体的骈句也多为排比，赋体的铺排也常与排比相关。这与李白不喜拘束与张扬的个性亦有关系，表达得更为自由流畅，起到了气势豪壮、激情澎湃的修辞作用。其排比句前人多以"豪"字评之，亦增加了意象的跳跃性。而"君不见"这源于鲍照的呼告语，太白用得比鲍照还多，有四十余例。这一短语呼告，"起势豪迈，如风雨之骤至"，亦有加强气势、连接章句的修辞作用，给人以"破空而来""一吐为快"的感觉。

上述所言，是诗的形式问题。诗的语调、词语的排列组合、韵律节奏是形式的三要素，各种诗概莫能外。一首诗有没有形式感，亦是诗人写作水准高下的标志之一。如果说诗是判断、理解和创造，诗是否有开创性尤为重要。李白歌行在继承的基础上融合众体之长，开创出属于具有盛唐气象的独特的体式，正是一个开时代新风的伟大诗人的创造。

诗是有意味的形式，这被世界上大多数美学家赞同的观点，关键处是形式当中所含的"意味"。说诗始于情趣而终于智慧，自然是指诗人主体意识即心灵的进入，诗是一种主观的创造，诚然主观是离不开"观"的，离不开对客体的观照，但没有灵魂的肉体只能是尸体，当一盏灯熄灭，我们面临的只能是黑暗。

诗之外部形体也如人的形貌，痴肥蠢胖、骨瘦如柴与骨肉匀称、亭亭玉立相较，自然后者为佳。或许艺术就是对作品总体的把握与适度的分寸感，是恰到好处的呈现和表达。然而，我们看到的虽然只是外部形貌，但从其目光、行为、气质、性格中却能感受到人的精气神，所谓形式是内容的延伸，并不能分开，我们从词和句子中，还是能领略哲学中的真、伦理学中的善和艺术中蕴含的美，从情感、语境与氛围合成的意境中，理解其中的诗性意义。

语言、词法、词素和其他语言学范畴，不能构成诗的结构成分，语法形式并非诗的形式。语言只有在具体的诗学结构中才具有诗学的特征。

诗的外部形式的生成，是由诗的"内在形式"所决定的。诗的"内在形式"，即对事物的由表及里的通透理解和发现，以及个人生活的独特感受，以及诗人所追寻的理想含义的有机融合，是物质的具体性、理想内涵的充分性与个人感受的变异性的统一。或许，这也是艺术的视度问题，是看得见、听得到、摸得着的形式品格，不是抽象的生理器官的视力同抽象的物理现象的对立，而是诗人心灵的介入下词与物的融合与统一，即意义与含意与感性知觉品质的不可分割。而这种诗的"内在形式"使作品形成了诗学结构。

诗学结构即一种文学言谈。词不再从词典中，而是从生活中从一些言谈进入诗学结构的言谈之中。然而，这是把意义个体化、具体化的言谈，具有了当下感和现实性，成为一种社会评价。正如巴赫金所言，正是这种社会评价，"它决定对象、词、形式的选择，决定它们在具体言谈内独特的组合。它也决定内容的选择、形式的选择以及形式和内容之间的联系"。

如果我们用这样的诗的观念来理解李白的《蜀道难》，则其诗既不是单纯的风景诗、简单的送别诗，更不仅仅是影射了什么人，或只表达一种情绪，它创造的是一种主观心象，非写实，更多的是写意，于蜀道这一核心意象的文学言谈之中，融汇了诗人对唐代的社会现实的判断和理解，让诗之内涵与意义在感性丰盈的感受与洞悟中渗透出来。诗的独特的形式的创造，不仅是传统音韵、体式的更新，而是一种信仰，是经验，是将情感投射于自然世界，让蜀道的特点恰到好处地体现了诗的灵魂。

当然，诗的体式、技巧等表达方式也是颇为重要的，同样的题材、内容，在不同诗人的笔下，会高下立判，故称诗没有大题材，只有大手笔。《蜀道难》原本乐府杂言，句子极为参差，又多骚体句式，其开篇的惊呼便不同凡响，颇为提神，对蜀道之描述极为雄峻壮阔，又用赋体手法，层层铺排，语言亦冲波逆折、艰难之三叹往复回旋，其话语的旋律感，起伏跌宕的节奏颇具心灵冲击力。其实，其语言的生成，词语的有机组合，或者说词语的选择，是与诗的节奏和语调同时进入写作状态的，或者说在某种程度上，那种雄劲豪阔的语调与变化且复沓的节奏，在某种程度上也制约着语言。

艺术是非推理形式的展现，这种节奏亦是人的机体生活的节奏、感情生活的节奏，或是智力生活的节奏，可这些节奏都在"蜀道"这一注意力节奏的联结中缠结错综地变化着，其组合在一起便形成了苏珊·朗格所言的"情感的动态模式，而它也正是创作的目的和特征"。或许，情感的动态模式所形成的语言运动体，亦是诗鲜活可感的生命意识的体现，不是僵硬的静态的描摹，而是活的体验和压抑不住的活力，是外在事物与心灵智慧融合于一体的独有的语言秩序。

第十六章　复归郧城

郭沫若在《李白与杜甫》中说：李白"开元十九年的春间回到终南山。当年五月以猎取功名无着，乃离京泛舟黄河东下，中途遇风浪，遂在梁园（开封）留下了"。"二十年，在洛阳，有诗《送梁公昌从信安王北征》，旋返安陆。"

郁贤皓先生《李白两入长安及有关交游考辨》称："（李白）开元二十年春又返回终南山。同年初夏五月离开长安，取道黄河东下。"

安旗、薛天纬所编的《李白年谱》则认为李白开元十九年（731）"初夏，离长安，泛黄河，经开封，到宋城。作《梁园吟》"。秋到嵩山、洛阳，开元二十年（732）返安陆。

而黄振常先生则认为：开元十九年与开元二十年之说，均与事实不符。从太白"三十成文章，历抵卿相"的自述，得知他开元十八年（730）到了长安，时令是"荷花初红柳条碧"的夏天。而在其后的《以诗代书答元丹丘》中，李白明确谈及曾"三见秦草绿"，即李白在长安度过三个春天，只能是开元十九、二十、二十一年这三年的春天。由此可知，李白出长安泛舟黄河东下至梁园，必是开元二十一年（733）春天以后的事无疑。

观上述所言，称李白离长安泛舟黄河东下至梁园并无异议，只是离长安的时间有差异，但差异不大，大抵也是开元二十年（732）前后。

然而，"梁园"究竟在哪里，亦有不同见解。郭沫若《李白与杜甫》中认为是开封梁园，詹锳先生《李白诗文系年》中亦认为是开封。安旗先生的《〈梁园吟〉考辨》，认定李白诗中之梁园应在宋州，安旗之说应更可信。

其实，以上诸说的根据，大都以李白诗中自述而来，《梁园吟》中"平头奴子摇大扇，五月不热疑清秋"，已言明五月到了梁园。诗之开篇首句便称自己浮黄河之上离开京阙，欲前行但波涛连山，由于天长水阔而厌于远行，才留在梁园访古而第一次来到了平台。这几行诗已清楚地言明太白之行止，也系初游此地。他想起了阮籍的《咏怀诗》，于开封莲池之上顾望大梁，太白亦在平台之上看渌水扬洪波，然而平台却在宋州之城。

《一统志》称："梁园，在河南开封府城东南，一名梁苑。汉梁孝王游赏之所。"

《汉书·梁孝王传》称："王以功亲为大国，筑东苑，方三百里，广睢阳城七十里，大治宫室，为复道，自宫连属于平台三十余里。复道自宫东出左阳门，即睢阳东门也。"可见平台不在城中。亦可知汉文帝封孝王于大梁（即唐时开封、浚仪），孝王以其地卑湿，迁都睢阳（即唐之宋城），故梁园如此之阔大，并连平台，并非在开封，按《汉书》载即在睢阳（即宋州）。

昔日梁孝王邀请枚乘、司马相如等人宴集平台，极游于其上，所谓"西园多士，平台盛宾"，追芳昔娱，神游千古，今虽已歌堂沦宇，律管埋音，孤基块立，无复昔日之胜，梁王宫阙不在，自诩为枚、司的太白无人相待，慨叹今已无梁孝王其人。

《梁园吟》前人多认为系天宝初年（742）李白二入长安去朝时所作。李白曾多次游梁园，此为初游之作。从诗人情境看来，该是一入长安时的心情。安旗先生认为，如系太白待诏翰林之后所作，其时已在宫中两年左右时间待诏于玄宗，区区藩王何足道哉，当不至于如此向往，甚至

"沉吟此事泪满衣"了。诗又云"黄金买醉未能归",盖因李白入京之前,曾有大言放语谓:"何王公大人之门不可以弹长剑乎?"而今"历抵卿相"竟一事无成,无颜见江东父老,故曰"未能归"也。安旗先生之说还是有说服力的。

另,李白《秋夜与刘砀山泛宴喜亭池》诗云:"明宰试舟楫,张灯宴华池。文招梁苑客,歌动郢中儿。"这里太白自称"梁苑客",而砀山唐时隶河南道宋州睢阳郡,与《旧唐书·地理志》同,亦可见李白所游之梁园在宋州。

黄振常先生在《李白出长安回安陆之行踪》一文中,认为李白游梁园期间曾游东鲁。以《鲁郡尧祠送张十四游河北》《鲁城北郭曲腰桑下送张子还嵩阳》诗可证,并认定张子、张十四同是一人,即张谓。

黄先生是根据《全唐文》卷三七五张谓小传,以及《唐才子传》卷四张谓条记载,知"谓字正言,河内(据考,河内应为河南)人也。少读书嵩山,清才拔萃,泛览流观,不屈于权势……性嗜酒,简淡,乐意湖山。工诗,格度严密,语致精深,多击节之音。今有集传于世"。又据张谓《别睢阳故人》"少小客游梁"句,知张谓年轻时曾游宋州梁园,当在他读书嵩山之时。

李白《鲁城北郭曲腰桑下送张子还嵩阳》诗言:"送别枯桑下,凋叶落半空。我行懵道远,尔独知天风。谁念张仲蔚,还依蒿与蓬。何时一杯酒,更与李膺同。"诗中时令恐已深秋初冬之时,所谓枯桑无枝,尚知天风,而太白之前途尚在迷蒙之中,亦应是一种失意且前程茫然的慨叹。诗将张子喻为隐才张仲蔚,同为世外高人,常居穷素,居处蓬蒿没人,闭门养性,不治荣名。时人不识,故黄振常先生认为张子即张谓,与李白相会于梁宋,复结游鲁城(即鲁郡,后改为兖州,天宝元年复为鲁郡),后李白又送张谓还嵩山。

另外,据考证,岑参与张谓年轻时同隐嵩山少室山,岑参诗中亦有一被比作张仲蔚的张姓友人,亦应是张谓。郁贤皓《李白交游杂考》也认定"张谓曾于开元二十一年北游蓟门"。《唐才子传》说张谓工诗,"多击节音",李白《鲁郡尧祠送张十四游河北》诗中亦有"击筑向北燕,燕歌易水滨"句,而开元二十一年(733),太白正在梁园一带游历,又时在秋日,张谓《同孙构免官后登蓟楼》有"寒沙榆塞没,秋天滦河涨"句,节令亦在秋天。由此可见,李白同张谓于梁园相遇,共游东鲁,又送其去河北,该是有道理的推测,并非空穴来风。

张谓登蓟楼诗有"策马从此辞"句,应李白"归来太山上,当与尔为邻"(《鲁郡尧祠送张十四游河北》)之约,仍返鲁郡。如此,张谓游河北在前,李白《鲁城北郭曲腰桑下送张子还嵩阳》在后。

李白开元二十五年(737)后由安陆移家东鲁,按一般的道理推测,李白移家前应当到过东鲁,与那里的朋友取得联系,不然拖儿带女前往,无接应者是不可能的事情。故太白开元二十一年(733)游东鲁,也许是移家东鲁之前的准备,正是这次东鲁之行,让他动了移家的念头吧。

冬日,李白从东鲁复归梁园,在宋城,太白又与岑征君相遇,有《鸣皋歌送岑征君》一诗记其事。

詹锳《李白诗文系年》、郭沫若《李白与杜甫》俱考岑征君为岑参的从四兄岑勋。

所谓"征君",意指岑勋曾应征而未仕。岑参《狂歌行赠四兄》一诗,曾记下岑参、岑勋兄弟同时应征去长安一事,当时秋雨连绵,所谓"长安秋雨十日泥",该是甚为清冷,泥泞不堪。应征者夜不能寐,刚闻鸡鸣便备马前往考官家行巷,其时公卿朱门尚未开锁,士子们均聚门下;只有岑勋不以应征为意,视功名富贵如浮云,睡够了才舒膝而起,不穿袜子,不戴头巾,踏着太阳而来。这种写照,同李白所言"虽登洛阳殿,不屈巢、由身"(《送岑征君归鸣泉山》)是同一件事。

从岑参《感旧赋序》得知,岑参与岑勋应征时,岑参二十岁。岑参生于开元二年(714),二十内阁正是开元二十一年。"是岁,关中久雨害稼"(《旧唐书·玄宗纪》),与岑参诗"长安秋雨十日泥"亦相符,可知岑勋应征时在开元二十一年秋日。正是此次应征不仕岑勋东游至梁园与李白相见。岑勋所居之地在河南府陆浑县的鸣皋山,游罢岑勋欲回鸣皋与岑参同隐之地,故李白作诗相送。

《鸣皋歌送岑征君》是李白重要的作品之一,为长篇骚体歌行,无论其内容与形式，都是太白高峰期值得探究之作。

此诗原注为：时梁园三尺雪，在清泠池作。

《元和郡县志》载："鸣皋山，在河南府陆浑县东北十五里。"《河南通志》称："鸣皋山，在河南府嵩县东北五十里，一名九皋山，昔有白鹤鸣其上，故名。"

《太平寰宇记》言："清泠池，在宋州宋城县东北二里。梁孝王故宫有钓台，谓之清泠台，今号清泠池。"《神州古史考》称："清泠池，在归德府城东梁园内。"

作为李白长篇歌行代表作之一，这里还是将此诗抄录如下：《鸣皋歌送岑征君》——

> 若有人兮思鸣皋，阻积雪兮心烦劳。
>
> 洪河凌兢不可以径度，冰龙鳞兮难容舠。
>
> 邈仙山之峻极兮，闻天籁之嘈嘈。
>
> 霜崖缟皓以合沓兮，若长风扇海，涌沧溟之波涛。
>
> 玄猿绿罴，舔舕崟岌。
>
> 危柯振石，骇胆栗魄，群呼而相号。
>
> 峰峥嵘以路绝，挂星辰于崖嶅！
>
> 送君之归兮，动鸣皋之新作。
>
> 交鼓吹兮弹丝，觞清泠之池阁。
>
> 君不行兮何待？若返顾之黄鹄。
>
> 扫梁园之群英，振大雅于东洛。
>
> 巾征轩兮历阻折，寻幽居兮越嵲峚。
>
> 盘白石兮坐素月，琴松风兮寂万壑。
>
> 望不见兮心氛氲，萝冥冥兮霰纷纷。
>
> 水横洞以下渌，波小声而上闻。
>
> 虎啸谷而生风，龙藏溪而吐云。
>
> 冥鹤清唳，饥鼯嚬呻。
>
> 块独处此幽默兮，愀空山而愁人。

鸡聚族以争食，凤孤飞而无邻。

蝘蜓嘲龙，鱼目混珍。

嫫母衣锦，西施负薪。

若使巢由桎梏于轩冕兮，亦奚异于夔龙蹩躠于风尘！

哭何苦而救楚，笑何夸而却秦？

吾诚不能学二子沽名矫节以耀世兮，固将弃天地而遗身！

白鸥兮飞来，长与君兮相亲。

　　这首诗之题目是写送岑征君归鸣皋山隐居处，但其语境是严冬三尺厚的暴雪之后，又作于清冷池，岑勋为被征未仕者，李白亦为西入长安一事无成，雪阻梁园，写的是严冬的遭遇，天寒地冻的雪境，也是人生遭际与心寒意冷的心境。李白与岑勋性情相投，又都被阻于宫阙之外，离愁别绪除朋友相别之外，另有一番深意。此诗名为送岑征君，实为太白宣泄自己的郁闷与愁思，是初入长安之后愤懑不平、心灰意冷之心态的表现。

　　是啊，这寒凉令人恐惧的大河难以径度，河冰参差的锯齿有如龙鳞，容不下小船；可仙山辽远，险峻至极，只有天风浩浩，霜崖高耸，长风洪飙扇海，沧溟扬波。在这种情境之中，雄猿与生有绿毛的熊罴都惊恐吐舌，树的枝条在风中啸叫，声震山谷，惊心裂胆，让所有的生命都嘶吼呼号。而雄峻的山峰道路已绝，只有凸出的岩石上挂着星辰。这亦是太白笔下的另一种状态的"行路难"，是可望而不可即的、不仅艰难又冰冷得令人恐惧的处境。

　　接下来太白才写送岑征君之归，自然也是黯然神伤，而征君亦情深意重，如反顾不行不忍离别的黄鹄，徘徊凄然。而昔日梁孝王之东苑方三百余里，招延四方豪杰，自山以东游说之士莫不毕至，可在李白看来，岑君乃一扫梁园群英，大雅之诗名震京洛。可如此高才竟于征召中遭阻不仕，只能寻山崖幽居，独坐山林，对素月流天，让风入松之琴曲流淌于空寂的沟壑。太白此处写两人情感之深切，言人亦是暗含自身遭遇，无奈惆怅之情含在字里行间。

　　而继之的氛围营造与情境的烘托尤为出色。铺天盖地的暴雪之中，将一切都遮蔽了，一切存在好像都不存在，可仍在岩洞之中有水流动，并能听到细小的波动之声。虎啸龙藏，鹤之清唳，饿鼠之呻吟，似乎人之听觉与视觉皆格外灵敏，宏大与细微，裸露与内蕴，雄豪与清丽，大千世界，都在独处的幽居静默之中，那偶尔出现的声音使空山更空，郁结着心中的忧愁。读太白这样的作品，其郁闷、惆怅、忧烦之情似乎都随着词语的宣泄而发散，既放达而又曲折，令人感叹白之大才，烦忧是豪壮的，也是细微的，是赤裸的，也是隐约之中渗透出来的。

然而，太白最后还是抑制不住那种愤慨的情绪，自己虽然不愿与群鸡聚而争食，做凤之独飞，可在这视龙如壁虎、鱼目混珠、丑女锦衣、西施负薪的年代，将贤人羁身于轩冕之中与夔龙废弃于风尘之内无异，说什么梦昌勃苏哭而救楚，鲁仲连谈笑而退秦军，故李白以一行十五言的长句无羁束地言明自己既然不能像两位高人那样名节高拔，功未成而身退，那就只能同岑征君一样，共隐于山林了。诚然李白就此表达的是自身的现实心态，那也是一团纠结不清的情绪，既有怀才不遇的惆怅、建功立业的雄心，又有着不想被轩车冠冕所羁束、隐居自乐的向往；既有鱼目乱珠、黄钟废弃、瓦釜雷鸣的愤然，又有着孤傲不群、耻与鸡鸭争食的高洁。是复杂、矛盾、无奈、不甘心的情感错综纠结，可骨子里仍旧是为不能实施自己的宏伟抱负而耿耿于怀。

从全诗多用"兮"字可以看出，太白此诗受骚体影响之深。诗之第一句便是《楚辞》"若有人兮山之河"引化而来。而"蝘蜓嘲龙，鱼目混珍，嫫母衣锦，西施负薪"这样的四言句，皆效屈原《卜居》与贾谊《吊屈原》语。而诗之节奏亦错落有致，四言、五言、六言、七言、八言、九言、十言、十五言，以及贯穿全篇的"兮""之"字句；其中四言、六言各十六句，分布于各层长句之间，极尽长短之妙。故《楚辞后语》评之曰："白天才绝出，尤长于诗，而赋不能及晋、魏。独此篇近《楚辞》，然归来子犹以为'白才自逸荡，故或离而去之'，亦为知言云。"

写到此，我突然想到，李白的这首《鸣皋歌送岑征君》，从诗的外部形体着眼，诗句的长短不拘、参差错落，和今天的自由体新诗似乎没有差异，所异者，是一为文言、一为白话而已。其实，唐代的文言亦是所谓知识分子写作，书面语而已，唐代的白话，恐怕今天看来也是文言。或许，中国新诗之根源、诗脉，早在《诗经》中的国风，楚辞、汉赋，以及唐之乐府歌行、宋词、明清民歌中就有其形体相若地存在了。说中国新诗受域外诗的影响而生成，虽有其道理，但中国新诗之根却绝不是外来的。当然，不仅仅是诗之外部形体、诗之魂魄、美学意蕴，更应当是同中国古体诗词、民间歌谣等一脉相承。

扯远了，还是回到李白的梁园吧。

由上述所言之诗可知，李白遇风浪暴雪阻梁园期间，或许到过兖州，并在宋州、砀山一带交游。

就在这年冬天，太白在梁园游历之后去了洛阳。李白西入长安前亦到过洛阳，故他在洛阳写的一些诗恐难说清是去长安之前或之后所写，但时间相距不远，前已言及之诗则不再赘述，但其重要作品《梁甫吟》的言志之诗，该是出长安之后在洛阳所写。

世人皆知，诸葛亮好为《梁甫吟》，但此为乐府古题，并非孔明所创。"梁甫"为泰山下的小山名。王琦引《琴操》言："曾子耕泰山之下，天雨雪冻，旬日不得归，思其父母，作《梁山歌》。"故蔡邕《琴颂》称"梁甫悲吟，周公越裳"；张衡《四愁诗》云："欲往从之梁父艰。"可见《梁甫吟》大抵皆为悲歌苦语，太白亦有"去去泪满襟，举声梁甫吟"（《冬夜醉宿龙门觉起言志》）句，言其写《梁甫吟》的境况。但太白此诗却非只是悲言苦语，处境艰难，虽有自悲，亦有自励与自信，对未来充满期待，那大抵是长啸豪语之中的悲切，自我排遣之辞。

《梁甫吟》——

> 长啸《梁甫吟》，何日见阳春？
> 君不见，朝歌屠叟辞棘津，八十西来钓渭滨。
> 宁羞白发照清水，逢时吐气思经纶。
> 广张三千六百钓，风期暗与文王亲。
> 大贤虎变愚不测，当年颇似寻常人。
> 君不见，高阳酒徒起草中，长揖山东隆准公。

入门不拜逞雄辩，两女辍洗来趋风。

东下齐城七十二，指挥楚汉如旋蓬。

狂客落拓尚如此，何况壮士当群雄！

我欲攀龙见明主，雷公砰訇震天鼓。

帝旁投壶多玉女，三时大笑开电光。

倏烁晦冥起风雨，阊阖九门不可通，

以额扣关阍者怒。

白日不照我精诚，杞国无事忧天倾。

猰貐磨牙竞人肉，驺虞不折生草茎。

手接飞猱搏雕虎，侧足焦原未言苦。

智者可卷愚者豪，世人见我轻鸿毛。

力排南山三壮士，齐相杀之费二桃。

吴楚弄兵无剧孟，亚夫咍尔为徒劳。

梁甫吟，声正悲。

张公两龙剑，神物合有时。

风云感会起屠钓，大人岰屼当安之。

此诗开篇即为一声长叹，亦从《楚辞》"恐溘死而不得见乎阳春"而来，叹何时能见冬去春来，心茫然而悲切，但并未有绝望之意，化楚辞之句为己用而已。

随后诗笔便为之一转，言屠夫乞食者及渔父吕尚八十而遇周文王，建功伐纣，九十而为帝师；高阳酒徒落魄狂生郦食其会汉高祖，靠三寸不烂之舌说齐王，不用一兵一卒而下齐七十二城，如此下层落魄之人尚能建如此功业，何况正当盛年如自己呢，可见其自视甚高，亦颇自信。

然而，欲攀龙鳞、附凤翼以成其志的李白，却频遭拦阻，处处碰壁，即使以头碰扣关门也只能引来守门者的厌恶，想一步登天，可九门并不向他开启。是啊，上天不垂顾精诚之士，遮天蔽日的阴云吞没了天光，怪兽食人，而白虎不见无德之君；诚然勇者挟猿搏虎，贤者之于义独踏焦原，可智者却被埋没而愚夫自矜为豪杰，在世人眼里自己轻如鸿毛。然而晏子有谋以二桃能杀三士，吴楚宗室叛乱而不用侠士剧孟，故亚夫嗤笑其有眼无珠，并不能成功。太白在这一节旁征博引，句句用典，其意婉转曲折，若断若连，大抵言朝中忠奸不一，太白虽受轻贱，仍怀忠义之心，智者之谋，只叹时人不察，有如用兵不用剧孟，是不识人也。

纵然如此，太白仍然相信有才能的人终能感会风云，奋起智勇，兴邦立业，如屠牛垂钓的吕尚之遇文王。故贤才应安于困厄，等待时机，太白言此聊以自慰，仍寄希望于未来。

这年冬天，李白在洛阳度岁。

早春，太白作《春夜洛阳闻笛》。诗中有"此夜曲中闻《折柳》，何人不起故园情"句，其实李白已在外度岁四载，故有思返安陆之情。

在洛阳亦结识崔侍御。其《赠崔侍御》诗云："长剑一杯酒，男儿方寸心。洛阳因剧孟，托宿话胸襟。但仰山岳秀，不知江海深。"看来所写乃于洛阳初识情景，因一杯酒而相知，太白又托宿于崔侍御处，自有感念之情，故写诗赠之。

在洛阳期间，大抵也该与元丹丘和元演相聚。所谓"徘徊六合无相知"的李白，与元丹丘、元演已成为莫逆之交，与两人交情最为笃厚，太白写给元丹丘、元演的多首诗中，尚不知哪首写于此时。但元演为太白"天津桥南造酒楼，黄金白璧买歌笑，一醉累月轻王侯"，想来该是此时之事。因去长安之前恐求仕心切，不大会在洛阳逗留甚久，一醉累月的。"黄金白璧买歌笑"与《梁园吟》中"黄金买醉未能归"意近，即失意之时无颜面归家，流连此地，买醉遣愁。这期间恐和元演在一起的时间最长。

按黄振常先生的说法，同年秋，李白从洛阳下至襄阳，写有《岘山怀古》等诗。

《赠从兄襄阳少府皓》一诗，该写于此时。这首诗的写作时间颇有争议，但张昕先生认为，诗有"退耕舂陵东"句，并称"归来"，似已居家安陆。另外"弹剑徒激昂"诸语，与《玉真公主别馆苦雨赠卫尉张卿二首》中"弹剑谢公子，无鱼良可哀"相切，因此，此诗当作于诗人一入长安后的开元二十二年（734）间。张昕先生之说有其道理。因此诗系研究李白生平重要的资料，故仍将此诗照录如下：《赠从兄襄阳少府皓》——

> 结发未识事，所交尽豪雄。
> 却秦不受赏，击晋宁为功。
> 托身白刃里，杀人红尘中。
> 当朝揖高义，举世称英雄。
> 小节岂足言，退耕春陵东。
> 归来无产业，生事如转蓬。
> 一朝乌裘敝，百镒黄金空。
> 弹剑徒激昂，出门悲路穷。
> 吾兄青云士，然诺闻诸公。
> 所以陈片言，片言贵情通。
> 棣华倘不接，甘与秋草同。

由此诗看来，李白实在是穷困不堪、难以度日了。一个孤傲自负的人，若非处境艰难，恐怕不会如此低声下气求助于人。这哪里是诗，几乎是书面的讨要词，与乞丐讨饭所唱的莲花落无异。故前有不喜李白者，言其有"索客之风"，也是实情。这样的文字，李白在沦落长安时也有过数首，一位天才的诗人竟有如此境遇，确令人为之悲哀、叹息。

李白既无产业，又没有丰厚的积蓄，即使有几千两黄金也不够他饮酒挥霍的，古时一镒为二十四两，所谓百镒黄金，该是他的全部家当，故只能"出门悲路穷"了。从太白的行踪及所写诗文看来，他出门远游，除初出蜀中时曾在扬州散金三十余万，乐善好施，接济落魄公子之外，之后的出行似乎全靠朋友出资帮助，而肯帮助他的，多是少府县尉，或从兄从弟、莫逆之交的朋友，这些人多是读书的士人诗人，抑或道友，慕其才华，求其品题，虽是些级别不高的官员，为其安排衣食住行是没什么问题的，但也有断档之时，完全靠别人施舍度日，自己倒成了落魄公子。即使是故相之赘婿，他也羞于伸手，故他宁肯求助于从兄从弟，也要在妻家留一点儿颜面。诗中最后言若李皓不能给予接济，他将像秋草一样枯萎，已经活不下去了。何等悲凉！

离开襄阳，李白即入汉水东下，出游江东，大抵去会见了山阴县尉崔国辅等。

太白《早春于江夏送蔡十还家云梦序》一文，亦说明了其行止。序中称"秋七月，结游镜湖，无愆我期，先子而往"，该是早春与蔡十相见送其还乡，相约秋七月去越地一游，李白先行一步，叮嘱其不要错过我们的约会。"无使耶川白云，不得复弄尔"。这大抵是开元二十二年（734）春于江夏所约，蔡十还乡云梦，李白亦请他向安州家乡廖公及诸才子为诗略谢之。此谓"乡中廖公及诸才子"，应是李白《送戴十五归衡岳序》中所称"郧国之秀，有廖侯焉。人伦精鉴，天下独立。……独孤有邻及薛诸公"等人吧。

序中称"海草三绿，不归国门，又更逢春，再结乡思"，说的是大地上草已绿了三次，未曾归郧国之门，又更逢春，即已到了第四个年头了，虽已回了楚地，但仍未还家，故有再结乡思语。

或许，正是与蔡十相别相约后，李白"先子而往"，未归家又去游了江东。

开元二十七年（739）秋李白在洞庭所写的《寄从弟宣州长史昭》一诗，曾言："尔佐宣城郡，守官清且闲。常夸云月好，邀我敬亭山。五落洞庭叶，三江游未还。相思不可见，叹息损朱颜。"诗中"五落洞庭叶"等四句，言明两人已相隔五年未能见面。从开元二十七年回溯五年，即开元二十二年李白曾应李昭之邀到过宣城。而李白的《宣城长史弟昭赠余琴溪中双舞鹤，诗以见志》一诗，所写该是开元二十二年冬二人相见之事。当时李昭刚从邠州到宣州任上不久，系李白初入长安时所识之友，故诗中称"顾我如有情，长鸣似相托。何当驾此物，与尔腾寥廓"句。

李白大抵是先游了镜湖、剡中，并复弄"耶川白云"即若耶溪之后去的宣城。蔡十是否应约而来，同游鉴湖，还同在江夏时一样，穷朝晚以作宴，驱烟霞以辅赏，对明月发出朗笑，于落花之下休眠，那就不得而知了。

此行太白亦上了天台山等地。《秋夕书怀》中有"海怀结沧洲，霞想游赤城。始探蓬壶事，旋觉天地轻。澹然吟高秋，闲卧瞻太清"句，"蓬壶"是指长安。班固《西都赋》称："滥瀛洲与方壶，蓬莱起乎中央。"唐人称南省为"仙台"，称郎官为"仙郎"，称秘书省为"蓬阁"，仙即是官，言李白求仕无成，大抵此刻有些心灰意懒，想以隐栖以终此生。

这期间，太白亦有《寄淮南友人》诗，言："红颜悲旧国，青岁歇芳洲。不待金门诏，空持宝剑游。海云迷驿道，江月隐乡楼。复作淮南客，因逢桂树留。"看来李白是又逢春日，真的在云迷驿道、持剑空游，一事无成之后是想回家了，毕竟安州有他的妻女和朋友。

《久别离》一诗，或许就是此时为许夫人所写——

> 别来几春未还家，玉窗五见樱桃花。
>
> 况有锦字书，开缄使人嗟。
>
> 至此肠断彼心绝，云鬟绿鬓罢梳结，愁如回飙乱白雪。
>
> 去年寄书报阳台，今年寄书重相催。
>
> 东风兮东风，为我吹行云使西来。
>
> 待来竟不来，落花寂寂委青苔。

《久别离》系乐府诗，江淹《拟古》始有《古别离》，后又有《长别离》《生别离》等名。《久别离》是太白自为之名，或许是离家日久，想妻子在家之境况而作，写离别时日之长、相思之苦。古时安陆盛产樱桃，至今仍有樱桃渡这一地名。"五见樱桃花"系指离别已五个春天，即由开元二十三年（735）回溯，太白离家已至第五年的春天了。虽然年年寄书相催，仍不见归来，似有绝望之情，大抵只能在梦里相会，诚然樱桃的白花繁英如雪，已纷纷萎谢，寂寞地落在青苔之上，情甚凄伤。

而《安陆白兆山桃花岩寄刘侍御绾》一诗，则为李白初归安陆所作。诗云"芳草换野色，飞萝摇春烟"句，知节令在春，而"蓬壶虽冥绝，鸾凤心悠然"，则言明已与妻子团聚了。

第十七章

诗酒人生

李白自述其居家郧城为"酒隐安陆，蹉跎十年"（《送从侄端游庐山序》）。"酒隐"这两个字该与任何隐者不同，既非"高卧云林"的山隐，也非"大隐隐于市"的市隐，所谓酒隐，即无论在何处，他都将自己泡在酒里，将世俗的李白藏在酒壶中，让真实的太白在酒香里呈现出来。诚然，"百年三万六千日，一日须倾三百杯"（《襄阳歌》），似是李白大言，其实那也是太白在用典，借东汉郑玄酒量极大，一次曾饮酒三百杯的故事，言自己亦能饮而已，诗言醉语是不能用杯来量的。然而李白喜酒、贪酒，饮酒赋诗却是他生活方式的重要特征，杜甫的"李白斗酒诗百篇"确是其独特的写照，这句诗乃至于流传了千秋百代，世人皆知，似乎已成了古今诗人为诗的缘起，亦成为诗人常遇到的劝酒词。

我知道四川出好酒，如今驰名天下的宜宾五粮液，泸州老窖特曲，太白故里锦竹的剑南春，成都的全兴大曲，古蔺的郎酒，射洪的沱牌，等等，皆为好酒者喜爱，川酒之名气甚大，也确实好喝。人称四川的好酒都出在四川盆地的边上，不知何故。古巴蜀人早就有"尚滋味""好辛香"的饮食习俗，菜肴的麻辣与酒的辛香确实颇能刺激食欲，而川菜能风靡全国，川酒多被视为饮宴之上品，那大抵也是厌食者想开胃，素食寡淡无味的人亦想品尝一下猛料厚味的麻辣或微辣、中辣已变异的川菜增强食欲，或品川酒为乐的缘故吧。

我相信李白喜饮酒该是受家族源自西域粗豪之风的影响，也与蜀人"俗尚嬉游，家多宴乐"之及时行乐的风气有关，每天喝得"恍兮惚兮"的人李白见得也多了。我想李白初时饮酒自然也应在蜀中，但那时太白沉迷于读书学道，饮酒恐怕也是偶尔为之。读李白现存写于蜀中的诗作，二十七首之中没有一个"酒"字，太白该是离开蜀地，辞亲远游于吴越之时酒兴始发，继而沉迷其中的吧。

或许，李白喜欢酒，更多的缘由是他深受魏晋情结，即纵酒携妓的名士风流的影响有关。他仰慕东晋谢安，"咏歌之间，屡称东山"（李阳冰《草堂集序》），其《书情赠蔡舍人雄》诗中有："尝高谢太傅，携妓东山门。楚舞醉碧云，吴歌断青猿"句，慕其携妓饮酒的潇洒风流，更为其"为君谈笑静胡沙"的从容退敌所折服。他自然更熟悉"竹林七贤"的故事，刘伶醉后赤身裸体在屋中见客，客人惊异，他却说来人钻进了他的裤裆，是把房子当衣服穿的。他每次外出饮酒，必带一童背铁锹相随，告之"死便埋我"，终日酩酊大醉，惊世骇俗，被赞为率真、潇洒，颇有个性，故他和太白一样，备受历代文人推崇。

而阮籍所饮，则是避世之酒，常掩袖啜饮，将自己藏在酒里，时而驾车狂奔，扬起的马鞭却不知落向何处，故倏然落泪自悲。其邻家当垆沽酒的少妇貌美，阮籍便常去品饮，醉后便卧于少妇身旁，其丈夫亦不以为意，一笑了之。有位才色兼备的陌生女子早夭，阮籍闻之便去其家凭吊，哭得一塌糊涂，让其父兄莫名惊诧，其实阮籍哭的是他自己，以泄心中之郁闷。故其暮年登广武山凭吊楚汉古战场时，有"时无英雄，使竖子成名"之叹。阮籍"容貌瑰杰，志气宏放，傲然独得，任性不羁……嗜酒能啸，善弹琴"。然而其时建安风骨已消逝殆尽，建功立业亦成幻想，故以酒为牢，将自己囚禁起来。

魏晋名士中，阮咸该是更为落拓不羁、纵酒放达、惊世骇俗者，他与一头小猪头挨着头，一块扎在盆子里喝酒，所谓"万物与我为一"的故事，亦为常人所不解。阮咸是当时著名的音乐家，妙解音律，擅弹琵琶，有与生俱来的音乐天分，其弹奏音清亮，如清露滴响，闻之如饮醇酒，沉醉其中。阮咸死时，以一件圆形铜制乐器殉葬。五百年后出土，工匠以木料仿其形制，流传至今，这弹拨乐器音调雄亮清雅，被称为"阮咸"，以名士之名命名的乐器，古今中外恐只此一件。

李白的嗜酒、狂放不羁的性格与这些名士相较，不在其下，太白的豪饮、狂饮、仰首鲸饮，更在其上，且名气更大。至今以太白命名的酒楼在诸多的城市时而可见，甚至在茅台酒厂以及星级酒店之中，皆有太白的《将进酒》一诗悬其壁上，太白与其诗中的酒名，亦成为一些酒的品牌，李白实在可称之为古今文人中的诗酒第一人，称为"酒仙"并不为过。

出蜀远游的李白出峡过荆州至江陵，写有《江行寄远》一诗，有"别时酒犹在，已为异乡客"，是太白第一首诗中有酒之作，亦写明饮酒是在蜀中。而《金陵酒肆留别》，已有吴姬压酒，亦该有小妓金陵子相陪了。这时的李白系风流才子，尤其在金陵、扬州这样的销金窟中，挥金如土，有吴侬软语相陪，与少年子弟结伴，是及时行乐、结交豪雄、饮酒赋诗，充溢着阳刚之气、胸怀腾飞之志、年轻气盛风华正茂的诗人，喝的是豪酒、文士相交之酒，怀古抚今、忘情于山水沉醉其中之酒。

李白真正的诗酒人生，是在他以安陆为中心酒隐与浪游的十年。其间他广交文士官员道友，多吟出送别之诗，入相府为赘婿，又干谒诸侯，历抵卿相，虽然频遭冷遇，多处碰壁，但其诗名日著，酒量激增，其最好的一些诗与饮过的最多的酒，大抵都是这十年所赐。这十年虽时而有豪气干云之作，但多为失意、惆怅、愤懑、苦闷之诗，此时，他饮的是多种滋味之酒，其饮酒赋诗的基调多是悲伤、叹息和惆怅的。纵然一些诗写得斑斓多姿，"豪中见悲，悲中见豪"（裴斐语），悲怆则是其主调，故其悲为"大风卷水，林木为摧"式的悲，有时悲伤也写得颇有气势。或许，正是因为李白理想中的格局太大，自视甚高，故破灭之时也如大厦将倾，亦有地裂山摇、风呼海啸之感；而其内心的不甘，期望的不可磨灭，又显现出复杂的心理欲求，与那种"萧萧落叶，漏雨苍苔"

式的绝望之悲怆并不相同。

其实，李白的本质是孤独的，其独酌情怀，便是其内心孤独愁怨的真实呈现。研究者通过文献检索发现，李白文集中"独"字出现一百三十九次，独宿、独坐、独处、独醉、独怜、独游、独伤、独守、独步、独啸、独苦、独访、独弃、独绝……而"独酌"一词，竟出现十三次之多，约占"独"字词汇中的百分之十。

《月下独酌》四首是李白独酌情怀的代表作——

其一

花间一壶酒，独酌无相亲。

举杯邀明月，对影成三人。

月既不解饮，影徒随我身。

暂伴月将影，行乐须及春。

我歌月徘徊，我舞影零乱。

醒时同交欢，醉后各分散。

永结无情游，相期邈云汉。

其二

天若不爱酒，酒星不在天。

地若不爱酒，地应无酒泉。

天地既爱酒，爱酒不愧天。

已闻清比圣，复道浊如贤。

贤圣既已饮，何必求神仙。

三杯通大道，一斗合自然。

但得酒中趣，勿为醒者传。

其三

三月咸阳城，千花昼如锦。

谁能春独愁，对此径须饮。

穷通与修短，造化夙所禀。

一樽齐死生，万事固难审。

醉后失天地，兀然就孤枕。

不知有吾身，此乐最为甚。

其四

穷愁千万端，美酒三百杯。

愁多酒虽少，酒倾愁不来。

所以知酒圣，酒酣心自开。

辞粟卧首阳，屡空饥颜回。

当代不乐饮，虚名安用哉。

蟹螯即金液，糟丘是蓬莱。

且须饮美酒，乘月醉高台。

此诗作于何时，看法不一，但写于长安，并无异议。有人认为作于天宝三载（744）李白供奉翰林之时，写孤独失意的诗人在花间月下的心情。也有人认为诗写于李白初入长安之时，与《春归终南山松龙旧隐》《春日独坐寄郑明府》《以诗代书答元丹丘》三诗为开元间在长安附近浪游时作。

从诗中"穷愁千万端，美酒三百（一作"数"）杯。愁多酒虽少，酒倾愁不来"可知，太白此时之穷困，酒也只有数杯，愁多酒少，且"辞粟卧首阳（一作"饿伯夷"），屡空饥（一作"悲"）颜回"，看来不仅少酒，亦是无食悲颜，该是满面菜色了，恐并非于待诏翰林时所写，和其一入长安之后期的窘困状态相近，故我认为，其诗是开元年间入长安后期所作，时秦草三绿，竟一事无成，借酒浇愁，独饮时而作。

是啊，酒也只有一壶，数杯而已，又无相亲之人共饮，只能将月亮、自己和自己的影子凑成三个人，只能结无情之游，虽近在身旁，或在遥远的天际，却无法沟通。

仔细读来，《月下独酌》四首的关键句为"酒倾愁不来"。独酌是因无亲人知友而孤独的表达，因为愁事太多，所谓穷通修短，造化弄人，困窘与显达、得失之间自己无力掌控，宫阙不开，万事难知，且频遭冷遇白眼，孤苦无助。在这种情境之下，只能借酒浇愁，一醉方休，让天地消失，生死等同，如此万端穷愁自然离身而去，"酒倾愁不来"了。

如此心境，那独酌之酒可真是个好东西啊！连天地都爱酒，天垂三星为酒官之旗，地列酒泉有泉味如酒之郡，故爱酒则是不愧于天地的行为。诚然有魏太祖曾禁酒，窃饮者不敢言酒，以贤人代称浊酒，以圣人代称清酒，既然饮者已同圣贤一体，还需求什么神仙呢？故饮三杯是通常理，随时喝一杯也是自然而然的事情了。故不必管那耻食周粟的伯夷、叔齐，饿得腹空饥颜，不及时行乐，要那虚名有什么用呢？河蟹醇酒都是长生不老的金液，造酒的糟丘就是蓬莱仙山，得饮美酒，则飘飘欲仙。

太白颇得酒中真趣，那种独愁须饮，喝得什么都不知道，甚至"不知有吾身"的状态，是"此乐最为甚"的极致，故他自言自语地说：这酒中的好处和趣味，不要告诉不饮酒的人！看来他是真的醉了。

《月下独酌》不是那种满纸悲风愁语，凄凄惨惨的伤心色，肠断声的哀言苦语，太白写愁、写孤独也写得热闹，花团锦簇，欢歌旋舞，无中生有，有中却无，月影凌乱，扑朔迷离，天地人神纳于一体，可这只是一种近于迷狂的宣泄，一个人造就的热闹恐难以掩盖孤苦的心境，当月亮离去，影子回到自身，酒醉复醒之后，则更为孤独。

写独酌之诗太白集中有多首。如《春日独酌》、晚年所写的《独酌》，另有《白毫子歌》《春归终南山松龙旧隐》《把酒问月》《自遣》等，题目虽非独酌，却于诗中直言独酌或能感知其独酌的背景。且独酌之诗时令大都在春天，或许万物复苏、莺飞花语的春日更易令人感伤吧。正如其《待酒不至》所言：春风与醉客，乃两相宜之事耳。亦如其晚年的《独酌》——

春草如有意，罗生玉堂阴。
东风吹愁来，白发坐相侵。

> 独酌劝孤影，闲歌面芳林。
>
> 长松尔何知，萧瑟为谁吟。
>
> 手舞石上月，膝横花间琴。
>
> 过此一壶外，悠悠非我心。

此独酌仍写的是春日之愁绪，当春草萌发，不期堂下树荫，罗列而生，却感风吹愁来，已是白发暮年。此时，他想起陶渊明"挥杯劝孤影"句，不禁抚琴闲歌。太白此独酌，仍旧于花前月下，对影而酌，只不过既无心思邀月与影子饮酒，亦不再独自欢歌起舞，只能悄然与孤影相对，膝横绿绮，怀愁思而吟哦，虽仍手招明月，却是静态的形象，不复当年的生动与热闹了，即使松吟芳林，亦为萧瑟之音，不知为谁而歌，诗人此时独酌，品味的是人生，一壶忘忧酒能消解独愁孤绪，才是诗人最在意的东西。

其实，李白与饮酒有关的诗，更多的是结识官员士子、从兄从弟、豪侠文友的应和酬唱、赠诗送别之作。这些诗中，表达的情感也是比较复杂的，既有对至友的尊敬、感怀，言离愁别绪之诗；也有有求于人，以图引荐的豪语奉承之作；当然，也有早期的盛气凌人、狂傲自负的浪子情怀；以及待诏翰林时的志得意满，再度失意的愤懑痛苦等，恐难以用一两句话概括言明。在这样的诗中，惟一的特征几乎是篇篇有"我"，即使是赠送友人之时，也常常是言及自身的境遇，或抒雄图大志，或言隐退山林，或叹路途艰难等，所表达的亦是自己纷繁且无定的心绪。

自然，诗中有"我"，恐怕主要是诗之艺术规律使然。诗毕竟是主观的创造，即使是所谓零度写作，纯客观的描述，文字的背后也有诗人艺术观念与人生哲学的支撑；有对现实强烈的情感倾向，正如杜甫的"朱门酒肉臭，路有冻死骨"一样；有诗人独特的个性、气质与审美趣味渗透出来，所谓诗如其人。而太白诗中几乎篇篇有我，使诗更为真切，这世界上，只有自己知道真实的自己是什么样子，真诚的诗人自己掏出心来，将自己的所感所悟所思所想袒露出来，抒情言态，喜怒哀乐悲恐惊七情毕现，食色性贪嗔索等六欲俱全，或雄豪使气，任性而为；或低眉颔首，沉吟苦语；或神思飞扬，飘然物外；或悲怆孤独仍心雄万夫，雄心不已……于是，那酒的滋味亦成为有生命的液体，于水的外形中却蕴含着火的性格，既灼热甘甜，又辛辣苦口；既锋利如刀，又绵软如云；既消忧解闷，又愁上加愁；既头重脚轻，又飘忽轻盈，该是五味俱全，随着诗人的遭际与心态变幻莫测，所谓诗酒人生，一壶酒中藏着天下，既表达了诗人对人生的理解，也从酣言醉语中揭示一个时代的真实，或从斑斓且繁复的吉光片羽、鲜明意象中折射出现实的本质。

陈冬根先生经研究发现，清王琦校注本《李太白全集》中，仅"我"字就出现四百零八次之多，而"余"字和"吾"字出现次数分别是一百七十六次、一百一十六次。可见，李白关注的焦点始终有"我"，一生立身行事的出发点总在"自我"，其观察和叙述的角度都在"我"这个支点上。对此，我们可以说这是一种对生命与人生的思考，志向的言说，遭遇的感受，抑或是对现实和历史的反思；甚至写神仙幻境，亦是"我"的独特感受，是理想的外化，是主观感受的真实，情感逻辑的真实。李白是独吟的孤客，与朋友饮宴，也少有"忘形相尔汝"的场面。纵然是以饮者留其名，也不同于阮籍于乱世中逃避现实的苦闷与哀伤；亦不同于陶渊明的冲淡或时有寂寞，但其诗已达醇和炼的化境，朴素透明，那种简练高妙，思想和情感都经过蒸馏和洗练，其诗已酿成精神之酒。而太白给人的感受，却是陈子昂《登幽州台歌》之写照："前不见古人，后不见来者，念天地之悠悠，独怆然而涕下。"常常给人留下一个孤独者的背影。

故在李白的诗中，"独"字总是与"我"字同时出现，诚然，鲜明的个性和自我的创造意识是艺术审美的特征和根基，是佳作生成的必要条件，狂放不羁、目空一切亦成为诗之自由的象征，但在日常生活之中，过度的"自我中心"则与世俗的礼仪规范大相抵牾，况且"我"只能在"你"和"他"之中相对存在着，没有"你"和"他"，便无"我"可言。过度地以自我为中心也易为自我所蔽，产生偏激情绪，正如北宋理学大家邵雍在《观物篇·外篇》中说："不我物则能物物，圣人利物而无我。任我则情，情则蔽，蔽则昏矣。因物则性，性则神，神则明矣。"又言:"以物观物,性也;以情观物,情也。性公而明,情偏而暗。"自然,太白不是哲人,而是诗人,诗人以情观物,则是诗人规律。然而,当太白将日常人生都当成诗来对待,让那种野性的感觉充斥于生存状态之中,过于狂妄自负,恃才傲物,梦想着当帝王之师,视群臣如草芥,戏万乘若僚友。所谓风云际会,挥斥天下,意轻千金,片言安邦,功成身退,等等,大抵也是天真的空想,不仅屡屡受挫,终化为泡影,李白怎能不孤独、愁苦,当他把别人都不当回事儿的时候,别人不把他当回事儿,也是必然。

李白常常感到知音难觅,为了知己,他可以"莫惜连船沽美酒,千金一掷买春芳"(《自汉阳病酒归,寄王明府》),而现实中却是"苦笑我夸诞,知音安在哉?"(《赠王判官,时余归隐居庐山屏风叠》)他感叹"巴人谁肯和阳春,楚地犹来贱奇璞。黄金散尽交不成,白首为儒身被轻"(《答王十二寒夜独酌有怀》),真是曲高和寡,楚地历来不识璞玉和氏之璧,散尽黄金却买不来友情,身临老境仍被轻贱,难怪他只能"哀哀歌苦寒,郁郁独惆怅"(《冬夜醉宿龙门,觉起言志》)了。

李白影响极大,千年来常常被人挂在嘴上,悬于壁间,不管饮酒不饮酒者都耳熟能详,又长诵不衰的饮酒诗,是《将进酒》,故不能不录——

君不见黄河之水天上来,奔流到海不复回。
君不见高堂明镜悲白发,朝如青丝暮成雪。
人生得意须尽欢,莫使金樽空对月。
天生我材必有用,千金散尽还复来。
烹羊宰牛且为乐,会须一饮三百杯。
岑夫子,丹丘生,将进酒,杯莫停。
与君歌一曲,请君为我倾耳听。
钟鼓馔玉不足贵,但愿长醉不复醒。
古来圣贤皆寂寞,惟有饮者留其名。
陈王昔时宴平乐,斗酒十千恣欢谑。

主人何为言少钱，径须沽取对君酌。

五花马，千金裘，呼儿将出换美酒，与尔同销万古愁。

这首诗气势可谓大矣，与《月下独酌》的情境颇为不同，如果说其独酌是一个人撒欢儿，《将进酒》则是真正的三个人闹酒了，诚然这热闹的背后是刻骨的孤独愁绪，但二者酒势不同，黄河之水从天上倾泻而来，自然是无可阻挡，且激流一去不归；而一日之间乌发皆白，对镜而悲可见时光流逝之速，若无大悲哀亦不会如此；而挥霍则千金散尽；一饮便三百杯，斗酒而值十千，消解的则是万古之愁；似乎是大言频频，豪气尽逞，坐下的宝马与身上的千金之裘都拿来换酒，可见大悲随着大水被激发，大财散尽便随大才复来，大愁须用大酒消解，而大诗则由大手笔一挥而就。

《将进酒》写于何时，亦看法不同。有人认为诗写于宫廷放归的天宝三载（744），由长安过颍阳时与元丹丘、岑勋相聚饮宴时而作，时途经黄河，故有"黄河之水天上来"的观感。有人则称：多数注家都认为此诗与《酬岑勋》二诗为先后之作，《将进酒》中之"岑夫子"即岑勋。《酬岑勋》中之"黄鹤东南来，寄书写心曲"之地宜在荆楚，诗中有"中逢元丹丘"句，该指元丹丘已离颍阳中途与岑勋相遇，言对酒忽思太白，故相招。从"倚松开其缄"可知，李白时在安陆山中，而《将进酒》是主人口气，故此诗该写于安陆桃花岩。就诗之情绪与状态而言，我倾向于后者，诗写到黄河水未必就在黄河边上。

就诗本身而言，《宋书》言："汉鼓吹铙歌十八曲，有《将进酒》曲。"《乐府诗集》中之《将进酒》古词云："将进酒，乘大白。"大意为饮酒放歌之意。汉乐府中的《将进酒》以起首三字定名，词共九句，前八句皆三字句，末句为七字句。而梁昭明太子之《将进酒》，起始句已不用"将进酒"了，全歌四句，却均为五言。那大抵是因此曲调已失传，故后人写此诗则袭用原名，可随意表达了。太白的《将进酒》则是袭名于乐府，却是七言歌行体，并杂以三言、五言、十言，确是浩然放歌，仍旧是心雄万夫之气，或许是胸中积郁愁苦太多，终找到宣泄口，故语句喷薄翻卷，垂天而来，节奏迅疾错落、铿锵放达，一泻千里。

此诗仍旧是太白狂放不羁个性任情任性淋漓尽致的表达，给人的感觉是爽朗、痛快，无拘无束，醉酒狂歌。以尽欢之态，掩饰其内在的伤悲、寂寞、万古之愁；以狂放掩其失望，以歌代哭；以自信面对心有不甘的失意；以千金散尽、宝马珍裘换酒的挥霍来化解心中的块垒；用老百姓的话说，则是有泪也得往肚子里流，还是酒好哇，什么都别管，快喝吧，哥们儿！这是李白醉忘求生，以酒超脱俗世的生活方式的具体呈现。

此诗的前六句，开头便以鲍照式的"君不见"兀然而出，似乎是炸雷般的令人注目警醒般的"注意"之句，随之排比式的语式悬天垂落而下，何等壮观、宏阔；然而，黄河奔流到海之"不复回"，以及一日之内乌发皆白，则是李白对时间流逝之速、人生几何的感叹，故要"尽欢"，不要让时光白白地流逝。这让人想起"子在川上曰，逝者如斯夫"的儒家的时间观；然而，太白的时间观不仅是线性的，他多元的文化观念和意识决定了李白既有积极进取、自强不息的悲壮，也有及时行乐、对现实因无奈而逃逸，用酒的消极麻醉与现实疏离，时而进入道家时间观的回归。故李白的诗常常是一团纠结的扯不断、理还乱的复杂情绪的组合。

《将进酒》是三人对饮之诗。丹丘生自然是太白的至交道友元丹丘，李白与其多次相见，在太白一生交游近四百人中实属罕见，可知与其情谊之深。而岑夫子，研究者大都认为是李白在梁园结识的岑征君，即岑勋，所谓"不以千里遥，命驾来相招"（《酬岑勋》），自东南千里相访李白，亦可知与太白相交亦为相知至友。岑勋乃岑参四兄，其家"六叶五门三相"（岑参《感旧赋序》），李白亦有《酬岑勋见寻。就元丹丘对酒相待，以诗见招》一诗，中有"一顾轻千金"句，与《将进酒》中的"千金散尽还复来"意近似，亦证明岑夫子即岑勋。如此交情深厚的朋友一聚，自然会敞开心扉，太白又是个率真无羁的诗人，亦酒亦诗，狂歌豪饮，一吐为快，故而为我们写下了撼人心魄的千古名篇《将进酒》。

太白此诗，亦多化用前人诗句，并多引典故入诗。"烹羊宰牛"系源于曹植诗"中厨办丰膳,烹羊宰肥牛"。"一饮三百杯"则出于《世说》注之《郑玄别传》:"袁绍辟玄,及去,饯之城东。"他想把郑玄灌醉,宴席上三百余人都离席敬酒,从早晨一直喝到晚上,郑玄饮三百余杯,"而温克之容,终日无怠"。陈暄《与兄子秀书》亦言:"郑康成一饮三百杯,吾不以为多。""与君歌一曲"出自鲍照诗"为君歌一曲"。"倾耳听"则为《礼记》"倾耳听之,不可得而闻也"中来。而"陈王宴平乐、斗酒十千"句,说的是曹植太和六年(232)封为陈王,其《名都赋》曰:"归来宴平乐,美酒斗十千。""五花马",人称韩干画中曾有三花御马,白居易诗中亦有"凤笺裁五色,马鬣剪三花"句,三花者,剪马鬣为三瓣;五花者,该是马鬣剪为五瓣耳。"千金裘"则出自《史记》:"孟尝君有一狐白裘,直千金,天下无双。"

太白此诗该是"情动于中,而行于言"(《诗序》),靳极苍先生在赏析此诗时称:李白"抒发自己愤懑之情的方式,不以愤懑之形式出之,而以旷达之态度之词语出之;而且不以该愤懑之正面出之,而以另方面出之,以歌代哭,以另方面的狂欢,代这一方面的悲愤,读其诗,笑中蕴哭,乐中蕴苦。外表旷放不在乎,实质是极悲愤痛不欲生,所以他的诗,实属古今中外之绝唱。这在中国诗坛上,仅一苏东坡差近似之"。其鉴赏可谓真知灼见。

除这样专门写饮酒的诗而外,李白与酒有关的诗,多是他在漂泊游历之中与友人作别的赠、送离别之作。日本学者松浦友久统计,在李白全部作品一千零五十首诗中,有一百六十首可作离别诗考察,约占全部作品的百分之十五。这些诗大抵都在酒桌上生成,于酒酣耳热之际表达自己的心境,虽然其中亦有求友人引荐,多颂赞之词,或求资助之语,但确有一些名篇佳作,甚至是千古绝唱,成为太白作品重要题材、独特风格的典范之作。宋人严羽曾说:"唐人好诗,多是征戍、迁谪、行旅、离别之作,往往能感动激发人意。"诗与人的心灵密切相关,或许生离死别、至友天各一方,最易动情,故能感人吧。

酒是李白离别诗中不可或缺的东西。

"醉别复几日,登临遍池台。何时石门路,重有金樽开?秋波落泗水，海色明徂徕。飞蓬各自远，且尽手中杯。"（《鲁郡东石门送杜二甫》）这是李白送别杜甫之诗，八行诗中三谈与酒有关的醉别、重开金樽、干杯之类，诚然诗写的是友情，是含着忧伤的分离寂寞之感。

"流水无情去，征帆逐吹开。相看不忍别，更进手中杯。"（《送殷淑三首》其二）所谓流水无情人有情，骤然的离去与心中的难舍，是内心的缺失、感伤，是珍重的道别，是时间的消逝，空间的离异，都在一杯酒之中了。

所谓愁为离别，醉为忘而饮，"愁为万里别，复此一衔觞"（《留别曹南群官之江南》）。"人分千里外，兴在一杯中"（《江夏别宋之悌》）。诗人为之伤心的离愁别绪，自然使之"因君此中去，不觉泪如泉"（《送杨燕之东鲁》）；"耻作易水别，临歧泪滂沱"（《留别于十一兄逖裴十三游塞垣》）；"徘徊相顾影，泪下汉江流"（《送江夏友人》）。看来喜作豪语、痛快语的李白，哭也哭得豪迈，不是那种掩面啜泣、独潸然、泪沾巾之类的柔弱方式。

蒋寅在《中国诗歌的时间意识与表达》一文中，认为李白、杜甫、苏轼三大诗人的时间意识，分别是反抗、顺从、超越三种模式。表现在李白在离别诗中，李白对时间的反抗，则以焦虑、茫然、悲悯、惶恐代之，特别是李白对友人"何时会"的追问，更是把由离别而带来的时间的焦虑和不安极度化。如"送君日千里，良会何由同？"（《鲁中送二从弟赴举之西京》）"远别隔两河，云山杳千重。何时更杯酒，再得论心胸。"（《魏郡别苏明府因北游》）"此度别离何日见，相思一夜暝猿啼。"（《别山僧》）"何时竹林下，更与步兵邻。"（《对雪奉饯任城六父秩满归京》）"何时一杯酒，更与李膺同。"（《鲁城北郭曲腰桑下送张子还嵩阳》）故李晓峰先生在其文中称："不论是与亲人还是朋友间的离别，李白都因'何时'的追问，给离别的现在涂上了浓重的感伤色彩。感伤与其说是为友间的难以如期相逢，不如说是诗人因想到了茫茫然不可知的时间而焦虑颓废。"而"李白因离别时的'问'，触到了生之本质——时间，李白的悲也就接踵而来"。"李白珍视友情的儒家亲情观，带来的既有对离别时间的敏感和焦虑，又有妄图以酒来化解一切的道家的逍遥。

因之，时间对于李白的诗和李白的离别，都有非单向度的意义。"

在很多人的眼中，李白是豪放诗人的代表，那大抵是因为李白流传于世、颇受人喜爱的诗给人的印象颇深，这些广为流传的作品即使有愁苦与悲哀，也不是悲悲切切，而是在貌似旷达、狂放之中蕴藏着，深度的哀愁在任情使性、光怪陆离的词语的背后存在，读者容易被其表象所迷。而读李白全集，读得越多，越发现这实在是一种误解。由于李白思想观念的多元性，便注定了他心态的复杂；由于他理想、抱负颇为高远，其破灭失落时则摔得越疼、越惨痛；他的一生郁郁不得志，当一个过于张扬膨胀的自我处处碰壁，如气球胀破而粉碎，只能成为人生的悲剧。在这种情境之下，失意、愁苦、惆怅、哀怨、悲怆则如影相随，伴随了他的一生，而心灵之诗总源于人的处境与感受，故太白之诗则以上述情绪的表达为主要内容。

当然，太白确有一些充满激情的豪放率意之作，且是世人皆知的代表作世代流传，故不深读多读其诗，太白的诗风则常被这样的诗所"代表"，遂成"共识"。然而，这样的作品并不多，多为李白年轻气盛时抒情言志、携妓游乐或与友人欢聚豪饮、遍访名山大川、求仙学道时所写，而一些以歌代哭、以狂放掩饰哀愁之作，也表达得情感复杂、悲喜不定，也难说其纯为豪放，常常是椎心泣血的佯装欢乐的诗章。

赵谦先生曾对李白之诗的主导风格做过专门研究。按照他的说法：李白的诗可编年的九百四十三首，未编年的四十九首，共九百九十二首，另有六十一首伪诗掺杂在其诗集中，不计入总数内。其中，悲怆诗四百七十四首，豪放诗五十七首，比例是八比一强。因而他的结论是："李白是痛苦的诗人。忧郁、软弱是他性格中的主导方面，悲怆是他诗歌的主导风格。豪爽旷达是李白个性中的非主导方面，豪放是其诗歌的次要风格。这是我们不愿意又不得不接受的事实。"

他又说："李白的悲怆诗比他的恬淡、清新俊美、典雅华美的诗要多好几倍，内容十分丰富。有理想成尘的失意之悲（此类诗数量最大），恋阙之悲，干谒失败、遭谗受挫、系狱流放之悲，有关政局之悲（悲上层社会的腐朽，悲战乱，悲唐朝大运已去），人生匆匆聚散之悲，经济拮据之悲，羁旅异乡怀念故土、亲人之悲，衰老之悲（三十一岁即有人生苦短、人生如梦、早生白发的悲叹）。此外，还有悲历史人物及历史兴亡更迭，悲忠臣遭戮，悲友人遭黜，悲世态炎凉、人情浇薄，为闺妇代抒悲愁，悼亡等。这些悲怆诗的艺术价值颇高，有不少名篇。"赵先生总览太白之诗，以诗为据，且有全面恰当的概括，亦可称之为"李白新论"，颇有价值，给人以启示。

较早对时人评李白诗之风格提出质疑的，是裴斐先生，在《李白十论》中提出李白"后期作品的最大变化是出现了忧愤深广的感情色调"，"符合当时唐代社会'山雨欲来'的时代气氛；思想感情的变化反映在艺术风格上，便出现了纵横变幻、惝恍莫测的新风"。

裴斐先生在《"盛唐气象"再质疑》中，自称受近人高步瀛的影响，做出"悲感至极而以豪语出之，此太白本色"的论断。高氏在评《望鹦鹉洲悲祢衡》时说："沉痛语以骏快出之，自是太白本色。"（《唐宋诗举要》卷一）

裴斐先生的质疑和结论是重要的，亦难能可贵，是对自盛唐任华以来主张李白诗歌主导风格是豪放飘逸的传统评论的极大冲击。我对裴先生"忧愤深广"这四个字的概括深为赞同，即其情感色调不仅"忧愤"，而且"深广"。只不过，这恐怕不仅是太白后期诗作的特征，在李白三十岁初入长安之时，频遭冷遇、沦落风尘、悲喜失望的心情已尽在诗中；之前的干谒失败、生存困窘，亦时有怨声苦语。此外，将李白的作品都概而称为"悲与豪"，或豪中见悲、悲中见豪两个方面，亦有"二元对立"之嫌，人的情感是复杂的，所谓七情六欲，以及对立两极中间广阔的精神空间，该是异常丰富、细微，甚至是只可意会不可言传，只言其悲与豪，难免简单了些。或许，狂放与飘逸更能体现太白的个性，而悲怆与豪放亦给人的印象颇深，都有其道理，说太白之诗就是太白诗之总体所呈现的特征，但无具体的解析，恐怕也是一句废话。

从另一个角度来看李白的诗酒人生，写诗与酿酒极为相似，所谓诗酒文饭之说。清人吴乔在《围炉诗话》中，把文章比作饭，把诗比成酒，谓之"文喻之炊而为饭，诗喻之酿而为酒"。饭熟但米形不变，有吃饱了不饿的实用功能；酒则酿成了液体，饮之能醉。说明了文与诗形式上的巨大差异，看来诗的变形，中国的先人早就有此理论。吴乔在《答万季野诗问》中亦有"酒形质尽变"之说，即不仅变了形态，也变了性质。故读文如吃饭，文以词达，"文为人事之实用"；而读诗如饮酒，沉醉其中，得到的是心灵的抚慰，"诗为人事之虚用"。

吴乔的诗观是超前的，这与"在心为志，发言为诗。情动于中而形于言"（《诗大序》）的传统的诗歌观念判然有别。与吴乔相近的说法，明代的庄元臣也有清晰的表达："诗主自适，文主喻人。诗言忧愁蜎侈，以舒己拂郁之怀；文言是非得失，以觉人迷惑之志。"（《庄元臣诗话》）此说虽欠严密，但也有先觉之态。而清人邹祗谟在《远志斋词衷》中则言："作诗之法，情胜于理；作文之法，理胜于情。乃诗未尝不本理以纬夫情，文未尝不因情以宣乎理，情理并至，此盖诗与文所不能外也。"这种说法，用孙绍振先生的话说："至少在方法论上带有哲学性的突破……诗情中往往有理，文理中也不乏情致。情理互渗，互为底蕴。只是在文中，理为主导；在诗中，情为主导。这样说，比较全面，比较深刻，在情理对立面中，只因主导性的不同，产生了不同的性质。"或许，正是庄元臣和邹祗谟的说法，有了一定影响，而吴乔之说，则更为稳妥。

提出诗之审美价值为"虚用"，和康德在《判断力批判》中言审美的"非实用"可谓异曲同工。别林斯基也说过，"诗除了它本身之外没有目的"。这和后来人常说的诗有"无用之用"，"诗的本质有时靠虚无支撑"等说法都是一致的。而另有人认为散文是走路、诗是跳舞亦为同理，走路是有目的性的，跳舞除了愉悦自身之外没有目的，两个人抱着在舞厅中转圈儿，似乎把对方放到哪里都不合适。

雪莱也说过："诗使它能触及的一切变形。"阿赫玛托娃甚至讲："诗源于垃圾，而散文的来源也不比诗好。"这和酒的诞生颇为相像。

从酒的诞生着眼，那大抵是猿人将吃不了的野果放在石岩的凹处，野果腐烂之后流出了汁液，猿人饮之，发现味道异常，遂有了天然的果酒。江苏淮阴洪泽湖畔下草湾曾经发现醉猿化石，邹荻帆先生为此曾写

《醉猿》一诗，可见天然果酒确曾存在过。

《清稗类钞·粤西偶记》载："粤西平乐等府，山中多猿，善采百花酿酒。樵子入山，得其巢穴者，其酒多至数石。饮之，香美异常，名曰猿酒。"《紫桃轩杂缀·蓬栊夜话》中也载："黄山多猿猱，春夏采杂花果于石洼中，酝酿成酒，香气溢发，闻数百步。"

关于果酒起源之传说，中外皆有，而流传最广的传说来自波斯。说的是半人半仙的国王詹姆希喜食葡萄，命人摘熟透的葡萄置于罐中，待过季享用。可葡萄是最易腐烂的鲜果，坛罐中时有发酵冒泡并散发异味者，已无法食用，疑为毒品，便另行放置。当时一宫女头疼欲裂，痛不欲生，便饮下这毒汁想了结生命。结果，酒醉复醒之后，疼痛尽去，精神健旺。国王得之，大为称奇，便下令大批酿造葡萄酒。这该是自然生成的酒浆被发现的另一种说法吧。

中国酿酒起于何时，恐怕是个说不清楚的问题。孔子八世孙孔鲋，说帝尧、帝舜都是饮酒量很大的君王。史籍中多处有仪狄"作酒而美""始作酒醪"之说；而曹操的"何以解忧？唯有杜康"之句，亦让杜康名声大振。世有"仪狄作酒醪，杜康作秫酒"之说。据此可认为，仪狄是黄酒的创制者，杜康是高粱酒的创始人吧。郭沫若称："相传禹臣仪狄开始造酒，这是指比原始社会时代更甘美浓烈的旨酒。"即传至今日的米酒"醪糟儿"吧。李白诗中的所谓"清酒"和"浊酒"，恐怕是经过滤之后的米酒的清亮汁液，为清酒，可喻之为诗，稠状的糟糊亦可食用，当为"浊酒"，该喻之为赋或散文诗之类吧。

《史记·殷本纪》关于纣王有"以酒为池，悬肉为林"为长夜之饮的记载。《诗经》中也有"十月获稻，为此春酒"和"为此春酒，以介眉寿"的诗句。

江统在《酒诰》中记载说：杜康将未吃完的剩饭放置在桑园的树洞里，剩饭在洞中发酵后，"郁结成味，久蓄气芳"，故得酿酒之奇方。其实那是剩饭在适当湿度温度下滋生了酵母菌，就会变馊，馊到一定程度，恰好就是酒味。馊饭产生了酒白，腐败之后产生了形质之变。这和"诗源于垃圾"之说相近，所谓玉液琼浆在自然的化育中生成，在果实中腐烂。溃败里转化为新的生命，死去活来，野果之魂、菽稻之魂、玉乳之魂，都渗入芳香醉人的液体之中。难怪它与诗人、与诗有着不解之缘。

关于酒与诗，还牵扯到饮酒与写作的关系，学者杨义称其为"醉志思维"，亦有研究者称其为"诗酒精神"，也有人以西方尼采的"酒神精神"予以阐释。

饮酒对于诗的生成究竟能起到什么作用？这恐怕谁也说不清楚，文学理论也不会对此有论述和探讨的结论。就我看来，适量地饮酒或许能助人进入最佳的写作状态，微醺之后，能挣脱过于拘谨的"超我"的束缚，而呈现"本我"，激发直觉和潜意识的能力。

林语堂先生曾描述醉酒的兄弟两人过桥，哥哥的鞋子掉了，让弟弟代寻。弟弟在桥上捉到一只小狗送到哥哥的脚下去穿，哥哥一伸脚，小狗叫了一声溜走了，于是哥哥说："我的鞋汪的一声跑了。"鞋会叫着跑，这和一些大诗人的名句相比，丝毫不逊色。

儿童看见火车车厢下部漏水会说"火车尿尿了"，看到床上一处晃动的光点儿会用小手去捉。儿童称刚生出的叶芽叫"树牙齿"，看到太阳和树的枝丫重合会说"太阳卡在树杈上了"。这种没有意识理性和逻辑介入的天真，这种在常理看来是"错误的识见"，恰恰和诗人的诗性意识不期而遇。

诗人的直觉，是悖逆逻辑理性的感觉"无知"，即诗性直觉的无意识。

故在我看来，饮酒进入写作的最佳状态，恐怕主要是生理与心理的关系问题。这里肉体即生理的状态与精神是浑然一体的，无法分离，人感觉的只是自己的神经，人的大脑是物质，也是精神之源，而饮酒对创造者进入直觉、无意识状态，实际上是智性的某种不完全的参与，是指"由肉体、本能、倾向、情结、被压抑的想象和愿望、创伤性回忆所构成的一个紧密的或独立存在的物力论整体的前意识"。雅克·马利坦称之为"把对于意识的把握分割开的心理活动领域"（《艺术与诗中的创造性直觉》）。

故席勒说："经验证明，诗人在无意识之中获得唯一的出发点。"

歌德说："只有进入无意识中，天才方成其为天才。天才的人可以像其他人一样，按照理论行动，他可以经过深思熟虑并且充满自信地去行动，但这些可以说是附带的。"

其实，诗人的诗意直觉不可能是纯粹的无意识，不然，他就是一个没有生命的死者。这种无意识是在意识中发生的，正如柏格森所说，他知道它"处在无意识的边界上"。这是一种"半透明的精神之夜"，也是诗人最佳的写作状态，"精神的无意识之中，隐藏着灵魂全部力量的根源"。其中智性的想象、欲望、爱和情感的力量共同参与这根本性活动，让诗人捕捉到比哲学梦想还要多的事物，是一种创造性精神的自由。

看来，诗与酒的关系太密切啦。

第十八章

闲云野鹤

  一入长安、随之浪迹萍踪却一无所获的李白，于失意窘困之中已有点儿心灰意懒。仕途艰难，不得其门而入，归来又无产业，于是出世之心抬头，高卧云窗、好闲爱仙之意重入意念之中。然而闲云野鹤虽清静高雅，也须有经济来源支撑，总不能只靠他人资助为生，一家人衣食住行亦需操持，正如他在《安陆白兆山桃花岩寄刘侍御绾》诗中所言："入远构石室，选幽开山田。独此林下意，杳无区中缘。永辞霜台客，千载方来旋。"

  太白虽正值年富力强的壮年，但采石筑屋，恐难一人而为，自然要请工匠和朋友尽力为之。好在大山之中不乏古木石材，历以时日，该能居有其屋。可开山田恐怕只能靠自己了。选山中略为平整之地，拣除碎石，焚烧杂草为肥，浑翻细作，筑堰引水浇灌，为稻粱之谋，种茶蔬果品，以枯枝朽木为柴，太白有多年隐居、躬耕陇亩的经历，所谓耕读渔樵皆为隐者所为，以备生存之需。劳作之余则读书、饮酒、赋诗、弹琴为事，似乎已成绝意仕进者。独隐林下幽静之地，心无攀缘凡尘之牵累，永辞宫阙高台，或将终老于此了。

  然而，从太白《北山独酌寄韦六》一诗中可以看出，纵然他道存高迹、避世栖居，门横山穴，地闲泉引，摘朱果而食以养天年，所谓"坐月观宝书，拂霜弄瑶轸"，于光昼昏凝、林气凄紧之中，观真经，弄玉轸之瑶琴，继之"倾壶事幽酌，顾影还独尽"，还是能令人感到林寒霜冷、孤独寂寞、顾影自怜的情绪隐于字里行间，似仍心有不甘，仍是林间月下，对影而独酌，只不过霜寒之中已无花朵之妖娆了，如此情境，于避世云隐之中，情调亦浮一层月光霜色，已无豪句壮语，却渗透出淡淡的哀愁。

《安州般若寺水阁纳凉喜遇薛员外义》一诗，亦能看出其时李白的心境。纳凉自然是盛夏极热之时，而寺中水阁该是遮阴且有水汽消暑的好去处。以闲静自如的悠然之态来寺中散步，于晴光之下登水阁楼台，看水汽浩渺，闻草木天香，于此逢才气高洁的薛员外，共同解衣纳凉，此时水已退去池上的暑热，又有松下的凉风吹来，该是何等轻快惬意之事，留下的只有一个"爽"字。两人纳凉之际探讨天象的形色、季节的变换，赏名贵的奇花异草，似乎一切烦恼都随风飘散，清静无为，心里不平净的尘垢都被水色天光荡尽，只为禅境而为文吟诗了。看来太白此时心态平和，闲适悠然，真如闲云野鹤一般。

开元二十三年（735），唐玄宗于东都耕藉田，大赦天下，下令三百里内刺史、县令以乐进，竞为侈靡。又令天下士人，其才有霸王之略、学究天人之际，及堪为将帅牧宰者，五品以上官吏各举一人。

同年，册杨玉环为寿王妃。

此年，李白应元演之邀，随其共游太行。这在其后太白的《忆旧游寄谯郡元参军》一诗中有明确记载。诗中言："君家严君勇貔虎，作尹并州遏戎虏。五月相呼渡太行，摧轮不道羊肠苦。"从中可知元参军之父为并州守将，元参军去太原省亲，邀李白北上同游，走的是太行山的羊肠小路，颇为辛苦。诗中还言及在太原游乐情事曰："行来北京岁月深，感君贵义轻黄金。琼杯绮食青玉案，使我醉饱无归心。时时出向城西曲，晋祠流水如碧玉。浮舟弄水箫鼓鸣，微波龙鳞莎草绿。兴来携妓恣经过，其若杨花似雪何。红妆欲醉宜斜日，百尺清潭写翠娥。翠娥婵娟初月辉，美人更唱舞罗衣。清风吹歌入空去，歌曲自绕行云飞。"太白随元演五月北上，又见杨花似雪，该是在太原经岁，到了次年春天，看来太白确是"醉饱无归心"了。

元演为太白莫逆之交，两人于洛阳初识，便一见如故。元演亦有豪侠之心，曾在洛京天津桥南为太白造有酒楼，一掷千金，所谓"黄金白璧买歌笑，一醉累月轻王侯"，当时已是花天酒地，贪歌买笑，流连忘返，累月不醒了。这种回山转海也不以为难，为友倾情一无所惜的豪阔之意，令两人不忍别离，故常常结伴相游，同访仙城见胡紫阳，迎见随州太守，酒酣起舞，醉横枕其股而眠，可见其情感之深。

其时元演又邀太白同游唐之北京太原，仍如当年洛京之游，琼杯绮食、美酒佳肴，可谓玉案美器可以致食，美妓姣好如初月之辉，轻舞罗衣，歌绕行云，太白得此盛情款待，酣畅至极。

太原是李唐王朝龙兴之地，故天宝之初亦称之为北京。

如今的晋祠仍为太原的旅游胜地，修整得祠门堂皇，入门之后则是唐高祖、太宗等李氏一家横枪立马的群像雕塑，人高马大，形态不一，充满着动感，带着雄风豪气。祠门离古老的晋祠尚远，花路笔直，楼台馆所错落相间，唐柏苍老且遒劲，旋扭的树干虬枝上柏叶墨绿，仍旧是唐代的颜色，散落于祠地之中，森森而立。古老的祠堂则在较远的悬瓮山麓之下，古旧的祠堂与泥塑并不伟岸高大，状如常态常人，已不知是哪代哪一年重修的了。

晋祠乃周代叔虞祠，叔虞始受封为唐侯，后改国号为晋，故曰晋祠。祠后的悬瓮山为晋水之源。或许，李氏家族得天下后之新朝名唐，该是以此所命名的吧。

晋祠为晋中名胜，清泉出之，堪称风景清幽，颇多山林自然之趣，有圣母庙，其正殿、殿前鱼沼，及其上飞梁，沼前献殿，并献殿前之金人台，合成一组建筑，为晋祠之中坚部分。

据梁思成《中国建筑史》介绍：圣母庙正殿，志称建于宋崇宁元年（1102）。殿重檐九脊顶；平面广七间，深六间，殿身五间，周匝副阶，其前廊深两间，异常空敞。其下檐斗拱，为后世常用之昂形华拱最早一例。其要头做蚂蚱头形，其后尾为华拱两跳，以承乳栿。其具体的设计，可谓穷极技巧者矣。而献殿为小殿三间，九脊顶，四周不筑墙壁，有如凉亭，其斗拱与正殿相同，观之颇为灵巧豪放。

两殿之间的方形池称鱼沼，所建石桥为平面十字形，即前后左右均能相通的桥梁，名称"飞梁"。飞梁在池中立方形石柱若干，柱头以普拍枋联络，其上置大斗，斗上施十字相交之拱，以作桥之承重梁，即古之石柱桥。此式石柱桥，在古画中偶见，实物则仅此一例，洵为可贵。

清王琦注引《水经注》之《山海经》称：唐叔虞祠"水侧有凉堂，结飞梁于水上。左右杂树交荫，希见曦景，至有淫朋密友，羁游宦子，莫不寻梁契集，用相娱慰，于晋川之中，最为胜处"。

想元演陪太白游晋祠，所见是流水的碧玉，浮舟弄水，箫鼓鸣而发棹歌，水波宛如龙鳞，水边莎草鲜绿，多为自然生态。唐时的晋祠该与宋代重建之祠有区别，只不过我们看到的晋祠已非唐之晋祠，而飞梁如建于宋代，太白与元演亦未能见之而用相娱慰了。

秋日，李白在太原参与了从兄太原主簿李舒为送人赴京应举而饯行的酒宴，并写有《秋日于太原南栅饯阳曲王赞公贾少公石艾尹少公应举赴上都序》一文，所谓"幸叨玫瑰之筵，敢竭麟麒之笔，请各探韵，赋诗宠行"。

序称："今年春，皇帝有事千亩，湛恩八埏，大搜群才，以缉邦政。而王公以令宰见举，贾公以王霸升闻"，正是应上皇征招，由五品以上官员荐举，赴京参加吏部铨试，将量才录用。

李白写这样的诗文也多，常常笔出锦绣，豪从中来，赞颂之词滔滔而出，谓之："雄藩剧镇，非贤莫居"，神仙之胄，学镜千古，鳌弄笔海，虎攫辞扬；廊庙之器，"剑有隐而气冲七星，珠虽潜而光照万壑"，等等，大抵也好话说尽。而"汾河镜开，涨蓝都之气色；晋山屏列，横朔塞之郊原"，这样颇显才气的对偶之句，对太原的山水描述信手拈来，亦见其工。而结句的"望丹阙而非远，挥玉鞭而且去"则既为送别之意，也蕴含着美好的祝愿。这样的文章，谁闻之都会高兴。

这次太原之游，李白还写有《赠郭季鹰》一诗。太白以东汉太原人博通经典的郭有道喻郭季鹰，言其耻与鸡争食、以凤为邻的高风亮节，愿与其结为道友，作凌紫氛之游。

《太原早秋》一诗亦是此行所写。时已岁落芳歇，霜威出塞，云色渡河秋了；太白见时令变换而伤情，故有"梦绕边城月，心飞故国楼。思归若汾水，无日不悠悠"之句。离郇城时间不短，他想回去了。

李白在太原期间，大抵又北游了雁门关。后南返至洛阳，与元丹丘相见。后有诗《闻元丹丘于城北山营石门幽居》言及："仆在雁门关，君为峨眉客。心悬万里外，形滞两乡隔。长剑复归来，相逢洛阳陌。"

在洛阳，李白又写诗多首。他写的《洛阳陌》是看到一面如白玉的美少年，乘车过天津桥，于东陌看花，少年之美让路人纷纷扭颈相看，这一惊动全城的感遇，单纯之至，只是叙述言说的语气，亦给人留下深刻印象。

他写《春夜洛阳闻笛》，写笛音散入春风，可听却不可见的声音于昏暗里响一曲《折柳》，该是送别之曲，遂有思念故园之情。

这样的诗，该是有闲情逸致时所写，情绪平和，感觉敏锐，情感纯粹。

于洛京逗留一段时间后，李白去嵩山元丹丘处。这几年太白与丹丘子交往频繁，时而去颍阳小住，并为元丹丘写诗多首，多言求道山隐之事。

《题嵩山逸人元丹丘山居并序》一诗，序文中曾言故交深情，丹丘子几次来信邀李白举家来嵩山隐居，并"许为主人"，长住不返。李白也有些想法，故写此诗赠之，虽然并未迁去。

诗中自然也是声称"自矜林湍好，不羡市朝乐"，偶得朋友真诚相待之意，与此相较，顿感世俗之情的淡薄。然而，此诗中值得注意的是李白诗中写到了他的全家，"拙妻好乘鸾，娇女爱飞鹤。提携访神仙，从此炼金药"。即写一家均有求仙道之心，与故人神交同修，共结神仙之游。

诗中尤其重要的是"尔能折芳桂，吾亦采兰若"两句。兰桂齐芳，意指后代的繁衍。生男谓"兰兆""兰梦"，这两句喻指丹丘得女，李白得男。看来，此时许夫人为李白又生了一个男孩，即其子伯禽。

《颍阳别元丹丘之淮阳》亦为这期间所作。从诗中可以看出，作为关系颇为密切的异姓兄弟，心里似也有了裂痕，诗中含有劝谕之意。太白言两人相交本无追求富贵荣华轩车冠冕的想法，从来就是道友云游学道的烟霞之亲。可世俗之网束缚难脱，铭刻于心的高雅之求并未得以实现。然而，松柏虽立于寒苦之中，却不羡慕桃李一时开花的热闹。混迹于闹市和官场，烦心的事却让玉一样的容颜衰老，失去的恐重于山岳，得到的却轻于尘埃。如果这样，人的心灵荒芜，衰老因此而到来。而我有仙灵之方，可以授于你，应当炼丹食金药。作紫阳真人之门下。一个人一生只能做好一件事就不容易了，百年对人生来说也只是一瞬。以前的志向得之不易，希望你能记住我的期待。由此可知，元丹丘似有攀荣求贵之意，追随流俗之为，太白此诗则告诫丹丘，只恐也是在劝慰自己。

李白漫游归来，自然又闲居安陆桃花岩。其《春日醉起言志》《山中与幽人对酌》《长歌行》等，或作于此时。

诗依旧以"醉""对酌"为题，看得出李白是真正的"酒隐安陆"，诗中仍有安逸闲适之情致，人为"醉起"，对酌者亦为"幽人"，确是山林隐者心境。虽亦有着叹时光流逝、功业未成的惆怅之情，但情感上并无大的波动。

开元二十六年（738）春，李白又出游去南阳。太白一入长安去归皆到过南阳，这已经是他第三次来此地了。其《南阳送客》"离颜怨芳草，春恩结垂杨"句，言明时在春日。而《南都行》结句为"谁识卧龙客，长吟愁鬓斑"，太白以卧龙自况，感叹不被人识，自然是在待诏翰林之前来此了。其时李白已两鬓斑白，年未到四十已呈衰老之态，而凌云之志或因大鹏的翅羽太大，无风托举而未能飞升，望前途迷茫，再起愁思，遂有此句。

从南阳又抵嵩山，见故友元丹丘，居留有日。上述《颍阳别元丹丘之淮阳》该是此时所写，中有"别尔东南去，悠悠多悲辛"句，言其行止。淮阳郡，即陈州，地处颍阳之东南，李白别元丹丘后，即到了陈州。

《送侯十一》诗，或作于此时。

此时李白漂流于陈州一带，亦颇为困窘。据此情境与《颍阳别元丹丘之淮阳》一诗参照而读，知太白此行身上并无资财，元丹丘大抵也未给予资助，故李白有暗责丹丘子过于看重富贵荣华与钱财，为世俗所累之意，故有"松柏虽寒苦，羞逐桃李春"句，一个"羞"字，大抵也是有苦难言，虽重在言志，崇尚高洁，但无开花结实之苦寒似也难耐，乃至于别离之时有"别尔东南去，悠悠多悲辛"的慨叹。

《送侯十一》诗中有"余亦不火食，游梁同在陈"句，是引《庄子》"孔子穷于陈、蔡之间，七日不火食"之典，说自己也同孔子当年在陈时一样，绝粮无食，可见其已困苦不堪，吃饭都成问题了。此时与侯十一相遇，李白用《史记》中魏公子无忌礼贤下士，待年已七十的侯嬴为上宾，侯生荐屠夫朱亥击杀晋鄙，退秦兵救邯郸的故事，叹今已没有魏公子这样的信陵君，有谁看重侯嬴这样曾为门监的贤人呢？既感慨侯十一的不遇，亦是悲叹自身的遭遇。而"空余湛卢剑，赠尔托交亲"的结句，既表达两人同病相怜、离别以剑相赠的友情，又有盼友人持之有道、建功立业之意。湛卢为宝剑，乃"五金之英，太阳之精，寄气托灵，出之有神，服之有威，可以折冲拒敌"（《吴越春秋》）。

在读李白诗的时候，我发现他的《箜篌谣》似与此时的心境有关，录其如下——

攀天莫登龙，走山莫骑虎。
贵贱结交心不移，唯有严陵及光武。
周公称大圣，管蔡宁相容。
汉谣一斗粟，不与淮南春。
兄弟尚路人，吾心安所从。
他人方寸间，山海几千重。
轻言托朋友，对面九疑峰。
开花必早落，桃李不如松。
管鲍久已死，何人继其踪？

《箜篌谣》为乐府旧题，不详所起。其意大略言结交当有终始，与

《箜篌引》异。

箜篌系从骠国（即今之缅甸）传入中国的乐器。凤首箜篌，在骠国称为"弯琴"，据称这种乐器公元一世纪由希腊传入缅甸，现仅存于缅甸。我作为中国作家代表团成员，首次出访国即为缅甸。当时我曾目睹闻听缅甸艺人一男一女的弯琴演琴与伴着琴音的吟唱，当时就感到有幸听到唐代诗人诗中的箜篌演奏之音而庆幸，既睹其器，不闻其音，感觉里似乎已闻唐代之乐音。为此，我曾买回弯琴的工艺品带回北京，并写《弦外之音——听弯琴渔奏》诗以记其行。

李白的《箜篌谣》表达的亦是弦外之音，感慨故友结交亦难长久，富贵与贫贱者相交而一心一意，其心不变的，只有光武帝与严子陵了。光武继位称帝后曾与严子陵同榻而眠，子陵竟将脚置于帝腹而睡；授其官不就，甘为隐而垂钓者。而管叔、蔡叔疑周公不利于成王，挟武庚作乱，周公承成王命，伐诛武庚，杀管叔而放蔡叔，胸怀之有容乃大而堪称大圣。诗人还引《汉书》淮南王兄弟相残，民谣曰："一尺布，尚可缝，一斗粟，尚可舂，兄弟二人不相容"，亲兄弟之间尚且如此，我又能怎么办呢？看来他人虽只方寸之心，却与我隔着千山万水，故交亦难洞悉真心，轻言相托，如同面对苍梧山九峰相似，不知哪一峰为何，只能称为"九疑"了。而"开花必早落，桃李不如松"句，与"松柏虽寒苦，羞逐桃李春"意相近，故此诗虽未明言为谁而写，但那种世态炎凉、故交亦难长久的慨叹，或与颍阳辞元丹丘的感受有关。而结句"管鲍久已死，何人继其踪"，亦是李白自叹已没有谁像鲍叔对待管仲那样对待自己了。据《说苑》载，管仲言："吾尝与鲍子负贩于南阳，吾三辱于市，鲍子不以我为怯，知我之欲有所明也。鲍子尝与我有所说君者，而三不见听，鲍子不以我为不肖，知我之不遇明君也。鲍子尝与我临财分货，吾自取多者三，鲍子不以我为贪，知我之不足于财也。"是啊，像鲍叔这样的朋友，确世上难寻，李白恐怕也所求太高了。

同年，李白漫游又抵楚州。岁晚，或已至安宜县度岁。

《赠徐安宜》一诗记其行。诗赞安宜徐县令为官清正，名闻京师。写安宜流人如云，满郊都有耕种者在劳作，川光净陇，日明桑枝，楚地父老歌咏其政，宾客来此皆笑容满面，一派和谐安宁繁荣昌盛的景象。而太白此时受徐县令款待，居青槐拂户、白水园池之地，已有"游子滞安邑，怀恩未忍辞"之感，看来李白在安宜滞留时间不短，欲离去颇为留恋不舍。故写其诗赞徐县令政绩，言其树桃李秋得其实的官德，赠其为念。

在安宜，李白还写有《白田马上闻莺》一诗。诗有"黄鹂啄紫椹，五月鸣桑枝"句，可知其时令。又有"蚕老客未归，白田已缫丝。驱马又前去，扪心空自悲"句，从桑树结椹到蚕老缫丝，可见客居已久，想起家中妻小，遂有哀伤思家之情。

此后，太白又漫游至吴地。

《见京兆韦参军量移东阳二首》可知李白与雍州京兆量移至婺州东阳的韦参军相遇，"流人却到吴"已说明是在吴地"相逢问愁苦"。"量移"一词系指贬黜远方的罪人遇赦改移近地。《旧唐书·玄宗纪》："开元二十年十一月庚午，祀后土于睢上，大赦天下，左降官量移近处。二十七年二月己巳，加尊号，大赦天下。左降官量移近处。""量移"才第一次出现。开元二十年（732）李白未去吴地，此诗只能是此年所写。

于吴地，李白自然游睹各胜，与老友新朋欢聚饮宴，并有诗文赠答。《越中秋怀》《禅房怀友人岑伦》大抵也是酒隐安陆十年中去吴越漫游时所作，只是具体时间恐难确定。

秋日，李白溯江西上，经当涂。《夜泊牛渚怀古》一诗，有"登舟望月"句点明时令。此诗第七句一为"明朝挂帆去"，又为"明朝洞庭去"，从后者，知太白又去了巴陵。李白之舟于当涂只是夜泊，明晨即行，故太白未在当涂滞留。

途中李白思念旧友，作《月夜江行寄崔员外宗之》。于飘飘江风、飒飒秋树之际，想起患难之中得遇相知、华池欢聚的往事，感慨系之，故诗之以寄。

舟至巴陵，恰好与初谪岭南的王昌龄相遇。二人相晤，共诉别情，叹世事难料。王昌龄《巴陵送李十二》诗记其事。李白亦有酬诗，但未传。

冬日，李白又返归安陆。

《送戴十五归衡岳序》一文，该是此时归安陆后所作。

从李白这篇序文可知，戴十五系从长沙来安州，"不远千里，访余以道"，能奔走如此之远专程看望李白，该是慕名已久，格外尊崇，用今天的话说是铁杆的"粉丝"才能做到。戴侯少时在洛阳、长安长大，所学为"霸王之图"，即管晏之谈、帝王之术，访太白大抵也是谈经世致用之道、上动天听之途吧。

李白此文开篇还是先谈自己，说的是太白上探玄古时代久远的事物，中观人世的千姿百态、变幻风云，下察人际交往的事理、规律，四海之内的豪杰、才俊之士相识有如浮云。自认为自己有伯夷、叔齐的高洁之德，如同颜回那样安贫乐道，才堪比孔子、墨子。说到此，太白又放低了身段，称人的名声都是由别人口头夸说，口口相传而上升的，但若名不副实，在实际的验证面前名声也会消退。然而，能做到作风和义行与声望相符的，惟有戴侯了。

太白亦称戴十五得衡岳与洞庭湖的灵气，言其"兼以五材，统以四美"，即有英勇、智慧、仁爱、信实、忠诚五种优良品质，窥霸王之图。"精微可以入神，懿重可以崇德，谟猷可以尊主，文藻可以成化"，如此出神入化，故称其"独潜光后世，以期大用。鲲海未跃，鹏霄悠然"。

此文仍是李白类似文章的特色，溢美之词是在赞戴侯，亦是自美，慰人并慰己，借宾扬主，以各贤自许，言鲲鹏之志，亦为李白常挂在嘴上的说法。戴十五名不见经传，"潜光后世，以期大用"，仍是李白自我期待的表露。

至于文中，一一介绍郑国之秀廖侯、独孤有邻、薛公等安陆名流，自然是礼节性的言谈。所谓笙歌为秋，剑舞增气，沙鸿冥飞，登高送远，使人心醉，自然是渲染送别之气氛，热烈欢闹的情境，更见文采风流之态。

《答从弟幼成过西园见赠》亦为此时之作。其中有谦词谓之自己性拙才薄，谢清明之世，"栖闲归故园"了。今从弟经此地，山童荐献珍果，野老亦开芳樽，陈渔樵事，叙农圃言，笑闹欢歌，醉罢同乐，不觉夕景已昏，可见田园亲友相聚之乐，太白亦颇得其趣。

《观元丹丘坐巫山屏风》一诗，或许是追忆之作，借屏风之景表达自己的感受，心已缅邈，云里雾里，恍如梦境。诗中接连而出的"宛相似""疑是""徒""何年""几岁""疑如""梦"等词汇，皆不实之辞、虚幻之谓。张昕先生注释是诗称"巫山屏风"即"四面高山"，疑为以诗托讽，非实有事。从诗中的感觉可看出烟光草色氤氲之中，人已不再清晰；屏风"高咫尺，如千里"，心已邈远，有如梦中了。

而《闻丹丘子于城北营石门幽居中有高凤遗迹仆离群远怀亦有栖遁之志因叙旧以寄之》一诗，该是李白与元丹丘交往多年的重要作品，诗已有明显的疏远之意。诗之题目颇长，该是此诗的题旨及作此诗之缘由。所谓"离群远怀亦有栖遁之志"，即欲离开常交往的伴侣，避世而远遁山林，因而写诗叙旧寄之，该是告别之诗。诗之情感表达比较复杂，一波三折，虽尚谈友情，但隐隐中已觉生分与疏离感。

此作与李白《冬夜于随州紫阳先生餐霞楼送烟子元演隐仙城山序》文中所言"吾与霞子元丹，烟子元演，气激道合，结神仙交，殊身同心，誓老云海，不可夺也"相较，已是两种情态，不可同日而语了。

然而，两人毕竟是相交多年的朋友，故李白此诗还是叙写了多年亲密交往的往事，同衾而眠，梦绕情牵，思君楚水南，望君淮山北，心悬万里，影滞两隔，相逢洛阳陌等，言其仍记怀着多年的友情。然而，后来改变前衷，也是任自己的兴致而各有所适。可洛阳的嚣闹令人心烦，人已在渡口的迷津感到路已消失，仕途风云难测，"托势随风翻"，故从此则"故园恣闲逸"，以诗书自娱了。又言"方从桂树隐，不羡桃花源"，似对丹丘有谢绝之意。虽然诗之终结仍谈自己的丹石之心，表示出对友情的器重。

看来，李白似乎真的要避世隐遁了，在安陆或许再也见不到他，可他能隐于何处呢？

第十九章

移居东鲁

李白为什么会离开安陆移居东鲁？恐怕有诸多的原因。

他虽为故相许围师的孙女婿，但作为赘婿在唐代还是被世俗观念诟病，终是寄人篱下，难免遭人白眼。太白于白兆山桃花岩距丈人家五里处构筑石室，固然是其有隐逸山林、高卧其中、读书抚琴、躬耕陇亩、赋诗邀月之想，但离开许家而独立门户，大抵也与他维护自尊、自食其力，以期更能自由放纵有关。许氏家族虽已近衰败，但同族中尚有一些为官从政者，太白其间漂泊出游，足迹遍及秦海京洛、大江南北，结交了无数官员士子，留下诸多交游之诗，却没有一首与许家亲属相关。由此看来，恐怕他与许氏家族的关系并不密切，甚至没有过多的来往，或者说并不和睦。

初来安陆的李白是"孤剑谁托，悲歌自怜""寄绝国而何仰，若浮云而无依"（《上安州李长史书》）。而从《春夜宴从弟桃花园序》可知，李白此时已有家室，该是婚后不久以主人身份设宴款待友人，即开元十五年（727）秋冬之际或最晚至开元十六年（728）春，便与许氏成婚，故有春宴。

按安旗的推算，李白自称其"酒隐安陆，蹉跎十年"，是从他一入长安归来之后算起。因太白婚于许氏之时，用世之心甚切，既"遍干诸侯"于前，又"历抵卿相"于后，并无"酒隐"之意。于长安到处碰壁、一事无成之后，开山田、构石室，灰心仕进，方可称"酒隐"，故安旗将李白移家东鲁时间定在开元二十八年（740）。而李白移家东鲁的原因，是因许氏夫人去世。所谓移家，实则李白携二子寄居东鲁。

关于许夫人去世的时间，原始的记载出于唐魏颢的《李翰林集序》。序言：

> 白始娶于许，生一女，一男曰明月奴。
> 女既嫁而卒。又合于刘，刘诀。次合于鲁一妇，生子曰颇黎。终娶于宋（宗）。

这一段文字表达得不大清楚，与李白的自述亦有矛盾处，故学界虽常引用，但也向有争议，或认为记载有误，或认为传抄有讹。但无论如何，魏颢系李白同时代人，他的说法该比后人的猜度更为可信，但亦有可能记载有误处。如序中言，李白该有一女二子，即女平阳、子伯禽（明月奴），以及鲁一夫人所生颇黎。但李白诗中谈自己只有一女一子，并没有第二个儿子。《送杨燕之东鲁》云："二子鲁门东，别来已经年。因君此中去，不觉泪如泉。"《寄东鲁二稚子》云："此树我所种，别来向三年。桃今与楼齐，我行尚未旋。娇女字平阳，折花倚桃边。折花不见我，泪下如流泉。小儿名伯禽，与姊齐并肩。双行桃树下，抚背复谁怜。"太白其诗言明其只有一女一子，并无第二个儿子的迹象，对此，有人猜度，"颇黎"系"伯禽"之误。

据周勋初先生考证，李白的儿子大名伯禽，小名为明月奴。

"伯禽"是周公的长子，狂放的李白大抵不会有自拟儒家圣人的兴趣，用他人之名为儿子命名。李白是用其隐语名之。唐兰释"伯禽"称："按此所谓廋辞也。'伯禽'名鲤，谐'理'或'李'，指司法也。"由此可知，李白用"伯禽"为子命名，是寓托姓氏所出的意思。

而"明月奴"之称，是承南北朝人之遗风，晋之明帝、宋之武帝有

"黄须鲜卑奴""寄奴"之称，"奴"大抵是少数民族的北人的昵称。"明月"寓西方之意，明月奴该是寓意祖籍所在，是西方来的小家伙。

李白究竟有一个还是两个儿子，恐只能存疑。其时太白谓魏颢称："勿忘老夫与明月奴。"所托只有一子，大抵不会有两个儿子，却只托一个。

《李翰林集序》中，有"女既嫁而卒"这样的说法。从语意看来，该是女儿平阳出嫁时许氏死去，接下来才会有"又合于刘"的下文。郭沫若在《李白与杜甫》中认为："如谓平阳既嫁而许氏卒，则应该是后来的事。"

如此看来，与安旗所言，许氏死后李白携子女移居东鲁似有不合之处。或许，许氏去东鲁后不久逝去，或虽未卒但并未与李白共同前往东鲁。故许氏卒后"又合于刘，刘诀，次合于鲁一妇人"，亦是去东鲁数年之后的事情。

对李白离开安陆、移居东鲁的原因，亦有不同的看法。朱雪里在《论嗜酒纵疏与李白的人生悲剧》一文中，认为李白是因纵酒狂醉而被妻子许氏抛弃，两人离异，李白才携子女去了东鲁。

朱雪里是从李白诗中委婉地通过用典含蓄地提及家庭矛盾，顾及颜面、不愿轻言"家丑"而得出这样的结论，自然，恐也只是猜度。李白寄人篱下，千方百计地设法走入仕的终南捷径，努力了十年都功名不就，加上他纵酒狂饮，常常烂醉如泥，渐为妻家族厌弃和奚落。

在《玉真公主别馆苦雨赠卫尉张卿》一诗中，有"丹徒布衣者，慷慨未可量，何时黄金盘，一斛荐槟榔"四句，所用南朝刘穆之的典故，说在妻家乞食求一槟榔而遭羞辱、发达后用金盘盛一斛槟榔进之的事情，言自身处境，诗虽然写给张卿，于困窘之中希望得到帮助，有后必重谢的意思，但太白用此典，自然也和他在妻家遭轻贱、厌恶的境遇有关。

《赠内》是李白酒隐安陆这十年中惟一明确写给妻子许夫人的诗："三百六十日，日日醉如泥。虽为李白妇，何异太常妻。"

诗之末句用的是后汉时周泽的典故：周泽为太常，一心尽敬宗庙，经常患病而不离斋宫。他的妻子哀其老病，去探视，周泽大怒，以其妻子犯斋禁，送妻入狱谢罪。当时人多认为周泽太过偏执，故时人曰："生世不谐，作太常妻。一岁三百六十日，三百五十九日斋，一日不斋醉如泥。"

典故明确指明做太常妻之生世不谐，李白用此典，大抵也是对妻子表达歉意，亦说明两人的生活并不和谐。是啊，每日喝得烂醉如泥，妻子独守空房，得不到生活中的温馨，且李白除前三年外，十年之中几乎处处飘游，一去数年，只留下妻子一人照看子女，从这一点看来，太白既不是个好丈夫，也称不上是好父亲。妻子难耐孤苦寂寞，对他不满、抱怨也是自然而然的事情。李白嗜酒如命，一遇美酒，便"不知何处是他乡"（《客中作》），"百年三万六千日，一日须倾三百杯"（《襄阳歌》），"美酒樽中置千斛，载妓随波任去留"（《江上吟》），诗虽有夸张之处，但这种狂饮烂醉、纵酒放荡的生活方式，使夫妻的情感危机日益加深，亦成为可能。由此，朱雪里认为许氏最后抛弃了李白。他并引《唐律疏议》卷四《户婚》规定："若夫妻不相安谐而和离者，不坐。"指出唐代离婚规定相对宽松，夫妻双方因感情不和要求离异者为合法之事。这种说法，自然是猜想，只是一种可能。

这就牵扯到李白《南陵别儿童入京》中所言"会稽愚妇轻买臣，余亦辞家西入秦。仰天大笑出门去，我辈岂是蓬蒿人"，其中汉代朱买臣的典故喻指的"愚妇"究竟是谁。

《汉书》卷六十四朱买臣传记载："朱买臣字翁子，吴人也。家贫，好读书，不治产业，常艾薪樵，卖以给食，担束薪，行且诵书。其妻亦负载相随，数止买臣毋歌呕道中。买臣愈益疾歌，妻羞之，求去。买臣笑曰：'我年五十当富贵，今四十余矣。女苦日久，待我富贵报女功。'妻恚怒曰：'如公等，终饿死沟中耳，何能富贵？'买臣不能留，即听去。"

后来朱买臣当了会稽太守，上任时"见其故妻、妻夫治道"，"呼令后车载其夫妻，到太守舍，置园中，给食之。居一月，妻自缢死"。

李白用此典，可见其被弃的耿耿于怀，多少有点儿咬牙切齿之恨了。

　　郭沫若认为，此诗中所斥责的"会稽愚妇"应该是与李白中道而诀的刘氏，许多研究者也从此说。可章培恒与朱雪里均认为是指他的第一位妻子许氏。"游说万乘苦不早"是指在安陆期间干谒诸侯屡屡失败。"仰天大笑出门去，我辈岂是蓬蒿人"两句诗既显示了作者的自信，又是对许氏家族鄙薄自己的回应：你们不是瞧不起我这个干谒屡受挫折，常常纵酒狂醉的读书人吗？太白也有今天，终出了一口恶气！

　　这种辨析和说法有其道理，但史实中并无明确记载，作为推断，一家之言，故录于此。

　　说起《南陵别儿童入京》一诗，"南陵"究竟为何处，亦有分歧。

　　一般认为，南陵系指今安徽的南陵县（古属宣州）。安旗认为，李白寓居东鲁时，于天宝元年（742）南下江南时因无人照顾，携子女同行，寄于南陵，故待诏翰林时，才有《南陵别儿童入京》一诗。

　　李从军《李白家室考辨》认为李白曾置家南陵，"李白在南陵的家，就是与刘氏结合而成的家。李白与刘氏的结合，不会在天宝元年，很可能是在开元二十八年"。张昕亦认为："李白开元年间离开安陆后直至天宝奉诏入京前的家在哪里呢？我认为是在南陵。"他并认为：魏颢《李翰林集序》"对李白与许氏、刘氏、鲁一妇人、宗氏的结合顺序交代甚明。许氏等人中，惟刘氏不知何许人也。但可以肯定的是，此刘氏绝不是鲁地人，否则，魏万（颢）绝不会用'鲁一妇人'以相区别，因此我认为，这位刘氏乃是李白离开安陆后，去东鲁之前而结合的家室，也就是说家于南陵的家室"。

　　然而，上世纪八十年代，詹锳和他的学生葛景春、刘崇德认定此诗中的"南陵"在山东的兖州，是距鲁城不远的一个小地方。《南陵别儿童入京》和《酬张卿夜宿南陵见赠》均作于兖州。故李白应是由鲁奉诏入京去做供奉翰林的。（据徐叶翎《李白寓家东鲁考辨》）

　　《酬张卿夜宿南陵见赠》开篇即为："月出鲁城东，明如天上雪。鲁女惊莎鸡，鸣机应秋节"，显然李白所言之南陵就在鲁城。张卿（或即张叔卿、张叔明）到家中访李白未得相见，夜宿于南陵（实即沙丘），作《夜宿南陵》诗赠李白，李白以诗作答。而李白奉诏入京，再作《南陵别儿童入京》，该是同一地。况且此诗为辞家之作，"白酒新熟"，"黄鸡啄黍"，诗写于兖州。

不同看法均列于此，我只想让读者自己判断。我个人的想法则同意后者，因有具体的诗为证，并非臆想。

李白移居东鲁的原因，找裴将军学剑亦是缘由之一。太白曾是结交豪雄的少年英才，有浓厚的游侠情结，且读书习剑多年，所谓侠骨丹心，其诗中的英风豪气恐也得益于此。

裴敬《翰林学士李公墓碑》言：李白"又常心许剑舞。裴将军，予曾叔祖也。尝投书曰：'如白愿出将军门下。'"亦言：太和初，文宗诏以裴旻剑术、张旭草书、李白诗歌为"三绝"，裴敬乃裴将军的曾孙辈亲属，所言自然不虚。

关于裴将军的剑术，《中国的黄金时代——唐朝的日常生活》（［美］查尔斯·本著）书中曾载如下传说：公元八世纪早期，将军裴旻在家守母丧，到吴道玄那里，请其为他在东都洛阳的天宫寺绘制几幅状写神鬼的壁画，用以求神佛保佑阴间的母亲。吴道玄应其所求，但需裴将军舞剑为他助兴。裴旻于是飞身上马，将剑舞得天花乱坠，上下左右剑光翻飞，剑与身躯似已融于一体。并将长剑掷入空中，高几十丈，然后闪电一般落下。他伸手持鞘接剑，从高空落下的宝剑据说穿透了屋顶，亦有传说宝剑穿透了剑鞘。在他舞剑之时，吴道玄挥笔完成了一幅壁画，成为传世名画。裴将军的剑在战场上更显神威。在一次与突厥的争战中，被包围的裴将军立于马背，将射来的箭矢纷纷砍下，令敌军知难而退。

据《新唐书·选举志》载："……天子又自诏四方德行、才能、文学之士，或高蹈幽隐与其不能自达者，下至军谋将略，翘关拔山，绝艺奇伎，莫不兼取。"可见其时上皇求才心切，剑术亦是入仕的路途之一。而裴将军于开元中已以剑术名天下，李白致书愿投其门下，习武学剑，期能深造，大抵也是想另谋出路。这一点，在李白初来东鲁时所写《五月东鲁行答汶上翁》有言：

五月梅始黄，蚕凋桑柘空。

鲁人重织作，机杼鸣帘栊。

顾余不及仕，学剑来山东，

举鞭访前途，获笑汶上翁。

下愚忽壮士，未足论穷通。

我以一箭书，能取聊城功，

纵然不受赏，羞与时人同。

西归去直道，落日昏阴虹。

此去尔勿言，甘心如转蓬。

　　此诗的首句"五月梅始黄"，一作"梅子黄"一作"禾黍绿"。后者让我想到《南陵别儿童入京》诗中的"黄鸡啄黍"句，确是北方农作物及乡村之景象，此句似亦能印证南陵所在。

　　诗中所言"东鲁"即唐代鲁郡治所瑕丘，今兖州。李白诗中称今兖州为东鲁、鲁郡、鲁邑、鲁、鲁城等，均为一地。

　　诗写五月的鲁南农忙时节，梅子熟黄，蚕事已毕，剥茧抽丝之后，鲁女于机杼声中织造鲁缟，确是时随日转，一派生机。李白初来瑕丘，处处透着新鲜的气息。想自己已近壮年，尚未及仕，故来山东学剑，向汶水之上的老翁问路的时候，言其志向，却受到老翁的讥笑。傲岸的太白对此轻视自己的"下愚"，觉得不值得与其相论窘困与通达之理。太白与鲁仲连一般以一箭之书令燕将自杀而取聊城的雄才大略，且功成不受赏、飘然而去的理想，这老翁怎么会理解呢？于是太白西归直道，于黄昏落霞之际，宁如飞蓬随风飘转，也不与这种不通情理者说什么了。此西归直道，该与《南陵别儿童入京》中之"涉远道""西入秦"相呼应，应是同一条路。

　　李白学剑是从十五岁开始的。

　　《上韩荆州书》中自称"十五好剑术"；《赠从兄襄阳少府皓》言"托身白刃里，杀人红尘中"；《结客少年场行》则说其"笑尽一杯酒，杀人都市中"；而魏颢《李翰林集序》也说他"少任侠，手刃数人"。看来李白年少时确有过与人打斗搏杀，白刀子进、红刀子出的杀人经历。至于杀人之事因何而起，并未因此遭缉拿获罪，那就不得而知了。或许人们只是将诗当诗来读，知太白喜说大话，当不得真的，而魏颢的序文所言，也是几十年前的旧事，并非立案举报，亦只能姑妄听之吧。

从太白的诗中得知，似乎李白也颇有武功，技艺过人。"闲骑骏马猎，一射两虎穿"（《赠宣城宇文太守兼呈崔侍御》），一箭而射杀两虎，身手自然不凡。而在他一入长安经历"北门之厄"时，也是孤身一人与一群恶少斗杀，虽经陆调及时赶到救其脱险，但一人能与多人对峙而未伤，其剑术及勇气亦当过人。

或许，这与李白狂放不羁、心高气傲的个性有关，也与盛唐时代的社会风气有关。

李唐王朝于隋末乱世能扫灭群雄、开朝立代，与统治者尚武好侠、广结英豪有直接的关系。《旧唐书·太宗本纪》言："时隋祚已终，太宗潜图义举，每折节下士，推财养客，群盗大侠，莫不愿效死力。"其时，李世民的姐姐平阳公主，就是尚侠的女中豪杰，特立独行，屡建奇功，甚至成为中唐以后女侠传奇的原型。

从另一个角度来看，李白这种任侠使气、广结豪雄的少年游侠生涯，也与他深深的魏晋名士情结有关。

游侠诗起源于汉代歌谣。《史记》中有游侠列传，那大抵是因司马迁罹难时亲朋好友"不为一言"的悲惨经历与幽愤的心理状态有关，故太史公为游侠与刺客立传。正如辛晓娟所言："司马迁对他们的赞美，是集中在快意恩仇、重义轻生、一言九鼎的基础上，通过对游侠的侠义人格、信义人格和自由人格的强调，'形成了中国侠文化道义与人格评价的基本模式'。""然而从儒家正统思想看，这些以武犯禁的侠客们是无法得到文人士大夫根本认同的，司马迁为游侠刺客立传也屡遭诟病。"

而游侠诗的出现，在曹植笔下则进入了另一种状态。曹植《白马篇》《结客篇》的首句《结客少年场行》这样的诗题，太白其诗皆从曹植的诗题而来。而阮籍的《咏怀》其五："平生少年时，轻薄好弦歌……驱马复来归，反顾望三河。黄金百镒尽，资用常苦多。北临太行道，失路将如何。"《咏怀》其三十八："弯弓挂扶桑，长剑倚天外。泰山成砥砺，黄河为裳带。"以及鲍照的《代结客少年场行》"骢马金络头，锦带佩吴钩。失意杯酒间，白刃起相仇"等诗句，都让人看到李白直接袭用或化用的影子，可见这些诗作对太白影响之甚。自然，李白的游侠诗亦自有不同，其中有曹植诗中少年侠客的纵酒放浪、宝马金鞍、及时行乐、衣装鲜丽、意气纵横的夸赞，甚至游手好闲的恶少和斗鸡之徒，亦能浪子回头，在边关危难之际，建功立业，舍生取义，让追求功名成为游侠的主导思想；也有阮籍于避世矛盾之中，仍心有不甘，亦有着追求个体生命自由的激越宏放"阮旨遥深"（《诗品》）的特点。或许鲍照的"少年游侠，杀人远遁，垂老回乡，世事变异，无所可为"，也暗暗地影响着李白吧。但太白既然积极入世，念念不忘建功立业，平步青云，出将入相，"谈笑静胡沙"；继而功成身退，还其逍遥出世的自由之身，如《侠客行》中所言，既有银鞍白马，手中吴钩明如霜雪，能"十步杀一人"，却又"千里不留行"，"事了拂衣去，深藏身与名"；堪称为追求精神自由、行为自由的"纵死侠骨香，不惭世上英"的内涵。虽然这只是李白的"理想"，对于他来说，只是"想"而已，其一生未能"功成"，又言何身退？

然而，那种通过武艺高超建立边功、封侯拜相的入仕之路，有时比科举取仕或献诗文以动天听成为更迅捷的入仕之路，确也让那些十年寒窗苦读的书生士子羡慕、慨叹，故书剑双修，文人亦以任侠为时尚。难怪杨炯《从军行》有"宁为百夫长，胜作一书生"的诗句；陈子昂《感遇》中亦有"感时思报国，拔剑起蒿莱"之态；而王昌龄、高适等人皆写过充满侠肝义胆的诗章了。而李白在其《行行游且猎篇》中，对"生年不读一字书，但知游猎夸轻趫"的边城儿则大加赞颂，赞其箭不虚发、弓弯满月，猛气英风、叱咤风云、万众瞩目、纵马驰骋，并颇为倾慕，亦有"儒生不及游侠人，白首下帷复何宜"的诗句。在《侠客行》中，也有对皓首穷经的儒生的嘲弄。对游侠高超的技艺、自由放纵的生活颇为神往。而太白学剑来山东，向裴将军学艺，亦有其缘由。

或许是李白受讥讽心有不平，诗作《嘲鲁儒》该是太白先生而作。在李白眼中，这样的鲁叟"皓发穷经"，只知死守章句，问其治理国家经世济民之策，却茫然如坠烟雾之中，说不出一句有用的话来。可这等鲁儒却方巾游履、褒衣博带，缓步而行，装模作样，起足便搅得尘土飞扬。难怪秦相李斯看不起儒生，秦皇有焚书坑儒之举，而汉叔孙通亦言"鄙儒不知时变"了。其与太白非同类人，在这种情境之下，与其只能背道而驰，回去做自己的事情了。

李白寓居东鲁，究竟家在何处呢？

徐叶翎先生的《李白寓家东鲁考辨》一文，以有据可查、有文物可考的辨析对照，揭示了多年来猜想和误传之后的谜底，真实可信，言之成理，是李白研究的又一成果。我在这里就其要点予以概述。

李白寓家东鲁，前人著述多以为是东鲁任城。

宋祁《新唐书·文苑列传》言：李白"其先隋末以罪徙西域。神龙初遁还，客巴西……更客任城"。

刘昫《旧唐书·文苑列传》曰：李白"父为任城尉，因家焉"。此语后多遭否定，父为任城尉不实，但寓家任城却被接受。

清王琦《李太白年谱》称："太白生于蜀中，出蜀之后，不复旋返"；"太白游太原……已而去之齐鲁。寓家任城。"

当代詹锳著《李白诗文系年》、郭沫若著《李白与杜甫》，虽略为详细，但仍从"任城"旧说。后詹锳写《谈李白〈南陵别儿童入京〉》一文，有了新的见解。

当然，最可靠的言说，应当是李白的自述。

"我家寄鲁东，谁种龟阴田？"（《寄东鲁二稚子》）

"爱子隔东鲁，空悲断肠猿。"（《赠武十七谔（并序）》）

"二子鲁门东，别来已经年。"（《送杨燕之东鲁》）

"我家寄在沙丘旁，三年不归空断肠。"（《送萧三十一之鲁中兼问稚子伯禽》）

"我来竟何事？高卧沙丘城。"（《沙丘城下寄杜甫》）

上述诗句清楚地说明，李白家为：东鲁、鲁中、鲁门东、沙丘旁。

《旧唐书》地理一言："兖州，上都督府，隋鲁郡。武德五年置兖州。贞观十四年置都督府。天宝元年改兖州为鲁郡，乾元元年复为兖州。"

唐代兖州（鲁郡）辖：瑕丘、任城、曲阜、邹县、龚丘、乾封、莱芜、中都、金乡、鱼台、泗水，共十一县，治所在瑕丘县，即今兖州。

据称，兖州城址迄今未迁动，只在明初略向南扩。

《李白全集》中写在鲁城瑕丘的作品，研究者辨知有诗四十余首、文两篇。这些作品中诗人家居附近的鲁东门、沙丘、南陵、尧祠、石门、崇明寺、泗水等地名丛出，作品中景物描写，以鲁东门至泗津一带为最多。

由此可知，李白寓居东鲁之家的确切地点，则为瑕丘鲁东门外的沙丘旁。

在李白写于东鲁的诗中，沙丘、沙丘旁、沙丘城字样出现四次。曾有多位学者撰文考证沙丘所在，旨在觅得李白山东故家。或以为在临清、在掖县、在阙陵、在汝上、在河北巨鹿等，诸说不一，莫衷一是。

其实在唐代的诗文中，就有人以沙丘代指兖州，此名唐代并不生僻。骆宾王《上兖州崔长史召》中，就有"侧闻丰城戢耀，骇电之辉俄剖；沙丘踠迹，蹑云之辔"。

明于慎行《兖州府志》曰："沙丘在宗鲁门外。"又，"兖州东门，名曰宗鲁"。

清《兖州府志》载："沙丘在今府城东二里，故青楼地也。"

除史籍记载之外，有力的实证则是出土文物。一九九三年春天的枯水季节，在兖州城东南一里许泗河岸边，出土了一块北齐造像题记刻石。刻石为横式，高零点三七米，宽一点四米，厚零点二二米，尾部稍残，上镌文字二十六行，每行八字，字约三厘米见方，上有："若夫邑义人等，品第膏腴，琼华玉润，亭亭素月，明明景日。以大齐河清三年（564），岁次实沉，于沙丘东城之内……"此段文字，更证实了兖州东关古沙丘的存在。这是一块原置于佛院（疑即崇明寺）中的北齐刻石，被习惯称之为"沙丘城碑"，现存兖州市博物馆。

经多方考证和实地勘察，徐叶翎先生指出：沙丘今尚存，在兖州东关九仙桥北，有块古碑上写明此桥原作"酒仙桥"。北临沙丘，当是因为李白住北地而命名。这里为唐朝时的鲁门东，距城中心之府址二里。

经过千余年水土流失至今仍地势高矗，中心处高于地面四米，呈明显的土丘。今称南沙岗，正北二里有北沙岗相对，李白故居在沙丘北稍东。东至尧祠、石门三里。天宝五载（746）诗人久病初起，到尧祠送别窦明府，"朝策犁眉骒，举鞭力不堪。强扶愁疾向何处？角巾微服尧祠南。"可证二者之间距离。

沙丘南面今之中山路为唐代横穿城南的古驿道，泗河金口坝东今仍有古路沟、古路套两村庄。此道越过金口坝即古石门西路，经任城至梁宋，通西京。天宝元年（742），李白奉诏入京，由此道西行。

在李白写于瑕丘的作品中，交往赠答送客之诗近三分之一，而送客之地主要在尧祠。尧祠是与李白行踪关联最多之处。

尧祠在志书均有记载。《元和郡县志》称："尧祠在兖州瑕丘县南七里，洙水之右。"《太平寰宇记》言："瑕丘县尧祠在县东南七里，洙水之西。"此县城指尧祠正北之古负瑕城。唐以前志书多从此。

洙水源于新泰县境，向西流经曲阜城北与泗水汇合，称泗水，金口坝一带古泗津，尧祠在金口坝西北泗河岸边。

一九四〇年之《滋阳（兖州）县志》言：尧祠"建于东汉熹平四年（175）。宋治平元年（1064）重修。唐代时为宴游胜地"。据介绍，尧祠毁于战火，元代已不复存在。

从对沙丘与尧祠的考证可知，李白居家的沙丘、尧祠之间，曾是青楼之乡，饮宴游览胜地，看来太白在此居留，并非隐居，该是个热闹之所在。李白诗中亦言，青松古庙之前，"有女如花日歌舞，银鞍绣毂往复回"，是繁华喧闹的交通要冲，鲁城东之胜地。难怪李白经常在这里送别友人，那大抵也是在这里饮宴欢聚之后依依作别之处吧。

近年在尧祠旁泗河中发现一块初唐残碑，上有："瞻望此地，乃瑕丘之名观，鲁邦之神枢。洙泗交会，风流所凑，地显高原，势□□□。左带曲阜，右依华镇，前临峄岛……"如此盛况，该是李白呼朋唤友、携妓游宴之地。而名观，似应为崇明寺。近年曾在枯水时发现古诗观遗址，出土青铜器、佛像等数百种，六朝至初唐文物为多。隋代残碑所记言其规模庞大，类李白文中之鲁郡崇明寺，气派恢宏，当与尧祠媲美。

尧祠毁后，明末在旧址上建造青莲阁以纪念李白。清道光年间邑令冯云鹓主持重修。阁内有李白及其儿女塑像，焚香祭礼，青烟缭绕，常有邑人志以怀念。

说起来，李白拖儿带女移家瑕丘，也是帆篷舟桨、车马劳顿，千里之行，恐也颇费时日，亦应有童仆相随。饱读诗书的文人搬家，恐主要是随身常翻阅的典籍书卷、文房四宝，一家人的换洗衣物，钱粮炊食之具，必要的家具，卧具被褥，等等。再简单，一路生存之必需亦应齐备，所谓破家值万贯。即使新居可新置居家长备之物件，长途搬一次家也非易事。

瑕丘东门外的沙丘居处，该有东鲁的朋友为之准备停当，恐非深宅大院，只数间瓦屋而已。若有大院高墙，李白不会轻易看到邻家女和其家东窗的石榴树，写下初来沙丘的《咏邻女东窗海石榴》一诗了。

由此诗可推断，许氏夫人并未随太白迁移东鲁，或已去世，抑或仍在安陆家中。或许去世的可能性较大，不然，作为母亲，怎么舍得膝下的儿女就此永别？即便离异，也应守着儿女度日，不会让孩子随着李白漂泊无依。

《咏邻女东窗海石榴》如下：

鲁女东窗下，海榴世所稀。
珊瑚映绿水，未足比光辉。
清香随风发，落日好鸟归。
愿为东南枝，低举拂罗衣。
无由共攀折，引领望金扉。

此时的李白应是近四十岁的鳏夫，领着一双儿女来泗津之畔落户，虽地处瑕丘东门外的游乐胜地，恐也只住在杂居的邻里相望的街巷之内。风流倜傥的太白见有如此引人的邻家女，不免动心，按安旗的说法，此诗有"求偶之意"。

是啊，亭亭玉立的少女立于东窗的石榴树下，五月的石榴正是开花的时候，一树鲜红于绿叶之中浮现，绿得滴翠，红得惊心，而少女如花的面颊与石榴树两相映照，已说不清哪个更美，故太白用珊瑚与绿水相映来比照，并感到语言的贫乏，并不足以比其夺目的光辉呀。

石榴原产波斯，由那里引入中国，故称"海石榴"。我去年到过伊朗，亦吃过那里的石榴，掰开多籽的石榴，其籽鲜红晶莹，食之酸甜有味。不过，伊朗的石榴和云南蒙自的石榴相比，后者似更大，籽粒更硕大晶莹，味道更为甘美，已源于斯更胜于斯了。我也在德黑兰参观过那里的"玻璃博物馆"，二层小楼中形形色色的玻璃制品，既显示其原产地古老的历史，又令人慨叹其创造力的强盛。诚然，那些微小的玻璃瓶已不再光彩夺目，但毕竟是玻璃的远祖。我曾在威尼斯水巷的桥畔登岸，参观世界上最为精湛、昂贵，且与金、银嵌于一体的玻璃器皿，也在捷克看到名贵的玻璃制品，但这和古波斯的玻璃制品相较，只不过都是其已发达的后裔吧。由此，我也想到传入中国的玻璃，以及以其为名误传或真实存在的李白之子"颇黎"，不知道与李白在东鲁相合的"鲁一妇人"，会不会是这位"邻家女"。

扯远了，还是回到这首诗中来吧。

李白痴情地望着石榴树下的鲁女，只感觉到随着微风飘来的清香，有些发呆。而此时落日西沉，有鸟归来栖于树，让李白羡慕这只鸟尚可在枝上筑巢，离这少女竟如此之近。故诗人想象自己就是那石榴树东南的枝丫，低低地依拂着少女的罗衣；可自己初来乍到，与她并不熟识，没有缘由攀折其枝，只能伸颈相望，却无法入其门内……

看来李白刚来东鲁，就已为邻女动情，爱慕中已多少有点惆怅。

第二十章

兖州游历

李白在瑕丘落户之后，便又开始了他的州内交游。各地的名胜，田园风光，鲁地山水，新开的眼界触动心灵；和驻地官员、文人士子的交往仍旧频繁，酒宴重开，赋诗赠答；这些所闻所感，又一一进入他的诗行之中。

或许，此时魏颢《李翰林集序》中所言的鲁一妇人该与他同居，为其照看子女。李白这样漂泊不定、到处浪游的人是无法当宅男、又当爹又当妈的，且孩子都年龄不大，衣食住行都需操持，家里没个女人，他也走不开。

从《大庭库》一诗可知，李白曾游历了曲阜。《太平寰宇记》称："大庭氏库，高二丈，在曲阜县城内县东一百五十步。"《左传》亦载："昭公十八年，宋、卫、陈、郑皆火。梓慎登大庭氏之库以望之，曰：'宋、卫、陈、郑也。'数日皆来告火。"杜预注言："大庭氏，古国名，在鲁城内。鲁于其处作库，高显，故登以望气。"看来，大庭库即其国所筑高两丈的库仓，因其高可以望远。

李白是早晨登上大庭库的高处眺望的，他目观天之云气苍然，已看不到远年陈、郑起火的历史，只有阴霾笼罩着邹、鲁的上空。而自己到此想起梓慎登临的往事，人去台空，早已化为尘烟。目下只有古木萧萧、松风如梦，只能叹息一个古国的冥没，世事无常，恨古阅今，幽思不尽。

初来瑕丘，李白礼节性地拜访了县尉，并赋诗一首《赠瑕丘王少府》。从诗题看，既未称兄道弟，又未具其名，显然是初识尚未有交情。太白自然是说好话，希望县令的佐官给予庇护之意。说少府有鸾凤之姿、神仙之气，以汉代梅福为南昌尉、后去官成仙的故事恭维之。又以《吕氏春秋·察贤》中宓子贱弹鸣琴，身不下堂而能治理单父（今山东单县），言其为官之政清有道。所谓百闻不如一见，其我为百里挑一，比传闻更为出色。我如此轻松自如举重若轻地行使职责，又有高远的志趣，真不容易呀！而今我来治下，如同吕尚未遇文王之前曾屠牛、垂钓者之隐居，盼阁下慧眼能分玉石，诚然我无由接谈高论，只能空自仰慕您的清高芬芳之态啦！太白夸赞了王少府的贤能，暗中也抬高了自己，多为客气话，但用意甚明。

随后李白又游走到金乡县，拜见了范县令，亦为其写诗二首赠之。从诗中揣度二人亦如初识，而太白已不再年轻，没有早年那种孤傲气盛之态，或许是碰壁太多，说话已委婉了许多，情感也复杂微妙，有求于人亦有赞言敬语之类。

从《赠范金乡二首》看来，李白在东鲁漫游已数月未归沙丘，而闻纺织娘声若络纬机织的鸣音，该已是深秋露凉风冷之际。

太白从《淮南子》"东走之谜"的典故说起，意思是说狂人向东行走，被驱逐的人也向东行走，两人行走的方向是一样的，但为什么都向东走原因却不一样。故君子诚然清明顾盼，却难以知晓这其中的差异。开篇便话中有话，大抵是希望范县令能了解他的志向和为人，能知人知面亦知心吧。

范县令大抵是位少言寡语且沉稳持重之人，李白又以《汉书》"桃李不言，下自成蹊"之语，称范令有桃李花实之灿，虽不言语，众人却自然到树下而来，踏出一条路径。意思是说其怀诚信之心，一种潜在的感召力，让"攀花"的我在本来无路的地方找到了道路。而君如桃李吐芳言，如《国风》所言之"惠而好我"，招携以礼。而我有楚和氏璧一样的璞玉"结绿"珍宝，久藏在污泥浊水之中，可世人都有眼无珠，当成燕石弃之。如今我拾来予以擦拭，欲赠予君，可没有知遇者，惜无进见之梯。这里太白是自喻为国宝璞玉，盼有慧眼识珍者予以荐举。可区区一县令，又有多大能力呢？看来李白还是找寻一切机会，寻求入仕之径。

然而，说到这里，李白的话锋又一转，称有如辽东之人家养猪者，生猪仔黑毛却有白头，甚为惊异，视为奇异之物而献于帝王。但到了河东，所见之猪都是白色的，故心怀羞惭而归。又如一楚人被欺，重金将山鸡当凤凰买下，欲献给楚王，可一夜之后山鸡都死了。购鸡者并不以失金为憾，只深惜这"凤凰"未能献给楚王。楚王闻知此事，颇为感动，召而厚赐，过于买鸟之金十倍。李白言说这样的事，并非说自己是白豕、山鸡，而是感叹世已无这样厚待献宝者的人了，故虽有献芹于至尊表达区区之意，在这种情境下心已疏懒，只能像卞和一样为人不识而泣玉悲啼，所谓思不环周，索莫乏气，甘于寂寞。

然而，李白对如此境遇，还是无奈之中尚存豁达之心。他又引《史记》中张仪入楚与楚相相饮，被门人误认为盗璧者遭鞭笞数百的故事，言其归家，他的妻子笑称：你要是不读书且到处游说，怎么能遭如此羞辱呢！可张仪却伸出舌头对妻子说：看我的舌头还在吗？妻子笑着说：还在。张仪则称"足矣"。这里太白亦以张仪自比，以"留舌示山妻"为此诗作结。

或许李白的《赠范金乡》多言喻己之词，主旨在图引荐而借古言今，虽赞范令其贤，却多为乏知遇的忧怨之情，故以同题又写了其二，以颂范令政绩，言其德。

诗称范宰并非如《淮南子》之弦歌鼓舞，以买名誉于天下，而是如老子所言之"无为而治"的高超而民自化，清如玉壶之冰。故金乡治下连鸡犬都很安静，无惊恐之态，户户织机鸣响，一派祥和安逸的景象，少有游手好闲的荡析离居者，却盛情待客，逢迎达礼。太白作为游子此来得见嘉政，这般德高名盛，到处都能听到称颂之音啊！这首五言律诗皆按律而为，写得规矩，虽多溢美之词，却还不至于肉麻，还算适度。

《早秋赠裴十七仲堪》，亦为李白定居瑕丘后新交友人之作。太白诗题既有其姓又复称其名，多为较亲近相知且颇怀友情者。裴仲堪，其生平史料并无记载，从诗中观之，该是和李白意气相投、志向相合的风流才子，亦未得知遇，功业未成，与李白同病相怜。但从其名亦称裴十七，应当是家族人丁兴旺，排行十七，该是兄弟及从兄从弟众多、家大业大，亦颇重交往，有人脉与家族势力者。太白叹其前程若梦，龙潜山峰，悲人亦在愁己。

此诗的语气如和朋友聊天谈心一般，侃侃而谈，颇有亲切感，既述其人其境遇，似又在劝慰自己，因两人系志同道合之辈，似已无话不谈，此亦真挚的诗人之特征，意气相投，则热得快，三杯酒下肚，新交也成老相识一般。

李白说你看风正从旷远之处吹来，吹送着我们忧愁的思绪，看来这愁既深远而又阔大呀。而南方天空的大火星正向西向下移动，呈早秋之象，落霞之中还残留着热气。时光如六龙之转日东，不会逆转，时不待我啊。可有什么办法呢，就像卞和献玉被认定是石而断去双腿，椎心泣血，非为失腿而是悲宝玉被误认为石，忠贞之士都被说成骗子；又如孔子叹自己如匏瓜，系在那里而弃之不食，不能入仕而行其道。真是功业如梦，只存在于虚幻之中，只能抚琴长叹。

太白又言裴十七重信义，英杰豪迈，才华横溢，曾漫游四方，有海阔山高之豪气。在鲁人皆尊儒教之际，却与以用侠闻名的著名侠客结交，有如汉初的鲁之朱家，专趋人之急，舍己之私。太白对其评价颇高，并不无羡慕地赞赏裴十七出行还携带两个小妾，娇艳之色比出水芙蓉还要瑰丽，风流倜傥，令人心仪。

太白欲与之双歌登高而入青云，但可惜日已西斜，黄昏已至。倘若能如珍宝穿溟而出，有如土泽盘绕之龙蛇，明言见收，自当为黎民社稷效力；而时命不合，没有机会入仕，那就归隐山林，炼丹修道去吧。

诗人写他人而诉己之态，颇多无奈且心有不甘，入仕之心仍念念不忘。

而《送鲁郡刘长史迁弘农长史》，亦为李白居东鲁期间送别之诗，为刘长史迁虢州弘农郡长史之际的赠言。诗有"鲁国一杯水，难容横海鳞。仲尼且不敬，况乃寻常人"之叹，说的是鲁郡太小只有杯水之容，容不下刘长史这样的横海之鲸。而这个地方连孔圣人都不敬重，何况李白这样的寻常之人呢？看来李白对瑕丘的风气颇为不满，这里的人并不把他当回事儿。

诗中所言的"白玉换斗粟，黄金买尺薪"句，恐并非实指之物价飞涨，而是喻指时人有眼不识金玉，将珍宝的价值只看成斗粟尺薪，令人悲哀。安旗先生认为此诗写于开元二十九年（741）李白入京待诏翰林之前。其时海内富安，东西两京米斛（十斗）值铜钱不满二百，道路列肆，具酒食以待行人，虽行千里不带干粮，虽行万里不带兵刃。

可此时居于瑕丘的李白日子大抵不大好过，刘长史临行前送他几尺白绢，只五缕而不成束，亦颇为感激，称留下惠爱，让"贫交"感到一尺重于山岳，感叹想乘凉须种桃李，而忘忧当种萱草，言若有发达之日，自当怀念旧日恩情云云。可知李白此时似又陷入穷困之境。

在李白"闭门木叶下，如觉秋非春"的清冷之际，李白走出居所，看鲁东门外浅水中农人割蒲草，特做编织之用，他感叹这种草最可珍贵，何必用那珍贵的龙须草编席呢？用薄草织席铺于床上，也非常好啊！罗衣便能拂去灰尘，也很干净。看来李白对农家的草席已颇珍视，所谓"罗衣能再拂，不畏素尘芜"（《鲁东门观刈蒲》），亦见其穷困之状。

家居鲁东门之外，泗水之滨，李白在家居附近自然也抽暇与儿女嬉戏，逗逗孩子，或去泗水划划船之类。《鲁东门泛舟二首》亦是其来沙丘不久之作，均为七绝。其时日落沙明，轻舟泛月，可知水之清冽，水萦回流转，水波摇荡却仿佛石头在动，该是直觉所感。而桃花在岸，水若青龙盘堤，让他想起了远方的友人，故二诗皆用晋王子猷雪夜访戴之故事，一是念远方的友人，轻舟随溪而转，仿佛是居山阴的王子猷忽忆戴安道，连夜乘船一夜而往，可至门前不入而返。人问其故，王则言："我本乘兴而行，兴尽而返，何必见戴？"此自然是名士高人而为，太白二诗均用其典，所谓"疑是山阴雪后来"，"何啻风流到剡溪"，亦言其为尽兴耳。

李白在东鲁期间，亦结交了几位名士。

《旧唐书·文苑列传》中言："少与鲁中诸生孔巢父、韩准、裴政、张叔明、陶沔等隐于徂徕山，酣歌纵酒，时号竹溪六逸。"《新唐书·文苑列传》中亦有相同记载，只不过未称"少"时，而是"客任城"期间。查其后诸多研究者之推断，《旧唐书》之说为"少"时有误，如同称李白之父为"任城尉"一样不靠谱，故《新唐书》等皆予以纠正。

《送韩准裴政孔巢父还山》一诗，该是三人来瑕丘看望李白，酒后送别之作，诗如下——

猎客张兔罝，不能挂龙虎。
所以青云人，高歌在岩户。
韩生信英彦，裴子含清真。
孔侯复秀出，俱与云霞亲。
峻节凌远松，同衾卧盘石。
斧冰漱寒泉，三子同二屐。
时时或乘兴，往往云无心。
出山揖牧伯，长啸轻衣簪。
昨宵梦里还，云弄竹溪月。
今晨鲁东门，帐饮与君别。
雪崖滑去马，萝径迷归人。
相思若烟草，历乱无冬春。

从诗中可知，三人是冬天来访太白的，斧冰、雪崖滑马之句已点明时令。从诗中的口气看，李白与二人该是初识，故有对三人的印象之句。言三人同衾而卧，像两只鞋一样行动时不能分开，大抵是三人同隐之意。或许此时李白尚未入山，三人来亦是邀太白同隐徂徕，之后才有所谓"竹溪六逸"之号吧。

"竹溪六逸"中的韩准、裴政、张叔明、陶沔，两《唐书》皆无其传，《全唐诗》《全唐文》亦无其作。据王辉斌先生考证，《新唐书·宰相世系表》上"东眷裴氏"房有裴政，官行军司马，就其生活年代而言，该是"竹林六逸"中人。张叔明其人，杜甫《杂述》中有张叔卿，朱鹤龄认为张叔卿即张叔明（详见《杜诗详注》卷二十五引），大抵近是。李白亦有《酬张卿夜宿南陵见赠》一诗，有注者亦认为张卿为张叔卿，亦即张叔明。李白与其交往且有诗赠之，故其后同为"六逸"中人，亦合乎情理。可陶沔却不知是何人了，或只能认为亦为当时鲁中名士，与诸人结交同隐，有相同志向者吧。

两《唐书》中，均有孔巢父传。

《旧唐书·孔巢父传》称："孔巢父，冀州人，字弱翁。父如珪，海州司户参军，以巢父赠工部郎中。巢父早勤文史，少时与韩准、裴政、李白、张叔明、陶沔隐于徂徕山，时号'竹溪六逸'。"《新唐书·孔巢父传》云："孔巢父字弱翁，孔子三十七世孙。"

两《唐书》之间似又有了矛盾处。即一为"冀州人"，一为"曲阜人"。可孔巢父作为孔子三十七世孙是见于《新唐书·宰相世系表》和《孔氏家谱》的，看来《旧唐书》之说有误，孔巢父自当是今山东曲阜市人。

杜甫在《杂述》中言："进贤为贤，则鲁之张叔卿、孔巢父，二才士者，聪明洞察，博辩闳大。……虽岑子（参）、薛子（据）引知名之士，月数十百，填而逆旅，请诵诗，浮名耳。"可知张、孔二人亦被杜甫看重，确有真才实学而非浪得虚名者。在长安，张、孔二人曾以诗干谒过岑参、薛据二人，但无果而还，杜甫看不过眼，故有上述之评吧。

《旧唐书·孔巢父传》亦言："永王璘起兵江、淮，闻其贤，以从事辟之。巢父知其必败，侧身潜遁，由是知名。德宗幸奉，迁给事中，河中、陕、华等州招讨史，寻兼御史大夫，充魏博宣慰使，遇害。"

想来永王璘求贤于孔巢父，该是已入永王幕府的李白所荐。可孔巢父知永王必败而不就，可见他比李白洞悉时事的目光更为犀利，颇有政治头脑，故由此事而知名于世，被德宗所用。

至于李白与孔巢父等结"竹溪六逸"的时间，王琦以来多认为是在开元二十四年（736）。安旗认为在开元二十九年（741）。王辉斌考证之后，认为应当是天宝四载（745）。对此我没有深入探究，只将其纳入待诏翰林之前，具体时间不定。

读《登单父陶少府半月台》一诗，得知李白所登的"半月台"，王琦注所引《山东通志》称："半月台，在旧单县城东北隅，相传陶沔所筑。单县，即唐时之单父县也，隶宋州。"而诗题称陶为"少府"，由此可知，"六逸"中的陶沔即诗中所称之陶少府，该是宋州单父的县尉。因史志中亦称"相传"，恐亦只能待考确定，但毕竟"六逸"中人似都有了眉目。

太白登半月台之诗，言此台陶少府有逸兴而筑，与常人不同，台如半边之月。可知此台即新筑之台，李白与陶公在台上置酒眺望，看白云翻卷，秋风飙起，山入远海，桑下庶草半茂如剪，碧水天光澄明，太白不禁想起会稽的镜湖，遂起过江重游之念想。

或许，李白的《对雪奉饯任城六父秩满归京》一诗，该引起重视。李白所存的诗文，没有一首是写给自己父母的，只有这首题中有"六父"的字样。李白诗中称之为"季父"，该是他父辈中排名最小的前辈，唐人虽有非家族的同姓认从兄弟之风俗，但无血亲关系而认"父"恐不多见。由此我想到《旧唐书》中称李白"父为任城尉"或源于此诗，而李白从安陆移家东鲁，亦可能与投奔这位"季父"有关。自然，这只是我的猜度。

从诗中看来，李白对"六父"极为尊敬。其"秩满归京"，应为年龄大了而退休归西秦，而设饯行之宴的窦公似为窦薄华，时为瑕丘县令，请诸多的士子墨客为之送行。

在李白的笔下，高贵者是人不敢鞭策的龙虎，不鸣叫司晨的鹓鸾，如《抱朴子》所言的"麟不吠首，凤不司晨"。而海上仙山之鹤也不是笼中的鹁鸟。这是写给六父，恐也是写的自己，故有其怀天地心、身若浮云之自谓。随之赞季父英风，并说他眉中有白毛，如蜀中马良兄弟五人中最有才名者。当征马嘶鸣，游车欲行之际，"六父"却踌躇不忍登车而去，深深依恋这四座送行者。登车依依而别，让李白慨叹，不知何时能于竹林之中，如同阮咸与叔父阮籍一样同修共隐呢？

写到阮氏叔侄，让我想到晋之名士"竹林七贤"。太白、孔巢父等人称为"竹溪六逸"，自然有追随前贤，以隐逸求得名声之意，以"七贤"得到启示而命名为"六逸"，有袭用前人雅号之嫌。

"七贤"多为酒徒、狂饮哀歌，那大抵是在政治高压时代"名士少有全者"之际，既不愿与统治者同流合污，又无法超越现实，故躲在酒壶中避世求得自保，以惊世骇俗之举、放荡不羁的表象掩饰内心的痛苦和矛盾。故阮籍的《咏怀》诗，多为看破功名、追寻人格自立，忧世伤怀，叹人生苦短的哀伤与沉痛，充满了疑虑、失望，是对残酷现实的感悟、揭示、反思与抗争，以及对自由人格与精神的追寻。或许，这该是"竹林七贤"这些名士大体的风貌。

然而，唐代的士人与"七贤"所处的时代已有本质的区别。自从隋炀帝首创科举制之后，唐代沿袭了隋之制度，并逐渐予以完善。在大一统的封建体制之下，既没有春秋时期的分崩离析、战乱纷争，盛唐的黄金时代又颇重文治武功，在文学艺术上又相当宽松、开放，故士人进身、施展才学，只有入仕这一条路，既没有施王霸之学、帝王之术，扫灭群雄而建功立业的条件，也没有高压状态下自身难保的担忧，故盛唐的知识分子都将入仕为官视为进身的正途，似乎是自然而然的事情。可从另一个角度看来，在大一统体制的桎梏之下，士人亦已丧失自由独立的人格，再没有春秋战国时期那种游说诸国、为帝王之师或一箭定聊城的故事，孤绝独立的精神，狂傲自负如李白者，大抵也是空负幻想的异数，只能是具有双重人格的人物。

因而，"竹溪六逸"与"竹林七贤"相较，虽在醉酒狂饮上有相似之处，但才学与影响除太白外，与之亦不能同日而语。况且"六逸"之隐并非弃仕，而是以此赢得声名，走隐逸之仕的"终南捷径"，与"七贤"在骨子里相异，实际上并没有产生大的影响。况且徂徕山山荒林密，出入艰难，并不适宜人长久居住，故"六逸"之说，多少带有炒作意味。李白在瑕丘居住时亦东奔西走，并时而与方士同游，与官员结交，又要照顾尚幼的儿女，恐也难长期在竹溪隐居。

如同李白念念不忘入仕一步登天一样，他也从未间断炼丹求药、寻仙学道之心。

《送方士赵叟之东平》，亦为李白与方术之士赵叟同游，探寻炼丹药的秘诀之诗。言赵叟得当年仙人长桑搜寻扁鹊的秘方，服药后"视病尽见五脏症结"，有如庖丁解牛一样，能见一般人看不见的人体内部结构。李白与赵叟一同游至今山东巨野的"获麟台"，即鲁哀公的西狩获麒麟之处，孔子曾为之感伤，故李白有"为我吊孔丘"之句，亦如之怀古感伤而潸然泪下。此时的李白亦不同年轻时泪雨滂沱般哭得豪迈，泪也潸然，不那么多了。

《早秋单父南楼酬窦公衡》，也记有李白"我闭南楼看道书，幽帘清寂若仙居"的学道之句。与窦公衡独坐青轩之下，结念同怀，无人打扰，读道经绮文，时春芳辞秋，人亦霜凋红颜，却心境清明，望山峰嵯峨，云波涨海，散为飞雨而荡涤尘埃，若处仙居之中，故太白写诗酬之。单父自然是在宋州，亦为陶沔为少府之处。窦公衡开元二十三年（735）曾为越州剡县县尉，或许此时该是单父县令了。

其时，开元二十九年（741），玄宗的开元盛世似已快走到尽头。公元七四二年正月改元，自此，开元年代已去，改为玄宗天宝元年了。

改元之时，玄宗即大赦天下。并诏令："前资官及白身人有儒学博通、文辞益秀及军谋武艺者，所在县以名荐京。"此时，太白名气已大，作为文群英秀者，该有进身的机会了。

二月，朝中群臣上尊号，尊玄宗为天宝圣文神武皇帝。

与此同时，玄宗改侍中、中书令为左右丞相；改东都为东京。州为郡，刺史为太守。

以安禄山为平卢节度使，旋晋阶骠骑大将军。此举，已埋下安史之乱的祸根。

其时，唐天下设州三百三十一，羁縻之州八百，置十节度使、经略使以备边。凡镇兵四十九万人、马八万余匹。开元以前，每岁供边兵衣粮，费不过二百万；天宝以后，逐年增多，公私劳费，民始苦矣。如此，开元盛世已渐成泡影，安禄山等已渐拥兵坐大，劳民伤财，唐室王朝已走向衰败。

天宝元年（742）四月，李白初游泰山，有《游泰山》六首记其行。

《游泰山》又名《天宝元年四月从故御道上泰山》，李白诗题的时日甚明。"故御道"则指唐玄宗开元十三年（725）封泰山时所行之路。

泰山又称岱宗，为五岳之东岳，《史记正义》言在兖州博城县西北三十里。《山东通志》称："在济南府泰安州北五里，一曰兖镇。周围一百六十里，自山下至绝顶四十余里。上有石表巍然，传是秦时无字碑。"

历代皇帝多来泰山封禅，留下的古迹古刻至今仍历历在目，成为著名的文化遗产，似已不必一一列举。但流传于世的"泰山北斗"这样的成语，亦可知泰山在人们心目中的分量。历代文人墨客登泰山者可谓多矣，尤以杜甫的"会当凌绝顶，一览众山小"为人所知者众多，成为千古名句。而泰山极顶看日出的文章，为近代作家所写，亦影响颇大。我曾登过两次泰山，一为年轻之时腿脚利索，体力又好，并未感到劳累而到了峰顶。那次登临是阴天，感到山顶风颇大，登高望远时目力所及亦是山峦起伏、云海浩茫，确有开阔胸襟心旷神怡之感。第二次登山时体力也还充沛。但那次登上山顶时却是大雾弥天。时在五月下旬，我穿着租来的棉军大衣，外罩雨披，却还感到峰顶的风寒露冷，大雾已笼罩整个山顶与空间，时间不长眼睫毛已挂上雾气凝成的珠粒，雨披上亦已水珠细密，更奇异的是云雾是一缕一缕的，大小不等，任眼前飘飞，没有重量，没有翅羽，却能轻快地游弋。疏疏淡淡，团团缕缕，缥缥缈缈、蓬蓬松松的雾在飞，没有声音、虚虚弱弱、若有若无，飘飞着，迅疾、柔软而又灵动。

李白在登泰山的时候，走的是玄宗开元十三年东封泰山的御道。据《旧唐书》记载：玄宗率群臣等十月辛酉从东都洛阳出发，十一月丙戌，至兖州岱宗之下。己丑日至南天时，备法驾登山，仗卫罗列山下百余里。诏令行从留在谷口，玄宗与宰臣礼官登山。庚寅，祀昊天上帝于上坛，有司祀五帝百神于下坛。礼毕，藏玉册于封祀坛之石碱。然后燔柴燎发，群臣称万岁，传呼自山顶至岳下，震动山谷。

李白此诗亦写了玄宗封山之情景，六龙御驾，车过万壑，涧谷萦回，可当年马踏碧峰之处已长满青苔，只见飞流从高峰绝壁洒落，水流湍急，而松涛却带来哀伤之音。于山顶北眺嶒嶂之奇，山崖仿佛向东倾倒；石门闭洞，地响云雷。太白登高望蓬、瀛仙山，想那金银造就之台，于天门一声长啸，顿觉清风万里而来。恍惚之中，他如临梦境，只见四五位玉女飘飘摇摇地从九天降落，含笑以素手送太白流霞一杯饮之，白稽首再拜，自愧并非仙才，感叹旷然之心可容得下宇宙，弃世俗之念是何等悠哉之举！

太白此诗大抵也是在仕途屡屡受挫之时，登泰山时浮想联翩，在幻觉中已遇仙人又生出世寻仙之念。初写沿玄宗御道登山，终却结于与仙女相适，两相对照，失意含哀之中却偏于后者，大自然的壮美与开阔的胸襟复让太白豪气重生，已无偶现的低眉俯首之态，所谓"举手开云关""精神四飞扬""凭崖览八极""白浪翻长鲸"，一个气象阔大、神气活现、动人心魄的李白再次凸现，引人入胜。

或许与太白的心境有关，《登泰山六首》首首都涉及炼丹学道、寻仙逢仙之句。

骑白鹿而上天门，逢飞仙羽人，其目瞳正方形，容颜如童。太白扶藤萝欲与仙人共语，被青云隔开，却遗下一部鸟书，乃上古之字，颇为鲜见，只能留下叹息，欲拜师而未就。

继而太白又遇一值山之青童，生一头绿发又双绾云鬟，笑其学仙太晚，于蹉跎岁月中容颜已凋。可当太白踌躇之时，青童忽飞升而去，已无法追攀了。

可是太白清斋日日，裂白绢以字道经，诵有所得，神卫形身，云信长风，周身若生羽毛，攀崖而窥东海，已闻天鸡之鸣、望云台倒影，翻卷的白浪，让太白臆想如得不死之药，白日即可飞升去海上之仙山。

继而他又缅思骑鹤的仙人，往来于云中，自己终会遇见古之仙人安期生，在此炼金药玉液。又想象静娱清辉之时，观鸾凤之舞，飘摇龙虎之衣，上天手摘星辰，恍惚之时已想不起归路，手撩玉河清浅之水，却误攀织女的织机，待晨明离去，只见五色之云飞卷……

《登泰山六首》是李白移居东鲁之后的重要作品，从中可窥其心态以及一个成熟的大诗人的功力，亦是李白待诏翰林前最后的数首作品之一。

回到瑕丘的一天，李白得友人赠送的乌纱帽一顶。唐代的士人和书生平时都戴"幞头"，即布帽或长头巾包裹头部，帽子或头巾在后部隆起，多余的部分在脑后扎一个结，然后自然垂下，如同尾巴一般。有的帽子后部的布条用浆或漆处理后变硬，和双肩平行，像双翼一般。李白诗中的"白接䍦"，即白头巾。《尔雅》注："鹭头翅背上皆有长翰毛，江东取为接篱"，大抵是说用这种长翰毛接系白头巾之意。而"乌纱帽"始出于南朝宋明帝初年，建安王休仁置乌纱帽，以乌纱抽托帽边。隋帝王贵臣多戴乌纱，后民间贵贱皆用，并非只是官员之冠。

李白得纱帽后，感到比他的白头巾像样多了，非常高兴，一个素不照镜子的山人戴在头上问小孩子：怎么样啊？小孩子煞有介事地打量着李白说：好，你戴着正合适！

这样的生活小镜头，就是李白《答友人赠乌纱帽》所描述的。

就在李白游泰山归来不久，忽一日，太白也没想到竟然喜从天降，他得到玄宗的诏书召其入京。那该是天宝元年（742）正月玄宗下诏令各地举荐贤才之后的回应吧。此时的李白已诗文之名显著，结交天下，名动京师。

想尽各种办法没进身之阶，二十余年都屡受挫折，可当李白正心灰意冷，欲学道寻仙之际，忽闻此信息，自是狂喜之至，兴冲冲地写下《南陵别儿童入京》——

> 白酒新熟山中归，黄鸡啄黍秋正肥。
> 呼童烹鸡酌白酒，儿女嬉笑牵人衣。
> 高歌取醉欲自慰，起舞落日争光辉。
> 游说万乘苦不早，著鞭跨马涉远道。
> 会稽愚妇轻买臣，余亦辞家西入秦。
> 仰天大笑出门去，我辈岂是蓬蒿人。

这是一幅何等生动欢快的团聚送别图啊！看来诏令到达之时正是秋

天，呼儿唤女，烹鸡酌酒，儿女牵衣，看来孩子并不大，可皆因闻喜讯而欢呼雀跃，太白亦取醉而舞……

按常理，离家赴京，该与妻子儿女依依作别，可李白只写与儿童别离，且有"会稽愚妇"之句，看来李白已与同居者分开，关系甚为不睦，大抵也是因其家贫而抛之而去，才有终出一口恶气之感。当李白跨马扬鞭即将入秦之际，其"仰天大笑出门去，我辈岂是蓬蒿人"之句，其中蕴含着几十年的苦苦追寻，五味杂陈，既是一种莫大的安慰、抑郁的释放，也带着太白特有的轻狂。

此诗该作于沙丘李白居处，沙丘亦称"南陵"，而非安徽之南陵，李白奉诏之后不会去千里之外的南陵与儿女作别，再取道入京的。

第二十一章 翰林待诏

　　李白由谁推荐给玄宗，奉诏入京，研究者诸说不一，亦有分歧。就我看来，还是应以李白自述为准。太白亲口所言，总要比后人的猜度更能令人信服。

　　太白一生曾多次谈到他任翰林待诏的原委。一是天宝十三载（754）魏颢慕其名，追踪千里于江东访李白时，李白对魏颢的自述。魏颢也是颇为自负之人，生性狂放，与太白志趣相投，故李白曾赠其诗，亦将所有诗文交与他，请魏颢代为编辑成集。魏颢《李翰林集序》中所言，该是李白与性情相投的追慕者自述生平，也是李白同时代人所留下的原本的史料。《李翰林集》编就时李白尚在世，魏颢当不会妄加编造、随意杜撰。有研究者认为两人均为狂妄者，其言不可信，不知有何事实根据。

　　魏颢《李翰林集序》曰："白久居峨眉，与丹丘因持盈法师达，白亦因之入翰林，名动京师。《大鹏赋》时家藏一本。故宾客贺公奇白风骨，呼为谪仙子，由是朝廷作歌数百篇。上皇豫游，召白，白时为贵门邀饮。比至，半醉，令制出师诏，不草而成。许中书舍人。以张垍谗逐，游海岱间。年五十余，尚无禄位。"

　　这段话说得很清楚，即李白和元丹丘都因为持盈法师即玉真公主的推荐而腾达，被玄宗召入翰林院。而太子宾客贺知章奇白之风骨，亦会在朝中大赞某天才诗人。而太白的《大鹏赋》时家藏一本，可见李白的威名已颇大，可谓家喻户晓，朝中官员自然也应多闻其才。故玉真公主推荐李白，又有贺知章等人为之印证，故玄宗下诏召太白入宫，该是自然的事情了。

当然，李白的狂傲自负、喜出大言，不排除其中有酒后狂饮时的夸张之语，如"朝廷作歌数百篇"，并没有诗文可印证。加之魏序亦是事隔多年之后所写，回忆时有错误之处亦有可能。如"白久居峨眉"，恐为不实之词，但以峨眉代指巴蜀，亦在情理之中。李白在自己的诗文中，大抵只言因自己名动京师而被上皇召入宫廷，这倒符合他狂傲自负的性格，其"因持盈法师达"恐非狂言，是私下里与追慕者所言，只能是他自己言及入京的原委，而魏颢亦无可能私下杜撰此说。

李白的第二次有关被召入宫廷的自述，是安史之乱后的至德二载（757），得崔涣和宋若思之助出狱后，于参谋宋幕之时请宋若思推荐所作《为宋中丞自荐表》。其中言——"臣伏见前翰林奉李白，年五十有七。天宝初，五府交辟，不求闻达，亦由子真谷口，名动京师。上皇闻而悦之，召入禁掖。既润色于鸿业，或闻草于王言，雍容揄扬，特见褒赏。为贱臣诈诡，遂放归山。"

为皇帝上表该是正式公文，和朋友之间神聊自是不同，出言谨慎，字斟句酌，文随时变，该说的说，不该说的不说，目的只是想求得上皇垂青而重入宫阙，故与魏颢之序有明显不同，自荐表不再提及"因持盈法师达"而被召入翰林之事，两者都有"名动京师"之句，但原因并不相同。《表》舍去了贺知章的极度赞赏，"《大鹏赋》时家藏一本"的诗文之影响，却言其"名动京师"的原因是"五府交辟"而又"不求闻达"。"五府交辟"该是安史之乱之初各方招揽人才的情势，言其不想在动乱之中为心藏异志的人所用，并以家居谷口的子真自喻，言其贤德。《华阳国志》卷一〇下称："郑子真，褒中人也。玄静守道，履至德之行，乃其人也。教曰：忠孝爱敬，天下之至行也；神中五征，帝王之要道也。成帝元舅大将军王凤备礼聘之，不应。家谷口，世号谷口子真。"

这里再没有目空一切、纵酒轻狂、视群臣如草芥、与万乘为僚友的态势了，却是一副贤人君子、"玄静守道"的儒家以至德贤良而名传天下的形象。不再说辟草制书，只虚言概括其事，也不再指名道姓地诉说对手冤家，只称"贱臣诈诡"，避开了因朝中复杂的关系网可能形成的阻碍，目的自然是在动乱之际国家重用贤人君子之时，收到"献可替否，以光朝列，则四海豪俊，引领知归"的功效。

李白被"赐金还山"初出长安时，与杜甫相遇，恐还有所顾忌，并没谈到被谗之事。魏颢追逐李白时在天宝十三载（754），那一年张垍受杨国忠打击，三月被贬为卢溪郡司马，故李白不再顾忌，直呼其名。待魏颢作序时，张垍兄弟因投靠安禄山，张均为安禄山的中书令，张垍则当了宰相，后受到严厉惩处，李白和魏颢自然是直言不讳。然而，五十七岁的李白或许是年纪大了，处事与年轻时已有区别，更能审时度势，不想节外生枝，该说与不该说的颇为明了，其"度"把握得恰到好处。

太白再次自述其人生经历，是在李白病重，正如李阳冰所言"临当挂冠，公又疾亟，草稿万卷，手集未修，枕上授简，俾余作序"之时。

李阳冰《草堂集序》中言："天宝中，皇祖下诏，征就金马，降辇步迎，如见绮皓。以七宝床赐食，御手调羹以饭之，谓曰：'卿是布衣，名为朕知，非素蓄道义，何以及此。'置于金銮殿，出入翰林中，问以国政，潜草诏诰，人无知者。丑正同列，害能成谤，格言不入，帝用疏之。公乃浪迹纵酒，以自昏秽。咏歌之际，屡称东山。又与贺知章、崔宗之等自为八仙之游，谓公谪仙人，朝列赋谪仙之歌凡数百首，多言公之不得意。天子知其不可留，乃赐金归之。"

李阳冰序言，自然是根据太白口述而成文。从其遣词用句的表达方式看来，该是位方正且严肃的书写者，不可能胡乱编造。李序与魏序及《自荐表》亦有不同处，细致叙写了玄宗对太白不寻常的礼遇，对李白的赏识和评价。所谓"降辇步迎，如见绮皓"，玄宗移步亲迎一位布衣已是非凡之礼，而绮皓，则指汉初隐士绮里季，为商山四皓之一。名为"皓"，自该净洁明亮，光彩照人，既言其仪表，亦言其高洁的内心吧。至于"御手调羹以饭之"，可见玄宗对其喜爱之至，只有至亲至爱者或许才能有这样的待遇。言及上皇对李白的赞赏，称其"素蓄道义"，或许言及李白深明道教精义，但作为皇帝所言恐不仅指此，联系下文"问以国政，潜草诏诰"之句，恐主要指经世治国之道、深明大义之义。对于"潜草诏诰"之后，加上"人无知者"，该是说不清楚的事情了，只有李白自己知道，恐是大话，与事实不符，但如此表述，可见表述得颇为聪明，也是不可不信、不可全信的智者之笔。是啊，玄宗和李白都去世了，谁知道呢？

李序谈到玄宗疏远太白之事，用"丑正同列，害能成谤"说明其原因，这与《自荐表》的表达方式相近，亦未提及魏序所言的张垍谗毁，故上"疏之"。其中受贺知章赞赏与朝中为谪仙人和作歌数百篇的说法，与魏序所言大体相同，不过加上了"多言公之不得意"之语，为太白体面出京、赐金放还做了铺垫。而写太白的纵酒和酒中八仙之游，是说因帝"疏之"之后不得志而为之，只不过表达得更有传奇色彩。

对于李白三次谈及其待诏翰林的原委，我同意戴伟华教授的看法，即李白对魏颢所谈的可信度最高。《自荐表》多粉饰，李序最为详尽，多细节，但其中"人无知者"的述说，总让人感到似不实之词。人总是在和个性相投的朋友在一起说真话和心里话的，尤其对追慕者，更能敞开心扉，畅所欲言，不必拿捏作态，不必顾忌什么。因而，李白因玉真公主的推荐，以及贺知章等人的赞赏让玄宗对太白大感兴趣，将其召入翰林，应当是可信的。

《旧唐书·李白传》中称："天宝初，客游会稽，与道士吴筠隐于剡中。既而玄宗诏筠赴京师，筠荐之于朝，遣使召之，与筠俱待诏翰林。"这种史料的记载，多有研究者认为不足为信，但也并无事实根据是妄说。李白与吴筠相识，客游之时有短时间的同隐亦是可能的。而吴筠入朝言及李白也非不可能之事，这与贺知章等印证玉真公主推荐的李白之天赋奇才并不矛盾。自然，李白被召入京最终是皇帝的旨意，但在禁掖之中的玄宗如没有重要人物的推荐和诸多朝臣的赞许，凭空是不会知道李白这个人的。

在李白与达官文士交往互赠的诗文之中，也有其与待诏翰林有关的言说。太白在《对酒忆贺监序》文曰："太子宾客贺公，于长安紫极宫一见余，呼余为谪仙人。"此说与魏颢序大致相同。对于贺知章的赞誉与赏识，李白自然心存感激。据《旧唐书》卷三玄宗《送贺知章归四明·序》所言："天宝三年，太子宾客贺知章鉴止足之分，抗归老之疏，解组辞荣，志期入道。朕以其年在迟暮，因循挂冠之事，俾遂赤松之游。正月五日，将归会稽，遂饯东路，乃命六卿庶尹大供帐青门，宠行迈也。……乃赋诗赠行。"贺知章临行前玄宗御制诗及序送，又命百官饯送于长乐坡，皇太子以下咸就执别，各有诗作。《李太白全集》卷一七有七律《送贺监归四明应制》一诗，该证明其时李白参加了这次饯送宴饮，并有应制诗留存。但在《会稽掇英总集》卷二所载李适之、李林甫等三十位达官的应制诗名单中，却没有李白的名字，又据此应制诗与玄宗所作同为五言诗，故有研究者认为李白此诗为"伪作"，是晚唐人以太白名义所写。

这种猜度不能说没有任何根据。但我认为，李白当时只是玄宗的文学侍从，所谓"待诏""供奉"，并没有任何品第、官职。自古以来的"名单学"从来只重官职与职别高低的排名，太白这没有任何职务者被"等去"也是自然之事。就李白的个性而言，别人写五言他写七律，并不从众亦容易理解，故以此推定李白之应制诗的"伪作"恐也没有说服力。而李白其时所写的另一首《送贺宾客归越》则是私谊之作，与应制之作自然会有区别。

和追慕者魏颢相见的前一年，李白从宋州赴曹南，独孤及有《送李白之曹南序》言："曩子之入秦也，上方览《子虚》之赋，喜相如同时，由是朝诣公车，夕挥宸翰。一旦幡被金马，蓬累而行，出入燕宋，与白云为伍。"从中可知，李白入宫侍御，与其"献赋"亦有关系，玄宗是把李白视为司马相如一般，喜其诗文之才，故李白待诏翰林，玄宗采其才亦是重要原因。但即使"献赋"亦当有人荐举其赋，呈送上皇玄宗才能读而识之。

李白被召入翰林，多年来，常被人认为太白为翰林学士，这是一种误解。傅璇琮先生对此有过确切且言之有据的考证。

从唐代原始的资料看来，新、旧《唐书》都称李白为"供奉翰林""待诏翰林"；李白自己亦称"翰林供奉李白"；在他与杜甫、贾至、任华、独孤及、魏万等交往的诗文中，都未称其为翰林学士。据傅璇琮先生称：中唐时曾有几位翰林学士，根据翰林学士院中壁上所书材料，详细载录了自玄宗开元以后的翰林学士姓名。元稹有《翰林承旨学士记》，韦执谊有《翰林院故事》，丁居晦有《重修承旨学士壁记》，该是唐代的原始记载，其中玄宗朝学士有八人，其中并无李白。

玄宗于开元初始建翰林院，所谓翰林供奉、翰林待诏，实为同一职名。《资治通鉴》卷二一七天宝十三载（754）正月记："上即位，始置翰林院，密迩禁廷，延文章之士，下至僧、道、书、画、琴、棋、数术之工皆处之，谓之待诏。"清顾炎武《日知录》卷二四有《翰林》一条，即据两《唐书》，记唐代历朝工艺书画之士，及僧、道、医官、占星等，均入"待诏翰林"之列，而这些人又称为翰林供奉。

李肇《翰林志》曾载：开元二十六年（738）"始建学士院于翰林院之南"，由是"遂建学士，俾专内命"。这就是说，于开元二十六年起，选部分文学之士入学士院，"专掌内命"，同时在翰林院中还有供奉等人。韦执谊《翰林院故事》明确记载如李白等诸人"在旧翰林中，但假其名，而无所职"。

按《新唐书·百官志》所言："玄宗初，置翰林待诏，以张说、陆坚、张九龄等为之，掌四方表疏批答、应和文章；既而又以中书务剧，文书多壅滞，乃选文学之士，号翰林供奉，与集贤院学士分掌制诏书敕。开元二十六年，又改翰林供奉为学士，别置学士院，专掌内命。"由此可知，最初的翰林待诏、翰林供奉是参与制诏书敕事务的，后来置学士院"专掌内命"。想来李白入翰林之时，玄宗偶尔命其"潜草诏诰"，也不是什么大不了的事情，作为文学侍从，大抵是以写诗文为主，有应急之制诏书敕之事，命其为之，也是自然之事。只不过，不管史载玄宗如何对他宠遇，但始终没有给他一个官衔，却是事实。

其实，即使是翰林学士，唐代也是一种差遣之职，并非官名。《新唐书·百官志》曾说："自诸曹尚书下至校书郎，皆得与选。"尚书应为一品，各部侍郎为正四品下，而校书郎为正九品下，无论其品级相差多远，都可入充翰林学士。故宋人叶梦得称："如翰林学士、侍读学士、侍讲学士、侍书学士，乃是职事之名耳。"学士无官秩，但以他官充选，非正官也。学士尚且如此，待诏、供奉自然更无官阶可言。如白居易于元和二年（807）以集贤校理入为翰林学士，第二年改为左拾遗，元和五年（810）又可改官，朝廷又给了他京兆府户曹参军这正七品下的官衔，比左拾遗高了几阶，故白居易喜而言志，写有"俸钱四五万，月可奉晨昏"的诗句。可知学士并无经济来源，凡翰林学士都须带有官衔。而待诏、供奉则无官职可言。

从李白初入翰林时所写之诗看来，大抵也是受皇帝恩宠、感恩颂主之作，并不张狂。即使有掩饰不住的兴奋、虚荣之心甚强的得意，甚至轻佻得得意忘形，也因赠诗对象而有不同，恐怕也是该说什么时说什么，不该说什么时不说什么，初时有所拘检，语意平和，真正张狂之作，是在他出长安之后因失意与愤懑时所写。

《侍从游宿温泉宫作》该是李白入宫不久，作为文学侍从随玄宗去骊山洗温泉时所作，是太白于宫中诗笔初试，得恩宠颂主隆恩的作品。所谓"侍从"，《雍录》称："汉世之谓侍从者，以其职掌近君也。行幸则随从，在宫则陪侍，故总撮凡最，而以侍从名之。"作为文学侍从，恐也是随陪帝王左右的男性宫娥，遂主之意写点儿歌颂盛世辉煌，或游宴观览时的应制之作，大抵是尽显才华、纸醉金迷、满篇锦绣的奉承之作，或是得帝王青睐的带有脂粉气、加了香料的诗文。

温泉宫在骊山下，《唐书》称："贞观十八年置，咸亨二年始名温泉宫，天宝六载更曰华清宫。治汤井为池，环山列宫室。又筑罗城，置百司及十宅。"想来玄宗游宿温泉宫，大抵也不会率文武百官一同来洗温泉的，虽有羽林十二将率兵护卫，所带随从不会太多。故李白此诗并没有过于盛大场面的描绘，只写仗悬秋月、旌卷夜云，写羽毛染成五色、有如虹霓之气的旗旌，以及督行夜鼓、清商三调之声，结尾则以"日出瞻佳气，葱葱绕圣君"为结。那是红太阳出来，"气佳哉！郁郁葱葱"啊！

李白侍从玄宗宿温泉的诗,共写了三首,除上述一首外,还有《温泉侍从归逢故人》。诗人未言故人姓名,从诗中看该为朝中的权贵人物。诗开篇便以扬雄为侍从献《长杨》《羽猎》赋事自喻,可谓满纸生辉。随之又引陈后主每臣下表疏及献上赋颂者,躬身省览。其人辞工,则神笔激赏,加其爵位的典故,所谓"激赏摇天笔,承恩赐御衣",言其为宫词,明皇赏赐宫锦袍之事;并希望故人"逢君奏明主,他日共翻飞",一起青云直上的美好前程。诗中对故人之言则仍旧恃才自负,表达出希望相助共同腾达之意,和颂诗已自不同。

而《驾去温泉宫后赠杨山人》,则表达得更为随意,大抵是志同道合的山野隐士,故少顾忌,诗中所言该是一种真实的心境。诗云:

> 少年落魄楚汉间,风尘萧瑟多苦颜。
> 自言管葛竟谁许?长吁莫错还闭关。
> 一朝君王垂拂拭,剖心输丹雪胸臆,
> 忽蒙白日回景光,直上青云生羽翼,
> 幸陪鸾辇出鸿都,身骑飞龙天马驹。
> 王公大人借颜色,金璋紫绶来相趋。
> 当时结交何纷纷,片言道合惟有君。
> 待吾尽节报明主,然后相携卧白云。

此诗可看作不再年轻的李白简要的生平自述。落魄楚地汉水之间,风尘萧瑟而多苦颜,恐也言明其大半生多艰难困苦、寂寞愁思,而少豪迈浪漫的人生历程。而对君王的剖心输丹的感恩及一雪胸臆之情,溢于言表。而直上青云如生羽翼则是其大鹏之志得以展现的欣喜之态。至于陪辇出鸿都,乘飞龙天马,"王公大人借颜色,金璋紫绶来相趋"之句,已是得意扬扬的炫耀之词,亦是太白未能免俗颇重虚荣的注解。结句虽为其"功成身退"的常谈,亦掩饰不住其醉心于富贵荣华的津津乐道、沾沾自喜。

李白的《效古二首》对初入翰林的狂喜之情写得更为直接:"快意

且为乐，列筵坐群公。光景不可留，生世如转蓬。早达胜晚遇，羞比垂钓翁。"对此。《唐宋诗醇》曾为之辩解，称："白之高旷，岂沾沾以早达自喜，夸蛾眉而嗤丑女者哉！"然而其诗明显表达的便是李白的"沾沾以早达自喜"的"早达胜晚遇"之感。"垂钓翁"自然指的是吕尚，八十出山该是"晚遇"，与其相比，此时的李白自然是"早达"者。

李白晚年所写《赠从弟南平太守之遥》，其中忆及当年待诏翰林时，有"当时笑我微贱者，却来请谒为交欢"，虽写出世态炎凉，但自己小有成就时便扬眉吐气，夸大地做出睥睨万物的姿态，恐也是佻薄之状。故陆游在《老学庵笔记》中言："又如以布衣得一翰林供奉，此何足道？遂云'当时笑我微贱者，却来请谒为交欢'。宜其终身坎壈也。"

李白对其初登龙门、备受宠遇的荣耀，念念不忘，不仅在自述生平时每每提及，其诸家序传极力渲染，在他的诗文中仍多次称道。如《还山留别金门知己》诗中的"清切紫霄迥，优游丹禁通。君王赐颜色，声价凌烟虹"。《玉壶吟》中则有"凤凰初下紫泥诏，谒帝称觞登御筵……朝天数换飞龙马，敕赐珊瑚白玉鞭"句。看来太白对能出入宫禁、玄宗特给面子颇为自得，所谓一登龙门，身价百倍，登御筵，甚至数换宝马、赏赐珊瑚白玉之鞭都一一录于诗行之中，大有受宠若惊之感。

李白作为翰林待诏，依范传正《唐左拾遗翰林学士李公新墓碑》所记曰："将处司言之任，多陪侍从之游。"而事实上正如安旗所言：其"司言之任终未得处，侍从之游无时无之"。

天宝二年（743）初春，玄宗于宫中行乐，李白奉诏作《宫中行乐词》八首称旨，赐宫锦袍。

《宫中行乐词》八首，原注为"奉诏作五言"。孟棨《本事诗》记之曰："玄宗尝因宫中行乐，谓高力士曰：'对此良辰美景，岂可独以声伎为娱？倘时得逸才词人咏出之，可以夸耀于后。'遂命召李白。时宁王邀白饮酒，已醉。既至，拜舞颓然。上知其薄声律，谓非所长，命为《宫中行乐》五言律诗十首。白顿首曰：'宁王赐臣酒，今已醉。倘陛下赐臣无畏，始可尽臣薄技。'上曰：'可。'即遣二内臣掖扶之，命研墨濡笔以授之，又令二人张朱丝栏于其前。白取笔抒思，晷不停辍，十篇立就，更无加点。笔迹遒利，凤跌龙挐。律度对偶，无不精绝。据此，则当时本作十篇，今存八首，想已逸其二矣。"

从现今所存这八首诗看来，太白实乃天才，醉酒之时诗思仍旧如此敏捷，十首诗一挥而就，且诗意盎然，声律精绝，令人赞叹。这和那种"两句三年得，一吟双泪流"的苦吟者相较，有着天渊之别。从中亦可看出玄宗识才，令太白咏出，则传之千古，如其所言，"可以夸耀于后"了。

李白成就最高、世人难以匹敌的作品是七言歌行，亦是七言绝句的圣手，五言律诗所作不多，那大抵是近体律诗多羁束，不合太白放荡不羁的性格。但太白之诗功底深厚，各种诗体无所不能，既是奉诏而作，从中看得出其丰厚的创作准备，于少时所作五言律诗所练就的童子功，能将帝王的宫中行乐写得如此佳妙，是动人心魄之诗性思维而非简单的浮夸赞颂与阿谀之词，就此类作品而言，亦堪称圣手。

此八首诗几乎篇篇句句用典，多取于汉魏六朝诸多名家的佳诗丽句，信手拈来为我所用，多为化用，且了无痕迹，以自己的诗思而自成新意。仿佛这些诗本在他的心胸之间，开笔则能取出一段。自然偶尔也有引句，如"柳色黄金嫩，梨花白雪香"，本阴铿诗，太白全用之。

自然，写宫中行乐，如其写宫中盈盈姣好的歌伎"只愁歌舞散，化作彩云飞"，这样写舞女心态的愁思之作仅此一首。而以飞燕喻杨妃，写金宫乐事，烟花落日，箫管丝弦，绣户香风，宫花争笑，艳舞如巧，娇歌半羞，莺歌燕语，以及"素女鸣珠佩，天人弄彩球"之类，都比比皆是，多为香艳轻柔绵软的无骨之作，虽有不凡的功力，却是一种粉饰太平、供君王取乐的甜美之词，与《蜀道难》等力作相较，已不可同日而语。或许，这是一种报君恩的写作，既无奇异豪放之态，也无寂寞愁思，完全是一种侍从乖顺邀赏的心态，难怪玄宗大悦，赐太白以宫锦袍了。

天宝二年（743）仲春，玄宗游宜春苑，李白奉诏又写《侍从宜春苑，奉诏赋龙池柳色初青，听新莺百啭歌》。

柳色初青的春日，听新莺百啭，李白随玄宗作春日之游而奉诏为诗。《唐诗纪事》称:"龙池,兴庆宫池也,明皇潜龙之地。"《长安志》载:"龙池,在跃龙门南,本是平地,自垂拱、载初后,因雨水流潦,成小池,后又引龙首渠支分溉之,日以滋广。至神龙、景云中,弥亘数顷,澄澹皎洁,深至数丈,尝有云气,或见黄龙出其中。本以坊名池,俗呼五王子池,置宫后,谓之龙池。"

宜春苑之龙池,是玄宗于东宫作为太子时的潜龙之地,自是有纪念性的重要所在。李白深知其义,应诏以擅长的七言歌行咏之,写柳色半青,萦烟袅娜,垂丝百尺,"是时君王在镐京,五云垂晖耀紫清。仗出金宫随日转,天回玉辇绕花行。始向蓬莱看舞鹤,还过茝若听新莺。"这里太白是把玄宗比作天帝、神仙的,五云垂晖,是指云有五色,其若云非云,若烟非烟,五色纷缦,称为庆云,乃太平之应也。李白这里以祥云之喻颂玄宗之太平盛世,所谓"春风卷入碧云去,千门万户皆春声",写的是春之时令,也暗喻盛世如春之意。

其年暮春,玄宗与杨妃兴庆池赏牡丹,李白又奉诏作《清平调》三首。

李白这三首新词《清平调》的由来,《太真外传》中载曰:"开元中,禁中重木芍药,即今牡丹也,得数本红紫浅红通白者,上因移置于兴庆池东沉香亭前。会花方繁开,上乘照夜车,妃以步辇从。诏选梨园弟子中尤者,得一十六色。李龟年以歌擅一时之名,手捧檀板,押众乐前,将欲歌之。上曰:'赏名花,对妃子,焉用旧乐词为?'遽命龟年持金花笺,宣赐翰林学士李白,立进《清平乐》词三章。承旨犹若宿醒,因授笔赋之。龟年捧词进,上命梨园弟子略约词调,抚丝竹,遂促龟年以歌之。太真妃持颇黎七宝杯,酌西凉州蒲桃酒,笑颂歌辞,意甚厚。上因调玉笛以倚曲。每曲遍将换,则迟其声以媚之,妃饮罢,敛绣巾再拜。上自是顾李翰林尤异于诸学士。"这来自《太真外传》的记叙写出玄宗与杨妃赏花,并命李白奉诏写词的具体情境,但其中将太白称之为"学士",作者恐也不大明了其实李白只是"待诏""供奉"而已,并无学士之衔。

《清平调》为歌词。《通典》称:"平调、清调、瑟调,皆周《房中》

之遗声也，汉代谓之三调。"清王琦按称《唐书·礼乐态》言"俗乐
二十八调中有正平调、高平调"。则知所谓清平调者，亦其类也。盖天
宝中所制供奉新曲，如《荔枝香》《伊州曲》《凉州曲》《甘州曲》《霓裳
羽衣曲》之畴欤？

李白这三首《清平调》亦是流传甚广之作，亦有人称"云想衣裳花
想容"为唐诗中最有名的诗名之一。然而，就其诗是咏花还是咏人，研
究者亦有不同见解，即其诗是咏人为主还是咏花为主，看法并不相同。

就我看来，这三首诗既是咏花，也是咏人，花与人已浑然一体，整
体上重暗喻，该是花与杨妃你中有我、我中有你，已分不清何者为花、
何者为妃，这恰恰是诗所独有的魅力。诗不必探究每个词每句诗的明确
所指，内容多义，仿佛得之，从诗之总体领略诗的情境和内涵就可以
了，诗妙在悟。

古人读《清平调》，对"云想衣裳花想容"中的两个"想"字，皆
称其妙、其奇，赞其为非凡笔法、非凡的想象力云云。说起来大抵是让
云有思想、花有感受，这在古诗中颇为鲜见，确有开创性与新奇意味
吧。其实在今天的新诗里，物的生命化与生命的物化已是常用的手段，
读之已无新鲜感。如"山蹲在霜里""肥胖的钟声""穿裤子的云"之类
皆为同样的手法。不过，太白能在一千三百多年前即有如此的表达方
式，确是天才。

李白这三首《清平调》，有人考证，原载于《乐史》，北宋咸平以后
才录入李白诗集。而蔡襄书写其诗时，曾写为"叶想衣裳花想容"，清
王琦认为以"叶"代"云"是误笔，是点金成铁，索然无味。对此，古
今研究者亦有不同看法，我倒认为，就整首诗而言，或许"云"字更为
恰切，有轻灵和幻梦感，"叶"则显得过实，联系玉山、瑶台为西王母
所居之处，"云想衣裳"与神仙幻境更为贴切。写云其实与花并不矛盾，
绿叶如云亦可为写花之状态，自然诗是写花，亦是写人。

对于《清平调》其二，乐史《李翰林别集序》是这样记载的："高
力士终以脱靴为深耻，异日太真妃重吟前辞（指《清平调》），力士曰：
始以妃子怨李白深入骨髓，何翻拳拳如是耶？太真妃因惊曰：何翰林学

士能辱人如斯？力士曰：以飞燕指妃子，贱之甚矣！太真妃颇深然之，上尝三欲命李白官，卒为宫中所捍而止。"

对这首诗，萧士赟的品读更为离谱。他认为高力士指摘"飞燕"之事，以激怒贵妃，那是高力士不读诗书，"云雨巫山"应当更甚。《〈高唐赋〉序》称神女自荐先王于枕席，所谓"枉断肠"者，是讥贵妃曾为寿王妃，失去杨妃的寿王不能忘情，故称之为"枉断肠"。诗人此事引兴，深切著明，读者以为常事而忽略耳。

对此，清王琦接言："力士之谮恶矣，萧氏所解则尤甚。而揆之太白起草之时，则安有是哉！巫山云雨、汉宫飞燕，唐人用之为数见不鲜之典实。若如二子之说，巫山一事只可以喻聚淫之艳冶，飞燕一事只可以喻微贱之宫娃，外此皆非所直言，何三唐诸子初不以此为忌耶？古来'新台''艾豭'诸作，言而无忌者，大批出自野人之口，若《清平调》是奉诏而作，非其比也。乃敢以宫闱暗昧之事，君上所讳言者而微群隐喻之，将蕲君知之耶，亦不蕲君知之耶？如其不知，言亦何益。如其知之，是批龙之逆鳞而履虎尾也。非至愚极妄之人，当不为此。……古来文字之累，大抵出于不自知而成于莫须有……小人机阱，深是可畏。然小人以陷人为事，其言无足怪，但词人学士，品骘诗文于数百载之下，亦效为巧词曲解以拟议前人辞外之旨，不亦异乎！"

我赞同王琦所言。

是年夏，玄宗泛白莲池，召李白作序。范传正《唐左拾遗翰林学士李公新墓碑》记其事曰："时公已被酒于翰苑中，仍命高将军扶以登舟……"《太平广记》所引《唐摭言》，亦载李白曾应诏草《白莲花开序》。此序今不传。

此外，李白还有《春日行》《阳春歌》等奉旨应景之作。

应当说，李白待诏翰林时的应诏诗，虽皆为宫中行乐、赏花观景、颂上美妃的历时应景之作，其立意并无新见，且多有香风软骨之志，但才气纵横，并非鹦鹉学舌读之令人难堪跟屁虫式的拍马诗，而是注重诗性意义、有独到诗学结构的艺术品，并留下流传至今的名篇名句，就应制诗而言，亦是他人难以匹敌的佳作。任华《杂言寄李白》中称之为

"新诗传在宫人口，佳句不离明主心"。而太白的《侍从宜春苑奉诏赋龙池柳色初青听新莺百啭歌》，王夫之曾评曰："两层重叙，供奉于是亦且入时，亏他以先响合成一片，到头本色，自非天才固不当如此。"吴乔亦称："《听新莺歌》首叙境，次以莺合境，次出人，次收归莺而以自意结，甚有法度。"看来，此诗之本色与结构，古来已有定评，确是佳诗。

于任翰林待诏之初，李白对这种文学侍从的身份是颇有得意之态的，得上皇恩宠，游宴之时不离左右，大大满足了他的虚荣好胜之心，他亦以不凡的才气，屡屡应诏作诗献赋，可谓名动京师，他亦志得意满。然而，时间长了，对于一个真正的诗人而言，每日低眉俯首，写一些无关紧要、风花雪月、歌功颂德的文字，和其狂放不羁、自由疏散的性格相去甚远，且与太白志在管晏之谈，以诸葛亮自居、匡扶宗室、放眼天下兴亡的政治抱负并不沾边，对其御用文人的生活不免厌倦。正如李阳冰《草堂集序》所言，"乃浪迹纵酒，以自昏秽。咏歌之际，屡称东山"。

李白以诗自述翰林供奉的情形，他曾写有《翰林读书言怀呈集贤诸学士》——

> 晨趋紫禁中，夕待金门诏。
> 观书散遗帙，探古穷至妙。
> 片言苟会心，掩卷忽而笑。
> 青蝇易相点，白雪难同调。
> 本是疏散人，屡贻褊促诮。
> 云天属清朗，林壑忆游眺。
> 或时清风来，闲倚栏下啸。
> 严光桐庐溪，谢客临海峤。
> 功成谢人间，从此一投钓。

由此诗可以看出，所谓翰林待诏则是早晚居于禁宫的翰林院里，无事时打开书本、读书观史，等待有事时皇帝召见，大多数时间并无具体事可做。故李白只能从书中探古以穷其至妙之处，而书中的片言只语触动了心灵，读到会心处，则掩卷而笑，可知他的翰林待诏生涯平日还是闲散自在的。

或许是上皇恩宠、有人忌恨，或许是太白过于自负、对同辈有轻慢之处，从诗中已明显感到初入宫的李白已遇到了是非，屡屡被人讥讽为"促诮"，大抵是言其气量狭小、偏执且好走极端之意。而对此讥讽，李白并不自省，呈诸学士之诗却借用陈子昂诗句，言青蝇遗粪于白玉之上，令修洁之士致招罪尤，又以阳春白雪恐难以与下里巴人同调之曲高和寡答之。随后诗人又以隐居的高士严子陵与谢灵运自居，亦言其功成身退之志。

看来，诗人在禁宫之中要遇到麻烦了。

第二十二章　醉卧长安

　　李白在任翰林待诏期间，按李阳冰《草堂集序》所言："害能成谤，帝用疏之。公乃浪迹纵酒，以自昏秽。"说的是太白遭谗谤之后皇帝对其疏远，才浪迹纵酒，每天喝得昏昏沉沉。可诸多记载言明太白受恩宠之时，亦常常醉酒，令人扶之为诗的。清王琦《李太白年谱》亦称李白"性嗜酒，多沉饮，有时召令撰述，方在醉中，不可待，左右以水沃面，稍解，即令秉笔，顷之而成。帝甚才之，数侍宴饮"。

　　其实，李白嗜酒恐怕在酒隐安陆的十年中已达极致，日日醉如泥已成常态。即使被召入宫中，会有所拘检，恐也难以自控。因遭谗谤而帝用疏之，更成了他嗜酒的借口，索性没有顾忌，更为放荡不羁了。正如《新唐书·李白传》所言："白自知不为亲近所容，益骜放不自修，与知章、李适之、汝阳王琎、崔宗之、苏晋、张旭、焦遂为酒中八仙人。"

　　王琦推断，《新唐书》的记载"盖据杜子美《饮中八仙歌》而记之耳"。只不过其中的苏晋开元二十二年（734）先卒，不可能在天宝初与李白同游。而范传正《唐左拾遗翰林学士李公新墓碑并序》称"酒中八仙"还有裴周南，却不在杜甫所咏之中。王琦认为"文酒之会，行之日久，一人或亡，则以一人补之，以至姓名流传，参差不一"。

詹锳先生认为："杜甫饮中八仙歌本未言有八仙之游，阳冰集序及范传正墓碑乃因杜甫此诗而生附会，遂有'八仙之游'一说，然不能遍举其名，盖亦知其本不在同时也，新书不察，遂一一举杜诗而实之，盖凿。"

对此，我也认为，杜甫的《饮中八仙歌》所写该是当时最好嗜酒、名声颇大的八位饮者，言之各人自嗜酒的趣事，诗中并无八人一起游宴的任何书写和记载。所谓"酒中八仙之游"是一种误解。自然，这八人之间曾分别相聚畅游颇为可能，说其经常一起游宴，显然是一种臆想。如这样理解，则"饮中八仙"之一苏晋虽去世，仍称之为酒仙之一并无不妥。

张昕先生有《"酒中八仙"交游考略》，其中亦言及其与太白是否有交往。

李白与贺知章的交往，孟棨《本事诗·高逸》载："李太白初自蜀至京师，舍于逆旅，贺监知章闻其名，首访之。既奇其姿，复请所为文。出《蜀道难》以示之，读未竟，称叹者数四，号为'谪仙'，解金龟换酒，与倾尽醉。"王定保《唐摭言》卷七言："李太白始自西蜀至京，名未甚振，因以所业贽谒贺知章。"而中唐诗人张祜《梦李白》诗云："祜当听我言，我昔开元中。生时值明圣，发迹侍文雄。一言可否由贺老，即知此老心还公。朝廷大称我，我亦自超群。"上述文字，晚唐人孟棨、五代人王定保均称李白与贺知章见面是在"初""始"去京师、舍于逆旅、名未甚振之时。张祜诗以梦中闻太白告之的口气，亦称其见贺知章是在"开元中"，因而，李、贺见面该是在太白一入长安期间。于天宝初李白待诏翰林时贺知章已老迈、因病恍惚，恐已无精力再作"酒中八仙"之游，天宝三载（744）便归乡养老去了。李白其时亦有《送贺监归四明应制》《送贺宾客归越》二诗，太白对其扶持颇有感激之情。《李太白全集》另收有《重忆》《对酒忆贺监二首》，为太白后作。

"饮中八仙"中的汝阳王李琎，《新唐书》卷八十一载："琎眉宇秀整，性谨洁，善射，帝爱之。封汝阳王，历太仆卿，与贺知章、褚庭海、梁涉等善。薨，赠太子太师。"

李琎是宁王李宪的长子。李宪因见李隆基讨韦后、拥立睿宗有功，坚持将太子的位置让给了他。因此，李宪死后，玄宗封李宪为"让皇帝"。李宪不当皇帝，"专以声色畜养娱乐之，不任以职事"(《资治通鉴》二百一十一卷)。李琎生年无考，卒于天宝九载(750)，一生无外任。开元、天宝年间均在长安，学其父亲的样子，整日泡在酒中，"道逢麹车口流涎，恨不移封向酒泉"(《饮中八仙歌》)。李白两次入京均有与其见面的机会，其又与贺知章友善，但尚未留下李白与其交往的诗文。

"八仙"中的李适之，天宝元年(742)代牛仙客为左相。《旧唐书·李适之传》称："适之雅好宾友，饮酒一半不乱。夜则宴赏，昼决公务，庭无留事。"李白任翰林待诏时当与其见过面。《本事诗》称："帝相李适之疏直坦夷，时誉甚美。李林甫恶之，排诬罢免。"故适之有"避贤初罢相，乐圣且衔杯"名。杜甫《饮中八仙歌》则有"左相日兴费万钱，饮如长鲸吸百川，衔杯乐圣称避贤"句，知杜诗当写在天宝五载(746)李适之罢相之后。而身为宰相，必国事繁多，又与李林甫交恶，其时恐难有与李白等有"酒中八仙之游"吧。

至于崔宗之，系李白初入长安功业未成、郁悒独愁时结识的好友，两人一见如故，慨然吐诺，太白亦有《赠崔郎中宗之》《酬崔五郎中》，以及《忆崔郎中宗之游南阳，遗吾孔子琴，抚之潸然感旧》诗，可知二人交情匪浅。

苏晋在京任太子左庶子约在开元二十一年(733)三月后，李白一入长安时或许有与其相会的可能，但并无记载。苏逝于开元二十二年(734)，李白任翰林待诏是天宝元年，本不可能与白有"酒中八仙之游"。

张旭被称之为"草对"，李颀、高适有《赠张旭》《醉后赠张九旭》诗。《全唐诗》包融小传云："开元初，与贺知章、张旭、张若虚皆有名，号吴中四士。"张旭开元二十九年(741)左右曾在京洛一带活动，李白天宝初入京该能与张旭相会。李白的《猛虎行》一诗与张旭相涉。

焦遂，唐袁郊撰《甘泽谣》提到其名，称布衣焦遂，为陶岘客。陶岘为陶渊明之后，《全唐诗》陶岘小传称："潜之裔孙，开元中，家于昆山，与孟彦深、孟云卿、焦遂游。尝制三舟，一舟自载，一舟供宾客，一舟载饮馔。有女乐一部，奏清商之曲。逢山泉则穷其景物，吴越之士，谓之水仙。"作为风流文士，焦遂或当去过长安并以酒扬名，亦可能与李白相见对饮。不过并无诗文可证。

杜甫的《饮中八仙歌》对李白的描述则是："李白斗酒诗百篇，长安市上酒家眠。天子呼来不上船，自称臣是酒中仙。"

应当说，这首诗流传之广、之久大抵是古今罕见。无论对诗感兴趣或不感兴趣的人，对写诗的人劝酒都要说"李白斗酒诗百篇"嘛，不仅是劝酒词，亦是邀诗之词。

从此诗可以看出，杜子美写的是太白待诏翰林时的事儿，受恩宠时也罢，帝用疏之也罢，所谓诗酒风流，李白的诗文都有酒味儿，或者说太白之诗，亦如酿酒一般的提纯和升华；或许，太白之酒亦有一种消释忧患、解愁忘我的作用。有人认为李白之酒名甚至大过诗名，在我看来，或许，亦因其诗名而使酒名更大吧。

裴斐先生在《李白十论》中写道：人们对李白饮酒感兴趣，"关键既不在他的酒喝得多，也不在他的诗写得好，而在他的饮酒诗表现出一种受人喜爱的性格"。李白与饮酒有关的诗与故事，确从不同角度体现了诗人的性情。

或许，流传最广、令人津津乐道的，是高力士为之脱靴的故事。此事《旧唐书》《唐国史补》《酉阳杂俎》均有记载。诸书皆言太白以醉中应诏而作诗文，想其扶醉而见天子，固不止偶然一次矣。

《酉阳杂俎》载："李白名播海内，玄宗于便殿召见，神气高朗，轩轩若霞举。上不觉忘万乘之尊，因命纳履，白遂展足与高力士曰：'去靴。'力士失势，遽为脱之。及出，上指白谓力士曰：'此人固穷相。'"或许，让宠臣高力士为布衣脱靴，玄宗似也感不妥，故以末句慰之，打个圆场。此记并未言太白醉酒，但《旧唐书》则称："白沉醉殿上，引足令高力士脱靴，由是斥去。"《唐国史补》亦称李白"醉不可待……对御令高力士脱靴，上令小阉排出之"。

高力士是玄宗最为宠信的宦官，其时权倾内外，甚至各方表奏都先呈力士，往往为之决断，对此朝野多有非议。李白令力士脱靴，灭其气焰，自然无不称快，似乎除了士人胸中抑郁之气，故流传甚广，后人亦大书特书了。

关于李白醉写诗文之举，魏颢《李翰林集序》亦云："上皇豫游，召白，白时为贵门邀饮，比至，半醉，令制《出师诏》，不草而成，许中书舍人。"刘全白《碑记》则称："天宝初，玄宗辟翰林待诏，因为《和蕃书》并上《宣唐鸿猷》一篇，上重之。"范传正《唐左拾遗翰林学士李公新墓碑并序》亦记此事为："天宝初，召见于金銮殿，论当事物，草《答蕃书》，玄宗嘉之，遂直翰林，专掌密命，将处司言之任。他日，泛白莲池，公不在宴，皇欢既洽，召公作序。时公被酒于翰苑中，命高将军扶以登舟，优宠如是。"大抵杜甫的"天子呼来不上船"系从此而来。

李白是个狂放不羁、率性且向往自由的人，不甘受束缚，但在正常情形之下，身处宫禁亦能有所顾忌。可在酒醉之后，则会挣脱羁绊，将真实面目呈现出来，呈现出一个真实的"自我"。只有醉酒时，他才能"天子呼来不上船，自称臣是酒中仙"；才能令"力士脱靴"，"贵妃捧砚"；所谓"归来使酒气，未肯拜萧曹"（《白马篇》）；"一醉累月轻王侯"（《忆旧游寄谯郡元参军》）；以及"眼花耳热后"（《侠客行》），"不知狂与羞"（《玩月金陵城西孙楚酒楼……访崔四侍御》），才能"半道逢吴姬，卷帘出揶揄"（《玩月金陵城西孙楚酒楼……访崔四侍御》）……对此，有人称醉后的李白是真的李白，是伟人、奇人，而清醒的李白则是庸人、俗人，这话有一定道理。

是啊，"御宴千钟饮，蕃书一笔成"（贯休《观李翰林真》）、"醉中草乐府，十幅笔一息"（皮日休《七爱诗》之一），这唐代诗人笔下的李白，不仅写诗撰文时让酒启诗思，一挥而就；平常时节大抵也是"三百六十日，日日醉如泥"，所谓诗酒酬答之外，亦常常对饮、独酌，达官贵人、市井少年、卿老村人等，都是太白的酒友，"长安市上酒家眠"，则指他在待诏翰林之时，亦独饮胡姬酒肆之中。

李白饮酒眠于酒家之时大抵是受到谗谤、被玄宗疏远之后，他不能为亲近所容，除不多的相知朋友相聚酒别之外，平常恐借酒浇愁，只能独自醉于胡姬酒肆之中。因他的父母均来自西域，或许其母还是胡人，故李白对西域文化有一种天然的亲近感。他既然能草答《和蕃书》，说明其熟悉西域文字，对来自西域的生活方式与葡萄酒，情有独钟。

偌大的长安当时是世界上最大的都市，城市有二百万人口。有一百一十个城区，并在横平竖直棋盘一样的城区街道之中，长安有东、西两个大集市，比市内有围墙的最大的城区还要大。大集市中有两条南北走向和两条东西走向的宽约一百米的道路，这些道路把大集市分为九个区域，分为不同的商行，其间商号林立，招牌醒目。《唐朝的日常生活》指出：通过文学作品记载下来的有肉铺（曾有人在这里买白牛头制作偏方）、药铺（皇帝曾经派人来这里买长生不老药药方里的成分）、铁匠铺（可能会遇到算命先生）、成衣店、茧绸、斧头店、馒头店、马具店（设有旅馆）、衡器店、金银铺、鱼铺和果菜店。仅长安东部的市场就有二百二十行。

因达官贵人皆住长安东西，故东西市场通常亦出售贵重而又奇特的商品，有来自世界各地的紧俏货。西市大多出售实用性的商品。西市还有一个专门的波斯集市，有宝石、稀有金属、钻石、象牙、香料和珍珠出售。

两个集市口都有多家酒馆，城内亦有多家酒馆。长安的东南城墙旁边，有中亚人经营的客栈，颇受诗人的青睐。他们雇用了一些白皮肤、蓝眼睛、黄头发的中亚女子歌舞，这样顾客会多买一些酒。想来李白常来的胡姬酒肆，该就是这里。

"胡姬"一词在《全唐诗》中有十七首二十次出现，仅李白就有五首诗五次出现。

"胡姬貌如花，当垆笑春风。笑春风，舞罗衣，君今不醉将安归。"（《前有樽酒行二首》其二）"何处可为别，长安青绮门。胡姬招素手，延客醉金樽。"从诗中可知，这种胡姬酒肆，即受诗人青睐处，则是长安东南城墙青绮门旁。李白为朋友饯行或独来品饮，都在这里。

是啊，太白于酒肆之中，眼前是貌如春花、皮肤白皙、金发碧眼、素手皓腕的西域女子，亦轻风般温柔可人，所谓妍艳留客，酒为郎盖，袅娜轻盈之姿，曼妙歌舞之态，未饮酒心已醉了。胡姬殷勤劝酒，美酒在金樽之中轻轻颤动，太白这样的嗜酒者安能不醉？

从唐诗所写的胡姬之作可知，这青绮门旁的酒肆确是诗人常来之地。"香渡传蕉扇，妆成上竹楼。数钱怜皓腕，非是不能留。"（杨巨源《胡姬词》）"送君系马青门口，胡姬垆头劝君酒。"（岑参《送宇文南金放后归太原寓居因呈太原郝主簿》）"胡姬春酒店，弦管夜锵锵。……上客无劳散，听歌乐世娘。"（贺朝《赠酒店胡姬》）"落日胡姬楼上饮，风吹箫管满楼闻。"（章孝标《少年行》）"羌儿吹玉管，胡姬踏锦花。"（温庭筠《敕勒歌塞北》）"年少郑郎那解愁，春来闲卧酒家楼。胡姬若拟邀他宿，挂却金鞭系紫骝。"（施肩吾《戏郑申府》）而李白亦有诗句曰："琴奏龙门之绿桐，玉壶美酒清若空。催弦拂柱与君饮，看朱成碧颜始红。"（《前有樽酒行二首》其二）"笔踪起龙虎，舞袖拂云霄。双歌二胡姬，更奏远清朝。"（《醉后赠王历阳》）……

诗人是对美有敏感的人，大都风流倜傥，亦有太白这般放荡不羁者。这么多的诗人常来胡姬酒楼，纵酒狎妓，为歌美如花的胡姬写诗赠之，甚至于此留宿，于箫管丝弦、轻歌曼舞之中如醉如痴，在火辣辣的异域风情、旖旎美色间大抵已神魂颠倒，手持于阗玉碗或粟特人的巨罗，将玉一般的奶酒和状如琥珀的葡萄酒，李白催弦拂柱，喝得尽兴之时，醉眼蒙眬，已将朱红的颜色看成碧绿，醉卧青绮门之侧，一切似乎又已消失，只有夜里的柳声在空间传来。

唐代长安每个城区都有高二点五至二点七米的城墙，入夜之后大小城墙都要关闭。为保京都的安全，设"执金吾"为街道的管理者，夜里在街道巡逻。

太阳落山时，长安城即有鼓声敲响，四百声鼓点，是宫门关闭；六百声鼓点，是长安城门关闭，意在告知人们该回家了，鼓声延续时间长久，亦足够让人们在城门关闭前回到住所。听到夜空传来的鼓声，醉眼蒙眬的李白已身摇腿软，或许无人扶持已走不出酒楼，也许是他本不想走出酒楼，只能在胡姬酒家眠了。

可李白究竟喝的是什么酒呢？胡姬酒楼之中的特色，恐主要是马奶酒和葡萄酒。乳酒是中亚的游牧民族用马乳所酿造，而葡萄酒汉代便已传入中国。李白诗中的"兰陵美酒郁金香，玉碗盛来琥珀光"（《客中作》），以及"鲁酒若琥珀，汶鱼紫锦鳞"（《酬中都小吏携斗酒双鱼于逆旅见赠》），诗中所言之酒为琥珀色，该指的是葡萄酒或黄酒。酒中的郁金香气，则指美酒在酿制过程中加入了来自西域的郁金香，故才有如琥珀的色泽以及郁金香的气味。

自然，唐代人所饮的酒，恐多为米酒。据公元九世纪早期的史料记载，唐代有名的酒共有十六种，其中十二种属于白酒，四种则属于黄酒。所谓白酒并非现在的高度蒸馏酒，而是呈浑浊状态的米酒，也称浊酒，因色泽呈白色而名之，大抵是酿造时间不长，过滤之后亦难以清亮，所谓"浊酒一杯家万里"之酒即指此酒，而黄酒则为陈酿，颜色已呈黑、红色。其时，名气最大的酒称富水酒。李白的诗中，曾数次提到"新丰酒"，江南、长安皆产此酒，亦有"酿老春"的说法。新丰酒、老春之类，该是同《唐国史补》记载的"乌程之箬下春，荥阳之土窟春，富平之石冻春"一样的春酒，都是粮食成熟后酿造，所谓"冬酿春熟之酒，谓之'春酒'也"。为酒中上品，故苏东坡称："唐人名酒多以春。"

李白每日饮得烂醉如泥，且常言日饮三百杯之类，自是夸饰之言、据典之句，但他喝得多也是可想而知的。那酒能饮如此之多，只能是米酒、黄酒之类，不会是如今高度的蒸馏酒。

白居易有"荔枝新熟鸡冠色，烧酒初开琥珀光"的诗句，陶雍有"自到成都烧酒熟，不思身更入长安"句，诗中所言"烧酒"，被人疑似蒸馏酒。可唐代《投荒杂录》中所记酿造"烧酒"的方法，则是："南方饮'既烧'，即实酒满瓮，泥其土，以火烧方熟，不然不中饮。"所载与蒸馏酒的酿造方式全无关系。

有人据宋代《丹房须知》中有关蒸馏器"抽汞器"的记载，以及南宋《游宦纪闻》卷五中有蒸馏花露的蒸馏器之说，推断有可能蒸馏酒起源于宋代。但在文献中有明确记载，蒸馏酒源于元代。明李时珍在《本草纲目》中言："烧酒非古法也，自元时始创。其法用浓酒和糟，蒸令汽上，用器承取滴露，凡酸坏之酒，皆可蒸烧。近时惟以糯米或粳米或黍或大麦蒸熟，以普瓦蒸取。其清如水，味极浓烈，盖酒露也，辛、甘、大热，有大毒。过饮败胃伤胆，丧心损寿，甚则黑肠腐胃而死。与姜、蒜同食，令人生痔。盐、冷水、绿豆粉解其毒。"

用曲药酿酒，据考古发现，中国早在殷商武丁时期就掌握了微生物"霉菌"繁殖的规律，已能使用谷物制成曲药，发酵酿造黄酒。《诗经》中的《大雅·旱麓》就有"瑟彼玉瓒，黄流在中"的诗句。黄流即杯中物。孔颖达疏："酿柜为酒，以郁金之草和之，使之芬香条鬯，故谓之柜鬯。草名郁金，则黄如金色；酒在器流动，故谓之黄流。"

上述记载，皆印证了李白等诗人有关酒的诗句，酒之琥珀色的光泽、郁金之香，皆因其酿造方式而成。李白《襄阳歌》中，汉水如鸭头之绿，"恰似葡萄初酦醅"，所喻即为未曾过滤的初酿葡萄酒。诗中所言之垒曲筑糟丘，即酿酒时的堆积曲药的发酵方式，看来太白亦颇知其时的酿酒之法。有关资料称：制曲的方法是将大麦等粮食蒸熟、翻炒之后碾成粉末，然后加水揉成饼状面团，称为曲饼。面团直径约七点五厘米，厚度约二点五厘米，制饼须在一天内完成。曲饼制成后则置于房屋中发酵。房屋大抵为茅草屋，将地面夯实，没有尘土和湿气。制曲屋分四块区域，中间辟有通道，将曲饼放在这些区域中晾干。其时须供奉祭祀五方之神，毕，将木门用泥巴封闭，七天后开门，将曲饼翻面，再次封门。十四天后，把曲饼摞起来，又一次封门。再过二十八天，将曲饼拿出，钻洞绳吊在太阳下晒。完全晒干之后，存起备用。看来李白诗中所言的"垒曲筑糟丘"，即言制曲之法。

而酿酒则须将曲饼碾碎，于大桶中浸泡三天，水的表面有气泡形成。以小米制酒为例，酿酒者将小米蒸至半熟，以二十一比一的比例倒入曲水中。所有的小米要用四天时间分四次倾入其中，然后把桶盖上。等到混合物发出醇香味，而且不再冒泡时酒即酿成，可以饮用了。其发酵过程快慢不等，大抵是时间越长，酒越醇香，如春酒之类。

唐人酿酒、饮酒之时，除上述所言以郁金香加入其中提香之外，还制有"椒浆酒"。方法是把七十粒黑胡椒和干生姜混合，磨成粉状，加入五个石榴榨成的果汁，然后倒入上等的酒中加热即可。椒浆所加原料皆来自西域，或许也应当是胡姬酒肆之中所传。按唐人的习俗，椒浆酒专门在新年的第一天饮用。

李白诗中所言之新丰酒、兰陵酒，据记载为唐代名酒，但亦在黄酒之类别中，并非蒸馏的烧酒、酒露。

从太白的饮酒诗中，所言酒器名目繁多，亦可知盛唐之际酒器之奢华精良。李白诗题《酬中都小吏携斗酒双鱼于逆旅见赠》可知，小吏所提该是"唐三彩双鱼壶"。此壶一九九二年于陕西长安县南里王村的一座唐墓中曾出土一件，是唐代三彩酒器中少有的模仿动物形象的肖形酒器。该壶为扁圆腹，壶体由两条腹部相连的鲤鱼构成，器肩部即两鱼头顶部各有一鼻，可穿绳系提，器形较小，被两鱼嘴共同承起。鱼尾朝下为器足。器物除鱼尾外皆施三彩釉。此壶造型别致，巧妙地利用两条对拥的鱼构成壶体轮廓，正面看如两鱼相对嬉戏、争抢食物。器体与鱼体的结合自然流畅，颇有意味。

唐代的双鱼酒壶，文献中亦有记载，称之为"双鱼榼"，即双鱼酒器。白居易亦有诗"何如家酝双鱼榼"名。可知李白获赠的"斗酒双鱼"即是此壶，诗人于逆旅之中，得中都小吏赠酒一壶，感慨系之，故写诗赠之。

李白《襄阳歌》中的"鸬鹚杓"，即形似鸬鹚长颈的长柄酒杓，即饮酒之器；"鹦鹉杯"，即鹦鹉螺制成的酒杯，河南偃师市杏园村的一座唐墓曾有此杯出土。明曹昭《格古要论》记载："鹦鹉杯即海螺盏，出广南，土人琢磨，或用银或用金镶足。"而偃师出土的鹦鹉杯，则未加琢磨，为纯天然酒器。鹦鹉螺为四大名螺之一，因螺壳花纹状似鹦鹉毛色而得名。而诗中的"舒州杓"为唐著名酒器；"力士铛"则为瓷制的三足温酒器；"金罍"亦为金质的壶状盛酒器。

在李白言及饮酒的诗中，金樽、玉碗、觞、斗、酌、杯、壶等比比皆是，而来自西域的琥珀樽、叵罗等，亦见其诗中。"叵罗"是音译的波斯语，亦为名贵酒器，常见的制作有小酒杯，亦有祭祀用的巨制，以金、银或铜制成。《新唐书·吐蕃传》曾载："显庆三年，献金盎、金颇罗等"，可知此器源于西域。

　　唐天宝初年是为开元盛世之后，朝廷已渐近朽败，玄宗以天下无事，欲高居无为，政事悉委李林甫。公元七四四年正月改"年"为"载"，时为天宝三载。三月，平卢节度使安禄山兼范阳节度使，始得恩宠，拥兵日重。八月，突厥内乱，册回纥骨力裴罗为怀仁可汗，由是回纥尽得突厥之地，渐以强盛。这已为后来的安史之乱埋下了祸根。

　　以为天下无事的玄宗已极少过问政事，宫廷上下、朝野之中奢靡饮宴之风盛行，宫伎、官伎、营伎分门别类、歌舞升平。此外，打猎、斗鸡、驯兽、蹴鞠、马球、围棋等休闲娱乐方式盛行。唐代本来节假日繁多，律法承认的节日每年有二十八个，所有官员享有法定节假日共五十八天。而朝中有要事、喜事，亦大赦天下，饮宴狂欢，因而，称唐之官员是悠闲享乐的阶层亦不为过。加之朋友之间迎来送往，自然会置酒相待，从太白的诗中可知，这样的宴请已成为俗常的生活方式。

　　通常情况下，宴会要持续一整天，有时至深夜，点燃火把进食。有的大臣举办的宴会要持续三天。公元七〇六年，玄宗举办的一次宴会持续了五天。

　　唐代的盛宴中都吃些什么，所留的记载不多，但公元八世纪早期有一些菜单流传下来，其中韦巨源官居"尚书左仆射"时为敬奉中宗而举办的"烧尾宴"则有记载。

　　"烧尾宴"是唐代的一种习俗，士子登科、荣进及迁除时在同僚中或者是为敬奉先贤举办的宴会。据称，所谓"烧尾"，是因老虎变人，尾巴犹存，只有将其尾巴烧掉，老虎才能真正变成人。因此，"烧尾宴"也寓意着升官者可以开始新的事业和生活。

　　这场"烧尾宴"的菜单已不全，只留下五十八种菜点的名称，成为唐代富有盛名的食单之一。其中"玉皇王母饭"是将米饭煮熟，外面涂一层荤油，然后做一个造型。食单中还有一些加工食品，如"通花软牛肠"是用羊骨髓加上其他辅料灌入牛肠，做成香肠一类的食品；"光明虾炙"是将活虾放在火上烤炙，但是并不减其光泽和透明度；"金银夹花平截"是把蟹黄、蟹肉剔出来，夹在蒸卷里，然后切成大小相等的小段；"冷蟾羹"即蛤蜊羹，但要冷却后食用；而馄饨一项就有二十四种形式和馅料，叫作"生进二十四气馄饨"。其他的面点有"单笼金乳酥""曼陀样夹饼""巨胜奴""贵妃红""婆罗门轻高面""见风消""水晶龙凤糕""汉宫棋""天花饆饠""素蒸音声部""生进鸭花汤饼"等。菜肴则有"白龙曜""乳酿鱼""葱醋鸡""吴兴连带鲊""八仙盘""仙人脔""箸头春""五生盘""遍地锦装鳖""汤浴绣丸"等。由此可见其宴会之奢华，王公大臣气派之宏大。

至于一般的家宴、文人士子相聚的饮宴，自然不会如此铺张，大抵也就是文学作品中提及的半饭、鸡汤、回锅肉、乌龟丁、鹌鹑汤、猪仔肉、鲤鱼、鹿肉、蟹酱、回锅鱼等。像李白这种饮宴之外的独酌，重在饮酒，只有几碟小菜而已。

天宝三载（744）之初，贺知章告老还乡，请度为道士，玄宗赐还乡，遣左右相以下饯别于长乐坡。

贺知章归去不久，李白于宫中不被亲近所容，遂于天宝三载三月上书请还山。玄宗以其"非廊庙器"，赐金遣之。

对于李白离宫的原因，唐以来众说纷纭，似无定论。魏颢《李翰林集序》中称："以张垍谗毁，游海岱间。"李阳冰《草堂集序》言："丑正同列，害能成谤，格言不入，帝用疏之。"刘全白《唐故翰林学士李君碣记》为："同列者所谤，诏令归山。"范传正《唐左拾遗翰林学士李公新墓碑并序》曰："既而上疏请还旧山，玄宗甚爱其才，或虑乘醉出入省中，不能不言温室树，恐掇后患，惜而遂之。"此外，还有广为流传的高力士因脱靴之耻与太真妃挑拨，"上尝欲命李白官，卒为宫中所捍而止"（《松窗杂录》）。乐史《李翰林别集序》以及《新唐书·李白传》之记载与上大体相同。

为此，任华《杂言寄李白》亦有"权臣妒盛名，群犬多吠声"句；皮日休《七爱诗·李翰林》则云："权臣妒逸才，心如斗筲窄。失恩出内署，海岳甘自适。"或许，上述种种都可能成为离宫的原因之一，但最终"赐金放还"还是玄宗说了算。孟棨《本事诗·高逸第三》载："竟以疏纵乞归。上亦以非廊庙器，优诏罢遣之。"《太平广记》卷二〇一引《本事诗》亦云："玄宗恩礼极厚，而白才行不羁，放旷坦率，乞归故山，玄宗亦以非廊庙器，优诏许之。"由此可见，李白被放归故山，关键处是他"非廊庙器"，只是个天真放纵的诗人而已，在这一点上，玄宗倒是慧眼识人。

就我看来，李白离宫的主要原因，还在于他自己。一个以自我为中心的人，视万乘若僚友，视群臣如草芥，过于狂妄自负，放荡不羁，必然会遭毁谤。他每日喝得醉醺醺的，被扶着上朝，初时玄宗爱才尚可容忍，长此下去，恐也难委以重任。其酒后失态，口无遮拦，亦难保宫禁私密；其缺乏政治家的素质，名士风流与朝廷规矩、法度格格不入；其"痛饮狂歌空度日，飞扬跋扈为谁雄"（杜甫《赠李白》），确也难当大任。

从另一个角度而言，李白对于御用之文学侍从生涯初时还颇有得意之情，可时间长了，只是写些花前月下的游宴之作、歌功颂德之语，对于一个真正的诗人来说，难免厌倦。加之在朝中被人讥笑、嘲讽，亦有孤立无依之感。从其《朝下过卢郎中叙旧游》一诗所云："何由返初服，田野醉芳樽"，可知其已萌归志；《同王昌龄送族弟襄归桂阳》诗云："予欲罗浮隐，犹怀明主恩。踟蹰紫宫恋，孤负沧洲言"，则看得出虽有归志，但还踟蹰不定。可随着时间的推移，诗人发现他不仅报国无望，因逸谤日甚，且祸之将及，其在翰林院处境艰难，确也待不下去了，只能上疏归山。如其《送裴十八图南归嵩山》诗所言："临当上马时，我独与君言。风吹芳兰折，日没鸟雀喧。举手指飞鸿，此情难具论。同归无早晚，颍水有清源。"看来太白去意已决。而在《设辟邪伎鼓吹雉子斑曲辞》中，甚至有了"乍向草中耿介死，不求黄金笼下生"之句。

于是，李白怀着悲愤与不平，离开了长安，《古风》有句云："挥泪且复去，恻怆何时平。"可知其心情与无奈。

离宫之时，太白写下《初出金门寻王侍御不遇，咏壁上鹦鹉》一诗——

落羽辞金殿，孤鸣咤绣衣。
能言终见弃，还向陇西飞。

此诗另一题为《敕放归山，留别陆侍御不遇，咏鹦鹉》。看来李白归去之时，曾数访朝中友人而不遇，遂以壁上鹦鹉自喻，所谓落羽孤鸣，能言之鸟被弃而飞回陇西故地，这种"孤鸣"之音的沉痛可想而知。或许太白其时并没有想到，朝廷失去一个"侍者"，不作鹦鹉学舌之作，却成就了一位名传千古的天才诗人，这未必是坏事。

行前，李白亦写有《还山留别金门知己》一诗，另一题为《出金门后书怀留别翰林诸公》。诗中对其优游丹禁、宝马锦衣、君王赐颜色、谈笑皆王公等仍津津乐道，引以为傲；而"一朝去金马，飘落成飞蓬。宾友日疏散，玉樽亦已空"，则感叹世态炎凉，然曲尽情未终，故"书此谢知己，扁舟寻钓翁"，就此隐于旧山去了。

李白的《古风》二十二中有句云："昔视秋蛾飞，今见春蚕生。"按安旗的说法，系指其第二次入长安及出长安时间，即自天宝元年（742）秋至天宝三载（744）春，共计三个年头，实际在翰林院时间仅一年半。

对于李白这一年半的翰林待诏生涯，成为太白终生难忘并时而炫耀的话题，也成为"两序四碑"夸赞的重要内容。可从本质上看，却是李白欲从政匡扶君王的大失败。玄宗虽然待以超乎寻常之礼，喜爱的也只是他的诗文之才，是把李白和那些书画音乐歌舞等有一技之长者视为一体，而"倡优蓄之"，其礼贤下士是为了衬托"明君"，偶尔容忍一个狂放不羁的"谪仙"亦是对"盛世"的点缀。玄宗从未将李白视为管仲、乐毅、诸葛武侯这样的可倚重的经世治国、平定天下之材。而李白以其超越常人的狂放不羁、诗酒风流、逞才使气傲立于庙堂之中，已打破了官场特有的典制与规范，说其这种行为方式是自绝于主流官僚系统，与之格格不入，故其纵然可以名动京城，却没有真正进入长安，应当是事实的本质。最后他只能胸藏愤懑、不平，甚至留恋之情，不得不黯然离去。

第二十三章 李杜情深

太白在春蚕初生时离开长安，取道洛郡（即商州）东去，晓行夜宿，赶往洛阳。其后作《别韦少府》诗云："西出苍龙门，南登白鹿原。欲寻商山皓，犹恋汉皇恩。"曾言其行踪。

此时，已经历十年漫游、声名初著、年仅三十三岁的杜甫从山东回到洛阳已经三年。他在洛阳与偃师之间偏北的首阳山下尸乡亭附近开凿了几间窑洞居住，即其后常怀念的"尸乡土室"和土娄庄。这里埋葬着他的远祖晋代名将杜预，他的祖父、诗人杜审言。这两个先辈是杜甫引以为傲的人物，使他意识到从政与写诗，本是杜家的传统，常常激励着杜甫的行为。

十年漫游，杜甫大开眼界，诗艺精进，已写下《望岳》这样的千古名篇，其尾句"会当凌绝顶，一览众山小"，也预示着杜甫之诗登峰造极、其未来所达到的高度。

然而，杜甫的求仕之路并不顺利，他科举落第，所结交的朋友无人也没有能力举荐他踏入宫门。按冯至的说法，他可能在这期间结婚的，娶的是司农少卿杨怡的女儿，他与夫人情爱深笃，曾一起流亡、受苦，后乱离之中写过多首怀念她的诗篇。而此时的杜甫虽成家而未立业，大抵是"读书破万卷"的积累和日渐壮健的诗行频频而出的时日。

天宝元年（742），养育年幼多病的杜甫的姑母在洛阳仁风里去世，深受其恩的杜甫埋葬了姑母，为她写墓志、碑铭，为其守制。天宝三载（744）他又给继祖母卢氏写墓志。其时杜甫在首阳山的窑洞与洛阳两地轮流居住。就在这一年，他见到了慕名已久、刚从长安归山的诗人李白。

或许，他们自己也并没有意识到，这是一个未来"诗圣"与"诗仙"的会合，代表盛唐气象的太白以及代表中晚唐诗歌高峰的少陵，两位唐代最伟大的诗人相聚的历史时刻，并由此结成了终生友谊，成为文学史中的千古佳话。而他们的诗作，亦成为唐代双峰并峙的艺术之巅，并流传至今，千余年来，令无数人吟诵不绝，又让诸多研究者为之倾倒。

用今天的话说，三十三岁的杜甫还是初露头角的青年诗人，而李白已写出诸多名篇，成为名满天下的大诗人了。面对大自己十一岁的太白，年轻的杜甫自然颇为尊重，并一见如故。或许因为真诚是写诗者最基本的品格，而诗是与心灵密切相关的创造，故诗人初次相见也没有生疏感，几杯酒下肚，心灵已相通。

此时李白从长安归山，已心灰意懒，仕途不达，自然又想起了学道寻仙，所谓"未就丹砂愧葛洪"（杜甫《赠李白》）。或许两位诗人见面时，李白大谈炼丹求药、上山采瑶草之类，让面对东都洛阳那种相互倾轧、尔虞我诈的现实已感厌倦的杜甫也受了感染，一生中惟一一次对修仙学道也大感兴趣，故他第一首赠给李白的诗，竟多道家语，似已有随李白寻仙学道之心。

杜甫的《赠李白》，开篇便写出他的生存现状、客居东都洛阳的经历。十年游历，他曾漫游吴越、齐越，后居洛阳，大抵也是遍赏名山大川、结交文朋诗友，赋诗作文，增其阅历、名声，为入仕铺平道路。然而，科举不第，对他已是沉重的打击，客居洛阳，平日结交者多机巧奸猾之辈，已令其生厌。从诗中可知，他住着自辟的土窑，过着野人洞窟巢居一样的生活，甚至连取火之柴都不易得到，所谓"蔬食常不饱"，是常常吃不饱饭的，忍饥挨饿，已是面有菜色，生存困窘。此时与李白相见，看谪仙面如冠玉、仙风道骨，竟脱身宫廷金殿，归山幽隐，对他授以炼丹求药、蓄精养颜之道，不觉神往，一个受儒学正统教育、"致君尧舜上，再使风俗淳"的士子，竟然一反常态，与太白"亦有梁宋游，方期拾瑶草"去了。

正如诗中所言，李白和杜甫结伴出游，去梁州（开封）、宋州（商丘）山中采集瑶草，那大抵是道家看重的益寿延年的草药吧。二人又渡过黄河，直奔山西阳城与河南济源之间的王屋山，寻当时的道家圣地、山上的小有清虚洞天，参拜道士华盖君。可到了山上，发现华盖君已经死去，让两人大失所望，心情黯然。望着荒凉的山野、耸立的山峰，慨叹人生无常，所谓得道者亦难免一死，惆怅之情油然而生，只好带着遗憾而去。

随后，李白去陈留拜访他的从祖采访大使李彦允，商量欲请北海高天师授道箓，决心遁入方外，正式成为名副其实的道士。而同游并未尽兴的杜甫，随后又赶来相会。

从杜甫初会李白所写的另一首《赠李白》的七绝，能看得出他们此时的心绪——

秋来相顾尚飘蓬，未就丹砂愧葛洪。
痛饮狂歌空度日，飞扬跋扈为谁雄？

对于此诗，前人曾认为是杜甫对李白的规劝，但郭沫若认为，这是一种错误的看法。他指出：人们忽略了诗中首句"相顾"两个字，更完全忽略了杜甫也迷信神仙丹药，而且终生嗜酒，嗜酒的程度绝不亚于李白。"空度日""为谁雄"都是愤世嫉俗之词，在慨叹英雄无用武之地。这所指的不仅是李白一个人，也包含了杜甫自己。杜甫在《壮游》诗里，说他自己年少时"性豪业嗜酒，嫉恶怀刚肠。……饮酣视八极，俗物都茫茫！"这态度难道还不够"飞扬跋扈"吗？不要忘记，《今夕行》中，杜甫在咸阳客舍"凭陵大叫呼五白"时，还自称为"英雄"呢！

我觉得，郭沫若的解读有其道理。从杜甫与李白初会所写的一些诗中，少陵对李白佩服之至、尊崇有加，面对高于自己的大诗人不会有不以为然之词。况且他已随太白一起采集瑶草，拜访道家圣地，而杜甫也尚未得志，心情抑郁，必然会同太白痛饮狂歌。且为诗者有大才必有狂放不羁之态、自信浪游之举，在状如飘蓬的秋日无因的相顾之时，心有灵犀，既慨叹"空度日"无所作为的现实，只能醉酒狂歌，又不知这种"飘蓬"般的日子归宿在哪里，空有一腔热血、满怀志向，却无处伸展。那大抵也是借酒浇愁，排解心中郁闷，也是对两人命运的感叹和不甘。

秋日，一起浪游的李白与杜甫，又遇到了在梁宋和山东一带流浪的高适。杜甫于开元末年与高适相识，重逢之际，这三位诗人便一起在这里游历，度过一个令人难忘的秋天。

三位诗人的秋游是自在、狂放而又浪漫的，并都留下诗篇以记其行。从太白《秋猎孟诸夜归，置酒单父东楼观妓》一诗可知，他们曾在孟诸行猎。

当时的宋州已是游人众多、商贾云集的城市，但在宋州西北与单父（山东单县）之间有一片周回五十里的大泽，俗称盟诸泽，即孟诸，历来为游猎之地。三人先在圆丘山采芝草，即李善《外国图》注曰"圆丘有不死树，食之乃寿"的奇草，皆食之，"欲以还颓年"，这是俗常不可得的奇珍异草，有返老还童之效，或许为灵芝之类。随后便跨上骏马良驹，携雕弓利箭，在鲁草秋白、狐兔肥鲜之际，引鹰随犬、邀遮驰逐，驰过城东之田亩向孟诸进发。在霜草茫茫的大泽之上，马如风扫空野，惊得禽飞兽走，弓控鸣弦，箭不虚发，鹜啄狐兔、狗衔猪肠，喧呼啸闹，所获甚丰。于是，李白等人于孟诸夜归，并于霜天之下燃起干柴旺火，剥皮烧烤野味，并在单父东楼置酒，饮清酒、品野味之鲜，杯来盏去，而堂下的两位美妓，舞步轻盈，飘摇若仙，美酒、美味、美女，既满足了口腹之欲，又饱了眼福，可谓神仙一样的生活方式，所谓"留欢不知疲"，颇为尽兴，竟毫无疲倦之态，欢度一夜，至清晓方歇。

对于三人的浪游，杜甫亦有《昔游》《遣怀》诗记之。其与高、李晚登单父之台，于寒秋满目荒芜之时，看碣石兀立，霜风之中桑叶纷落如雨，飞藿徘徊，"清霜大泽冻，禽兽有余哀"，其时令已是深秋。二者之诗太白多言享乐，而杜甫却多哀思。或许杜诗是后来忆作，写其诗时心情并不佳吧。

三人时而论交入酒垆畅饮，酒酣气畅之时登台沉吟怀古，发悠悠之思。高、李两公壮阔的词藻丽句，让杜甫也面红耳热，望着芒砀山上的浮云游移掠过，寒秋的空中雁鹜相呼，于如此的霜寒秋景之中，衰败的秋日，又让他们想到时局的严酷与朝廷上下的贪腐与衰败的内幕。

诗人们谈到玄宗的好大喜功，边将为博得皇帝的欢心，常驱使士兵随意攻打边境之外的城市，打了胜仗则用来邀功，打败仗则绝口不提，将领无视士兵和边民的生死，占领一尺宽的土地要付出一百个生命的代价。当时唐室尚仓廪充实，国内还称富足，可知杜甫在《昔游》中所言："幽燕盛用武，供给亦劳哉！吴门转粟帛，泛海陵蓬莱。"言转运粮草需从吴地跨海而北上，可见诗人游历之时，仍怀忧国忧民之心。

天宝四载（745）春日，李白与二人相别，归东鲁兖州沙丘家中，看望久别的子女。太白二入长安归来已是第四个年头，孩子该都已长了一头高，不至于牵他的衣襟了。日渐长大的子女见父亲归来自然欢喜，可日久未见，已有陌生感，令太白难免感慨，他也实在没有尽到父亲的责任。

从数年后李白再游江南时所作《寄东鲁二稚子》诗中"我家寄东鲁，谁种龟阴田"可知，李白归来略置田产；诗中又云："南风吹归心，飞堕酒楼前"，据《太平广记》载：李白"于任城购酒楼，日与同志荒宴其上，少有醒时"。想来太白置田地、造酒楼，当都以玄宗赐金所购建。其种龟阴之田大抵也是春种之后只待秋收；而日日荒宴、少有醒时，他的酒似乎喝得越来越厉害了。

或许，同游之后情感日深，分别不久，杜甫又来东鲁看望李白。杜甫在《寄李十二白二十韵》中有"醉舞梁园夜，行歌泗水春"句，说的就是同游梁宋之后，春日又来东鲁泗水边的沙丘与李白同游兖州一带的故事。好友来访，李白已有自己所购的酒楼，两位嗜酒者大抵也是日日欢宴，随后陪同杜甫东游西走，遍访东鲁名胜古迹，赋诗为文，与各地老友新朋相聚，太白其时已是名声大振，虽是玄宗"赐金放还"，但翰林待诏期间所获殊荣亦令人钦羡，日日迎来送往、饮宴诗文不绝，由春及夏，日日泡在诗酒之中。

同年夏，北海（青州）郡太守李邕来到济南郡，李白与杜甫亦到了这里，又与高适会合，大抵他们共同谒见了李邕。这次会见，杜甫有《陪李北海宴历下亭》《同李太守登历下古城员外新亭》二诗可证。诗中有"修竹不受暑""圆荷想自昔"句，可知正是盛夏。高适亦有《奉酬北海李太守丈人夏日平阴亭》诗。李邕也有《登历下古城员外新亭》诗，所记都是当时之事。

当时的李邕在文艺界已享有盛名，数十年来，以他的书法、文章以及广泛的交游名扬天下，他为人写墓志，为庙宇写碑铭，得到大量的润笔之资，成为颇为富有的官员兼文人。然而他钱来得容易，去得也容易，用度奢侈性情豪放的李邕经常帮助一些穷困的朋友，一掷千金，晚年竟成为富有传奇性的人物。据称，他无论走到哪里，都像今日的明星一样有人围观，他居住的巷子亦常被来访求字者拥塞得水泄不通。杜甫与李邕是老朋友了，亦是李邕颇为欣赏的诗人。他少年居洛阳时，李邕和以《凉州词》闻名高傲的王翰，都忘记了自己的盛名与高年，愿与杜甫论文、结邻。此次李邕来济南，杜甫自然会前去拜谒，诗人高适亦同往参拜。

李白这次见没见李邕，诗文中没有记载。于故土巴蜀时，年轻气盛的李白因未受待见，而写过《上李邕》，言及"轻年少"而发过牢骚。然而，后来李白在《东海有勇妇》中有云："北海李使君，飞章奏天庭。舍罪警风俗，流芳播沧瀛。"对李邕在北海郡之德政教化大加赞扬。后对李邕被害冤死，深表同情。而在《答王十二寒夜独酌有怀》诗中，李白公开为李邕大鸣不平。晚年流放夜郎途中经江夏，太白又去吊李邕故居，作诗称之为"我家北海"，怀念之情至深。由此看来，李白大抵也该与杜甫、高适谒见了李邕。或许李白的作品已十丧其九，即使写了谒见之诗亦可能失传。

经过一年多聚多离少的交往、浪游，杜甫与李白的关系越来越亲密。秋日，两人复会于鲁郡，一起去东蒙山访问道士董练师和元逸人，探寻道家秘笈与炼丹求药之术；时而又一起去探访幽隐溪山的友人，纵情谈笔，把酒论诗。

杜甫的《与李十二白同寻范十隐居》一诗，记下了他们难解难分的情谊——

李侯有佳句，往往似阴铿。
余亦东蒙客，怜君如弟兄。
醉眠秋共被，携手日同行。
更想幽期处，还寻北郭生。
入门高兴发，侍立小童清。
落景闻寒杵，屯云对古城。
向来吟橘颂，谁欲讨莼羹。
不愿论簪笏，悠悠沧海情。

是啊，两人已亲如弟兄，秋日醉酒时盖一床被子而眠，走到哪里都手拉着手，不仅是形影不离，简直就是融为一体了。这样至密的交情，李白与元丹丘曾经有过，恐怕已难找出第三个人了。二人相携去寻城北隐居的范十，于幽期之处，与腾云驾雾的高隐者相会，见清童侍立，闻寒杵之声，遥望古城的喧嚣，更衬托出这里的静雅安宁，所谓神仙境界也不过如此。其时兴致高发，吟诗谈玄，确令人宠辱皆忘，只留下悠悠沧海之情……

对于此诗的"李侯有佳句，往往似阴铿"，《渔隐丛话》引《学林新编》称："或云杜甫、李白同时，以诗名相轧，不能不无毁誉。"是说杜甫言此是鄙视李白之意。对此说，亦有前人认为：子美《夔州咏怀寄郑监李宾客》诗云："郑李光时论，文章并我先。阴何尚清省，沈宋欻连翩。"盖谓阴铿、何逊、沈佺期、宋之问也。四人皆能诗文，为时所称者，而子美又以阴铿居四人之首，则知赠太白之诗非鄙之也，乃深美之也。《陈书·阮卓传》称："武威阴铿，字子坚。五岁能诵诗，日赋千言。

及长，博涉史传，尤善五言诗，为当时所重。有集三卷，行于世。"以此观之，则子美赠太白诗"往往似阴铿"者，乃美太白善为五言诗似阴铿也。

顾修远《杜诗注解》引毕致中言：王荆公言子美赠太白诗云"清新庾开府，俊逸鲍参军"，但比之庾、鲍而已；又曰"李侯有佳句，往往似阴铿"，则又在庾、鲍下矣。荆公此说，不惟不知太白、庾、鲍、阴铿，亦不知少陵甚矣。少陵《解闷》绝句曰："陶冶性情存底物，新诗改罢自长吟。熟知二谢将能事，颇学阴何苦用心。"少陵尝苦学阴铿而不至，太白则往往似之，此少陵所以见太白而心醉也。太白能兼昔人独专之妙，故其诗无敌于天下，少陵欲与细论文，正以此。

就我看来，以杜甫赠李白诗，认为杜是贬低、鄙视太白，是以小人之心度君子之腹。读一首诗不能离开整首诗的语境，杜甫这样一首情感真挚、饱含真情厚意的作品，怎么可能开篇就鄙视李白，而又言其亲情甚密的友谊呢？况且，太白其时已名满天下，而杜甫作为年轻的后辈，尚未写出后来被视为诗史、诗圣的代表作，是正处于学习、积累、刚刚小有成就的诗人，不可能也没有理由与李白相互倾轧，为一己之名而诋毁太白。说起来，不仅杜甫，李白对二谢、鲍照、阴铿等诗人亦非常推崇，太白曾"三拟《文选》"，亦步亦趋地模仿、学习之，其"一生领会首谢宣城"就是明证。而当时杜甫若学阴铿而难以达到他的境界，见李白能博采众人之长，自是十分佩服，故言太白似阴铿，与庾信、鲍照相比，已是杜甫当时认为自己深为不及的由衷之辞，是其时的最高评价了。

自然，一位真正的诗人，尤其是李、杜这样伟大的诗人，在艺术上也是一步一步抵达顶峰的。随着时间的推移、识见的提高，年轻时喜欢的东西，年老时重读便不以为然，这也是常事。而杜甫对李白的认识，也如一瓶老酒，越放越醇。

在《春日忆李白》中他称——

白也诗无敌，飘然思不群。

在《寄李十二白十二韵》中言——

笔落惊风雨，诗成泣鬼神。

在《不见》近无李白消息诗中则云——

敏捷诗千首，飘零酒一杯。

在这里，杜甫对李白之诗的评价已达极致，还有什么比这更高的品评吗？

天宝四载（745）秋日李杜之会是二人最后相聚的时日，杜甫将去长安，太白则想重游吴越。临分离前，李白有《鲁郡东石门送杜二甫》一诗为赠——

醉别复几日，登临遍池台。
何时石门路，重有金樽开？
秋波落泗水，海色明徂徕。
飞蓬各自远，且尽手中杯。

两人没有几天便将分手，时短情长，故日日欢醉，难舍难分；一次次登高望远，却不知前景如何。而此地一别，不知何时还能相聚，重开金樽？不免心中惆怅。望泗水秋波，徂徕海色，两人将如飞蓬各自随风而去，不知将落于何处，那就饮尽手中这杯酒吧！或许，二人都没有想到，这杯酒是他们相聚的最后一杯酒，鲁郡东石门一别，此生竟没再相见，金樽再未能开。

李白宴别杜甫的诗，按郭沫若的说法，还有一首，即《秋日鲁郡尧祠亭上别杜补阙范侍御》。郭沫若从唐人段成式《酉阳杂俎》已征引此诗前后各四句，题目为《祠亭上宴别杜考功》诗，以及"众言李白惟戏杜考功'饭颗山头'之句",可知"杜考功"即为杜甫。故此诗题应为《秋日鲁郡尧祠亭上宴别杜甫兼示范侍御》,郭沫若认为"兼示"二字,抄本或刊本遗缺,后人注以"阙"字。其后常入正文,妄作聪明者乃盖"甫"为"补"而成"补阙"。原诗应该只是宴别杜甫,而范侍御应是杜甫《与李白同寻范十隐居》的那位"范十",该是李白设宴送别杜甫,另有好友范十相陪。

此诗应与《鲁郡东石门送杜二甫》中所言"醉别复几日"之几天内先后而作,大抵是情深意切,走又不舍,多耽搁了几日,又另约范十一起作别。两诗的时令、地点相近,确是"登临遍池台"。这首"宴别"诗,仍是太白风骨,兴逸而无悲,至多结句有怅然之思。在白日将落的黄昏,泗水与晴空一色,鲁酒盈海白玉之壶,让骏马歇鞍,将缰绳系于古木横枝,于是三人于亭间饮饯别之酒,并有鸣鼓歌吹为之助兴,杯来盏去,喝得酣畅,谈得悠远,所谓云归碧海,雁没青天,由此一别将相失各万里,正如末句之言,只能"茫然空尔思"了,这句诗,与杜甫后来所写《冬日有怀李白》中的"终朝独尔思"为同样的表达,或许是杜甫坐在书房独自思念李白时,重读太白之诗而作的回应。

杜甫走后不久,李白曾大病一场。后作《鲁郡尧祠送窦明府薄华还西京》一诗题下有注曰:"时久病初起作。"其诗的开篇太白则言大病初愈时的景况:"朝策犁眉騧,举鞭力不堪。强扶愁疾向何处?角巾微服尧祠南。"

看来李白这次病得不轻,久病初愈,策马而行时连马鞭都挥不起来。卧病之时,太白自然又想起不久前与杜甫朝夕相处漫游的日子,遂又写下《沙丘城下寄杜甫》一诗——

我来竟何事?高卧沙丘城。

城边有古树,日夕连秋声。

鲁酒不可醉,齐歌空复情。

思君若汶水,浩荡寄南征。

此诗言近来无事可做，只能"高卧沙丘城"，亦是言其久病不起。此时亦是秋天，太白大抵想起一年前秋日送别杜甫之时，古树系马宴别之景况，日连秋声，思念如同汶水一样浩荡而去，有鲁酒无杜甫同饮也难以喝得酣畅，有齐歌没有兄弟在也难令人愉悦。可见太白与杜甫之情谊之真挚难忘。

太白还有一首写给杜甫的诗，为《戏赠杜甫》：

> 饭颗山头逢杜甫，头戴笠子日卓午。
> 借问别来太瘦生？总为从前作诗苦。

这首诗《李太白全集》并未收录，故前人疑为伪作。诗载唐人孟棨《本事诗》，孟棨认为李白讽刺杜甫"拘束"，唐人段成式也认为李白"戏"杜甫。而《旧唐书·文苑传》竟称："天宝末诗人，甫与李白齐名，而白自负文格放达，讥甫龌龊，而有'饭颗山'之嘲诮。"

对此说，郭沫若认为，是唐人误解了李白，是"活天冤枉"，并认为诗题"戏"字是后人误加的。郭从诗之后两句一问一答，不是李白的独白，而是李杜两人的对话。"别来太瘦生"是李白发问，"总为从前作诗苦"是杜甫的回答。这样很亲切的诗，却完全被专家们讲反了。

就我看来，唐人的言李白"讥甫龌龊""嘲诮"之语固然不合诗之本意，而郭沫若认为诗题的"戏"字是后人误加，以及两人一问一答的解读，也是猜度，有一定道理，但亦难服人。其实，朋友之间交情深了，无话不谈，见面时开个小玩笑，该是正常的事情。真正的好友不会板着脸说话，心灵相通才无所顾忌。对于长辈和陌生者谁也不会开玩笑。作为大杜甫十一岁的李白，和小兄弟调侃几句，正说明其关系亲近。况且也只说：为啥近来太瘦啊？是写诗累的吧。这话也无伤大雅，确是一种亲近的表达。

杜甫与李白的交情，从他们互赠的诗中可以看出，确亲如兄弟，情深意厚。

两人离别之后，杜甫求仕于长安住了十年，李白则再一次漫游东南，正如杜甫《春日忆李白》中所言："渭北春天树，江东日暮云"，两人一静一动，杜甫竭力求取功名，以期报效朝廷；而李白则如闲云野鹤，于名山大川之间漂泊。

天宝四载（745）八月，玄宗册杨太真为贵妃。而贵妃的三姊皆赐第宅于京师。太真的从兄杨铦、杨锜，从祖兄杨钊（即杨国忠）皆封高官。贵妃日益得宠，中外争献器服珍玩，其时竟有以所献珍美加官晋爵者，于是天下从风而靡。民间则有歌谣称："生男勿喜女勿悲，君今看女作门楣。"亦如其后白居易《长恨歌》所言："可怜天下父母心，不重生男重生女。"

安禄山此时欲以边功求宠，发兵数次入侵奚、契丹。九月，奚、契丹各杀和亲的唐公主以叛。

玄宗在位日久，仍以为天下无事，用度日侈，赏赐无节。十月，以王鉷为御史中丞兼京畿采访使。王鉷等人大肆聚敛，岁贡额外钱百亿万，以供挥霍，玄宗以鉷等能"富国"，益厚遇之，中外嗟怨。

次年四月，门下侍郎陈希烈同中书门下平章事。希烈以讲老庄得近，专用神仙符瑞取悦于上。李林甫以希烈为上所爱，且柔佞易制，故引以为相，凡政事一决于林甫，希烈但给唯诺。

李林甫欲尽除不附己者，重用酷吏吉温、罗希奭，屡兴冤狱，时人谓之"罗钳吉网"。

在这种情境之下，所谓的开元盛世已不复存在，种种迹象已预示着衰败与动乱的发生。

而此时的李白于东鲁正大病一场，于病中思念杜甫，想来在长安求仕的杜甫，在奸相把持朝政的日子里，恐难有作为。

太白大病初愈，借《鲁郡尧祠送窦明府薄华还西京》一诗，表达了对时事的忧思，并讥评朝政。诗中有句云："庙中往往来击鼓，尧本无心尔何苦？""酒中乐酣宵向分，举觞酹尧尧可闻？何不令皋陶拥篲横八极，直上青天扫浮云。"太白就尧祠而发感慨，以尧喻玄宗，而皋陶乃虞舜时司法之官。诗意谓玄宗虽屡次下诏求贤，然徒有虚名，并无诚意，不然何不用同为司法的李邕等人，一扫帝侧之奸佞呢？或许，李白借此言亦会想到初入长安的杜甫，不会比当年他初入长安时的处境更好吧。而诗之尾句，亦言其将有越中之游。

杜甫对李白的思念是长久的，并不随时间的推移而淡忘。他在冬日寂寞的书斋里，一人独自思念远在天边漂泊的太白，写下"更寻嘉树传，不忘《角弓》诗。短褐风霜入，还丹日月迟。未因乘兴去，空有鹿门期"（《冬日有怀李白》）的诗句。

困居长安的杜甫日子也实在不大好过。

公元七四七年，玄宗又征召文学艺术上有一技之长的人到京都就选。李林甫怕这些不识"礼度"的文人和艺术家任意批评朝政，有碍于他，于是设下阴谋，让所有应试的举子没有一个及第。他却上表祝贺，称"野无遗贤"。杜甫此次亦参加了考试，寄予很大的期望，没想到竟是这样的结果，颇为伤心。

流浪于长安的杜甫日渐穷困，只能在几个贵族府邸中当"宾客"，陪权贵诗酒宴游，混口饭吃。除此之外，他还在山野采撷草药，在阶前种植药物，换取贵族的"药价"，这就是他后来所言"卖药都市，寄食友朋"的由来。然而，这多少有些屈辱的生活，正如他在《奉赠韦左丞丈二十二韵》中所云——

朝扣富儿门，暮随肥马尘；

残杯与冷炙，到处潜悲辛！

四十岁后，穷困潦倒的杜甫身体日见衰弱。是年长安多雨，他又染上疟疾，已是疟疠三秋，寒热百日，头白眼暗，"肉黄皮皱命如线"（《病后过王倚饮赠歌》）了。那日子，比当年初入长安的李白还要惨。

当时的唐王室政风腐败，边疆失利，民生已渐趋凋敝，然而玄宗用度的奢豪已无与伦比。甚至"进食"时一盘珍馐的费用有时能等于中等人家十家的产业。至于贵妃和杨氏五宅日常享用的丰富，以及难以言明的宫中乐事，则在民间添了许多传说。

正是目睹了这些，以及自身穷困病痛的切身体验，使杜甫的目光转向了底层的庶民百姓，写下了诸如《兵车行》《前出塞》九首，以及《丽人行》等诗篇，他的情感更倾向于被奴役的黎民，并对侵略性的战争提出自己的疑问。此时的杜甫无疑已经成熟，入了大诗人的行列。

公元七五五年十月，在长安已浪居九年的杜甫，终被任命为河西县尉。然而，这一拜迎官长、鞭挞黎庶的职务令诗人难以忍受，他拒绝了县尉之职，改就右卫率府胄曹参军，职责为看守兵甲器仗，管理门禁锁钥，为正八品下。他接受这个"管仓库"的职务时，唐代连年的天灾人祸频频，统治者的奢侈与庶民的穷困都已到了极点。同年十一月他回奉先探视妻子家小，在寒风中冻僵了手指，衣带断了都无法系结。他本想像李白那样，遨游江海，过神仙一样的生活，但他仍将希望寄托在皇帝身上，自己像向日葵一样，围着太阳转。然而，残酷的现实对他的打击太大了，他在冰冷难耐的寒风里想起了玄宗、贵妃正在华清宫里避寒，在歌舞声中尽情享乐，将民间搜刮来的财物任意赐予。于是，他在《自京赴奉先县咏怀五百字》一诗中，鲜明地指出："彤庭所分帛，本自寒女出。鞭挞其夫家，聚敛贡城阙。"由此，他又想到豪门的饮馔之丰美，想起长安街头的饿殍，随之写下其流传千古的名句——

朱门酒肉臭，路有冻死骨。

而此时，他尚不知安禄山已起兵范阳，到了奉先家中，他未满周岁的幼儿刚刚饿死。

诗人将这一段苦难历程与所思所感写成《自京赴奉先县咏怀五百字》。用冯至先生的话说："这是一篇杜甫划时代的杰作，里边反映出安史之乱前社会的实况，反映出杜甫内心的矛盾与他伟大的人格；这也是杜甫长安十年生活的总结，从这里我们知道，杜甫无论在思想的进步上或艺术的纯熟上都超越了他同时代的任何一个诗人。"

或许是杜甫所受的苦难太多，他对远在他乡的李白始终惦念不忘。在杜甫现存的一千四百四十余首诗中，和李白有关的将近二十首。其中专门寄赠或怀念李白的诗就有十首。

安史之乱之后，尤其是李白因随永王而入狱，长流夜郎期间，杜甫远在秦州，与外界音信断绝，不知李白的真实情况，心急如焚，夜不能寐。乾元二年（759）其所作《梦李白》二首，记下由怀念仰慕转为哀怜惋惜的真实情感——

其一

死别已吞声，生别常恻恻。

江南瘴疠地，逐客无消息。

故人入我梦，明我长相忆。

恐非平生魂，路远不可测。

魂来枫林青，魂返关塞黑。

君今在罗网，何以有羽翼？

落月满屋梁，犹疑照颜色。

水深波浪阔，无使蛟龙得。

其二

浮云终日行，游子久不至。

三夜频梦君，情亲见君意。

告归常局促，苦道来不易。

江湖多风波，舟楫恐失坠。

出门搔白首，若负平生志。

冠盖满京华，斯人独憔悴。

孰云网恢恢，将老身反累。

千秋万岁名，寂寞身后事。

这二首《梦李白》的诗也是杜甫的名篇，其中的一些句子亦常被后人引用、借用。

从诗中让我们能感到杜甫对太白情感之真切，历时之久远。连续三夜梦见李白与自己亲密相见，但也只在梦中；想身陷罗网的太白即使生出翅膀恐也飞不出来，他亦担心李白的冤罪，千载难雪，会"名埋没而不彰"，所谓"千秋万岁名，寂寞身后事"。

诗中的"落月满屋梁，犹疑照颜色"，《西清诗话》曾言：李太白被称为可与神游八极之表，或以为谪仙人，"其风神超迈，英爽可知，后世词人状者多矣，亦间于丹青见之，俱不若少陵之'落月满屋梁，犹疑照颜色'。熟味之，百世之下，想见风采，此与李太白传神诗也。"

关于此二首诗中的"江湖多风波，舟楫恐失坠"，与另一首《天末怀李白》尾联"应共冤魂语，投诗赠汨罗"句，该是杜甫听到妄传太白已死，故有此说。而后世所传李白提月沉江骑鲸之言，恐怕也是由杜甫"舟楫恐失坠"附会而来吧。

杜甫后来所写《寄李十二白二十韵》，计二百字，是寄李白最长的一首诗。用郭沫若的话说：此诗"可以说是杜甫的李白诗传，对于李白的现状，不仅他的生活，更兼及他的心事，都好像了如指掌了。这首诗对于了解李白和李杜二人的关系上，是一项重要的资料"。

据此诗，郭沫若认为：诗既是"寄"给李白的，足证他们之间已经有诗札来往。这从李白来说，有了定居之处才有此方便。估计李白在上元二年（761）居当涂后，有消息寄给杜甫，故杜甫才知道李白的生活近况及早有脱离永王的心事。不然是无法说通的。

杜甫最后一首关于李白的诗是《不见》。那大抵是李白收到杜甫寄赠的二十韵长诗之后，太白已病至垂危，故《不见》原注云"近无李白消息"。其中的"世人皆欲杀，吾意独怜才"句，可见太白其时在世人的心中，尤其在统治者眼中都认为该杀，只有杜甫哀怜其才，并劝其重回故土匡山读书处，以度余年。

第二十四章　道法自然

　　诗人，无论古今中外，大都自由随意、诚挚率真，尤其那种诗人气质浓郁者，常给人以精神不正常的感觉。据称美国曾对文学艺术家集中的社区进行过精神测试，其精神不正常的比例有百分之三十左右，其中大部分都是诗人。

　　诗人的创造是重感性和直觉的。在诗性直觉的无意识呈现中，诗人的感觉和儿童的思维、狂人的疯癫以及精神病患者的语无伦次，和醉酒者的胡言乱语颇有相似之处。在癔病和精神分裂症患者那里，经常出现的自我意识障碍的三种临床表现：一是人格解体症状；二是交替人格；三是双重人格。和诗人感觉的无意识极其相似。或许，精神病患者一直处于这种状态之中，而诗人还能回到正常状态吧。其原因，大抵是诗人在特定状态下所达到的一种艺术上无我的境界，或因社会的病态让诗人的心灵扭曲，而使自我的意识丧失。故在常人看来，这样的诗人有如"疯子""有病"；而易走极端的诗人所作所为有时让人难以理解，甚至将现实生存的日子当诗一样来对待，或许就是真的"有病"了。而世界上的艺术家，具有双重人格者，亦并不鲜见。

　　李白被玄宗"赐金放还"，再出长安之后，其令人惊异、颇为极端之举，就是曾去开封，与从祖河南采访使李彦允，商请北海高天师授道箓一事。

天宝三载（744）冬日，李白北往安陵（属平原郡），乞盖寰为造真箓；由高天师如贵道士授道箓于济南郡紫极宫。这样，李白就成了一名真正的道士了，真正成为道教的信徒。

对于信徒受道箓的仪式，郭沫若曾引《隋书·经籍志》中的记载予以说明，形式十分烦琐。其大意是——

受道之法，最初受《五千文箓》，其次受《三洞箓》，接着受《洞玄箓》，最后受《上清箓》。这些道箓都用朱笔写在白绢上，并写有上天各天曹官属佐吏的名号。又有诸多的道符错落其间。文章诡异怪诞，世人皆不知其意。

受道箓的信徒首先必须"洁斋"。洁斋之法有黄箓、玉箓、金箓、涂炭等斋。不知这"洁斋"是完全不食呢，还是依不同的级别只食一点素洁的食物，按"昼夜不息"的说法，或许是不吃东西的吧。

受道箓的弟子手持金环，并带上诸多送给尊师的礼物和钱币拜见天师。师受其礼物后，以箓授之。接着将金环剖开，师徒各持一半，定师徒之约。弟子得道箓后，则封好佩戴于身上。

具体的受箓仪式还须筑坛，坛的四周置有绵纯，古人以绳索束茅草围之，后人则挂纸钱以为限域。并开有数道门，门上皆有法象。

受道箓者如同罪人一样，把自己的双手背剪起来，一个七天七夜或两个七天七夜，鱼贯而行，环绕坛站，不断地口中念念有词，向神祇忏悔、告白，昼夜不息。这样残酷的疲劳轰炸，身体衰弱者恐怕一个七天七夜就会被拖垮。不能坚持到底的人，便成为落伍者，不能"得道"。即使能坚持到底，精神与肉体恐怕已被折磨得疲惫不堪，而这时则会出现幻觉、幻视、幻听等精神异常现象，会看到神人显形，也会听到神人宣示或者所谓天上的音乐，似乎真的"得道"了。

或许李白正当壮年，并练过武功；加之在宫阙之内锦衣玉食，身体素质不错，经历如此纷烦劳苦的仪式得以受箓，实属不易。然而，令人诧异的是狂放不羁的李白，竟完全丧失了自我，心甘情愿地受苦受难，看来，他似乎是真的相信那些仙人、仙女、仙鹤的存在，深信人可以长生不老、返老还童，东海上有神仙居住的三仙山，相信世上真的会有生出羽毛的"羽人"，有"学飞术"的地方……

李白去德州平原郡安陵县见盖寰，请其为他造真箓，于白绢上写那么多朱红的文字、画道符等，该是颇费功夫的事情，故太白怀感激之情，写了《访道安陵遇盖寰为予造真箓，临别留赠》之诗。诗大赞盖夫子的十岁得道、惊神通、了玉阙、思云空的清风道法，满篇道家语，所谓清水白石，青童仙人，学道北海，传书宫坛，谈论如悬河泻水，精微妙要之言无穷无尽，以及草真箓之妙笔，七元洞豁，八角辉星，即使面对三灾巨变，亦有斗神覆护，使其不能为害。如此，献上满堂黄金，也难以报答其赐予的恩惠。真该感谢造物的神灵，令我到了一种虚无与万物同死生的境界。而那些凡夫俗子，沉魂地狱之中，昔日的万乘之尊，如今也成为坟上的一蓬荒草。此时获赠重于金石珠玉之言，实在令人感念，华岳、嵩岳这样的大山与之相比，也要轻啊！

对于授道箓的尊师，李白则更是敬若神人，尊崇之心溢于言表。在《奉饯高尊师如贵道士传道箓毕归北海》诗中，既言老子的"道隐无名"、庄子的"道不可闻"这道家玄妙的高论，又称洞藏灵书，所谓"刻以紫玉为简，青金为文。龟母按笔，真童拂筵，玉童结编"的《灵书》，"是诸天上帝及至灵魔王隐秘之音，皆是大梵之言，非世上常辞，言无韵丽、曲无华宛，上天所宝，秘于玄都紫微上宫，依玄科四万劫一传。"（《太平御览·后圣道君列记》）李白引此典，言"吾师四万劫，历世递相传"，正把如贵道士视为将传《灵书》者，奉为神仙，以竹杖为青龙，骑杖则任游四海八极，去仙山琼阁，行凌紫烟，太白与之相别，心已无远近之分，简直就是活神仙了。

此时的李白，正如其《草创大还赠柳官迪》一诗所言，已"身在方士格"了。或许是于长安任翰林供奉时所遭受的谗谤过重，乃至于对仕途已心灰意懒，所以才轻掷世途，求仙弃俗，才"不向金阙游，思为玉皇客"，甘心成为道教之徒，似乎是一心寻仙求道去了。

作为道徒的李白，再不是白衣宫锦袍，头戴后部束结有如双翼的幞头了，该是皂衣道袍麻鞋之类的道士装束，他"闭剑琉璃匣，炼丹紫翠房。身佩豁落图，腰垂虎鞶囊。仙人驾彩凤，志在穷遐荒"（《留别曹南群官之江南》）。道徒李白在紫宫炼丹，将身佩的宝剑也丢在一旁，腰系绣有伏虎图案的荷包，中藏《豁落图》即所谓道箓。道经中称"青真童子名之为豁落七元"。又说"天书字……八角垂芒，光辉照耀，惊心炫目"。李白于《访道安陵》写盖寰为其造真箓之诗时，便有"七元洞豁落，八角辉星虹"句，可知所谓《豁落图》即为道箓。而独孤及《送李白之曹南序》中亦称李白："是日也，出车桐门，将驾于曹，仙药满囊，道书盈箧。"也是道家装束。他真想成为驾彩凤的仙人，往海上仙山、八荒四野遨游。

道教，作为中国的本土宗教，其内涵是颇为复杂的。许地山在《道教史》中谈"道"的内容："上自老庄底高尚思想，下至房中术，都可以用这个名词包括它们，大体说来，可分为思想方面底道与宗教方面底道。"他将思想之道称为道家，宗教之道称为道教。宗教之道包含着方术符谶在里面，而思想之道，则包含着阴阳五行的玄理。道家思想可以看为中华民族伟大的产物。然而，道之思想与佛教思想交涉以来，结果却变成了方术及宗教方面的道教。唐、宋时期的佛教、佛儒思想，皆为中华民族思想的伟大时期，可这期间道教却压倒二教，由此可见道家思想是国民思想的中心，大有"仁者见之谓之仁，知者见之谓之知，百姓日用而不知"的气概，"道"的思想已弥蒙一切。

按《道教史》所言，梁刘勰的《灭惑论》中，首次提出道家"三品说"，现存《弘明集》卷八中。

所谓"三品"者："上标老子，次述神仙，下袭张陵。太上为宗，寻柱史嘉遁，实为大贤；著书论道，贵在无为；理归静一，化本虚柔。然而三世不死，慧业靡闻，斯乃导俗之良书，非出世之妙经也。若乃神仙小道，名为五通，福极生天，体尽飞腾。神通而未免有漏，寿远而不能无终。功非饵药，德沿业修，于是愚狡方士，伪托遂滋。张陵米贼，述死升天；葛玄野竖，著传仙公；愚斯惑矣，智可往欤？"

刘勰对于道教的评论可谓一针见血。他说贪寿忌夭，用肉芝石华来延寿，借黄书御女来纵欲，宝惜涕唾以灌灵根；避灾苦病，斩得魑魅等，都是术者利用凡愚之情，投人所好，其实没一样可称之为大道。

北周道安的《二教论》(《广弘明集》卷八) 也以这"三品"来区分道教。所谓："一者老子无为，二者神仙饵服，三者符箓禁厌。就其章式，大有精粗。粗者厌人杀鬼；精者练尸延寿。更有青箓，受须金帛，王侯受之，则延年益祚；庶人受之，则轻健少疾。"(《大正藏》五十二卷)

宋马端临《文献通考·经籍考》，将道家分为"清静、炼养、服食、符箓、经典科教"的"五说"。按许地山所言：这五品的等次，可以说能抓住道家思想发展的纲领。这"五品说"是顺着年代的发展而立。道家初始本着黄、老、庄，列清净无为的精神，锻炼个人的身体以期达到治理邦国的方则。此后则神仙家如赤松子、魏伯阳诸人，专从事于锻炼。又到后来如卢生、李少君、栾大诸人专以服食为升仙的道路，因此迷信的成分越来越多。到张陵、寇谦之诸人，一方面推老子为教主，一方面用符箓章醮的迷信与宗教仪式，南北道家多模仿佛教礼仪，而不及其精神，在经典上又多数模仿佛经。到杜光庭、司马承祯等，只从事于改袭佛经，使道教成为经典科教的末流。这便是所谓"老子之意，愈远愈失其真"。

李白生长于巴蜀之地，他最初接触的道教，则是源于蜀地张陵创建的"五斗米教"，属"道"之下品。诚然太白熟读经典与奇书，对老子、庄子自然耳熟能详，但其思想驳杂，功利心强烈，只重纵横家建功立业的纵横之术，故难以"清净无为"。他痴迷于炼丹求药，迷信方士神仙，时有走火入魔之态。

他曾写出诸多寻仙学道、炼丹求药之诗，其中有这样的句子——

"清斋三千日，裂素写道经。吟诵有所得，众神卫我形。"

(《游泰山》之四)

"安得生羽毛，千春卧蓬瀛。"

(《天台晓望》)

"安得不死药，高飞向蓬瀛。"

(《游泰山》之四)

"九转但能生羽翼，双凫忽去定何依？"

（《题雍丘崔明府丹灶》）

"弃剑学丹砂，临炉双玉童。寄言息夫子，岁晚陟方蓬。"

（《书怀示息秀才》）

　　李白是相信服了仙药可以长生的，或许他仙丹未能炼成，还不知如何能炼成不死之药，但他相信服了"九转金丹"身上便能生出羽翼，一双草鞋也能化成一对水鸟，可以载着他白日飞升。

　　所谓"丹砂"，即红色的矿物硫化汞。丹砂经火炼后，分离出其中的硫黄而剩下水银，则由红转白，由固体转为白色流体。炼丹，则是如晋之道士葛洪所言："凡草木烧之即烬，而丹砂烧之成水银，积变又转成丹砂，其去凡草木亦远矣，故能令人长生。"他又说丹分为九品，按炼制程序而效力不同。最精者人服后三日成仙，最次者则需时三年。炼丹的原料为朱砂、白矾、雄黄（三硫化砷）、磁石，以及曾青。从一转之丹到九转之舟，所谓"转"即化学变化，九转该是经历了九次变化，这样的"九转金丹"，服之三日成仙。

　　其实，若服丹真能成仙，那炼就"九转金丹"的葛洪早该长生不老，应当能见到李白，教他炼丹之法的吧。或许，太白受道箓、炼丹药、于名山隐居等，既是唐代士人常有的风气，也是想享受生活、延年益寿罢了。聪慧如李白者，我不相信他真的认为神话传说和现实等同，只不过他将诗的想象与时而精神错乱的幻象混为一谈所呈现的一种病态，是此一时彼一时的兴之所至，故作惊世骇俗之举，是其双重人格的一面而已。

　　李白不是严谨的、有自己理论体系的思想家、哲学家，更当不了政治家，他是个率真任性、自由放纵、易走极端的诗人，诚然他是堪称伟大的诗人。或许，当太白醉酒狂歌、进入癫狂状态的时候，才将潜意识中本真的自我显露出来，这时候的李白才是真李白，具有非凡创造力的李白；当他酒醉复醒，面对纷繁复杂的现实，他又成了常人与俗人。因而，对太白这样随心所欲、本身就是一个矛盾体的诗人，他的话是不必句句当真的。

他胸怀大志，梦想着匡扶社稷、建功立业，孜孜不倦地求取功名富贵；又时而想着功成身退、学道寻仙、炼丹求药，置身红尘之外，过自由自在的神仙生活。他狂傲自负、放荡不羁；而在干谒求助之时，又俯首低眉、不吝媚俗夸赞之辞。他任侠仗义，一掷千金；又与市井斗鸡贩狗之徒厮混，一赌输赢。他既有一身雄豪超迈之气，气吞山河；又精细敏锐、多愁善感，孤独而又惆怅。他既纵酒携妓、及时行乐；又感念苍生庶民之苦，胸藏悲天悯人之心……

诚然，李白作为道徒、方士，如此痴迷于神仙道箓，然而他醉酒之时，却言："仙人殊恍惚，未若醉中真。"（《拟古》之三）"贤圣既已饮，何必求神仙！"（《月下独酌》之二）"仙人有待乘黄鹤，海客无心随白鸥。"（《江上吟》）看来只有酒才能让他飘飘欲仙，酒中才存真意，而黄鹤一去不返，仙人也无法飞升，而美酒千斛、玉箫金管，游船载妓随波漂流，无功利之心，便能与白鸥为伴，这便是真正的神仙日子。故诗人称"功名富贵若长在，汉水亦应西北流"。

关于孔夫子，世人大都知道李白有"我本楚狂人，凤歌笑孔丘"（《庐山谣》）的诗句，认为太白是贬孔、嘲孔者。然而，李白在《武昌宰韩君去思颂碑序》中，却言："仲尼，大圣也，宰中都而四方取则。"可见其对孔子又格外尊崇。而在《书怀赠南陵常赞府》一诗中又云："君看我才能，何似鲁仲尼？大圣犹不遇，小儒安足悲？"在大圣面前，他又成了"小儒"了。是也？非也？可见李白之言确随兴而发，想到哪里说到哪里，没有什么固定不变的看法。

其实，李白去朝以来，虽时有愤慨之语，又受箓做了道士，似乎决意出世成为闲云野鹤，但他仍心有不甘，恋阙之心时而见于诗中。"客自长安来，还归长安去。狂风吹我心，西挂咸阳树。"（《金乡送韦八之西京》）"遥望长安日，不见长安人。长安宫阙九天上，此地曾经为近臣。"（《送族弟沈之泰》）"鲁客向西笑，君门若梦中。霜凋逐臣发，日忆明光宫。"（《鲁中送二从弟赴举之西京》）看来李白虽已身离长安，心如狂风所吹，却仍挂于咸阳树上，可见其心情激烈之态，曾为皇帝近臣，并由此自傲，而如今恍若梦中，作为逐臣，每日都在回忆明光宫中的往事，确是千丝万缕扯不断、理还乱的复杂心绪，想清净无为也是难以做到的。

天宝五载（746），屡有南游之念的李白拟于秋末起程。行前，写《梦游天姥吟留别》一诗（一作《别东鲁诸公》），又一次作吴越之游。这首诗是李白的重要作品，堪称代表作之一，亦是研究者颇为关注的诗篇，故抄之如下：《梦游天姥吟留别》——

> 海客谈瀛洲，烟涛微茫信难求。
> 越人语天姥，云霞明灭或可睹。
> 天姥连天向天横，势拔五岳掩赤城。
> 天台四万八千丈，对此欲倒东南倾。
> 我欲因之梦吴越，一夜飞度镜湖月。
> 湖月照我影，送我至剡溪。
> 谢公宿处今尚在，渌水荡漾清猿啼。
> 脚著谢公屐，身登青云梯。
> 半壁见海日，空中闻天鸡。
> 千岩万转路不定，迷花倚石忽已暝。
> 熊咆龙吟殷岩泉，栗深林兮惊层巅。
> 云青青兮欲雨，水澹澹兮生烟。
> 列缺霹雳，丘峦崩摧。
> 洞天石扉，訇然中开。
> 青冥浩荡不见底，日月照耀金银台。
> 霓为衣兮风为马，云之君兮纷纷而来下。
> 虎鼓瑟兮鸾回车，仙之人兮列如麻。
> 忽魂悸以魄动，恍惊起而长嗟。
> 惟觉时之枕席，失向来之烟霞。
> 世间行乐亦如此，古来万事东流水。
> 别君去兮何时还？且放白鹿青崖间，须行即骑访名山。

安能摧眉折腰事权贵，使我不得开心颜！

对于这首李白天姥山梦游之诗，多数的文学史家与注释者，都关注此诗的结尾之句，认为诗表达的是蔑视权贵的傲岸精神、向往仙境、以求解脱的思想感情云云。这自然有其道理，但似乎简单了些。而陈沆《诗比兴笺》云："太白被放之后，回首蓬莱宫殿，有若梦游，故托天姥以寄意。"这种说法倒宽阔一些，"寄意"之说是恰切的，"蓬莱宫殿"亦是模糊的表达，既是"回首"，该指曾置身其地的宫阙吧，太白常常是将仙宫与皇宫混为一谈的，因此，这首诗很难一两句话说得清楚，它只是一场梦，有着非理性的表达，故其内涵也有不确定性，一首好诗恰恰有这样的特征，具有多义性，说明其主题是宽阔的。诗是语言的艺术，其内涵蕴藏在整体之中，能读出审美快感就是动人的作品。

天姥山为越中名山。《太平寰宇记》称：其山"在越州剡县南八十里"。《名山志》云："山有枫千余丈，萧萧然。"《后吴录》言：传云"登者闻天姥歌谣之响"。《一统志》亦称：天姥峰"与天台山相对，其峰孤峭，下临嵊县，仰望如在天表"。

曾在越中漫游、遍读史志的李白于书籍和传闻中自然熟知此山，他又是谢灵运诗的喜爱者，自然也读过谢诗对天姥山的描绘，或许，这就是太白写此梦游诗的缘起吧。

就诗本身看来，李白所写就是梦中的天姥山，并非写所谓"蓬莱宫殿"。诗之开篇虽然是谈瀛州，说的却是这海上仙山的虚无缥缈、烟涛弥漫，是不可见的虚幻之地；而越人所言的天姥山却是实在的，是可耳闻目睹的烟霞明灭所在。这高入云霄、与天相接、横空出世的险峻之山，其气势已高拔于五岳名山，并掩住著名的赤石罗列、耀人眼目的赤城山；就连峰高四万八千丈的天台山，也只能向巍然耸立的天姥倾倒。诗中所写自然皆为天姥山，是传说中的山、心中的山，也是"我欲因之梦天姥"诗的缘起之山。

接下来即天姥之梦游，太白是在梦中飞去的，飞越会稽的镜湖，连湖中明月都照出他飞度的身影，人随月而飞升，过越州剡县的剡溪，于是他在梦中寻觅谢灵运望天姥留宿之处，却只看到荡漾的绿水，耳闻清猿的啼鸣，斯人已去，心中不免怅然。然而，梦中的太白仍是踏谢公之屐，即谢灵运特制的登山木鞋，鞋底装有可调控的锯齿，上山则去前齿，下山则去后齿；并直接套用谢公"登青云梯"句，踏上如入青云之高峻峰巅。太白登高望远，于半山中看海上日出，霞光映碧海，水天一色，颇为壮观。随着日出，他又听到空中传来天鸡的鸣唱，那是《述异记》中所言东南桃都山上有枝横三千里的桃都树，日照此树，天鸡则鸣，而天下之鸡皆随之鸣。于清晨，太白见天姥山上的山峰千岩万转，路途难寻，游移不定，所谓"迷花倚石"，于山间小憩，似已目迷五色，不觉天色已明。但闻山中虎豹相斗、熊罴咆哮的声音，而岩上飞绿流泉汇入幽深的潭水，有如龙吟，让林木为之惊栗，层峦叠嶂亦为之颤动。而"云青青兮欲雨，水澹澹兮生烟"，是何等妙曼的描述，有如悬崖勒马，可见其笔力的收放自如；且有云欲雨、水亦生烟，是画中有画、静中含动、言深意远之态，其语言艺术的魅力亦令人叹服。随之，诗人的笔锋又是一转，刹那间，电光从云层决裂而出，吐火施鞭，炸雷轰响，山崩地裂，丘峦摧塌。然而，在这惊天裂变之中，太白梦中却发现天姥山竟别有洞天，当石门訇然而开，深不见底的洞中幽暗深不可测，金银造就的亭阁楼台在日月之光下分外惹眼，以虹霓为衣驭风为马的云中仙人纷纷来此。所谓戏豹舞罴，白虎鼓瑟，苍龙吹篪，而天帝所乘白鸾之车亦已回还，犹如上元夫人《步元曲》所言："忽过紫微垣，真人列如麻。"可当太白已入仙境之际，忽然心悸魄动，已从梦中惊醒，起而叹息不已，眼前只有卧身的枕席，哪里还有梦中的天姥仙境？

此时，太白已从梦中回到人间，慨叹世间的行乐也不过是一场梦而已，从古到今所有的事情都如东流之水，一去而不返。他向东鲁诸公回答何时回来时，只讲将骑青崖白鹿，遍访名山，而终篇即为其千古名句："安能摧眉折腰事权贵，使我不得开心颜。"

这首写天姥山梦游之诗，自然写的是越中的天姥山，既非蓬莱仙山，也非朝中宫殿，所写实景十分清楚。只不过诗实虚相间，梦中的天姥已成神仙洞天之地。典籍中的神仙说《列子》所载最多，仙人往往住在山上，这源于中国古代以山高与天接近，所谓天上也即山顶。天姥山于李白想象中高拔于五岳，故其想象那里是神仙住地也是自然而然之事。

诗体仍旧是太白擅长的七言歌行，杂以四言、五言、六言，并有骚体的句式，句子长短错落、起伏跌宕，其内部情感起伏的大起大落与外部节奏浑然一体，波澜壮阔，显晦相间，而枕席烟霞之句既为梦境作结，戛然而止，又承上启下，尤为有力。

如果非要说《梦游天姥吟留别》的主旨，该在"世间行乐亦如此，古来万事东流水"两行，表达的是对人生的"万事"的理解和感悟，诗该是一种广阔的象征，言其"寄意"是恰切的，但却不只是对一时一事的"寄意"。所谓人生如梦，万事皆付东流，或许连太白的游仙之举也如梦境，可梦而不可求。诚然，他仍旧要骑白鹿去访名山，但这总要比摧眉折腰、屈躬低首的装孙子生活来得痛快，更令人高兴吧。

从另一个角度着眼，道家"道法自然"之论，其生存智慧，已明显与全球性生态问题有着显而易见的密切关系。李白骑白鹿去访名山，是一种张扬个性自由，是人格与精神的独立，回归自然，天人合一，敬畏天地，抱朴怀素，道家自然淳朴的隐逸观，亦是李白自然人格、生态人格的体现，李白超迈卓绝、傲然不群、率真随意的自然本真的个性，从无掩饰，似乎仍旧童心未泯。这种道家思想，同时也影响了他的美学观。大自然的瑰丽神奇、形形色色，名山大川的超然之美，陶冶了他的性情，丰富了他诗中纯美的意象，引发了不竭的创造力；而神话传说、万物有灵的神仙世界，则构成了自然与神圣的时间与空间纳于一体的另一个虚幻世界的创造。作为宗教人的李白，这样的游仙诗，正如姜宗强先生所言："是道教'不死'追求的神话原型在民族心理上的深刻反映，是一种'人生不满百，常怀千岁忧'的深沉关切，其关注的，是'人从哪里来，到哪里去'的终极问题。"

在人与自然的关系上，李白是"辅万物之自然而不敢为"，道法自然，顺乎自然规律的。太白的《日出入行》称——

日出东方隈，似从地底来。

历天又复入西海，六龙所舍安在哉？

其始与终古不息，人非元气，

安得与之久徘徊？

草不谢荣于春风，木不怨落于秋天。

谁挥鞭策驱四运？万物兴歇皆自然。

羲和！羲和！汝奚汩没于荒淫之波？

鲁阳何德，驻景挥戈？

逆道违天，矫诬实多。

吾将囊括大块，浩然与溟涬同科！

此诗题出自汉郊祀歌《日出入》，言日出入无穷，人命独短，愿乘六龙仙而升天。太白此诗却说哪里有什么六龙？日出日落、草木枯荣、四时变化等，都以自然的规律运行，人不应违背自然规律，只能顺其自然，与自然同在。其实到处寻仙求药的李白，也只是一种想象中的追寻，只是让人"想"的事儿，他清清楚楚地知道，自然规律是不可违逆的。

道教的上清派重养生，认为修道可以乌发驻颜。其《黄庭经》载："呼吸元气以求仙，延我白首反孩婴""齿坚发黑不知白，存此真神勿落落""调和精华治发齿，颜色光泽不复白"。《上清太洞真经》亦称：修道之人"头正青如碧玉，两手如丹，两脚如雪""金仙练容，停年返白"，等等。故宗属上清派的道徒李白，在他的想象里，神仙的头发都是绿色的——"去天三百里，邈尔与世绝。中有绿发翁，披云卧松雪。"（《古风》之五）"偶然值青童，绿发双云鬟。"（《游泰山六首》）

然而，不幸的是人必一天天衰老的自然规律无法更改，三十余岁的李白第一次发现自己已生出白发，他在《长歌行》中哀叹："富贵与神仙，蹉跎成两失。金石犹销铄，风霜无久质。畏落日月后，强欢歌与酒。秋霜不惜人，倏忽侵蒲柳。"三十几岁就白了头发，给他带来人将衰老的恐惧和困惑，面对无法悖逆的命运，富贵与神仙两失，动摇了他的道教信仰，亦给他带来失落的痛苦，饮酒弦歌也是强作欢笑，这种倏忽之变，已轻易证明修仙之虚妄，白发虽轻，却给李白以重重的一击！

随着白发的日渐增多，一方面李白仍迷信于道家的修炼与丹药，当他"朱颜谢春辉，白发见生涯"时，仍旧"所期就金液，飞步登方车"（《寄王屋山人孟大融》）；于"十年罢西笑，览镜如秋霜"时，依然"闭剑琉璃匣，炼丹紫翠房"（《留别曹南群官之江南》）；而其"觉罢揽明镜，鬓毛飒已霜。良图委蔓草，古貌成枯桑"之际，还想着"客遇王子乔，口传不死方"（《赠别舍人弟台卿之江南》）……身体的衰败已到了貌若枯桑的地步，他还梦想着有不死之方，当乘云螭，吸景而驻光彩，或许，正是这些白发更激发了他修道的狂热吧。然而，另一方面，衰弱的不可阻挡甚至良方丹药都不见效的时候，也动摇了李白求仙学道的热情和信仰。

具有讽刺意味的是《秋日炼药院镊白发赠元六兄林宗》一诗，李白竟在此地一根根地镊拔白发；炼药院为道教炼丹之所，诗不言炼丹修炼，却对"道"发出了质疑："投分三十载，荣枯同所欢。长吁望青云，镊白坐相看。秋颜入晓镜，壮发凋危冠……时来极天人，道在岂吟叹？"两人镊取白发，相对枯坐，长吁短叹，秋颜入镜，满面枯败，免不了要发问"道"真的存在吗？自己潜心修炼，却白发频生，日渐衰老，看来生命易逝，衰老之不可挽回使他伤感，慨叹自然规律的铁则是无法改变的。

在太白去世之前，他在《览镜书怀》中感慨良多："得道无古今，失道还衰老。自笑镜中人，白发如霜草。扪心空叹息，问影何枯槁？桃李竟何言，终成南山皓。"在这里，失道的李白用无可辩驳的事实，印证了神仙理想的虚妄。

第二十五章

再游江南

　　大约在天宝五载（746）秋末，李白诗别东鲁诸公，再次踏上了他梦绕情牵的江南之旅。此次他是经江淮而往吴越，太白的浪游大抵是没有时间概念，随心所欲，走走停停，一路上旧友新交、文士豪杰相聚，少则数日，多则一年半载。此时的李白虽已被赐金放还，离宫阙而去，但他的诗名大著广播于朝野，因而他走到哪里都有豪名肆访且求诗文者，尤以一些底层官吏为多。太白有这些县尉、县令等接待，自然仍旧是纵情诗酒，而那挥洒的诗文恐也换来一些润笔之资，或许太白浪游所需费用，多从此而来吧。

　　他西南之行首处停留之地，自然是宋城梁园。《淮阴书怀寄王宋城》一诗，该是写给宋城王县令的作品，诗中曾言其行止。

　　诗人从兖州沙丘城的沙墩来到梁园，途中亦经历了二十五长亭旅居。从中可知，太白所乘系双橹的大船，一路上立于船头，听鹅鹳啼鸣，看云天一扫阴霾而空碧，大河与岸边的青山也蕴含着清迈之气。而飞凫西来，似乎和诗人有着相同的兴致，令他想起汉代王乔双履变鸟的神术，深感故人之情的可贵，或有友人助其飞腾之意。因而太白写此诗书怀寄之，言亲懿之会增交道之荣，于徘徊不定的旅途，遇飘忽的远行而怅然。想自己今至淮阴，有如韩信得漂母之助，斗酒黄鸡，足感素诚之心；并言自己是楚之壮士而非鲁中之迂儒，必同韩信一样有德必报，还千金亦以为轻。于羁旅孤独之际，远寄棹歌舟行之辞，看来李白此时亦自比穷困潦倒时之韩信，得斗酒黄鸡一餐之助则颇为感慨，大抵也是囊中羞涩，玄宗所赐黄金大抵皆已花光。

李白在梁园，写过一些歌吟、赠答送别、登临怀古之作。

诚然，李白离开宫廷之后有寻求解脱、遍访名山寻仙问道之举，但言谈举止之间，仍有恋阙之情，甚至有如谢安隐遁继而东山再起之念。他的思想是随情绪而动荡的，如风波中的湖海长河，有时涌上浪尖，时而又跌入谷底。他时而沦落放浪，烂醉如泥；时而登台怀古，感慨系之，体悟天命，不再学伯夷、叔齐的高洁；时而感时伤事，叹兴亡之感，兴黍离之悲；时而又憧憬谢安的"东山高卧"，做再出山的仕宦之梦……

此次再度游历江南，李白该是沿兖州的汝水或泗水达梁园，循大运河一路南下，抵达扬州。

在扬州，太白亦写下《题瓜洲新河饯族叔舍人贲》一诗，赞扬开元年间良吏齐澣疏通开凿运河之政绩。诗赞其凿新河的丰功伟绩，造福百姓，流泽后世。诗中的"两桥对双阁"大抵是调节运河之水的闸门，制约水流急缓与水位高低，以利于航船过坎，为运河航行中之重要发明。而"芳树有行列"，爱之如甘棠，则是引《诗经·甘棠》之典，谓之召伯布文王之政，或舍甘棠之下，后人思其德，故爱其树不思伤也，而齐澣凿新河所植树木，亦无人敢攀折。而诗中"杨花满江来，疑是龙山雪"，时令当在暮春，故太白抵扬州时该是此时。

李白离开扬州，曾写下《留别广陵诸公》诗曰——

> 忆昔作少年，结交赵与燕。
> 金羁络骏马，锦带横龙泉。
> 寸心无疑事，所向非徒然。
> 晚节觉此疏，猎精草太玄。
> 空名束壮士，薄俗弃高贤。

中回圣明顾，挥翰凌云烟。

骑虎不敢下，攀龙忽堕天。

还家守清真，孤洁励秋蝉。

炼丹费火石，采药穷山川。

卧海不关人，租税辽东田。

乘兴忽复起，棹歌溪中船。

临醉谢葛强，山公欲倒鞭。

狂歌自此别，垂钓沧浪前。

　　此诗是李白多半世生平的一个小结，从少年英豪、心地纯真，到近晚境之心情，其中可见谢灵运的"晚节值众贤"的暮年之叹，以及扬雄作《太玄经》的杳冥之深的典故；以及李白受明主垂顾，又攀龙堕天之运；故太白还山以守清真，如同秋蝉出自土壤，升于高木之上，吟风饮露，不见其食，可知虫之精洁，可贵惟蝉。欲从此终生隐于山林，不关人事；炼丹采药，棹歌于溪船；有如山公于高阳池酩酊而无所知；并狂歌自此作别、隐居垂钓去也。此诗自然以高士自许，为白出世之言尔。

　　离开扬州，太白旋至金陵。

　　李白自然不止一次来到金陵，但这次住的时间最久。时间达两年之多。日本冈村繁教授所写的《李白新论》中，对李白于金陵所作的诗歌，据宋本《李太白文集》做过统计，竟多达八十多首，其种类则有"歌吟""赠答""送别""游宴""登览""怀古""闲适"等诸多样式，其中，恐多为此次漫游旅居期间所作。

　　此时的李白已年奔五十岁。作为一个有创造力的成熟诗人，这个年龄正是有着丰富阅历、对诗与人生有深入通透理解和洞悟，感觉敏锐，创作经验丰厚，出优秀作品的年龄。而从李白的这些诗作看来，诗人创造力之旺盛，令人惊叹。但这个期间的作品，由于开元盛世已过，唐王室逐渐走向衰败，已没有太白当年的雄豪之气，内涵却更为庞杂和纷繁。

　　其时，李林甫于朝中弄权，重用酷吏，屡生冤狱。天宝六载（747），罗希奭等遵李林甫之意杖杀北海太守李邕、淄川太守裴敦复。而王忠嗣不欲以数万人之命易一官，上言劝唐玄宗攻吐蕃石堡城，以"阻挠军功"获罪，贬为汉阳太守。次年又以高力士为骠骑大将军，中外畏之，太子亦呼之为兄，诸王呼之为翁，驸马等直呼之为爷。李林甫、安禄山辈皆因之以取将相。十一月，以贵妃姊适崔氏者为韩国夫人，适裴氏者为虢国夫人，适柳氏者为秦国夫人，玄宗呼之为姨，出入宫掖，并承恩泽，势倾天下。而杨钊善窥上意所爱恶而迎之，以聚敛有功，恩幸日隆。此时的朝廷已是奸相当道，镇边之将亦轻动刀兵酿成外患；而玄宗仍做盛世之梦，以国用丰衍，视金帛如粪土，赏赐贵宠之家，无有极限，其时府兵日益堕坏，有官无兵；猛将精兵皆聚于边陲，且多为藩镇私有，中原遂无武备。此时之唐室已有了动乱的危机。

于金陵，李白感时伤事，有《金陵三首》《登金陵凤凰台》《金陵歌送别范宣》等诗，怀古伤今，写下"总为浮云能蔽日，长安不见使人愁"等句，颇有明皇被奸相贵妃所蔽，为之忧心。其后，他又遇被贬江南的崔成甫，互有诗文赠答，写有《酬崔侍御》。

李白于南下途中经丹阳郡，伤船工之苦，作《丁都护歌》。对于此诗，注者多有争论。就我看来，大抵是运河翻山之时，船只过堰埭，均由牛拉绞盘或人工于斜坡之上拖拉而过，其时斜坡上数以稀沼乱草，以减少摩擦力，故诗书有"吴牛喘月时，拖船一何苦。水浊不可饮，壶浆半成土"之句，所谓拖舟入水达江浒之中，故"一唱《都护歌》，心摧泪如雨"了。

随后，李白途中经吴郡，作《苏台览古》；秋至越中，作《越中览古》，皆有借古讽今之意。继而去会稽吊贺知章，想起金龟换酒，呼之为谪仙人之事，杳然如梦，凄然伤情，作《对酒忆贺监》二首以悼之。

细心的读者不难发现，太白于金陵所作之诗，酬答、寄赠类颇多，且寄赠者又多为官员，在这样的诗中，李白是放下身段，不惜溢美之词予以赞扬、奉承，其目的，仍旧是求人荐引，做东山再起之梦。

《赠崔咨议》一诗，便是赠给王府之官正五品上、掌讦谋议事的咨议参军事崔咨议的。在这里李白自比天马，所谓自非伏枥之驹；神马自然从西北而来，向清风，凌九州；然而在这世事翻覆之中，却前途难料，诗人希望崔咨议予以"剪拂"推荐，使其驰入中衢大道。这首诗诗人还颇为自信自负，虽求荐举仍不失尊严。

在《赠崔司户文昆季》一诗中，景象却已不同，大抵是酒债缠身、饥寒交迫时所作。司户参军事为唐时州之属吏，皆为七八品官。李白对崔司户兄弟却大加颂扬，若非困苦之中，恐怕自大如太白者不会说出如此读之为其脸红的话来。诗之开篇八句，诗人便将崔司户兄弟喻为出自海底的双珠，皆是价值连城之珍宝；随之赞叹其姿仪之美如明月，其余晖也光彩照人；并言其英声身价振名都大邑，将其比作被尧称为箕山公神的高士许由，赞其高风亮节，可亲的风度。这样的评价，似已好话说尽。接下来，太白则痛陈自身以往的荣耀，其"攀龙九天上，忝列岁星臣。布衣侍丹墀，密勿草丝纶"，所谓王言如丝，出行于外则渐大如纶，大抵写其为明皇起草诏敕之事，并称自己"才微惠渥重"，该是太白一生中极少出现的谦词，即自己只有微小的才能，却得到上皇的恩惠和厚爱。可因谗言加害，出宫门已经十年；如今，已是衰老穷困之身，清霜入鬓，白露沾衣。于崔司户兄弟门前侧立，见到绿水亭台，开门可见连榻的华茵锦褥；司户兄弟出手大方，千金散义士，四座无凡丁；太白来此则欲折月中之桂，作为薪火御寒，故无视路人的嘲笑，羡门乎为天路；若能垂恩于我，微身终有报德之日。此诗有论者认为意在请崔司户兄弟推荐得幸天之路，重归丹墀深宫；可从诗本身看来，该是求其资助之语，况且七八品官，哪里有能力引荐他人。

李白这种千金散尽、囊空如洗、击筑悲歌求助之事该是经常发生的。写在金陵之诗《醉后赠从甥高镇》，即春在金陵，解腰间宝剑换酒，饯别从甥高镇，抒其愤懑之情的作品。诗中云："马上相逢揖马鞭，客中相见客中怜。欲邀击筑悲歌饮，正值倾家无酒钱。"又云："黄金逐手快意尽，昨日破产今朝贫。丈夫何事空啸傲，不如烧却头上巾。"可知其境遇与情绪。

在这种情境之中，李白在《送蔡山人》一诗中，开首便慨叹——"我本不弃世，世人自弃我"。这种将自己的命运穷达都归结于他人的观念，恐怕正是李白悲剧生成的重要原因。

李白是相信"千金散尽还复来"的。唐人请名人作诗为文润笔向来丰厚，太白诚然有捉襟见肘之时，但他下笔常常一挥而就，又神韵丰足，故有时钱来得也容易，他又得朋友抬爱资助，可钱来得快去得也快，确是"黄金逐手快意尽"，昨日还是富翁，一场场酒宴下来今天又成穷人了。

酒对于李白而言，是慰藉其寂寞孤独之心的灵药，是使其忘却忧愁和痛苦的拯救自身的方式；然而，太白不独"豪士无所用"时才"弹弦醉金罍"（《金陵凤凰台置酒》），酒实际上已成为他生活方式的重要组成部分。太白享乐人生、狎妓游乐时纵酒；交结新朋、会见故友亦开怀畅饮；朋友相聚赋诗为文时饮酒；至于王侯赐宴、县令接风饯别、节日生辰、婚丧嫁娶之类，都离不开一个"酒"字；故与人之七情六欲有关之事，都有酒相伴，酒已占据了李白大半条生命，是时刻离不开的东西了。

对于李白而言，其间最能体现其沉湎酒宴、放纵逸荡情境的诗作，是其仅题目就有四十二个字的五言三十行的古诗：《玩月金陵城西孙楚酒楼，达曙歌吹，日晚乘醉著紫绮裘乌纱巾，与酒客数人棹歌秦淮，往石头访崔四侍御》。这或许是李白最长的诗题，仅此就给人留下深刻的印象。此诗大体写得明白，似无须注释，抄之如下——

昨玩西城月，青天垂玉钩。
朝沽金陵酒，歌吹孙楚楼。
忽忆绣衣人，乘船往石头。
草裹乌纱巾，倒被紫绮裘。
两岸拍手笑，疑是王子猷。
酒客十数公，崩腾醉中流。
谑浪棹海客，喧呼傲阳侯。
半道逢吴姬，卷帘出挪揄。
我忆君到此，不知狂与羞。
一月一见君，三杯便回桡。
舍舟共连袂，行上南渡桥。

> 兴发歌《绿水》，秦客为之摇。
>
> 鸡鸣复相招，清宴逸云霄。
>
> 赠我数百字，字字凌风飙。
>
> 系之衣裘上，相忆每长谣。

　　诗写得颇为生动，描绘了十数人玩月城西、棹歌秦淮、酣饮歌吹、历时两夜一日的狂欢情景。

　　就这般狂放不羁的李白居留金陵大抵两载。这期间，最能代表李白浪游江南形象的，该是《旧唐书·文苑传·李白》中所录："……乃浪迹江湖，终日沉饮。时侍御史崔宗之（有人疑为崔成甫）谪官金陵，与白诗酒唱和。尝月夜乘舟，自采石达金陵，白衣宫锦袍，于舟中顾瞻笑傲，旁若无人。"这样"着白衣宫锦袍，白笑傲自若，旁若无人"的述说，《新唐书》《太平府志》中均有记载。李白这样的衣着和神态，还带着对宫廷生活的眷恋与自豪，即使下野，仍一身孤傲之气。

　　天宝七载（748），李白又到扬州江阳县访故人陆调。陆调是李白初入长安时，与长安斗鸡徒于北门相斗，寡不敌众时，幸而陆调遇见，告急清宪台，解了李白的北门之厄，是对太白有解救之恩的故人，因而李白再游江南，自然要去见时任江阳宰的陆调。其时江北荷花正开，而杨梅上市，该是初夏时节，太白挂帆值海色月明之时，乘风下川而行，所乘剡溪之船装满所酤新丰酒，中途不停，直去陆调门前，两人执手大笑，叙旧同醉，尽欢取乐以慰平生。为此，太白亦写下《叙旧游赠江阳宰陆调》一诗，抚今追昔，情感浓烈且真挚，是李白少有的达七十余行的五言长诗，亦可见太白对故人的情深意长。

　　此后，李白又西游霍山（又名长柱山，在寿州六安县南五里）；过庐江，谒见庐江太守吴王祗，并写《寄上吴王三首》诗谒见前寄投，谒宴之时并写《口号吴王美人半醉》之席间口占。吴王祗为唐太宗第三子吴王恪之孙、张掖郡王琨之子，袭封嗣吴王，出为东平太守。其为庐江太守无考，盖史之失载。李白谒见吴王，因先祖与唐室同宗，故诗中称"小子忝枝叶，亦攀丹桂丛"，称自己以词赋重，与枚乘、司马相如可比肩；并赞颂吴王英明，以德化民为百姓拥戴，并如燕昭王筑黄金台招邀贤士，言下颇含入府之意。但吴王并未接纳。

春日，李白又还金陵。长年在外，怀念尚在东鲁的稚子之情甚切，春作《寄东鲁二稚子》题下注"在金陵作"。太白此诗只怀念其子女，未言及其母，该是许氏夫人故去之后，移家东鲁，与鲁一妇人同居时代为照看他留在兖州沙丘城的平阳和伯禽，或许是由兖州的朋友代为看护，不然，稚子尚不能自立，何以生存？说起来，李白大半生皆漂泊在外，有时甚至无法自保，更谈不上照看子女了。

太白写此诗时，是桑叶已绿、吴蚕已三眠的春日，想起东鲁的家中该已春耕，谁来种他家的龟山北的龟阴之田呢？此时的南风吹动他的归乡之心，坠落在他于兖州所造的酒楼处，于是，他想起亲手在酒楼之东栽植的桃树，已有三年，树该长得与酒楼同高了，可他还没有回家。而桃花开放之时，娇女平阳该折一枝桃花倚在桃树之旁，手持桃花却看不到栽植桃树的父亲，禁不住泪如泉涌。而儿子伯禽，该长到姐姐肩头那么高了，姐弟俩立于桃树之下，太白寝食难安，坐失次第，痛断肝肠，只能在素绢之上写下思念之情，遥寄远在汶水之滨的长女幼子，亲情之诗，读来令人动心。此外，李白于夏日又作《送萧三十一之鲁中，兼问稚子伯禽》一诗，有"我家寄在沙丘旁，三年不归空断肠"之句，亦点明自天宝五载（746）秋南游，至是年春夏时，已近三年。

这年冬日，李白收到友人王十二赠诗，触发胸中愤懑，遂写下《答王十二寒夜独酌有怀》一诗。这是李白为数不多的直面现实、抨击朝政之作，为李邕、裴敦复被害与王忠嗣遭贬及抑郁而死大鸣不平，又因石堡之役战死数万士兵而悲愤，表达了诗人燃烧的良心。这首诗该是李白诗作中的另一类作品，有其重要性，故抄之如下——《答王十二寒夜独酌有怀》：

昨夜吴中雪，子猷佳兴发。
万里浮云卷碧山，青天中道流孤月。
孤月沧浪河汉清，北斗错落长庚明。

怀余对酒夜霜白，玉床金井冰峥嵘。

人生飘忽百年内，且须酣畅万古情。

君不能狸膏金距学斗鸡，坐令鼻息吹虹霓。

君不能学哥舒，横行青海夜带刀，西屠石堡取紫袍。

吟诗作赋北窗里，万言不值一杯水。

世人闻此皆掉头，有如东风射马耳。

鱼目亦笑我，谓与明月同。

骅骝拳跼不能食，蹇驴得志鸣春风。

《折杨》《皇华》合流俗，晋君听琴枉清角。

巴人谁肯和《阳春》，楚地犹来贱奇璞。

黄金散尽交不成，白首为儒身被轻。

一谈一笑失颜色，苍蝇贝锦喧谤声。

曾参岂是杀人者，谗言三及慈母惊。

与君论心握君手，荣辱于余亦何有？

孔圣犹闻伤凤麟，董龙更是何鸡狗？

一生傲岸苦不谐，恩疏媒劳志多乖。

严陵高揖汉天子，何必长剑拄颐事玉阶。

达亦不足贵，穷亦不足悲。

韩信羞将绛灌比，祢衡耻逐屠沽儿。

君不见李北海，英风豪气今何在？

君不见裴尚书，土坟三尺蒿棘居。

少年早欲五湖去，见此弥将钟鼎疏。

这首诗仍是太白擅长的七言歌行体，杂以五言、六言、十言，语调沉郁明朗，有如和挚友谈心一般娓娓道来，类似长吁短叹和具有沉思性的发问。诚然，此诗明确触及了李唐王朝近于衰败的现实，抨击了朝政，但仍为李白惯用的表达方式，李白毕竟是诗之高手，书写现实也渗透着强烈的主观感受与自身境遇的洞悟，绝非简单的揭露与批判；抨击朝政也不是迎头痛击而是旁敲侧击，因为诗人知道，写墓地的悲凉比写正面的屠杀、杖杀对心理的渗透力更为永久。诗毕竟是语言的艺术，言诗的社会意义固然不能为错，但忽略了诗之独有的语言艺术魅力，恐也是偏颇之论。

王十二该是李白年轻的朋友，诗之结尾有"少年早欲五湖去"便点明其是年少的公子。王十二寄给李白的诗则为《寒夜独酌》，故李白的答诗则是读这首诗的感怀。王十二写此诗的情境，则如李白诗中所言，夜里吴中之地落雪，王十二于雪夜独酌，看云卷碧山，望流孤素月，于苍凉孤冷之夜，夜望北斗错落时的长庚星，想起李白，便顿生王子猷雪夜访戴安道的佳兴，遂写怀念李白之诗以寄之。这让李白颇为感慨，言及人生飘忽百年内，就该看重如此淋漓酣畅的万古之情。故太白此诗是和朋友谈心里话，是写心态，虽直面现实却重人生感悟之作，是对世事恰切的判断与透彻的理解；自然通篇仍贯穿着太白孤傲的纯正之气，既写出李唐衰败现实的众生之相，又借古喻今，广征博引，似已看透了这个世道。

诗中所涉及的现实虽简要提及，却是其时人人皆知的故事。玄宗沉迷于斗鸡，故有好事者将狸膏涂于鸡头，因狸能捕鸡，则与之相斗之鸡闻狸的气味便畏之而走，遂胜；更有人将金芒镶于鸡距之上，用以制胜。这来自《艺文类聚》和《左传》中的记载，皆被宵小学来，可见世风之丑恶。

至于王忠嗣不愿以数万人之命易一官，被贬，哥舒翰取而代之，率大兵攻石堡城，果如王忠嗣所言，兵士战死数万，哥舒翰却身加紫袍，拜特进鸿胪员外卿，加摄御史大夫；王忠嗣却抑郁而死。

上述为李白所不齿之事，却让太白深感书生的无用，叹其"吟诗作赋北窗里，万言不值一杯水"！在鱼目与明月等同，名马拳跼不得行，跛驴却得志嘶鸣，春风得意之际，如德薄的晋平公听清角而恐惧患病，其实已暗示了玄宗的昏庸。太白深感下里巴人难和《阳春白雪》；楚不识和氏璧，散尽黄金也交不下至友；并将谤言者比作青蝇，谎言、谗言说了三次，如《新序》中的曾参之母，虽信其子之贤，三人疑之，亦惊惧逾墙而走；可见人言可畏、世事多艰，太白言之，既不齿、不屑，又有不服、不甘之念。

对于李白而言，荣誉似乎对其已没有意义了，可孔圣人犹知君子讳伤其类，鸟兽之于不义尚知避之，春秋时前秦佞臣董龙被视为鸡狗，自己一生傲岸，由于心态不同与人恩疏难谐，只能效严子陵不事玉阶而垂钓高隐，所谓"达亦不足贵，穷亦不足悲"，李北海之英风豪气今何在？裴尚书之土坟三尺只有蒿棘离离，人生到头来只能如此，还不如趁年轻浪游于四海五湖，远离权力与险恶的世道，说起来似颇为悲凉，既有愤懑、失望不平，亦有无奈无助的离世之心……

李白与此诗先后所作的《雪谗诗赠友人》，与此诗部分内容相近，但却是太白少有的具有自省意识的诗作。诗人嗟叹自己沉迷猖獗已久，其言"五十知非，古人尝有。立言补过，庶存不朽"，借《淮南子》蘧伯玉年五十而知四十九年非之言，而《左传》"太上有立德，其次有立功，其次有立言，虽久不废，此之谓不朽"之论，想自己立德没有良机，沉迷于功名亦成泡影，只能"立言补过"了。对于诗赋、文章的写作，李白是自信的，并以诗文博得绝大名声，虽然他念念不忘立功建业、功成身退，但折腾到了五十岁，仍无一官半职，或许此时他才将写作作为不朽的事业来看待。

尽管如此，这首以四言为主体、间或杂以五六言的长诗，仍对青蝇污染白璧，泥沙尘埃之中珠玉不鲜，猜贤疑圣，以及佞人罗织成罪，受人诬陷，充满了哀伤悲愤之情，并呼之谁能洞察其贞坚呢？

诗中的"拾尘掇蜂"，是两个典故。"拾尘"说的是孔子厄于陈蔡，弟子已七日未食，子贡以货物换来一斗米炊之陋室之下，有尘埃落于饭中，颜回取而食之，被子贡发现以为窃食，告于孔子。孔子相信颜回的为人，认为必有缘故，问之，颜回则言"有埃尘堕饭中，欲置之则不洁，欲弃之则可惜，回即食之"，众弟子遂服。而"掇蜂"则出于《琴操》，说的是周上卿尹吉甫，有子伯奇。伯奇母死，吉甫则娶后妻，又生一子。后妻恶先子伯奇，与丈夫说"伯奇"见妾有美色，然有欲心，吉甫不信，后妻则让他登楼而察，后妻则将毒蜂放在衣领，伯奇仁孝急将毒蜂从衣领上捉住，被暗察的吉甫见到，大怒，遂逐伯奇于野。后吉甫随王出游，伯奇作放子歌感之于先王，吉甫乃收伯奇，并射杀后妻。故陆机诗有"掇蜂灭天道，拾尘惑孔颜"之句。

太白诗写"拾尘掇蜂，疑圣猜贤"之后，则以"哀哉悲夫，谁察予之贞坚"为一段之小结。随后则哀叹"彼妇人之猖狂""彼妇人之淫昏"不如鹡鸰飞则相随，各有常匹，不乱其类。对此，郭沫若认为李白是为其曾同居的"会稽愚妇"刘氏而发；而安旗、薛天纬之《李白年谱》则认为，雪谗诗中屡言女祸，似应为谗谤李白的杨玉环等。自然，这都是猜度。就我看来，诗接"掇蜂"典故而来，彼妇人该指掇蜂之吉甫之后妻，言其不如鹡鸰的不乱其类亦与典故相合，该是其典故的生发而言之。故李白慨叹，虽然其巧舌如簧、结构虚词，众口铄金，积毁销金，人生艰难，但君子坦荡荡，所谓天之未丧斯文，则我当传之，匡人欲奈我何！至于言及宫中女祸，妲己灭纣，褒女惑周，食其得幸于汉祖吕氏，秦皇太后之荒淫等，万乘之尊的皇家尚且如此，匹夫又怎能免此伤悲呢？人，该做到心切理直，得昊天元气，有子野善听之耳，离娄洞察百步之外秋毫之目，这样就离君子之途不远了。说起来，太白此诗自然也是有感而发，恐并非专为一时一事而写，其有借古讽今之意，却重在言志。

有研究者认为，李白的《古风》之一等诗，亦作于此时。或许，五十知非、立言补过的李白，亦只能以诗立言，他的《古风》五十九首，便是其专心于创造所结的硕果吧。

《古风》五十九首，究竟写于何时？是完整的组诗制作，还是多年零散写作经后人编辑而成，似仍无定论。詹锳先生认为其非一时之作，时间跨度有三十多年。并引《道山清话》中《说郛》卷八十三："秦少游一日写李太白《古风》诗三十四首于所居一隐壁间"；而《韵语阳秋》称："李太白《古风》两卷，近七十篇。"竟比现存篇数还多，言其为后人编辑成集。可钱志熙教授却认为《古风》五十九首，是一个整体性很强的组诗，并非像一些学者所说的，是李白平生零散之作的结集。它与陈子昂《感遇》三十八首、张九龄《感遇》十二首性质是一样的"。两者的结论大相径庭，但恐都是推断，没有足以令人信服的证据。

但《古风》五十九首在内容上具有统一性，正如明代朱谏《李诗选注》中所言："按白《古风》诗五十九章，所言者世道之治乱，文辞之纯驳，人物之邪正，与夫游仙之术，宴饮之情，意高而论博，间见而层出，讽刺当乎理，而可以规戒者，得风人之体。三百篇以下，汉魏晋以来，言诗之大家数者，必归于白，出于天授，有非人力所及也。"钱教授颇重朱谏之言，并认为"世道之治乱"是《古风》组诗的总纲，系指三代以下、春秋战国以来的治乱之情，兼及李白当代的政道舆情，侧重于刺乱。而《古风》其一则是整个《古风》的序引，也是李白复古诗学的总纲领，其基本主旨是推崇雅颂、正风，对变风与骚体则各有褒贬，对建安以降的绮丽之风则作严厉批评，齐梁陈隋则不屑置论。但李白论诗赋，是将世情与文学联系起来论述的，认为政治是文学的根本，故此诗不仅是论文学的正变盛衰，同时也是论世道的治乱兴衰。这话有其道理。

就诗人的写作而言，具有开创性的写作总是首先是诗之观念的变化，对传统有扬弃，并在诗人喜爱的作品影响之下，开辟出一条属于自己的创作之路。李白喜欢阮籍的《咏怀》八十二首、庾信《拟咏怀》二十七首、陈子昂《感遇》三十八首这些组诗，并深受其影响。但李白的《古风》五十九首与上述之作不同的是以自创的《古风》为题，并与其效法汉魏不同，其内容虽高称雅颂，却以讽喻为多，这是唐初以来复古诗学的深化，在提倡建安风骨的基础上，上溯风骚及汉乐府歌诗，更为自由、奔放，荡尽齐梁遗风，正如李阳冰《草堂集序》中所言："凡所著述，言多讽兴，自三代以来，风骚之后，驰驱屈宋，鞭挞扬马，千载独步，唯公一人。"

一般说来，诗人有了新的想法，进入探索性的创造，大抵都是集中精力写出艺术观念相近的一批作品，以证明其脱胎换骨的创造性，并为其新的诗观佐证。从这种写作规律看来，李白的《古风》五十九首，即使不是一次写就，其大部分也应当是经过深思熟虑的同一时间的作品，自然在编集时，也可将同类零星相近的诗篇纳于一体。基于此，我大体上赞同钱志熙教授的看法，但是否李白四十岁左右时所写，我则持怀疑态度。

袁行霈先生在《李白〈古风〉（其一）再探讨》一文中，认为李白的"我志在删述"，并不是要学习孔子删诗，而是想效法孔子写一部《春秋》总结历代政治的得失，以此流传千古。此看法颇有道理。这与李白的"五十知非，古人尝有。立言补过，庶存不朽"的想法是相同的。

第二十六章　梁园之客

天宝九载（750），玄宗已老迈，人的年纪越大越向往长生不老，故请道家方士炼丹求药。所在争言符瑞，群臣亦日日表贺，山呼万岁。三月关内大旱、百姓艰难。然朝中贵戚却竟以进食相尚，水陆珍馐数千盘，一盘就花费中产者十家之产。

五月，明皇赐安禄山东平郡王。唐一改旧制，将帅封王自此始。而贵妃之戚杨钊则赐名国忠。

十二月，安西四镇节度使高仙芝伪与石国约和，引兵袭之，虏其王及部众归，悉杀其老弱，所得珍宝，皆入其家。

次年正月，玄宗命有司为安禄山治第于亲仁坊。禄山甚为受宠，出入宫掖不禁，与杨贵妃乱，丑闻频闻于外。

二月，安禄山兼河东节度使，既领三镇（平卢、范阳、河东），有兵二十余万，几为天下兵力之半，日益骄恣，潜蓄异志。然斯时"势已盛而逆未露"（《杜臆》注《后出塞》语）。

四月，杨国忠欲邀功固宠，使剑南节度使鲜于仲发兵讨南诏，大败于泸南。玄宗又令募兵以击南诏，杨国忠遣御史分道捕人，连枷送至军所。行车愁怨，父母妻子送之，哭声震野。

高仙芝攻大食国，深入七百里，与战，大败，士卒死亡略尽。

此时的李唐王朝，明皇已失法度，仍穷凶极奢，妄动刀兵，内腐外患连连，已是"山雨欲来风满楼"之态。

此时的李白，春日尚在金陵，五月则往庐山。他在《留别金陵诸公》诗中云："五月金陵西，祖余白下亭。欲寻庐峰顶，先绕汉水行。"言太白行止，即沿长江去庐山。

李白居庐山，恐有时政动乱难料，避祸隐居之意。据安旗、薛天纬考证：自本年以后，宗氏多次出现在李白诗中。天宝十四载（755），有《秋浦寄内》诗云："我自入秋浦，三年北信疏。"又《自代内赠》诗云："鸣凤始相得，雄惊雌各飞。"显系二人结婚未久，白即此游幽州，后又南下宣城，其间共约五年。自十四载上溯五年，则白之婚于宗氏，当在天宝九载（750）。此推论该是可信的。郭沫若将李白婚宗氏夫人时间推断为天宝三载（744），恐误。

太白在后来所作《书情赠蔡舍人雄》一诗中曾有"一朝去京国（长安），十载客梁园"之句。据此，日本的李白研究者认为，李白至少在梁园居住了长达十年之久。这恐也是误读。其实，此两行诗亦可理解为去朝十年之后，客居梁园，或去朝后于天宝十载（751）客居梁园。从李白诗中所见的行踪来看，李白根本不可能在梁园住得这样久。即使李白与家在梁园的宗氏结婚，亦是"鸣凤始相得，雄惊雌各飞"，因有难言之隐，亦不能住在宗家，在宗家的太白只是客，宗家不是其家，故李白才称自己为"客梁园"者。一个人是不可能在宗府为客十年的。

自然，梁园（开封）、宋城（商丘），是颇有诱惑力的地方，李白也曾数次来游。梁、宋曾是前汉初期文帝其子刘武的封地。其后景帝三年，刘武因平定以吴王刘濞为首的吴楚七国之乱有功而成汉代最具权势者。梁、宋为天下膏腴之地，梁孝王刘武于此大兴土木，筑宫室园囿，宫室连绵达三十余里(《史记·梁孝王世家》)。其时，枚乘、邹阳、庄忌、司马相如等名满天下的词赋家，都曾在这里相聚；各路豪杰、游说之士，甚至齐人羊胜、公孙诡为首的善智辩者们亦聚集于此、列侍其间。这样一个文人荟萃、颇受青睐之地，亦令李白神往，故其于梁国客居，亦有缘故。

据魏颢《李翰林集序》言，李白始娶于许；又合于刘，刘诀；次合于鲁一妇人；终妻于宋。对此，清王琦注曰："太白《窜夜郎于乌江留别宋十六璟》诗有'君家全盛日，台鼎何陆离。斩鳌翼娲皇，炼石补天维'，及'令姊忝齐眉'等语，是其终娶者乃宗楚客之家也。而此云宋，盖是宗字之讹耳。"王琦此注人皆以为是，并无疑义。

关于李白与宗夫人结婚，史料中并无具体记载，所留不过只言片语，其情境只能从其诗中推断。如果说李白婚于宗氏为天宝九载（750），那大抵也是五月离金陵之后，其"久居庐、霍"之前，其间太白曾回东鲁，应鲁郡僧人之请，作《崇明寺佛顶尊胜陀罗尼幢颂并序》，时在天宝九载冬。或许就在去东鲁探望子女途中又经梁园，结识宗家，与前相宗楚客之孙女宗氏婚配吧。

在梁园，曾留下宗小姐"千金买壁"的传说。说的是宗楚客的孙女宗小姐去寺院上香求愿，发现寺院墙上有李白的题诗，甚为惊异，知太白该在梁园。其时李白已名满天下，诗文多在民间流传，其《大鹏赋》甚至家家藏一本，宗小姐对如此的天才诗人该慕名倾心已久。如今见李白墙上题诗，反复读之，珍爱至极，又不能拓下带走，于是便斥千金将这处墙壁买下。或许，宗小姐千金买壁确是对太白诗及墨迹的珍爱，但这一举措也是其找到李白的最好方式；想来诗酒风流、挥霍无度的太白亦时有捉襟见肘的窘境，有人出千金买其壁上之诗，他自然不能不露面。

此传说确否，恐只能当小说家言。但李白再次入赘相府却是事实，大抵也是宗氏家族看上了李白，招之为婿的。

李白又一次入赘相府，大抵是与在安陆之赘故相许氏家族相同，看来其有浓重的"相府情结"。或许李白在知天命之年折腾了多半辈子，虽曾入宫做过翰林待诏，却仍为布衣之身，从未谋得一官半职。其历抵卿相也好，平交诸侯也好，梦幻般仅只一年半的宫廷生涯，虽给他带来极大声望，可最终亦只能退隐山林、浪游天涯。可他入世跻身官宦之林的愿望从未泯灭，只在处处碰壁、屡受排挤、打击之后，才有寻仙学道、淡出仕途之举。但其一展胸中抱负、出将入相之梦想，常常如焚烧的一堆灰烬，并未死灭，一有风吹草动，则死灰复燃。这也难怪，李唐王朝，文人士子要想成就一番事业，出人头地，光宗耀祖，也只有入仕当官这一条路。故李白虽未能入仕，更难出将入相，但与曾为宰相家族的孙女成婚，亦成为相府中人，虽已辉煌难再，或许也是一种心理补偿。

李白的虚荣之心看来颇为强烈。他狂妄、自负，多在年轻气盛之时，荣登玉阶丹墀之际，只是他性格的一面。但他面对王侯大吏以及诸多的官员，尤其在他求人引荐或困苦求助之时，虽称不上奴颜媚骨，却也有附势与媚俗人格的一面，即使是县尉等底层官员，仍不吝溢美之词。诗中的李白是天才，是诗仙，是高士、君子，出神入化的创造者；可世俗中的李白有时也只是个俗人，亦是个双重人格者。

宗楚客其人劣迹斑斑，声名狼藉。王琦《李太白全集》卷十五按曰：

> 《唐书》宗楚客本传及《宰相表》，楚客，字叔敖，蒲州人。武后从姊子。长六尺八寸，明晳美须髯。进士及第，累迁户部侍郎，坐赃流岭外，岁余得还。神功元年六月，由尚方少监，检校夏官侍郎、同凤阁鸾台平章事。圣历元年正月，罢为文昌左丞，为武懿宗所劾，贬播州司马。稍为豫州长史，迁少府少监，岐、陕二州刺史。长安四年三月，复以夏官侍郎同凤阁鸾台平章事。七月，坐事贬原州都督。神龙初，为太仆卿。武三思引为兵部尚书。景龙元年九月，同中书门下三品。韦后、安乐公主亲赖之，寻迁中书令。韦氏败，与诛。《传》又言其昌于权力，外附韦氏，内蓄逆谋，故卒以败。其行迹若此，乃太白有"斩鳌翼娲皇，炼石补天维"之褒，诛后亦未闻放罪之辞，赠葬之典，乃太白有"皇恩雪愤懑，松柏含荣滋"之美。在诗人固多溢颂之辞，又为亲者讳，不得不然。若深叙情亲，少序家世，更为得体矣。

王琦所注，显然对李白不顾宗楚客之劣迹，却夸耀其家世颇有看法，但其亦以"为贤者讳"的原则，避言其丑劣，虽然看不下眼去，仍慎言回护，最多亦暗示其不得体而已。

宗楚客其人为人所不齿，还有诸多劣迹。

笔记小说《朝野佥载》卷五言其献媚武后面首薛怀云："论薛师之圣从天而降，不知何代人也。释迦重出，观音再生。"马屁拍得无耻至极。

《唐新语》卷二亦载："楚客无他才能，附会武三思。神龙中为中书舍人，时西突厥阿史那、忠节不合，安西都护郭元振奏请徙忠节于内地，楚客与弟晋卿及纪处讷等纳忠节厚赂，请发兵以讨西突厥，不纳元振之奏。突厥大怒，举兵入寇，甚为边患。"

宗楚客这样祸国殃民之事，流传甚广，李白不可能不知道。然而李白仍以赘入高门为荣，并为奸相涂脂抹粉，屡唱颂歌。这时的李白似已丧失良知，什么注重大节、诗礼传家、清白家风等全然不顾，只重相府门第，这种状况，在唐代恐也是鲜见的。

日后李白于《自代内赠》一诗中，诗以宗氏的口气云："妾家三作相，失势去西秦。犹有旧歌管，凄清闻四邻。……"对三作相仍津津乐道，即使是旧日歌管，亦有动四邻的虚荣。

于后因介入永王璘案获罪，流放夜郎，李白在写给相送之内弟宗璟之诗《窜夜郎于乌江留别宗十六璟》中，仍对宗家门第昔日之盛予以张扬：开篇就称宗楚客曾位列三公，是象鼎三足、共承其上的合鼎之重臣，何等美好；并称其为娲皇（该为武后、韦氏）补天之翼，斩鳌足以立四极，撑其天下；受日月之顾，三入凤凰池的家族史，可见李白对"身份"的看重，对虚荣的追慕。

李白的"相门情结"颇重，只要与相门提上关系的人，都以能与之结交为荣，并在诗中记之。其诗《送内寻庐山女道士李腾空二首》，开篇即为"多君相门女，学道爱神仙"，说的是妻子宗氏和口蜜腹剑的奸相李林甫的女儿的交往，即使其女与奸相不能等同，自可交往，可诗之开首着眼的便是"相门"，可见他对门第的看重。

这次就婚宗府，李白该也是赘婚身份入府。可按其诗《自代内赠》所言："鸣凤始相得，雄惊雌各飞。游云落何山？一往不见归。"可知这婚姻一开始便遇到了难以在宗家立足的问题，无奈之中，李白便只能"雄惊雌各飞"了，且一去不返。那大抵也是赘婿的难堪境遇、受人白眼，加之李白呼朋唤友纵酒狂欢，挥霍无度，恐已衰败的故相之家亦难以承受吧，似乎是家中闹了起来，才使其受惊而飞。《唐律》第四卷《户婚律》共六十四条，内有关婚事的律条达二十一条，可并没有一条涉及男至女家就婚的规定。可见赘婚不只遭社会风气的贱视、鄙弃，无独立人格可言，在法律上也不受保护。

而《秋浦感主人归燕寄内》一诗，李白借归燕不忍离去，"三飞四回顾，欲去复相瞻"表达对宗氏的恋恋不舍，并言"岂不恋华屋，终然谢珠帘"，"寄书道中叹，泪下不能缄"。说的并非是自己浪游成性，安栖华屋香巢能陪伴宗氏何乐而不为？只不过时令不容，难以存活，只能漂泊浪游而不归了。

从李白的一些寄内、代内之作可知，太白与宗氏婚后感情亲密，该是两情相悦，分别之后亦书信往来，颇为思念。李白与结发之妻许氏婚后亦到处浪游，妻子虽为他生下一女一男，太白却只为许氏写过一首其日日烂醉如泥"虽为李白妇，何异太常妻"的诗作。但他与宗氏婚后，却时而写下赠内、代内、送内、寄内、别内等十首诗作。或许是李白已渐入老境，多年的漂泊体会到身无良伴的空寂，也许是宗氏更为可人，更懂为妻之道，于患难之中亦不离不弃，看来两人确是一对佳侣。

章培恒先生据宋刻本《李太白文集》中之《自代内赠》，诗中有"女弟争笑弄，悲羞泪盈巾"句，推断李白的入赘，宗氏与其妹皆住于梁园，自然该住在宗府。这推断有其道理。但从这两行诗中，我们还可看出这大抵是写太白与宗氏初婚之际喧闹中的细节，或许是将为人妇的宗氏被调皮的妹妹逗弄，带着喜气似乎有一点恶作剧式的笑闹捉弄，让面含羞怯又悲喜交集的姐姐泪流不止，自然，那主要应当是喜悦的泪水。而"争笑弄"则表明不只是一个妹妹，不然何来"争"字；"泪盈巾"一个"盈"字，该是泪水之多，言其情感的丰富、深邃，心态的复杂，以及爱之强烈。

太白写给宗氏以及以宗氏的口气自代内赠的诗篇，皆写得思绪缠绵、情真意切。

他写别内赴征，妻子牵住衣襟不放，问他何时归来；离别之后则于寒灯晓月之下，行行泪尽；思念远去的丈夫，怨高楼太低，则登上望夫之山。自代内赠则写其灵魂都追逐着丈夫远行，其缠绵之思如宝刀裁流水，无有断绝之时。可此时门前之草由黄转绿，除尽还生，却不见丈夫归来。并感叹妾如井底之桃，开花能向谁笑？镜中的自己已独憔悴，哪里去找似鹦鹉善效人言的秦吉了，为我表达方寸之心呢？这样的诗句，只有情真意笃、分离而又饱尝相思之苦的情侣才写得出来。

太白寄内诗中最能表达夫妻情深的作品为他获罪陷于狱中所写的《在浔阳非所寄内》。"非所"乃囚死囚之所，后人以囹圄为"非所"。诗写宗氏夫人闻丈夫落难而恸哭，入官员府中，如同《后汉书》所载的蔡文姬为救犯死罪的丈夫董祀，于公卿名士满堂泪请曹公、叩头请罪，音辞清辩，旨甚酸哀，众皆改容，曹操亦感其言，而留其夫一命。太白将宗氏比作文姬，可见其感念妻子捞救之深情。而宗氏知此消息，是登吴章岭而来，此山乱石礯牙，颇亦险峻，宗氏登此岭路峻隘、崎岖石道，过高入青云之山与太白相见，其悲叹哀声，怎能不令李白深感这生死共患难的夫妻之情呢……

尽管宗氏与李白感情颇深，按常理其女儿平阳与稚子伯禽该由宗氏照顾才是。然而李白为赘婿，宗府连他都容不下，宗氏即使想照看其子女，其家族恐也难容忍与其家毫无血缘关系的李白前妻之后，这样的"前嫌"是讨人嫌的，故李白的子女仍寄养于东鲁，对此，李白是负疚于心的，他没有尽到父亲的责任，这也是他就婚相府所带来的家庭悲剧，然而这是他自己的选择，亦只能无可奈何。

或许，在李白"久居庐、霍"时，曾将妻子宗氏与子女接到庐山同住，而太白诗亦有《送内寻庐山女道士李腾空二首》，自然也是宗氏与李白同在庐山才有此诗，似乎于庐山太白该有自己的家，或许是短暂的与妻女同住的家居。

或许，李白之妻宗氏名为"多君"，李白送内、寄内诗中两次称其妻为"多君"。一是寻李腾空诗中之二"多君相门女"；一是在《在浔阳非所寄内》之"多君同蔡琰"将妻子与蔡文姬相比时的称呼。

李白最后一首怀念宗氏之诗为《南流夜郎寄内》:"夜郎天外怨离居,明月楼中音信疏。此雁春归看欲尽,南来不得豫章书。"其时宗氏寓居豫章(南昌),李白因未得妻子音信而满怀愁怨,望眼欲穿。其后他遇赦归来,竟未有宗氏任何信息,既没有团聚,亦音信全无。或许宗氏已故,也许亦好乘鸾的宗氏已了断尘缘,入山修道去了。后来太白死于当涂,宗氏亦不在身边,但伯禽已和父亲住在那里,并在当涂安家,并请李华为文写墓志,史料有明确记载。

扯远了。为了说明李白与宗氏的婚姻关系,不得不打破时空秩序,将极有限的资料集纳在一起言之。话题再扯回来。

李白与宗氏婚后,大抵是念及平阳和伯禽,于年底便回东鲁探望。春日,太白复想旧日故交,如谯郡元参军、元丹丘等,写下赠寄之诗。《闻丹丘子于城北山营石门幽居,中有高凤遗迹,仆离群远怀,亦有栖遁之志,因叙旧以寄之》,从李白此诗长长的诗题便可知道,他也想与丹丘子一起幽居隐遁。诗中故友相思之情萦绕于怀,于故园闲逸中跃然纸上。可如今长女平阳已长大,"婚娶殊未毕",念及长女婚事,他又走不开,故入名山幽隐之想只能留待以后再说了。

是年秋日,李白终去了元丹丘处一游。诗《寻高凤石门山中元丹丘》有"高松来好月,空谷宜清秋",可知为秋天。

于元丹丘石门幽居之地,闲起来就想折腾的太白,大抵是见到了在边地节度使军幕中掌文书事务的何昌浩,又触发了他的建功立业之想。当时的诗人文士常在边地军中任职以为进身之阶,当时的高适在哥舒翰幕中任书记,岑参则在高仙芝幕中掌书记。李白写《赠何七判官昌浩》一诗,为"赠"而非"寄",当是于酒宴上相识而赋诗赠之,意在求何判官援引入幕之意。李白的随后幽州之行,或源于此,何昌浩该是安禄山军幕中的判官。

赴边地军中建功立业,在当时已蔚然成风,所谓少年千金缀鞭、百金装刀,从军者喜于立功,送别者壮其行色,酒酣耳热,笑看吴钩,正如杜甫《后出塞》诗所言:"男儿生世间,及壮当封侯。战伐有功业,焉能守旧丘。召募赴蓟门，军功不可留……"仇兆鳌注此诗引《杜臆》云："召赴蓟门者，禄山也，势已盛而逆未露，且以重赏要士，故壮士喜功者，乐于从之。"

李白自然是一位喜功者。他在赠何七判官的诗中，言自己时生惆怅之情，坐至夜分之时，郁闷中对空啸咤，以解心中的烦忧。今日与何判官一见，已心随长风而去，吹散胸中的阴霾。太白称其羞作济南的腐儒，年届九十还沉迷于古文章句之间，如此老死阡陌，哪里还能尽展胸中之抱负？故此时的李白竟欲拂剑而起，收奇勋于沙漠。随之太白赞何判官为今日的管仲、乐毅，英才冠于三军，而作为同道中人，怎能如此地黄城山下耦耕的沮、溺一样，老死荒丘呢？

此次幽州之行，李白的初衷是投安禄山军幕，如高适、岑参一样为晋升建功立业之举。其时安禄山权倾朝野，深得玄宗信任，虽则跋扈，但并未露反叛之心。李白想"沙漠收奇勋"，自然如众多壮士一样，只能在军中报效，一展其才。然而，边地毕竟是征战厮杀之地，情势如黄河一样波澜起伏难料，所谓"虎可缚，河难凭"，去幽州自然是一种冒险。故妻子宗氏极力劝阻，可"披发之叟狂而痴"，"旁人不惜妻止之"，纵然"有长鲸白齿若雪山"（《公无渡河》），太白仍一意孤行，以遂其平生之志。

于是，李白幽州之行于梁园起程。诗《留别于十一兄逖裴十三游塞垣》中"于公白首大梁野"点明留别之地为开封。"劝尔一杯酒，拂尔裘上霜"，可知时在深秋。

李白对自己如无根的飞蓬随风飘转、放浪无归宿的生活深感悲哀，身无依附犹如落叶；其满腹济时之策无以施展，竟无人知识。然而良马难耐寂寞而长嘶，宝剑也在剑匣鸣响，故他要如《北史》所言，投躯万死之地，以邀一旦之功，所谓富贵靠自己的能力谋取，建功立业以荣宗耀祖，故他要北行，转仕北方的豪英，以献"济时之策"。

在《自广平乘醉走马六十里至邯郸登城楼览古书怀》一诗中，李白对其北行的目的说得更为直接且明确："日落把烛归，凌晨向燕京（今北京）。方陈五饵策，一朝胡尘清。"说的是此次北来，为的是献陈"怀柔单于的五种手段，即笼络外夷的各种策略"的五饵策（见《汉书·贾谊传赞》），为安抚胡虏，以护唐王朝的安泰。可当时坐镇燕京，兼任平卢、范阳节度使，君临北方首屈一指的人物，只能是安禄山，故李白北游的初衷是想投安禄山军幕并非妄言。

也是在邯郸，李白在《登邯郸洪波台置酒观发兵》诗中，写下了目睹安禄山麾下大军出征讨胡虏威风凛凛的强大阵势，是有信其所向披靡，"遥知百战胜，定扫鬼方还"的。当时的李白并非先知先觉者，恐无法预测三年之后的"安史之乱"，朝中边地虽有危机，他还相信安禄山对玄宗之忠。

对李白北游幽州，诸多研究者都认为李白此去是探"虎穴"，探安禄山之虚实，当时就感觉到安禄山的叛变已迫在眉睫，说他看到坐大的安禄山，"一呼一吸都可以使百川沸腾，连燕然山都会被吹成飞灰"（郭沫若《李白与杜甫》），这样的判断与李白北游时所写的诗之含义并不相合。这种说法的依据，是安史之乱平定之后，李白被流放夜郎遇赦而归，在江夏所写《经乱离后天恩流夜郎忆旧游书怀赠江夏韦太守良宰》一诗。这首李白最长的诗，其中回忆了当年北游幽州的情景，其中云：

> 十月到幽州，戈铤若罗星。
> 君王弃北海，扫地借长鲸。
> 呼吸走百川，燕然可摧倾。
> 心知不得语，却欲栖蓬瀛。
> 弯弧惧天狼，挟矢不敢张。
> 揽涕黄金台，呼天哭昭王。

与李白此次北游所写十三首诗相较，安史之乱后所写的北游幽州，是驴唇对不上马嘴的。这哪里还是向安禄山"欲献济时策""长啸寻豪英""方陈五饵策，一扫胡尘清"呢？又哪里有李白北游归来，安史之乱前所写的"怀恩欲报主，投佩向北燕。弯弓绿弦开，满月不惮坚。闲骑骏马猎，一射两虎穿"，令"胡虏三叹息"的豪情壮志呢？却是事后对唐玄宗重用安禄山，所谓"扫地借长鲸"的严厉批判，致使天下崩溃；甚至李白自己也拉弓惧怕贪婪残暴的胡人，挟矢而不敢张弓，看穿了安禄山的狼子野心也无从进言，只能去寻仙避世；而对此家园之忧，太白似已无能为力，忍不住在黄金台上痛哭，呼天抢地，可却没有招引贤士的燕昭王了。

或许，李白这种后语不搭前言的说法，大抵是一种遁词，以避开与安禄山之流有关系的嫌疑，故自扮一个先知先觉者。因为写这首诗时，是其流放刚刚被赦，他已进过关死囚的"非所"，堪称九死一生，难免胆战心惊，故如此言之，以免清查安史之乱中被误认为是乱党，再遭迫害。

李白的这次北游是失意而归。或许他并未谒见安禄山，亦心有所忌；也许他见沙场之白刃赤血，血染流沙，想一将功成万骨枯，士兵的命运令人悲叹，思妇伤边地骨寒，征夫不归，诗人的良心对战争又生怨恨之情，所谓"黄河捧土尚可塞，北风雨雪恨难裁"（《北风行》），于是，他历重湍波，施即离去。

也是在上述赠韦太守良宰这首诗中，李白忆及他从幽州南返至魏郡，当时在魏郡任职的韦良宰留太白宴游有日，让"蹉跎不得意，驱马还贵乡"的李白颇为感慨。其时壶觞盛宴、贤豪青娥，烛光醉舞，清歌绕梁，令其难忘。真是此一时彼一时，北游失意的李白重又身如流萍，惟以游乐为事。在魏郡，又得县令苏某款待，离去时，作《魏郡别苏明府因北游》赠之，或因诗中有其美女如芙蓉句，行前苏明府又赠李白两位美人，故太白诗言："自有两少妾，双骑骏马行"，由小妾陪着向西北而行，游西河郡去了。那里，则有刘少府接待。

随后李白沿汾水南下，入潼关，登西岳华山，是年秋日所作《江上答崔宣城》诗，便写时登华山览景，忆下山后遇崔宣城之事，崔问李白北游之情状，白则答其行止。

幽州之行归来，失意的李白已心灰意懒，对李唐王朝的内忧外患深感无能为力，又决定高隐远游，却又感慨万端。

正如李白在南下宣城之际，路过曹南所写的《留别曹群官之江南》一诗所云，他离开长安去朝已十年，揽镜已满头霜雪，感叹自己已经老啦。可这如同范蠡离开勾践、屈平辞别怀王一样，朝廷没有美政，他只能离之远去。所谓朝云梦渚、瑶草高堂，其对李唐王朝的幻想只是一场春梦，对其深深地失望。难怪李白要"闭剑琉璃匣，炼丹紫翠房。身佩豁落图，腰垂虎鞶囊。仙人驾彩凤，志在穷遐荒"了。如今的李白，诚然归路绵邈，满怀凄凉之情，也要像峨眉山骑木羊入蜀的葛由，随其入绥山而得仙道。

北游归来的李白，失意之时，又做起神仙梦了。

第二十七章 南下宣州

北游客居梁园之后，李白虽已与宗夫人成婚，终因与相府复杂的关系和难言之隐，再度出游。在其诗《自梁园至敬亭山见会公，谈陵阳山水兼期同游，因有此赠》中所言，即"黄叶向人飞"的秋日，应宣城长史从弟李昭的邀请，所谓"敬亭惬素尚"，来到棹流清辉、冰谷明秀、粲粲吴史、衣冠耀京、陵密环抱的宣城。此前太白虽到过宣州的南陵，亦曾到扬州、金陵溯江而上，途经当涂，却从未到过宣城，从诗中的自述可知，此次当是初游。

宣城为唐代宣州郡治之所，据陵阳山为城，枕双溪之水为邑，而城门即在山巅之上，其城双溪萦绕，水碧山青。敬亭山横峙其间，山势蜿蜒回折、云封雾锁、林壑幽深。正如李昭在邀请李白的信中所言："宣州自古为名邑上郡，星分斗牛，地控荆吴，为天下之心腹，实江南之奥壤。既有山川之胜，又兼海陆之丰……北望敬亭崛起于川原之中，横峙若屏障，连绵三十里，尤为一郡之雄秀，此高人逸士所必仰止而快登也。"如此山川雄秀之地，一生好入名山游的李白安能不来。

既是从弟相邀，李白自然是投奔李昭而来。《赠从弟宣州长史昭》中有"何意苍梧云，飘然忽相会"句，知是初到宣城李白所赠之诗。赠诗对这位上州五品官从弟李昭自多溢美之词，称之为佐雄郡之贤明宗英，其心胸容得下长川千里，控带水陆土州，亦容得下涓涓细流，包纳已无小大之别。并言其文笔起风霜，诚结仁爱，庭垂桃李，馆罗轩盖迎宾，在自己背运、背时、孤立无援之际，得此知音相待，令其握剑而歌，颇为感慨，盼能相携扶摇而上九万里，不要忘了从兄云云，既有感激之情，又有诚望提携之意。

此时太白的心态仍旧是矛盾不平、遇人遇事颇多感慨，时而登山感叹百岁已落半途，望前途浩漫，食不成味，留下一声叹息，便想随窦子明去炼丹栖隐（见《登敬亭山南望怀古赠窦主簿》）；时而与旧友相会，同忆长安故事，日落秦关，帝乡千里，恍如梦中（见《登敬亭北二小山，余时客逢崔侍御，并登此地》）；甚至在《观胡人吹笛》中，"愁闻《出塞》曲，泪满逐臣缨。却望长安道，空怀恋主情。"亦看得出其恋阙之情时而有之。

于宣城闲居，李白过的仍旧是纵情诗酒的生涯。诚然，他在《九日登山》中，言及陶渊明不为五斗米折腰的气节，但在九月九日重阳之日无酒，只能摘菊盈把枯坐，久之，望见白衣人至，乃刺史王弘送酒来，即便就酌，醉而后归。所谓"为无杯中物，遂偶本州牧"，可见嗜酒之人见酒大抵是管不了那么多了。太白言此，亦是自己在失意之际用陶潜的故事为自己辩解，只要有酒，他仍旧醉若仙人，看山如波峰浪谷，合沓与云齐，所谓"扬袂挥四座，酩酊安所知？齐歌送清觞，起舞乱参差"。于是客如落叶四散，可他对自己醉后亦如孟嘉风吹落帽之不觉，面对嘲讽的答文甚美，四座嗟叹，充满了自信。

其实，李白的"斗酒诗百篇"，有时又是以诗来换酒的。他在《赠宣城宇文太守兼呈崔侍御》诗中，除追忆幽蓟之行，后有"无风难破浪，失计长江边。危苦惜颓光，金波忽三圆"。知李白来宣城已历三次月圆之明，言及"危苦""失计"，加之曾多次说及的背运、背时、失意，可见其处境并不佳妙。由诗中的"颜公二十万，尽付酒家钱。兴发每取之，聊向醉中仙。过此无一事，静谈《秋水篇》"可知，李白是以卖诗、卖文为生的，润笔不可谓不丰厚，但他日日花天酒地，皆"尽付酒家钱"了。

那大抵也是吃人家嘴短，拿人家手软。难怪李白对郡县官吏多有赠诗，亦多陈情颂德，扬其政绩；而困窘之时，求人赒济，语则卑微凄惨，读之令人为之耳热。

在这种状态之下，太白常常于敬亭山独坐，甚为寂寞。其诗《独坐敬亭山》云：

众鸟高飞尽，孤云独去闲。
相看两不厌，只有敬亭山。

是啊，能展翅高飞的都飞得不见踪影，"孤"云"独"去仅余一个"闲"字。而互相看着没有厌烦之心的，就只有这敬亭山了。诗平白如话，似无深奥可言，然而，诗人赋予了无生命的敬亭山以生命，只是默然地互相看着，所谓青山为伴，相顾无言，该飞的，该去的，都飞了、去了，只有山深知自己的寂寞，两者相互接纳，永无厌恶之心。诗虽只有二十个字，看似浅显，却有着丰富的内蕴，意内言外，能让人想到山之外的一切，是无言胜有言，是对空无的感受，也是对实在的大山的认知，是对整个世界的独有的感知和理解。自然，诗写的是山境，其实写的是自己的心境，自身的境遇与情感符号的生成。

宣城对李白的吸引，除了上郡大邑之风、山川之胜外，更深层次的缘由是他对诗人谢朓之诗的喜爱。这就如同历代的诗者，每到一处都首先想到谁曾在此留下什么名篇名句，大都身临其境，重新沿着前辈诗人曾登临、走过的遗迹缅怀一番，留下自己的感慨和诗章。

谢朓是李白颇为熟悉、甚为喜爱的南齐诗人，字玄晖，河南太康人。据称其少年好学，聪颖过人，为官后曾任南齐诸王幕下的参军、功曹、文秘，后转任中书郎。建武二年（495）任宣城太守。志书称其"勤于郡治，功民教士，关心农政"，该是个深受百姓拥戴、为民造福的好官，故百姓亲切地称他为"谢宣城"。两年后，他奉调离宣回南京任尚书吏部郎，不久被萧遥光诬陷，入狱而死，年仅三十五岁。

宣城的谢公楼，据称为谢朓任太守时所建，也有人称百姓为纪念他集资所建，原楼地处宣州郡治之北，又称谢朓北楼。李白所写的《秋登宣城谢朓北楼》，写的就是此楼。

太白对谢朓之诗可谓情有独钟，甚至有时称其为之倾倒、折服也不为过。王士祯《论诗绝句》曾云："青莲才笔九州横，一生低首谢宣城。"可见谢诗对太白影响之深。太过自负的李白，对古来的名人多有褒贬，轻狂之时对圣人贤士也时有微词，但对谢朓却从未有不敬之语，李白有十五首咏谢朓的诗作，皆为赞赏其诗其人的怀念之作。白称"我吟谢朓诗上语，朔风飒飒吹飞雨"（《酬殷明佐见赠五云裘歌》）。登九华山落雁峰之际，李白亦云："此山最高，呼吸之气，想通天座矣，恨不携谢朓惊人诗句来，搔首问青天耳。"可知太白对谢诗评价之高，竟称之为"惊人诗"。

谢朓之诗，不仅李白为之倾心，这位只活了三十五岁的诗人，生前已名扬天下。与谢同代的沈约称道其诗"二百年来无此作也"。萧衍竟然推崇到"三日不读谢诗，即觉口臭"。沈德潜《古诗源》云其："灵心秀口，每诵名句，渊然泠然，觉笔墨之中，笔墨之外，别有一段深情妙理。"而刘熙载《艺概》则言："谢玄晖以情韵胜……语皆自然流出。"何义门评谢诗称其："化艰为易，去重就轻，以其略浮词而取真色，所琢炼者在意象、物情之间耳。"……可见真正的好诗，动人的作品是有共识的。

谢朓任宣州太守时，颇喜爱敬亭山，曾写下"兹山亘百里，合沓与云齐。隐沦既已托，灵异居然栖"（《游敬亭山》）的诗篇；留下了"余霞散成绮，澄江静如练"（《晚登三山还望京邑》）这被李白挂在口头，并不止一次化用的名句。应当说，敬亭山的名扬天下始于谢朓，并引得文人骚客纷至沓来，千余年来吟无虚日，诗文不绝。后人曾评说，李白就是踏着谢朓的足迹，游遍了三山、三桥、三亭、二岭，在宣城写下八十二首诗，其中吟咏敬亭山的诗作就有二十一首之多。

还是在金陵，李白就曾写下"月下沉吟久不归，古来相接眼中稀。解道澄江静如练，令人长忆谢玄晖"（《金陵城西楼月下吟》）的诗行，感叹知音难得，触景生情，想起谢朓之名句而借用成诗。后来，李白又登上谢朓来宣州途中曾登临的三山，写下"三山怀谢朓，水澹望长安"（《三山望金陵寄殷淑》）的怀想之思。太白于新林浦遇风受阻之时，诗人亦吟道："纷纷江上雪，草草客中悲。明发新林浦，空吟谢朓诗。"（《新林浦阻风寄友人》）于清冷悲情之中，亦只有空吟谢诗与之为伴。而在江上"泛月独酌"之时，望冷流月光的江面，长川泻月、洲渚塞凝的情境，一杯浊酒，亦心潮难平，为之感叹："独酌板桥浦，古人谁可征。玄晖难再得，洒酒气填膺。"（《秋夜板桥浦泛月独酌怀谢朓》）大抵也是悲从中来，想起命运多舛的谢朓与自身遭谗言的遭际，便有了难得的相知之情。甚至有时于送友人之赠诗中，太白亦言"诺为楚人重，诗传谢朓清"（《送储邕之武昌》），在言楚人重诺言之时，亦赞其诗得传谢朓之清俊，亦看得出来李白对谢朓的看重。

其实，就我看来，太白看重谢朓之诗，看重的只是其能化为己用的善于熔裁的清丽淡远，出于灵心秀口的警句、意象，从心底自然流出的情韵，为永明体中成就最高的佳构。或许，我们从太白倾心于谢朓的诗中所看到的是"另一个李白"，即与谢诗有着同样清新蕴藉、素心真趣、清水出芙蓉、天然去雕饰的李白，但这仅仅是李白诗中的一个特质。从整体的诗之创造的成就而言，谢朓与太白不能相提并论。李白是古今诗体之集大成者，他的七言歌行、七言绝句无人匹敌；甚至他的古风、乐府成就之高，亦鲜有能望其项背者。他的《蜀道难》《梦游天姥吟留别》等以气势、情致及奇异的想象力，以及对自然、人生透彻的理解成为千古名篇，恐难以超越。王士祯称太白"一生低首谢宣城"，亦是只取一端而言，大抵是李白对其人其诗的尊重，并非两人诗之高下之分。

李白闲居宣城名郡，穿行于"鱼盐满市井，布帛如云烟"的街衢之中，在如此富足的上州生活，大抵也是常泡在酒楼之中，亦时而在宇文太守、从弟李昭、从叔李云，以及结交于长安的旧友，后亦遭贬黜、寓居宣城的崔侍御崔成甫等人的陪伴下，畅游敬亭山，更多时则是独居。

敬亭山原名昭亭山，又名查山。晋时为避司马昭讳改称敬亭山，在城北五里许。李白到宣城之后，亦仿效谢朓，在敬亭山"筑室而居"，即在山间选址盖起茅屋，在山上安了家。正如他诗中所言："我家敬亭下，辄继谢公作。相去数百年，风期宛如昨。"（《游敬亭寄崔侍御》）诗说得明白，虽和谢朓相离数百年，今日的太白亦继谢公之于山下结庐的名士之风，仿佛与当时的谢朓没有什么区别。太白于此地登高望素白的秋月，俯视脚下的青山城郭，眼下鸳鹭成群，饮水啄食鸣叫跳跃，尽得其欢。而太白称崔侍御虽处于蹭蹬困顿之中，却如瑶台雪中之鹤，独立寒凉而下窥浮云，心已翔于寥廓宽广的高远之处。时而有人到此一顾，笑我的葵藿之餐；世事亦如秋风萧瑟，令人尽尝世态之寒凉。然而悬在腰间的玉剑，如当年延陵之季子，意许之赠亦不负诺言，壮士是不可轻慢的，或许，终有一天我们会在振缨云阁、耀价连城的高处相逢吧。这是诗人写崔侍御，恐怕也是写自己处境的诗作，因为贬黜之臣，于孤独清冷无助中用语言相互取暖之诗。

在宣城，崔侍御即崔成甫该是与李白患难相知的朋友，其两人处境皆不佳。崔入仕较早，为开元名臣崔沔之子，曾任校书郎，遭贬黜寓居宣城，有《泽畔吟》诗稿，李白曾为之作序。现仅存的一首诗是送给李白的《赠李十二白》："我是潇湘放逐臣，君辞明主汉江滨。天外常求太白老，金陵捉得酒仙人。"可知两人关系之密。故二人时而结伴于敬亭山畅游，其时李白送客谢亭之北，正逢崔侍御纵酒醉归，于是两人又"屈盘戏白马，大笑上青山"，于马上回鞭指向长安，看日落秦关，所谓"帝乡三千里，杳在碧云间"（《登敬亭北二小山，余时送客，逢崔侍御，并登此地》），虽有青山大笑，但忆起长安旧事，心绪也颇为复杂。

在陵阳山最高峰的谢朓北楼，即谢朓"披衣就清盥，凭轩方秉笔"之处，李白登楼俯瞰，眼下是一幅夕照之中的山川秋意图，所谓江城如画，向晚的晴空之下，宛溪、句溪蜿蜒萦回，而两溪之间的明镜湖颇为秀美；宛溪上的凤凰、济川两座拱桥如拱落的彩虹；远处炊烟袅袅，秋寒之中橘柚橙黄，梧桐的树叶亦已衰败飘落，于此情此景之中，是"谁念北楼上，临风怀谢公"（《秋登宣城谢朓北楼》），自然是李白。这首诗大抵是描绘秋景之作，写的是秋境，恐也暗合了人之秋境。

李白的另一首与谢朓楼有关的诗，为《宣州谢朓楼饯别校书叔云》。

这是李白对即将离去的从叔李云饯别时所写诗作，堪称李白的名作，其中的诗句亦被千百年来的文人墨客所引用，甚至已家喻户晓。其诗曰：

> 弃我去者，昨日之日不可留。
>
> 乱我心者，今日之日多烦忧。
>
> 长风万里送秋雁，对此可以酣高楼。
>
> 蓬莱文章建安骨，中间小谢又清发。
>
> 俱怀逸兴壮思飞，欲上青天揽明月。
>
> 抽刀断水水更流，举杯消愁愁更愁。
>
> 人生在世不称意，明朝散发弄扁舟。

这首诗又名《陪侍御叔华登楼歌》，可知李云与李华该是两人，有研究者认为，该是李华拜监察御史时在宣城与太白相遇，一起登楼，这是李白借与李华相会酒酣之时，浇胸中块垒，举杯消愁却愁上加愁之作。写的却是自己的遭际与心态。

诗仍是七言歌行体，太白写这样的诗堪称才气横溢，更易于表达其长吁短叹、复杂而又率意而为的情绪状态。从诗中可以看出，李白仍旧对被弃的昨日、弃我而去的昨日耿耿于怀，那是想留也留不住的昨天，还是能留也不可再留的昨天？或许应当是前者吧，对老之即至的李白而言，时间或许过得太快了。可每个今天，心大都在烦忧之中，可见李白在宣城闲居也是忧烦之事多多，内心少有安宁。李华此次是升迁经此，故称长风万里送秋雁之飞，对此可以开怀畅饮，一醉方休了。由此李白又想到道家蓬莱山之东观多藏经籍典章，东汉建安之末的"建安七子"与曹氏父子之诗谓之"建安体"，重风骨、饶古气；而其间被称为小谢的谢惠连又发清音，皆为怀逸兴而丽词泉涌，壮思云飞之辈，欲上九天揽者。可面对古人和今人，太白纵有远胜其人之才，也只能虚度年华，报国无门，故其才有抽刀断水水更流的无奈，只有借酒浇愁却愁上加愁的愁思；而人生在世是如此地不如意，只能学范蠡之不受冠冕束缚，披头散发去乘扁舟、浮江湖之上了。

太白此诗虽情绪不佳，诗之影响却颇大。据《江南通志》载，谢朓楼原名叠嶂楼，谢朓任宣城太守时称之为北楼，亦称谢公楼。唐咸通间，刺史独孤霖改建之后，更名为谢朓楼。李白于谢朓所作之两首诗，更使其声名远播，并跻身江南"四大名楼"之列。晚唐诗人陆龟蒙于《怀宛陵旧游》诗中，有"谢朓青山李白楼"之句，将谢朓楼直称为李白楼了。

自然，李白的性情亦是多变的，他虽多烦忧，常有失意之叹，但宣城的山水田园、秀丽的风景还是陶冶了他的性情，其兴之所至，还是留下了一些清新明丽、颇有意味的山水诗。李白是有一双慧眼的，他不只用眼睛，也用心看这动人的山山水水。于宛溪中，他感觉百尺溪水将心也照得明亮，白沙上都留着月的颜色，而秋的声音在摇曳的绿竹中飒飒作响；他发现水亭之上，亭檐飞卷宛溪之水，一朵云会停泊于窗前，猿的啸声被风所阻断，渔歌却宛如从月亮里飘来；而其从南峰归来，发现下临响潭的响山下，如藤萝牵着的月亮沉于水壁，可登郡楼望去，松针的苍冷之色已转为碧绿；他又在宛溪和句溪汇合处，即谢朓送别诗友范云之处的谢公亭，盘桓良久，吟叹谢公离别之处，连风景都每每生出愁思，客散之后只留青天上的明月，人去山空，只有碧水长流……诗人的感觉敏锐，对声音、色彩、季节的变换，以及独有的心绪都有细微的观察与恰切的表达。而太白亦在宛溪支流的镇宁桥上，写下广为流传的"青山横北郭，白水绕东城""浮云游子意，落日故人情"的千古名篇《送友人》。

在宣城闲居过冬之后，天宝十三载（754）春，李白复游金陵，有《春日陪杨江宁及诸官宴北湖感古作》之诗。杨江宁即江宁县令杨利物，北湖为玄武湖。大抵是江宁令热情接待了李白，故李白赋诗记其事。

五月，李白又到扬州。此次扬州之行可记载的是与魏万（即魏颢）相遇，并同游金陵。别时互有赠诗，李白并尽出诗文，嘱魏万编集。

当时的李白已入老境，五十知非而后的太白曾说将立言补过，想来他该将大半生所积存的诗文大体整理就绪，待汇总编纂成集。而此时，慕其名追踪三千余里相访不遇、终在扬州与李白相遇的魏万与白一见倾心；太白见如此执着、长途跋涉锲而不舍追随自己的年轻人，该是超凡脱俗可信赖、相托的小友，故将自己所有的诗文都交给这位初见但却已心心相印的挚友，嘱其编辑自己的诗文总集。而李白与魏万相遇的时间，清人王琦、近人詹锳、王伯祥、安旗与薛天纬在其太白年谱中，均认为是在天宝十三载（754），似无异议。

据李白《送王屋山人魏万还王屋》诗并序，魏万《金陵酬李翰林谪仙子》诗，以及魏颢《李翰林集序》所言，这位魏万（始名万，次名炎，同中进士时已更名魏颢），号王屋山人，博州摄城人。其跋涉三千里慕名追随李白，于天宝十二载（753）秋便离开王屋，过嵩山，先去李白客居的梁园（开封）、宋城（商丘）；随之去太白曾安家、其女平阳、子伯禽寄居的东鲁（兖州）；但均未见到李白。而后魏万转向江东，辗转到吴、越，又至姑苏，历经天台山、永嘉等地，直至十三载五月抵广陵，才与李白相会。两人一见如故，亲如兄弟，随之相携共游金陵。

与李白相见，魏颢后在《李翰林集序》中曾描绘初见太白的印象："眸子炯然，哆如饿虎，或时束带，风流蕴藉。……颢平生自负，人或为狂。白相见泯合，有赠之作，谓余'尔后必著大名于天下，无忘老夫与明月奴'。因尽出其文，命颢为集。"

太白将所有诗文交给魏颢，言谈之中甚至在不安的老迈之时竟将爱子相托，可见其对魏颢的看重。而李白《送王屋山人魏万还王屋》竟写了一百二十行，该是李白作品中少见的长篇之作。可知其情谊之深，托付之重。长诗开篇便美言魏万年少聪颖，爱文好古，隐居王屋之事；随后叙其自嵩、宋沿吴，三千里相访之行；继而描绘其乘兴游台、越；又记其自台州泛海至永嘉，遍游缙云、金华诸名胜；乃至于自姑苏与广陵相见；结尾则是其还山依依相别之情。诗尽显白之才思，思接千载，舒放飘逸，引经博典，且意切情真，既有清词丽句，又有沉郁高远之境，该是太白精心结撰之作。

魏万的《金陵酬李翰林谪仙子》则开篇便呈狂放之态，言彼此皆为藏珠怀玉者，皆为稀世之宝，虽隔万里也相互烛照。诗自然亦叙其虽一长一少却亲如兄弟的友情，并记其相重相惜、名士风流，同游帝王之都云云。

　　但非常可惜的是，据魏颢《李翰林集序》所言，李白交给魏万的全部诗文原稿，曾一度因安禄山叛乱事件，而章句荡尽，全部散佚。但在上元末（761）魏颢又在山西绛县偶然得之，大抵已十丧其九。于是魏颢沉吟数年，终在李白六十一岁时编就。其编目篇首为魏颢所写之序文，后冠以魏与李相互赠答之作。接着是《大鹏赋》、古乐府诸篇，而后则是依次编就的诗文；诗文有异同者，异同并存。魏颢的编纂可谓颇费心思、兼顾异同之作，不妄加取舍，与其对太白的敬慕相合。据称，魏颢所编之集，于北宋熙宁年间，为宋敏求所得，并入其所编《李太白文集》之中。

　　与魏万于金陵作别之后，李白大抵是受县丞之邀，来到宣州所属的南陵。

　　李白先后数次来过南陵，此次南陵之行，多在五松山游览，并留下数首书赠常赞府和于五松山赠答感时赠别之作。

　　唐人称县丞为赞府。而五松山，在南陵铜井西五里，有古精舍。《舆地绝胜》称：五松山"山旧有松，一本五枝，苍鳞老干，翠色参天"。想来此山该是以一本五枝之松而命名吧。李白来到南陵，常赞府就陪他同游了五松山，太白便写下了《与南陵常赞府游五松山》一诗，所谓逸韵动于海上，高情出于人间，李白赞其有谢太傅般足以镇安朝野的沉稳雅量，又淡泊澹然，并称其为"傲吏"，与其同赏五松山之清幽、美沃、天籁之音，思绪百生，并有于此隐逸之心。

　　从李白之诗可知，太白此次南陵之行，与常县丞交往密切，竟写了三首题赠、书赠常赞府的诗作。除上述之诗外，还写了《于五松山赠南陵常赞府》及《书怀赠南陵常赞府》。前者诗人以松兰相依为喻，所谓"兰幽香风远，松寒不改容"，暗示自己虽穷困经霜寒之境遇仍不改本色，与赞府也是如鸾同枝、如珠相随。太白该是远客投名贤而来，期望赞府能惜其方寸之心。自己是重义而轻生死的至诚之士，还望赞府像汉高帝那样好贤，才能名垂千古；盼县丞于我留情；最后还是借用冯谖寄食孟尝君门下的典故，仍是求常赞府周济之意。看来从金陵归来的李白仍旧困窘无助，只能常学寄食之客弹剑而歌了。

此时的李白，大抵也是饥无所食，其《宿五松山下荀媪家》所写亦如当年韩信饥寒中受漂母之餐以果腹。然而，当他看到田家秋作之苦、邻女夜春之寒时，灾年跪送给李白的雕胡饭，内心颇为惭愧，再三感谢却难以下咽。诗中所言的雕胡，李时珍称：其九月抽茎，开花如苇芍，结实长寸许，霜后采之，大如茅针，皮黑褐色，其米甚白而滑腻。陶弘景则称之为菰米，古人以为美馔，今饥岁，人犹采以当粮，故李白诗有"月光明素盘"之喻。

这一年是个灾年，自去秋以来，水旱相继，秋又霖雨六十余日，物价猛涨，人多乏食。此年天灾人祸并起，六月，李宓将兵七万击南诏，至西洱河全军覆没，宓被擒，而杨国忠隐其败迹，益发兵讨之，前后死者近二十万人，天下怨声载道。

就是在这种情境之下，李白《书怀赠南陵常赞府》一诗，则是感时伤事而发，该是太白并不多见的直击现实之作。其诗曰："……问我心中事，为君前致辞。君看我才能，何似鲁仲尼？大圣犹不遇，小儒安足悲。云南五月中，频丧渡泸师。毒草杀汉马，张兵夺云旗。至今西洱河，流血拥僵尸。将无七擒略，鲁女惜园葵。咸阳天下枢，累岁人不足。虽有数斗玉，不如一盘粟。"诗直写本年的云南战争与关中灾情，李白仍为国事与黎民担忧，这种状况之下，该也是他面对雕胡饭，三谢不能餐的缘由吧。此诗继之又云："霜惊壮士发，泪满逐臣衣。以此不安席，蹉跎身世违。"由此看来，李白在皖南流连山水之间，时而炼丹采药，似有终老之意，但他仍未能忘情于朝政。

而太白与上诗前后所作的《纪南陵题五松山》，亦引经据典，言君子感德，亦论天下政事，叹时命大谬，即使仲尼在世也无可奈何，所谓有齐无柯，何以治之？亦满怀焦虑无奈之情。当然，李白还写了其他的作品，似不必一一详述了。

在宣州境内，从南陵到泾县，现在只需几十分钟的车程即可到达，在唐代恐怕时间也不会太长，若骑马而行，大抵也用不了半天时间。故李白游罢南陵之后，应当先到泾县一游。

　　李白在泾县所留下的诗，最著名且人人皆知的作品，便是他的"李白乘舟将欲行，忽闻岸上踏歌声。桃花潭水深千尺，不及汪伦送我情"（《赠汪伦》）了。诗平白如话、朗朗上口，几乎读一遍就能记住，这恐怕也是这首诗得以流传的缘由吧。

　　据称，汪伦系泾川名士，他深慕李白之名，甚爱李白之诗，每得之皆日夜吟诵不厌。得知李白来宣城时，他便修书盛情邀请太白到桃花潭一游。信中有这样的话："先生好游乎？此处有十里桃花；先生爱饮乎？此处有万家酒店。"好酒的李白得此问讯，便欣然应邀前往。会面之时，李白便对汪伦说："此番前来，一是观赏十里桃花，二是酣尝万家酒店，此意难违，美意难却。"汪伦闻言歉然答道："桃花者，十里之外有桃花渡也，并无十里桃花；万家者，乃店主之姓也，并无万家酒店。"李白听后笑而言之："临桃花潭，饮万家酒，会汪伦豪士，此亦快事。"言罢两人握掌大笑。上述的传说，大抵是小说家言，载于野史。但据方本耕先生考究：《全唐诗集注》中称，汪伦是唐天宝年间今旌德县境内新建村的一位"农人雅士"，时居"新建汪氏别业"。李白当时所题《过新建汪氏别业》两首诗，就写在新建别业的墙壁之上。《李太白全集》上的这两首诗，明万历和清乾隆、嘉庆《旌德县志》均有录。清《旌德县志》亦载，在三百多年后的宋神宗时，汪伦在旌德县新建村的后人仍珍藏着李白的诗作《赠汪伦》，并将此诗载入家谱。

　　旌德历史上原是泾县的一部分，宝应二年（763）才置旌德县，故《过新建汪氏别业》则注明为泾川新建汪氏别业，此处距桃花潭几十公里。从诗中可知，李白应邀来看桃花潭，是他在新建村汪伦的别业之中，故宋代学者胡瑗诗中称："李白好溪山，浩荡泾川游。题诗汪氏壁，声动桃花洲。"李白在题诗中深感汪伦的义气，言其好贤才，捶炰煎煮，珍馐满台，吴歈琼杯，喝得酒豪气爽，酣畅欲舞，四座歌声相催，已乐不知秋了。故其"更游龙潭去"时，"轩车且徘徊"了，要走又留恋而不忍离去。

　　李白亦多次来过泾县。其诗中与泾县风景有关的亦有一些。《酬崔十五见招》中，"尔有鸟迹书，相招琴溪饮"，便与琴溪河有关，或许李白也曾品尝过河中"长不盈寸"的琴鱼。而《游水西简郑明府》诗:"天宫水西寺,云锦照东郭。清湍鸣回溪,绿水绕飞阁。"写的便是于泾县城西五华里的水西寺,李白自然也游过这佛教胜地的水西三寺。此外,太白在泾县还写有《泾县送族弟锌》《下泾县陵阳溪至涩滩》《下泾县沿高溪三门六刺滩》《与谢良辅游泾川陵岩寺》等,多为游历有感而生情之诗,亲历浪游之作,各有特色,就不一一言及了。

第二十八章

乱离之中

天宝十四载（755），对于李唐王朝来说，是个异常特殊的年月，可以说开元盛世之后，这一年是国家彻底走向衰败的分水岭。十一月，安史之乱爆发，此后战乱持续了八年，刀兵水火，生灵涂炭，血染尘沙、江山破败、虽然最后得以平息、可盛世难再、衰变的江山已千疮百孔。

是什么原因使这场战乱骤然爆发，让杜甫所吟咏的仓廪丰实、路无豺虎、齐纨鲁缟盈车、男耕女织其乐融融、圣人奏于云门、天下朋友都如胶似漆的全盛之日，日渐消失，一时间烽火遍地，洛阳的宫殿焚毁，百姓流离失所，哀鸿遍野，令人伤心欲绝呢？

其实，衰败早从根上就开始了。

天宝十一载（752）李林甫死，但他在相位十九年，已是坏事做尽。史称其"媚事左右，迎合上意，以固其宠；杜绝言路，掩蔽聪明，以成其奸；妒贤嫉能，排抑胜己，以保其位；屡兴大狱，诛逐贵臣，以张其势。……养成天下之乱，而上不之寤也。"

李林甫死后，玄宗以杨国忠为相。此人不学无术，以裙带关系以及善于媚上而得宠，比李林甫好不了多少。为相亦刚愎自用，裁决任意，公卿以下，颐指气使，不为己用者，皆出之；为己用者，无问贤不肖皆任之。

朝廷如无贤相，只知媚上与排除异己，党争人祸连连，安能不败？玄宗却仍陶醉在虚幻的盛世之中，三十多年的和平盛世，明皇已倦于朝政，耽于奢靡，歌舞升平，沉迷于享乐，将政事皆交于李林甫、杨国忠，致使宫廷之中争权夺利之风日甚，搜刮民脂民膏、聚敛财富者比比皆是，并在边境擅动刀兵争功，兵连祸结，外事矛盾日深，"朱门酒肉臭，路有冻死骨"（杜甫）的状态亦并不鲜见。

在这种貌似繁盛、可社会危机日甚的时候，还是有有识之臣看到了事情的本质。这就如同过冬久藏之柑，虽外表光鲜可人，可内里已衰败如絮。史官吴兢发现朝政和体制受到严重的侵蚀，上下阻隔，奢靡铺张之风日盛，已感到危机四伏；于是，他将唐太宗奠定盛世根基的优良传统精心编纂成《贞观政要》，呈给玄宗，以曲折委婉的方式劝谏，希望明皇予以对照，重振朝纲。可玄宗不予理睬，反将吴兢贬黜外地，吴兢年纪过大，经不起折腾，心情抑郁而死。可他死后不久，其心忧的战乱竟真的爆发了。

天宝十二载（753）正月，杨国忠荐任的剑南节度使鲜于仲通使人请为杨国忠刻碑，立碑于省门。九月，杨国忠因与安禄山有隙，厚结哥舒翰，奏请加官晋爵，玄宗从之。于是，陇右节度使哥舒翰兼河西节度使，并进封西平郡王。

天宝十三载（754），安禄山反状益露，人有言及反者，玄宗不信，由是人无敢言者。三月，玄宗欲以安禄山为相，杨国忠谏阻。太常卿张垍供奉翰林草诏，预知此事，告禄山，被贬为卢溪郡司马。

天宝十四载（755），安禄山蓄意为乱，二月，请以蕃将代汉将，四月，又请以东京洛阳之兵益蓟门。玄宗皆准。

安禄山久蓄异志，原想待玄宗晏驾之后作乱。因杨国忠与禄山有隙，屡言禄山必反，玄宗不信，国忠数以事激之，欲其速反以取信于上。禄山由是决意遽反，以讨杨国忠为名，于十一月发所部兵及同罗、奚、契丹凡十五万众，号二十万，反于范阳，引兵向南，陷河北诸郡。

上述天宝数载的玄宗朝时事，已明显地看出李唐王朝已处风雨飘摇的时态之中，除玄宗仍在盛世的幻梦之中外，世人多已感到危机日近，已是山雨欲来风满楼了。

还是说李白吧。其实，太白在南下宣州时，在历阳横江浦渡江，所作《横江词》六首，用安旗的话说是"以江上风云暗喻'安史之乱'前之政治形势，以涉江渡河，隐指从政，亦李白北游归来心情之反映"。这种说法有其道理。有人认为太白的《横江词》六首作于青年时代，安旗认为当作于天宝十二载（753），当以安说为是。

就《横江词》六首诗本身而言，其只说横江的风波险恶，极言横江自然状态，并没有任何明喻，却是具有象征品格、充满了暗示、内涵却更为丰富的作品。诗之象征，并非说其像什么的单纯喻指，故只写事物本身的特质和状态，笔力越是单纯，所涵括得越多，其主题则是个广阔的空间，其暗示的，自然可以是"安史之乱"的政治风云，但也可以是与社会与人生有关的任何险恶的遭遇与生存状态。是啊，人生该有多少风高浪险，一水牵愁，一缕微风便引来滔天大浪，覆溺之惧顿生，欲行而不可行之事；面对晕天风雾，惊波摇得三山动的险恶，还是不要渡河，知难而退吧。

这一年秋日，李白溯江而上，抵秋浦。在皖南浪荡数年，既遇灾情，又感世态险恶，于孤苦困顿之中思念妻子宗氏甚切，于是便有了《秋浦寄内》《秋浦感主人归燕寄内》《自代内赠》等诗。其"寄内"诗云："我自入秋浦，三年北信疏。"据此，日本的冈村繁教授认为，李白在秋浦住的时间很长，至少将近三年。并引清《嘉庆重修大清一统志》中的《贵池县志》言："唐李白爱其（秋浦）胜，欲家焉，留滞于此者三年，歌咏甚多。浦长八十余里，阔三十里，四时景物，宛如潇湘、洞庭。"然而，安旗、薛天纬在《李白年谱》中却认为，李白自天宝十二载秋游皖南，至是年秋，合首尾计之三年。其实，从李白在皖南浪游所写的诗文可知，他是不可能一直住在秋浦的。或许，秋浦是写"寄内"之诗处，而诗之语言简略，易产生疑义，"我自入秋浦，三年北信疏"，亦可理解为我自己来到秋浦，离家已三年，少有家中的音讯，故有思妇之诗寄内。况且李白写此诗时并非第一次来秋浦，其所写的《秋浦歌》十七首，以及《赠崔秋浦三首》《赠秋浦柳少府》《秋浦清溪雪夜对酒》等一批诗作，该是上年之诗。或许，由于秋浦酷似潇湘、洞庭的吸引力，多次游秋浦的李白，初到皖南便曾第一次来到秋浦，如此算来，其来过秋浦已近三年，亦说得通。

李白于秋浦所写之诗，多为旅愁思乡之作且写得颇为动人。如《秋浦歌》中，太白面对长如秋日的秋浦之萧条，客愁难渡，只能遥传一掬泪水而去；听浦猿悲啼，清溪亦翻卷成断肠之流，薄游而阻于此，不知何日能归，亦只能于孤舟之上泪落如雨了；太白感叹猿声催白发，两鬓入秋，一朝便已衰白；甚至"白发三千丈，缘愁似个长"，其愁作浦客，强看秋花，泪满貂裘，感觉猿声都能碎客之心……太白的《秋浦歌十七首》，虽也有描绘风物之作，但大都愁思百结，锥心裂肺，满纸泪痕，既是自身遭际和命运的慨叹，恐亦有国难家愁之悲，此种心绪，该与诗人的处境和迫近乱世的世事相关。可《秋浦歌》确是太白不可多得的佳作，颇受历代诗人的喜爱，陆放翁亦对李白往来池州所赋《秋浦歌十七首》等诗颇为赞赏，称"太白此歌高妙乃尔"，并以此相比，认为李白的《姑苏十咏》诗是赝作。

李白在秋浦，大抵也是食客，他赞崔秋浦有陶令之风，"见客但倾酒，为官不爱钱"。称之为风神高迈、容仪俊爽的"玉人"，惠化予民，百姓歌之。其《赠秋浦柳少府》之诗，亦言其树桃李而得芳菲，亦喜纵酒云云；李白所赠二人之诗，都有"怀君未思去""淹留未忍归"的难舍之意。是年冬日，太白从秋浦返宣城，该是受新任宣城太守赵悦之邀，为赵太守所造新亭落成，参与群僚献仪作颂之会，李白遂作《赵公西侯新亭颂》，并有《赠宣城赵太守悦》，并为赵悦代笔，写了吹捧杨国忠的《为赵宣城与杨右相书》。

其对赵太守的誉美之词、奉承之句似已不必再说，但他代笔所写的《为赵宣城与杨右相书》，实在是李白人生的一大败笔，是李白两面人格中附势与媚俗人格的体现，此书写于"安史之乱"即将爆发的前夜，杨国忠之祸国殃民人所共知，代书时距玄宗逃蜀时杨国忠被愤怒的士兵杀死时间并不长，李白不会不知道杨之奸恶和为人。其书虽为代言，亦不长，其中多为感恩戴德之语，直接赞颂杨国忠的话虽然不多，却颇有高度："伏惟相公，开张徽猷，寅亮天地。入夔龙之室，持造化之权。安石高枕，苍生是仰。"其言君子以美德以得声誉，弘化而照亮了昏暗的天地，入宫阙而持造化之权，有安定天下之能，令上下高枕无忧，故天下苍生共仰！读这样的文字，联想到不久后战乱中杨国忠被杀，简直就是个绝妙的讽刺，李白大抵也不会想到杨右相不久身亡的命运吧。

说起来，唐代的诗人不仅李白如此，这种依附权势，文人士子有媚俗人格一面，看似已成士人常态。只要想获得权力和地位者莫不如此。比如高适，及第后授封丘县尉，因不喜此"拜迎长官心欲碎，鞭挞黎庶令人悲"（高适《封丘作》）的职位，乃去官客游河右。但在他接受封丘尉一职时对李林甫还是极尽恭维之能事。他在《留上李右相》一诗中，对李林甫大肆吹捧了一番：言其是李唐本枝，出身高贵；说李林甫道德高尚，治国如傅说萧何；朝中君臣和谐，社会风尚淳古。天下的生灵无不沾溉他的德惠；还称李林甫学识渊博，爱惜人才，时时对人才给予"提握"；另还讲李为高雅之人，"兴中皆白雪，身外即丹青"。诗中并对授其县尉一职感激涕零，已足见其人格的虚伪。

天宝六载（747）杜甫应试落第，曾想通过本家子侄、李林甫的女婿杜位靠上、依附于李林甫，未能如愿。在《丽人行》中曾对杨国忠颇有微词的杜甫，在杨国忠当权之后，他在《奉赠鲜于京兆二十韵》中将李林甫大骂一通，以讨好杨国忠，祈盼杨国忠能挽救他这个快要饿死的儒子。在对待两位奸相前后皆判若两人，恐怕只能从依附性人格这一点来解释。

杨恩成、吕蔚在《附势与媚俗：唐代诗人人格的另一面》，以李白、杜甫、高适为中心论及，应当说是对唐代诗人文化人格的整体研究，二人抓住了历代研究者普遍忽略的另一个层面，别开生面，是具有独到见解的有一定开创性的研究，对全面认识、理解一位诗人，具有重要的意义。

如果说，人格即"人的行为方式、发生在个体身上的人际过程"，亦如康德所言，整个人类都在他的人格里面。"格"，是一种规范。人格则是人"追求自我生存价值的最根本的体现"，可见人格对于人的重要。杨恩成、吕蔚认为"附势与媚俗人格具有双重意义：既是自我生存的需要，从而表现出卑俗的一面；同时，它又是诗人为实现人生理想而采取的一种手段。从这个意义上说，附势与媚俗人格在一定程度上又是在强烈的用世思想促使下产生的，其人格表征可以说是崇高与卑下并存！"这是实事求是、并不偏颇的评价。因为高度集权、等级森严的封建制度就是一种人身依附制度，整个人文环境已难以再度生成先秦士人的那种相对自由与独立的人格，因而，放荡不羁、狂放如李白者，亦难以免俗，只能在失意时称"安能摧眉折腰事权贵，使我不得开心颜"，可在现实生存之中，又不得不一次次摧眉折腰。

在宣州与赵宣城聚会之后，李白旋又到了金陵。其《金陵与诸贤送权十一昭夷序》言其行止。其时是岁律寒苦、天风枯声、霜天峥嵘之际，该是初冬。序中言曾与权昭夷同在清溪采炼丹药事："尝采姹女于江华，收河车于清溪。"称服勤炉火之业久矣，看来李白在皖南亦常炼丹药。此时同在金陵的权昭夷离去之际，太白等诸友人置酒相送。其时安禄山大抵正在紧锣密鼓地筹谋反叛，补足建制缺失兵员，建胡人勇武之军，并大宴全军将士，操练兵马，于地图上谋划攻城略地之策，已是箭在弦上。

随后，安禄山以得玄宗密旨，令其讨杨国忠为名，起兵于范阳。

李唐王朝开元盛世以来，三十余年平安无战乱的日子，奢靡之风日盛，武备松弛。除边境时有战事，内地久不见刀兵，各地府兵已是徒有虚名，有建制而少兵员，士兵多有逃离者。据称当时州县武库中兵器铠甲均已锈蚀，乱起，临时招募的兵士不会解弓，剑鞘也不能拔，只能拿起棍棒抗敌。故安禄山的大军一路杀来，势如破竹，地方官吏则降的降，逃的逃，或被俘虏，或自杀，不足一个月，已兵临洛阳城下。据称，安禄山的大军渡过黄河逼近陈留时，殊不知战争为何物的陈留军民，在城头上看到奔来的十万铁骑绵延数十里，扬起的烟尘把整个陈留城罩住，号角声惊心动魄，兵卒们吓得全身瘫软，武器都举不起来，陈留太守更是吓破了胆，开门投降，安禄山不费吹灰之力便取了陈留。入城后，他得知押在长安的儿子安庆宗已被处斩，捶胸痛哭，心性大变，将夹道迎接他的百姓和投降的士兵尽皆杀掉，一时间血雨腥风，他要用一万条生灵给儿子垫背。

安禄山的大军两天之后便抵荥阳（即今之郑州），将荥阳团团围住，四面一起擂鼓，竟把城墙上的唐军士兵吓得魂飞魄散，一个个失足摔下城来，《资治通鉴·唐纪三十三》载，其时唐兵"自坠如雨"，转瞬之间城池便陷落了。

随后安禄山的铁蹄便逼向洛阳，在这里，安禄山才遇到唐朝名将封常清临时招募的六万人稍微像样的抵抗，这批临时拼凑起来的新兵，在封常清的带领下奋起抵抗，竟然坚持了六天，自然，由于兵力太过悬殊，但封常清败而不乱，收拢残军，节节抵抗，最后于无奈之中突围而退至陕州。

此时在金陵的李白已闻战乱之事，心急如焚。十分担心在东鲁的子女和宋城的妻子宗氏。恰在此时，或许是宗氏所遣，门人武谔来看望李白。太白便将子女事托付给武谔，请他去东鲁沙丘城接子女南来，武谔慨然应允。太白自然颇为感激，写《赠武十七谔》一诗，正如诗之序所言："门人武谔，深于义者也。质木沉悍，慕要离之风，潜钓川海，不数数于世间事。闻中原作难，西来访余。余爱子伯禽在鲁，许将冒胡兵以致之。酒酣感激，援笔而赠。"其诗中有"狄犬吠清洛，天津成塞垣"句，此时显然洛阳已吃紧、尚未沦陷之际。

李白将子女托付给武谔，遂北上，亲自往宋城去接妻子宗氏。

从太白诗《北上行》可知，"奔鲸夹黄河，凿齿屯洛阳"，言及从逆诸将，纵横于汲、邺诸郡；安禄山已于东京洛阳称帝。此时的宋城该是刀兵已过，处于从逆降将手中，战乱之时北行，自然也是危机重重，但太白念宗氏心切，仍毅然乘车北上。

乱离之中北上中原极为辛苦，李白缘太行山艰难而行，面对麓脊陡峻不可登越之山，只能寻粗通微径处的盘山磴道之上绕上。一路上，马蹄蹶石，车轮于高处裂毁，只能艰难地以步当车了。此时的李白恍惚看到安禄山之铁蹄于幽州卷起的沙尘，似已飘来山上；而朔方节度使郭子仪正与敌振武军厮杀，烽火相望，于山岩之上似也感到剑戟间飘来的杀气，而严冬的寒风已将衣裳吹裂。锥心裂肤的李白想到前行似已无归日，返顾旧乡，惨惨戚戚地在冰雪里跋涉，向风而悲号，已是肝肠寸断。在如此悲寒交集之中，已入老境的太白被风撕碎的衣裳已遮掩不住肉体，皮肤有如枯败的桑树。想饮水，水却在深谷溪涧；想采薪取暖，岗垄却又高又陡，难以攀爬；此时山上的猛虎又掉尾而来，虎牙白如霜雪，令人心惊。饥肠辘辘的李白叹草木不可食用，未成仙人也只能餐风饮露了。离乱之中北行，尝尽千辛万苦的李白，停三马所驾之车在崖边仰天长叹，不知何时王师能扫平叛军，而重见天日呢？

李白的发问，连玄宗自己也不知道。此时，退守潼关的高仙芝与封常清会于一处，接应散兵归队，恢复建制，将临时召集而来的乌合之众迅速组织起来，调动所有军民日夜不停地在潼关之前挖出三道既宽又深的大沟，以阻挡骑兵的冲击，同时抢占各处高地关隘，加固城墙，构筑工事，调集军用物资，以便于坚守。

这两位唐代名将于潼关终于阻住了安禄山的破竹之势，守住了战线，扭转了短短的一个多月唐军一溃千里的局面，唐军关紧了进入长安的大门，与安禄山之叛军进入了相持阶段。

然而，玄宗派出的宦官监军边令诚却向玄宗诬告封长清夸张敌人军威，动摇军心；诬告高仙芝率兵临阵脱逃，贪污克扣军饷。玄宗这时正需要替罪羊，于是下令将两名良将处斩，大厦将倾，却自毁梁柱。

在这种状态之下，玄宗与大臣商议，要御驾亲征，让太子监国，被杨国忠及杨氏姊妹所阻。于是，挑来选去，最终起用六皇子荣王李琬，这位生了五十八个儿女的皇子并无治军经验，难当重任；于是又任命哥舒翰为全军之副统帅。然而，这位曾镇守西域的名将因纵情酒色、豪奢放纵，中风偏瘫在床，已气息奄奄，可圣命难违，只能由士兵用担架抬着出征，接替被处斩的高仙芝、封常清镇守潼关。

而据《新唐书·安禄山传》载："贼之据东京，见宫阙尊雄，锐情僭号，故兵久不西，而诸道兵得稍集。"贪婪的安禄山这时与唐兵潼关相持之后，改变了速取长安的战略，在洛阳组织了一些厚颜无耻的老头儿上书劝进，于是他"顺从天意民情"，于天宝十五载（756）元旦，登基称帝，国号"大燕"，自称"雄武皇帝"，改年号为"圣武元年"，并封王拜相，封置各郡官员，当起了皇帝。在这种状态中，哥舒翰与安禄山在潼关竟相持了半年之久。

就在这一年岁初，李白终于赶到了宋城，偕宗氏南奔，有诗《奔亡道中五首》。

诗是战乱之时途中所发的感慨。想苏武在匈奴之地牧羊，田横在国灭之后与其徒众五百余人逃于海岛，重重关塞绝断，不知何日再能归来，颇为伤感。他又想后汉的崔骃因不得意弃官而归；李陵败降匈奴；真是此一时彼一时，愁容能让海水变色，长袍已改了胡衣，似有择地隐居避乱之意。然而，即使在奔亡途中，李白仍想起鲁仲连谈笑之间，一箭退秦军的故事，言自己仍留一支箭，却无处去射鲁连之书，意在自己虽有鲁仲连之能，却无处施展。而今中原已沦没，多羌胡之语，人多为沙塞之颜，又令他想起失守社稷的吴君之臣申包，入秦讨救兵，立于庭墙恸哭七日，已鬓毛斑白，言其救国之心耳。李白就这样于奔亡途中偕宗氏南奔，一路上思绪万千，忧心家国之难。他望着眼前浩渺的湖水，岸边青青的芦叶，不知此去的归心将落于何处，可太阳已落于大江之西。于是夜黑歇马，想走已看不到前行的路径。此时子规的啼声传来，鸣声哀苦，若云"不如归去"，太白想起故乡，闻杜鹃之鸣，声传空野，不免心为之凄恻。

春日，李白来到当涂，闻玄宗将御驾亲征安禄山，甚喜。其《春于姑熟送赵四流炎方序》中称："然自吴瞻秦，日见喜气。上当攫玉弩，摧狼狐，洗清天地。雷雨必作。"在李白看来，他远望秦地，有振兴之象，玄宗亲秉征伐之柄，必玉弩发，惊天下，剿灭安禄山之徒，使宇宙清泰，大赦天下。然而，未过数日，又旋闻洛阳失陷，中原横溃，则闻得一点喜气竟一扫而光。于是他携妻宗氏返宣城，将避地剡中。

其诗《经乱后将避地剡中，留赠崔宣城》有云："中原走豺虎，烈火焚宗庙。太白昼经天，颓阳掩余照。王城皆荡覆，世路成奔峭。四海望长安，颦眉寡西笑。苍生疑落叶，白骨空相吊。连兵似雪山，破敌谁能料。我垂北溟翼，且学南山豹。"是啊，面对食人豺虎的凶恶，唐室宗庙于火中焚毁，王城荡覆，苍生枯死如败叶，白骨累累的战乱，何时能破敌难以预料，于战乱生死未卜之际，太白只能学爱惜自己毛色的南山玄豹，雾雨七日而不下山觅食，何也？欲以泽其毛而成文章也，故深藏山中，远离伤害。

李白留别崔宣城而去剡中，于溧阳与张旭相遇，饮于酒楼，赋《猛虎行》诗。从诗中可知时在三月，杨花茫茫之春日，言其从宣城而来，欲往剡中以避胡尘。两人相见，为唐之三绝之二相聚，自是相敬相惜，免不了在溧阳酒楼开怀畅饮，并言及战乱，甚为忧虑。白诗云自己肝肠寸断，潸然泪下，只因为"旌旗缤纷两河道，战鼓惊山欲倾倒。秦人半作燕地囚，胡马翻衔洛阳草。一输一失关下兵，朝降夕叛幽蓟城。巨鳌未斩海水动，鱼龙奔走安得宁"。诗自是言河南、河北两道已陷敌手，东都沦陷，半壁江山已失，长安亦危在旦夕，系为天下生灵而想。随后太白将张旭比为张良，而自比韩信，为遭弃的贤哲之士，有妙策亦不为所用，只好寄身南国以避胡尘，将宝书玉剑挂之高阁，金鞍骏马散赠故人，去东海垂钓也。至于诗中胡雏吹笛，吴歌绕梁，"椎牛挝鼓会众宾"，寻欢作乐，大抵已是李白惯有的及时行乐的生活方式，似乎是得乐且乐，并不因初时的哀伤而无休无止地悲戚。

与上述之诗同时而作的《扶风豪士歌》，亦与《猛虎行》看似其意大体相同，其实并不然。诗写洛阳城中"天津流水波赤血，白骨相撑乱如麻"，可他仍应扶风豪士之请，赴雕盘绮食、吴歌赵舞、香风吹拂之宴，饮得酣畅淋漓。扶风豪士大抵也是避难而来，李白赞其豪是言其意气相倾，不趋炎附势，却如六国时齐之孟尝、魏之信陵、赵之平原、楚之春申四君，待客下士，招会四方，门下各有客三千人，可明日能有谁来报其恩呢？故李白抚剑扬眉，表自己水清石见之心，"脱吾帽，向君笑；饮君酒，为君吟"；由此可见，李白亦为食客，因饮其酒而为之吟诗，恐不只是寻欢作乐，诗之主旨是言扶风豪士之豪，亦应是乱离窘困之中有求于人而为之的颂歌赞语之类。

从《赠友人》之三"虎伏避胡尘，渔歌游海滨"句可知，太白夏日已至剡中。

而此时安禄山叛军与唐军的战局，处在一片混乱之中。曾以投降换取安禄山留用的常山太守颜杲卿见叛军战线拉得太长，便广为联络、密谋反正。设计将守河北交通咽喉的守将李钦凑骗到常州杀掉；又将安禄山派回幽州征兵的将军高邈以及安禄山的副将何千年捉住。随后用为保活命的何千年所献之计，进入饶阳城，大肆宣传唐军已攻克井陉等地，不日平定河北，于是曾降叛军的各郡都纷纷响应，转瞬之间，已聚兵力二十余万，有十七个郡重新回归唐朝。与颜杲卿相呼应的是平原郡太守颜真卿，为唐代大书法家，亦是杲卿的堂弟。他发布告讨伐安禄山，大举招募勇士，于是各郡都纷纷杀掉安任命的伪官，推颜真卿为盟主，抗击叛军。

而此时，朔方节度使郭子仪及其部将李光弼等，亦击破叛军的进攻，乘胜反击，攻克静边军，大破安禄山部将大同军兵马使薛忠义，斩杀敌骑兵七千，不断向东挺进，直接威胁安禄山之后路。

然而，就在这有利于李唐朝廷的局势之下，河北的义士没能等来太原唐军与之内外夹击，克敌救国，起兵八天，蔡希德、史思明等便赶来灭火，而冒颜杲卿之功获玄宗重赏、提为羽林大将军的太原尹王承业却不发一兵一卒，幸灾乐祸地作壁上观。结果虽经死战，终城破人亡，一万多性命的累累白骨，却堆起王承业的功勋。于是河北各郡复又成为叛军的天下。

河北义军被史思明各个击破，唯有饶阳死守不下，血战二十九天，将史思明主力拖住。这时，李光弼率部骑万余人、太原弓箭手三千人，直扑常山，以箭射杀叛军的骑兵，增援步兵，固守要地常山，与史思明对峙四十余日。后郭子仪亲自率兵增援，于常山会合，反攻史思明于九门，叛军一路败退。史思明后集结援军五万余人卷土重来。郭子仪深沟壁垒，敌攻我守，敌去我追，白日罢兵，晚上袭击，将叛军折腾得疲惫不堪，于是大举出来，斩敌四万，史思明坠马，赤脚散发而逃。河北十余郡复归唐地，并切断了叛军的归路。

可此时，杨国忠与哥舒翰的矛盾已深化，极力劝说玄宗让哥舒翰出潼关与安禄山决战，收复洛阳，想借安禄山之刀杀人。玄宗自然希望早日收复洛阳，便命令哥舒翰出兵收复失地。哥舒翰上奏不宜速战，应坚守潼关，静以待变，因而乘之。郭子仪、李光弼亦上言，请引兵北取范阳，覆其巢穴，活捉叛军的妻子儿女来招降他们，贼必内溃；潼关大军，唯应固守以保长安，不可轻出。杨国忠疑翰谋己，言于上，以贼方无备，而翰逗留，将失机会。于是玄宗强令翰出兵。翰不得已，抚膺痛哭，让士兵抬着偏瘫的自己引兵出关，果如翰所料，中叛军伏兵，大败，全线崩溃，死伤无数。而撤回的唐军又被潼关前三道两丈宽的深沟阻断，深沟竟至被掉落的士兵填平，二十万将士退回的仅余八千。八日潼关陷落。哥舒翰想回潼关，却被部将火拔归仁见唐军大势已去，遂叛变，挟持其降了安禄山。

随后发生的时事为：

六月甲午（十日）玄宗带千三百人奔蜀逃避。丙申（十四日）行至马嵬驿，兵变，士兵乱刀砍死杨国忠，杀杨玉环两姊。玄宗被迫缢杀杨贵妃。

六月己亥（十七日）长安沦陷。张均、张垍兄弟降贼，安禄山以垍为相。

七月甲子（十二日），太子李亨即位于灵武，是为肃宗，改元至德，尊玄宗为太上皇。

七月丁卯（十五日），玄宗至汉中郡，听从房琯建议，下出分置的制诏，史书谓之"制置"。《资治通鉴》（肃宗至德元年，即天宝十五载）诉"制置"之诏曰：

> 以太子亨充天下兵马元帅，领朔方、河东、河北、平卢节度都使，南取长安、洛阳，以御史中丞裴冕兼左庶子，陇西郡司马刘秩试守右庶子。
>
> 永王璘充山南东道、岭南、黔中、江南西道节度都使，以少府监窦绍为之傅，长沙太守李岘为都副大使。

盛王琦充广陵大都督，领江南东路及淮南、河南等路节度都使，以前江陵都督府长史刘汇为之傅，广陵郡长史李成式为都副大使。

丰王珙充武威都督，仍领河西、陇右、安西、北庭等路节度都使，以陇西太守济阴邓景山为之傅，充都副大使。

应须士马、甲仗、粮赐等，并于当路自供。

其诸路本节度使虢王巨等，并依前充使。

其署置官属及本路郡县官，并任自简择，署讫闻奏。

应当说，玄宗毕竟当了三十余年皇帝，临危不乱，以"制置"的方式，命太子李亨负责收复黄河流域失地，使天下重归一统。永王李璘则负责长江流域之经营，若黄河流域不能收复，至少可维持南北朝时期的局面。其时盛王李琦、丰王李珙仍随侍玄宗左右，盛王的领地亦在永王的势力范围之内。

然而，玄宗的"制置"诏书未到之前，太子李亨已在灵武擅自登基做了皇帝，直至八月十二日，被尊为"上皇天帝"的玄宗才接到通报，只能听任太子摆布。于八月十八日，玄宗派韦见素、房琯、崔涣等把传国玉玺送给李亨，正式禅位。用郭沫若的话说："实际上李亨当时是同两个方面争夺天下，一个方面是同安禄山、史思明争，另一个方面是同'圣皇'和'圣皇诸子'之间争。因此，在东西二京都尚未收复的情况下，兄弟之间的内战便爆发了。"

李璘为玄宗十六子。幼时失母，是李亨把他抚养大的。开元十八年（730）三月封为永王。"制置"之诏下达后，于天宝十五载（756）至襄阳，九月到江夏。《新唐书》本传言其见"富且强，遂有窥江左意。以薛镠、李台卿、韦子春、刘巨鳞、蔡驷为谋主，……以浑惟明、季广琛、高仙琦为将"。郭沫若认为史官们忽略了"制置"的用意，"偏袒李亨朝廷，而以李璘为叛逆。其实真正违背父命的是李亨而不是李璘"。郭之分析有其道理。

九月，永王璘镇江陵，封疆数千里。遂欲据金陵，保有江表。肃宗闻之，令璘还蜀，璘不从。肃宗从高适谋，以高适为淮南节度使，便与江东节度使韦陟等共图璘。

此时的李白，闻郭子仪、李光弼河北大捷时，曾回金陵，写《为吴王谢责赴行在迟滞表》。至秋闻贼破潼关，玄宗入蜀，遂沿江而西，携妻宗氏入庐山，隐于屏风叠。其诗《赠王判官，时余归隐庐山屏风叠》。诗中有"大盗割鸿沟，如风扫秋叶。吾非济代人，且隐屏风叠"句，知其行止。此时的李白于庐山的五老峰而下，九叠如屏的山下书堂隐居，诗中仍畅谈吴越动人的山水胜境，叹自己难觅知音，非济代之人，只能无可奈何地避隐于此了。

李白不止一次到过庐山，且留下诸多的诗篇，尽人皆知的《望庐山瀑布》该是影响最大的篇什。著名的诗作另有《山中与幽人对酌》，其"我醉欲眠卿且去"为化用陶潜之句。而《夏日山中》"懒摇白羽扇，裸袒青林中。脱巾挂石壁，露顶洒松风"，又是何等自在、惬意而逍遥，其所言的"白羽扇"亦从诸葛武侯手中借来。由此看来，他的隐居既有陶渊明的出世之态，恐怕也有诸葛亮之日后出山的意思吧。

就诗而言，太白的秋浦之作与浔阳、庐山时的作品，其诗已达炉火纯青之境界，或许其修为已至极境，而多七绝、五绝亦是其中原因之一。其《日夕山中忽然有怀》《春日醉起言志》《庐山东林寺夜怀》等，皆为不可多得的佳妙诗章。较其赠寄之作更为纯粹，诗之意蕴更足。自然，这些诗并非只是其避胡尘而隐时所作。

第二十九章

永王璘案

　　肃宗至德元载（756）岁末，隐于庐山屏风叠的李白，收到永王李璘召之入幕的书信数封，李白虽曾犹豫，最后仍决定出山，为家国天下一展胸中抱负。

　　在现存似有缺文的《与贾少公书》中，李白曾与这位县尉贾公言及其出山的原委，并称"斯言若谬，天实殛之"，所言当是真情。书中太白称自己已患疾病，身心疲惫困苦至极，本想恬退自守，不交当世；况且自知才微识浅，没有足够的能力回天济世；如今中原横溃，该如何能施救呢？然而"王命崇重，大总元戎，辟书三至，人轻礼重。严期迫切，难以固辞，扶力一行，前观进退"。看来，素以能安邦治国、拯救黎民百姓于水火之中自许的李白，面对如此乱世，也心里没底，恐"尘忝幕府，终无能为"；可在"人轻礼重""难以固辞"的情形下，亦决定"扶力一行，前观进退"，同时准备"荐贤"以"自免"。

　　《别内赴征三首》，亦是太白应永王之召，临行别妻宗氏之作。诗开头亦提及"王命三征"而应召，似有诸葛亮经刘备三顾茅庐之请而出山之意。而妻子强牵其衣，显然不想让他离去，但李白仍毅然别内出吴关，并以苏秦自比，言及归来之时倘佩只有丞相、将军才有的黄金印，宗氏不要像苏秦归来一样，妻不下纴，连饭都无人给做吧。可见李白之应召，还是雄心仍在，似仍能如谢安一样，"谈笑静胡沙"，终有机会一展胸中宏图了。

至德二载（757）正月，安禄山被他的儿子安庆绪所杀。安庆绪即帝位。

二月，永王李璘率水军从海上东巡扬州，李白有《永王东巡歌十一首》记其事。

邓小军《永王璘案真相》一文，引研究者尽皆忽略的资料，即《旧唐书》卷一九〇下《文苑列传·李白传》云："禄山之乱，玄宗幸蜀，在途以永王璘为江淮兵马都督、扬州节度大使，白在宣州谒见，遂辟从事。"而《册府元龟》卷七三〇《幕府部·连累》则曰："李白，天宝末为永王璘江淮兵马都督从事。"

从上述引文可知，玄宗入蜀途中曾对永王有两次任命，即除曾任命永王为江陵府都督，统山南东路、黔中、江南西路等节度大使外，或考虑盛王琦并未出阁，为便于统一指挥，又授永王璘为江淮兵马都督、扬州节度大使。而李白在幕府中的职位，则是"永王璘江淮兵马都督从事"。据此，邓小军认为，永王璘下扬州是就任江淮兵马都督、扬州节度大使。因为其治所就在扬州。邓又引元结《为董江夏自陈表》即上送肃宗之表言："近日王以寇盗侵逼，总兵东下，傍牒郡县，皆言巡抚。"说的是永王璘东巡，已靠近牒郡县，巡视所辖地区与军队，该是其权限内之事。然而"今诸道节度以为王不奉诏，兵临郡县，疑王之议，闻于朝廷"，那大抵是高适者流疑永王有异志的"怀疑"而已。

本来在玄宗奔蜀时，于七月十五日在汉中已领诸王分镇的"制置"诏，永王李璘负责经营江南。此为玄宗的宏图大略，司空图在《房中尉汉中》诗中自注言："禄山初见分镇诏书，抚膺叹曰：吾不得天下矣。"永王璘"至江陵，召募士将数万人"，"破用巨亿"，大抵也是建立水军、造海船，该是遵玄宗分镇之旨，意于破贼立功，为引军东下直捣幽州安禄山老巢之意。其时玄宗尚在蜀地，太子已称帝，永王即使有异志，恐也不会公然反叛朝廷，无非想据江南要地，引兵抗贼，助二帝收复失地而已。

《资治通鉴》卷二一九唐肃宗至德元载（756）称："上召高适与之谋，适陈江东利害，且言璘必败之状。十二月，置淮南节度使，领广陵等十二郡，以适为之；置淮南西道节度使，领汝南等五郡，以来瑱为之；使与江东节度使韦陟共图璘。"由此可知，永王刚分镇江南，肃宗便不遵玄宗"分镇"的旨意，重新任命了淮南、广陵的官员，准备打"内战"，欲将崛起的永王灭于萌芽之中，永王尚未下江陵，已被视为敌人了。

看来，后言永王反叛，被镇压，起重要作用者为高适，这位昔日与李白、杜甫同游梁园的诗人朋友，与李白已站到了对立面。对此，永王李璘及李白等所有将士均一无所知，未待东巡，已在肃宗及高适的图谋之中。

李白入永王幕之初，便以一腔激情热血写下《在水军宴赠幕府诸侍御》之诗。

李白是将李唐复兴的希望都寄托在李璘身上的。诗中引经据典，多为未来帝王出师之语，无论是其真意或是潜意识的表露，给人的印象便是如此。诗之开篇首句即"月化五白龙，翻飞凌九天"句，此典来自《十六国秋·后燕录（慕容熙）》，称："太史丞梁延年，梦月化为五白龙。梦中占之曰：'月，臣也。龙，君也。月化为龙，当有臣为君。'寤而告人曰：国符，其将尽乎。"可见李白是将永王视为未来之君的。诗中言胡沙已惊北海，如电扫洛阳山川，所谓箭羽宫阙，上皇迁蜀，只有英明之王李璘危难中受庙堂之策，有如周武王之既有武功亦有王德而建施师出伐，固持其钺，以清江南，志在诛有罪也。随之，太白描绘永王水军阵势之壮，云旗席卷大湖如雪的波涛，金戟罗列长江之云烟；缓急相摩，统兵百万，聚散以成，张弛有度，皆在永王的一统之下。今日御史台诸侍卿齐聚，江南诸州皆奉永王之军令，绣服开宴，有如天人借住楼船之上，似已登上燕昭王置千金召贤的黄金台，遥谒紫霞之神仙；所谓君子曾隐身蓬庐，即有道则仕，无道则隐，幽冥机悟，已四十年矣。可草莽之人，腰间亦有名剑。而"浮云在一决"者，想来该也是指永王，《庄子·说剑篇》云：乃"天子之剑，……直之无前，举之无上，案之无下，逆之无旁，上决浮云，下决地纪。此剑一用，匡诸侯，天下服矣。此天之剑也"。必能一扫叛军，以清幽燕之地。太白愿与四座诸侍卿，静谈用兵之法，齐心协力以报朝恩，不惜为之捐躯，扫灭胡尘，如鲁仲连一样，一箭之书开建奇功！

其后，永王璘率五千水军出师。李白该是于随军之时，写下《永王东巡歌》。因此诗与李白的生死存亡有关，为李白之重要作品，故抄之如下：

其一

永王正月东出师，天子遥分龙虎旗。
楼船一举风波静，江汉翻为雁鹜池。

其二

三川北虏乱如麻，四海南奔似永嘉。
但用东山谢安石，为君谈笑静胡沙。

其三

雷鼓嘈嘈喧武昌，云旗猎猎过寻阳。
秋毫不犯三吴悦，春日遥看五色光。

其四

龙蟠虎踞帝王州，帝子金陵访古丘。
春风试暖昭阳殿，明月还过鸡鹊楼。

其五

二帝巡游俱未回，五陵松柏使人哀。
诸侯不救河南地，更喜贤王远道来。

其六

丹阳北固是吴关，画出楼台云水间。

千岩烽火连沧海，两岸旌旗绕碧山。

其七

王出三江按五湖，楼船跨海次扬都。
战舰森森罗虎士，征帆一一引龙驹。

其八

长风挂席势难回，海动山倾古月摧。
君看帝子浮江日，何似龙骧出峡来。

其九

祖龙浮海不成桥，汉武寻阳空射蛟。
我王楼舰轻秦汉，却似文皇欲渡辽。

其十

帝宠贤王入楚关，扫清江汉始应还。
初从云梦开朱邸，更取金陵作小山。

其十一

试借君王玉马鞭，指麾戎虏坐琼筵。
南风一扫胡尘静，西入长安到日边。

其诗的首章重要处在"天子遥分龙虎旗"句。龙虎旗乃皇权的象征。在李白看来，玄宗于奔蜀途中所颁分镇"制置"诏，或许就是皇权的"遥分"，想来肃宗也会遵太上皇之意吧。可他哪里知道父子兄弟之间亦有皇位之争，"龙虎旗"安能"分"与人哉！他只是浮想联翩，言永王出师，长江流域就会风平浪静，安定下来；而其"江汉翻为雁鹜池"所用之典，亦源于《汉书·严助传》："陛下以四海为境，九州为家，八薮为圃，江汉为池。"所描绘亦为天子气概，江汉之地也如当年梁孝王的小

385

小生有浮萍的雁鹜池。

诗之第二章恐也颇为离谱，言河南河洛伊三川安禄山之叛军纷乱如麻，如晋怀帝永嘉五年，刘曜陷洛阳，百官士庶死者三万余人，中原衣冠之族相率南奔，避乱江左。安禄山破两京，与永嘉时事极为相似。而此时的李白却自比谢安，于谈笑之间便可扫灭胡尘。这实在是天真的幻想，如同儿戏。

诗之第三章写永王水军的阵仗气势，战鼓声如雷鸣，旗如云翻浪卷猎猎飘过寻水之阳，一路秋毫无犯，军纪严明。远望之，军阵之上有五色之气相连，与天相抵，此天应，不可攻，攻之无后之军也(《越绝书》)。

诗之第四章写永王璘金陵访古都金陵，言金陵周末时已有王气，秦皇亦谓"东南有天子气"，诸葛亮亦称其"龙盘虎踞，真帝王之都"，李白此章恐非写永王之风雅嗜古，更易让人理解为永王亦有"龙盘虎踞"之意。

诗之第五章写玄宗、肃宗一在蜀地，一在灵武，皆避贼于外；长安之高祖、太宗、高宗、中宗、睿宗之五陵的松柏亦使人生哀。可此时诸侯皆不救沦陷之地，可喜的是有贤王李璘远道拥兵而来，意在收复洛阳。

诗之第六章言永王水师已抵丹阳吴关（镇江），即润州。此章描述出一幅永王水军入关图，舰船楼台行于云水之间，两岸旌旗展于碧山，烽火连于沧海，写水军之雄、军威之盛。镇江为南北运河之枢纽，大军要收复洛阳，必从此经运河北上，而直抵洛阳。

诗之第七章写永王出三江按五湖，已至长江下游，其目的是跨海北上，已近扬州。满船皆是虎虎有生气的勇武之士，征帆一一牵引的是白马龙驹。"三江"之说各不相同，因去扬州，该指扬州之其穿三江，其漫五湖，为长江至扬州，入彭蠡，复分为三道而入海，故称"三江"。而"五湖"系指通五水的太湖。

诗之第八章，写永王水军顺江而下，乘长风破浪前行之势，所谓海动山倾，颇有摧垮安史叛军的非凡之力。永王浮江之师，有如晋武帝大举伐吴，遣龙骧将军王濬等浮江而下的故事。

诗之第九章，宋代杨齐贤认为"乃伪赝之作"，元萧士赟认为"用事非伦"，"伪赝无疑"，郭沫若《李白与杜甫》亦云："这里把永王比作唐太宗，而且超过了秦皇汉武，比拟得不伦不类……前人以为伪作，是毫无疑问的。"其实三人皆为猜度，并无任何明证证其为伪作。如果仅因用事、比拟超于伦理，并不能足以证明其伪。李白喜大言，将永王比作帝王非此一首，其用典毫无顾忌，只不过此首明说而已。我想在没有足够的证据证其伪之前，我仍将其看成李白的作品。

诗之第十章是写永王受上皇的宠爱与信赖，定能一清江汉，经营长江流域，以金陵为根据地，并出师北伐。并言其坐镇江陵开朱邸，取金陵为根本以图收复中原。看此章，倒容易被认为永王"有窥江左之心"，说不清这是永王璘的想法呢，还是李白的想法。

诗之第十一章，该是写李白自己，借君王之玉马鞭，有如诸葛武侯坐于琼筵之上，指挥讨伐叛军，所谓"南风一扫胡尘静"，系永王之师大获全胜，李白功成名就，仍会西入长安去帝都，该是"归来傥佩黄金印"，已出将入相之结局吧。

这十一首《永王东巡歌》，写于国难之中，李白目睹永王璘水陆大军集结于江南，力图崛起以讨伐叛贼，其阵势、军威，让他产生强烈的依赖感，很自然地将李唐王朝复兴的希望寄托在永王身上，故太白满腔激情溢于言表，其诗半是写实半是梦幻，竭力赞颂永王之贤德及其军容的威武雄壮，似乎是无敌之师，让其寄予了莫大的希望。

然而，这个幻梦很快就破灭了。

这位"诗因鼓吹发，酒为剑歌雄"（《在水军宴韦司马楼船观妓》）的从事李白，刚大肆鼓吹罢十一首《永王东巡歌》，至德二载（757）二月十日，永王之师抵润州，事情便发生了质的变化。其时肃宗以璘不受命，已派中官啖廷瑶、段乔福招讨之，已发《讨逆诏》；随后，高适、来瑱亦已引兵前来，永王早在肃宗、高适等的图谋之中，可永王璘及其将士仍一无所知，蒙在鼓里。

大抵是已知肃宗诏意，吴郡采访使李希言以"平牒抗威"，直书李璘之名，诘问东下用意。永王怒，对其简书往来的无礼诘问复书加以申斥，所谓"上皇天属，皇帝友于，地尊侯王，礼绝僚品"的永王，安能受此蔑视，于是在润州兵戎相见，将吴郡采访使、谯陵采访使之将元景曜、李承庆击败，并迫使其众迎降；永王又杀丹徒太守阎敬之以徇，江左大骇。

可当中官啖廷瑶、段乔福率军出现在润州对岸，广张招讨"叛逆"旗号，耀于江津，对于永王全军将士而言，无异于晴天霹雳，皆目瞪口呆，转瞬间出讨叛军之师自己成了"叛逆"，在这种情形之下，似无人再敢对抗朝廷，永王之将帅几乎全部叛离，全线崩溃。《新唐书·永王传》载："广琛知事不集，谓诸将曰：'与公等从王，岂欲反耶？上皇播迁，道路不通，而诸子无贤于王者。如总江淮锐兵，长驱雍洛，大功可成。今乃不然，使吾等名缀叛逆，如后世何？'众许诺，遂割臂盟。于是，惟明奔江宁，冯季康奔白沙，广琛以兵六千奔广陵。"

顷刻之间，诸将星流云散，只有高仙琦一人没有离去。永王璘亦惧，遂以儿女及麾下宵遁，最后仅以五骑奔鄱阳郡，而司马陶备闭城拒之，欲南投岭外，为江西采访使皇甫侁之御兵所擒杀害，其子襄城王李偒亦被射杀而亡。看来，永王之军心崩溃于"叛逆"之诏，未及征战，已自瓦解。

《唐大诏令集》卷三九有《降永王璘庶人诏》，云："永王璘，谓能堪事，令镇江陵。庶其克保维城，有裨王室。而乃弃分符之任，专用钺之威，擅越淮海，公行暴乱。违君父之命，既自贻殃；走蛮貊之邦，欲何逃罪？据其凶悖，理合诛夷，尚以骨肉之间，有所未忍。皇帝诚深孝友，表请哀矜……可悉除爵土，降为庶人，仍于房陵郡安置。所由郡县，勿许东西。朕夙存训诱，勖之忠孝，不虞孱懦，遂至昏迷，申此典章，弥增愧叹。"

此诏似为永王璘被宣布为"叛逆"、未遭杀害时所发。诏称暴乱，未称之为"叛逆"，大抵是玄宗为保永王一命，为顾全救国大局而发，其中"走蛮貊之邦，欲何逃罪？"其实应是发诏时已知结局，只过尚不知永王已死吧。

《新唐书》本传中亦载：璘"及死，（皇甫）侁送妻子至蜀，上皇伤悼久之。肃宗以少所自鞠（抚养），不宣其罪。谓左右曰：'皇甫侁执吾弟，不送之蜀而擅杀之，何邪？'由是不复用。"

由此可见肃宗的假仁假义与虚伪。

在永王军崩溃之际，李白随乱军而逃，自丹阳溯江奔亡至鄱阳湖，又从彭泽跨江而至宿松。其在永王幕中只有四十余天。其《自丹阳南奔道中作》之长诗，如实地叙写了时局的动乱，永王军队的土崩瓦解，奔跑路上的慌乱凄惨，以及其悲痛的心情。诗中，颇为自负的李白仍以齐桓公的宰相甯戚和汉高祖之谋臣陈平自喻，于云雷多难之际，自己追随永王侍笔传觞于台案之间，随军北伐以一扫胡尘。可"主将动谗疑，王师忽离叛。自来白沙上，鼓噪丹阳岸。宾御如浮云，从风各消散"。于是，他亦只能随乱军奔跑。然而，纵然如此，太白亦感永王知遇之恩，于九州兵乱之时，亦以祖逖誓清中原之誓而自喻，诚然名辱身冤，仍以李陵拔剑击柱以表心志，其耿耿报国之心反成叛逆，难以申诉，故悲愤莫名。

逃难宿松卧病时，曾两次赠诗向张镐求援，其诗《赠张相镐》题下原注："时逃难，病在宿松山作。"据《新唐书·张镐传》言，镐字从周，博州人，起于布衣，两度官至宰相，性行清廉，不蓄资产，善于待士，长于谈论。《赠张相镐》长达五十行，看来是李白下大气力而作。其前大部分为盛赞张相之语，言如此乱世，只有张镐才能担起宰相大任，赞其目光卓识是能识人才的领袖人物。其诗后部分则是白之恳请其任用之意，谓"一生欲报主，百代期荣亲。其事竟不就，哀哉难重陈。卧病古松滋，苍山空四邻。风云激壮志，枯槁惊常伦。闻君自天来，目张气益振"，病中可怜兮兮的恳求已跃然纸上，毫不掩饰地期盼张镐像前汉宰相周亚夫得剧孟、桓温重用王猛那样任用自己。

在《重寄张相公》中，李白求助提携之心似更为迫切，叙其祖军功，自己的才能学识，以及面对国难报国之雄心，最后仍言其"灭虏不言功，飘然陟蓬壶"的功成身退观，如此避难病卧之人，恐颇为困苦，却仍旧豪情不灭，将前景想象得亦颇美好。

随之，永王璘案处置之际，李白便身陷寻阳狱中。于生死存亡之紧要关头，李白不断上书申诉求援。如《狱中上崔相涣》《系寻阳上崔相涣三首》《上崔相百忧章》及《万愤词投魏郎中》等，并有《送张秀才谒高中丞》并序。

崔涣为博陵安平（今河北安平）人，博览经籍，尤长论议。其颇受上皇与肃宗信任。李白在寻阳入狱，正值他在江淮地区负责治安并选拔人才（两《唐书·崔涣传》）。于是李白抓住这根救命稻草，一而再、再而三地鸣冤悲呼求救。其最惊心动魄者为四十四行的四言长诗《上崔相百忧章》，诗为四言，又四十四行，或为太白诗的形式亦含有身处"三四（死）"之境，急待救援之意吧。诗行庄重的四言，有如《诗经·王风》的哀伤之音，满篇典故，如泣如诉，极尽委屈忧怨之情，撼人心魄。诗之开篇，李白虽身陷囹圄，仍表达其忧患天下、期待及早平定安史之乱的心情；继而言自己蒙冤入狱，妻离子散的悲剧；后则恳求崔涣贤明裁断，拯救其于绝望的深渊，所谓"万愤结缉，忧从中催。金瑟玉壶，尽为愁媒。举酒太息，泣血盈杯。台星再朗，天网重恢"，可见言辞之切，期待之殷。

身陷牢狱，李白多次比喻自己就是被罩在倒扣的盆子之中，所谓"是责三光不照覆盆之内也"（葛洪《抱朴子·辨问篇》）。亦常用战国时燕国忠臣邹衍之"燕霜"典故，即尽忠的邹衍因燕惠王信谗而入狱，邹子仰天而哭，正夏日而天为之降霜（《太平御览》），言其态，并言及自己感动天地的冤情。

而同样写于狱中的《万愤词投魏郎中》，则是太白向来擅长的七言歌行体，杂以四言、六言，参差错落，自由无羁地尽情宣泄胸中愤懑，忧怨凄悲之情已达极致。诗中曰：

南冠君子，呼天而啼。
恋高堂而掩泣，泪血地而成泥。
狱户春而不草，独幽怨而沉迷。
兄九江兮弟三峡，悲羽化之难齐。
穆陵关北愁爱子，豫章天南隔老妻。
一门骨肉散百草，遇难不复相提携。

在这种情境之下，太白之妻宗氏多君自然五内如焚，为其多方奔走，流泪恳请官员救之，令李白十分感动，写《在寻阳非所寄内》以表衷情。此诗前已谈过，不再赘述。

这期间，李白还写有《送张秀才谒高中丞》诗。张秀才为秀才张孟熊，想去见高适，言其灭胡之策，想劝中丞高适进军洛阳，令李白感动，正如诗序所言："余时系寻阳狱中，正读《留侯（张良）传》。秀才张孟熊，蕴灭胡之策，将之广陵，谒高中丞。余嘉子房之风，感激于斯人。因作是诗送之。"诗中有句云："高公镇淮海，谈笑却妖氛。采尔幕中画，戡难光殊勋。我无燕霜感，玉石俱烧焚。但洒一行泪，临歧竟何云？"诗虽不是写给高适的，却有让其闻之之意。但诗为反讽，想来高适这位李白的老朋友读之心里恐也滋味复杂，其所扫之"妖氛"恐怕也包括李白在内，双方的情谊已绝，高适自然不会出手救李白于水火之中。正如太白的《古风》五十九首所言之"路歧有南北"，所谓丝染苍黄，素白之丝染苍则苍，染黄则黄，只在于你身处哪一边了。所谓的交道是这样地靠不住，人多趋炎附势，刎颈之交都能势不两立，共患难的朋友都能火并，只能令太白哀叹。

然而，李白毕竟得到友人相助，终于秋日获释。江南宣慰使崔涣及御史中丞宋若思，为白推覆洗雪，终出狱。太白《中丞宋公以吴兵三千赴河南，军次寻阳，脱余之囚，参谋幕府，因赠之》一诗，仅诗题就说得颇为明白，他因宋若思而脱牢狱之灾，并被宋中丞辟为参谋，并上书推荐李白可用。李白亦因此写下《为宋中丞自荐表》。

于是，李白又于宋若思幕中掌文书事务。写《为宋中丞请都金陵表》及《为宋中丞祭九江文》，其间曾随宋若思武昌一行，亦写有《陪宋中丞武昌夜饮怀古》。这几篇作品，尤以《为宋中丞祭九江文》为绝佳之作，颇为后人所喜爱，抄之如下：

谨以三牲之奠，敬祭于长源公之灵。

惟神（指长江）包括乾坤，平准天地，划三峡以中断，疏九道以争奔。纲纪南维，朝宗东海，牲玉有礼，祀典无亏。

今万乘蒙尘，五陵惨黩，苍生悉为白骨，赤血流于紫宫。宇宙倒悬，欃枪未灭，含识结愤，思翦元凶。

而况参列雄藩，各当重寄，遵奉王命，大举天兵。照海色于旌旗，肃军威于原野。而洪涛谲渤，狂飙震惊。

惟神使阳侯卷波，羲和奉命，楼船先济，士马无虞。扫妖孽于幽燕，斩鲸鲵于河洛。

惟神祐我，降休于民。敬陈精诚，庶垂歆飨。

对这样的祭文，郭沫若评之曰："仅仅一百七十五个字，把长江的气魄、时局的艰危、战士的振奋，表现得颇有力量。这和《春夜宴桃花园序》对照看，是别具风格的文字，一边是轻松，一边是凝重，但无疑都是经过充分锤炼的作品。"郭之言甚是。这样的精妙之文，只有李白这样天才的诗人，又博通古今、古文素养极高者才写得出来。

至德二载（757）九月，元帅广平王俶、副元帅郭子仪将朔方等军及回纥、西域之众十五万，发凤翔，取长安，激战于长安西，贼大溃，东遁。长安收复。旋进军洛阳，安庆绪败走河北，收复东京洛阳。

十月，肃宗返长安。

十一月，广平王俶、郭子仪来自东京。肃宗劳之，谓子仪曰："吾之国家，由卿再造。"

十二月丁未（初四日），玄宗由蜀返长安。

两京降贼官以六等定罪。

十二月十五日，以蜀郡成都为南京。

李白闻玄宗返长安，作《上皇西巡南京歌十首》。此诗题目及诗内均称成都为南京，可知诗作于闻讯之后。对于这十首诗，前人多以为颂词，可安旗、薛天纬的《李白年谱》则引唐汝询《唐诗解》云："玄宗弃国出奔，太白乃盛称蜀中之美。西巡果盛世乎？《猗嗟》讥庄而赞其艺，《副笄》刺宣而美其容。太白虽为亡国讳，而亡国之耻，正在言表。"此言李白反调正唱，可谓独具只眼。

太白虽已被宋若思救出牢狱，可事情并未终结。或许李白的名气太大，人们忘不了他，永王璘案最终结案之时，他仍以附逆罪，将判死刑。据北宋乐史《李翰林别集序》称：（李）白尝有知鉴。客并州（太原），识汾阳王郭子仪于行伍间，为脱其刑责而奖重之。及翰林（李白）坐永王之事，汾阳郭子仪功成，请以官爵赎翰林。上许之，因而免诛。翰林之知人如此，汾阳之报德如彼。

乐史是北宋杰出的史学家，并被认为是研究李白的第一人，曾写有《李白传》。他写的序文言郭子仪为报太白为其脱刑之德，而愿以自己官爵赎李白一死，想来是有根据的说法，抄自唐武宗会昌三年（843）裴敬所撰《翰林学士李公墓碑》。对此说法，前人多信而不疑。可近人詹锳根据颜真卿《家庙碑》得知，郭子仪弱冠应举，即趋显达，时当在开元四年（716）左右，李白尚未出川。又天宝以前，子仪并未尝任职并州。故断言："太白解救汾阳之说，纯属伪托；至汾阳之以官爵赎翰林，确否虽不可必，然其决非报德。"詹锳言之有据，是可信的。对此，郭沫若认为：永王失败时，郭子仪任左仆射兼天下兵马副元帅，他为爱才起见，对于李白的处分发表过从宽的意见，应该是合情合理的事。有了郭子仪的缓颊，李白因而免于诛戮，但传入民间便传成郭李相救的传说。民间对于所爱好的人，是不愿意他被杀乃至死亡的。此说亦有其道理。

如此，李白按当时杜甫所言"世人皆欲杀"的死因，罪降一等，被判长流夜郎。

至德二载（757）十二月戊午（十五）日，朝廷为庆玄宗回长安，"赐酺五日"，即饮酒作乐五天。李白曾为此写下《流夜郎闻酺不预》诗，因其为流囚，不能参加庆祝活动，但从其诗可知，李白的被流放夜郎当在本月，或本月之前。

第
三
十
章

暮
年
悲
歌

　　李白被流放夜郎，系从宽处理。按唐律："非反逆缘坐，六岁纵之；特流者，三岁纵之；有官者得复仕。"（《新唐书·刑法志》）看来，李白大抵是按其所言"受永王璘胁迫，不得已而参加"之理由，没有被视为积极参与反叛的重犯而作为"特流"处刑的。其实，从李白兴冲冲地赴召言及"归来倘佩黄金印"，以及多篇咏永王东巡之诗来看，哪里有半点儿"胁迫"的影子。那大抵是事后为自己辩解，希图从宽处理的说辞而已。李白服刑时间，在其诗《忆秋浦桃花旧游时窜夜郎》中言："三载夜郎还，于兹炼金骨。"（金骨即金丹）可知刑期三年。

　　流夜郎之首途，是从寻阳起程的。那大抵是他第二次入寻阳狱候判，并于此地出发去流所。夜郎地处贵州北部，从寻阳出发须溯江而西上，过三峡、入巴蜀，再至贵州；逆江流而行，船行缓慢，旅途将颇为漫长。

　　临行之际，寻阳诸多官吏为其置酒于凌烟楼饯别，大抵喝了一夜，故《流夜郎，永华寺寄寻阳群官》诗有"朝别凌烟楼，暝投永华寺"句。李白在行前感众官相送之情，夜于寺庙之中写此诗寄留，作为答谢。诗中亦有"贤豪满行舟，宾散余独醉。愿结九江流，添成万行泪。写意寄庐岳，何当来此地。"或许送一长流西南夷地的朋友，皆有悲悯伤心之情，席间气氛压抑沉重，难以开怀畅饮，独有太白一人悲愁交集，满腹心事，乃至于宾散独醉，泪洒江流，哀叹不知何时再能来到此地了。

流途漫漫，前路未卜，妻多君自难分难舍，泪眼迷离。太白亦感老妻奔走哭救之深情、不忍相离之状，亦痛断肝肠，故赋《双燕离》一诗。诗言燕子双栖双飞于玉楼珠阁，何等令人羡慕。然而，当长安香柏为梁的柏梁台失火，只能飞离；而吴地之燕窟又经火焚，亦雏尽巢空，双燕分离，只留下憔悴一身的雌燕长忆昔日双飞双栖的时日，已是"双飞难再得，伤我寸心中"。诗引长安、吴地之典，暗喻太白之被谗去朝、永王兵败，如今落得这个下场，与妻生离死别之际，颇为伤感。

溯江西上夜郎的路途之初，李白之妻多君与妻弟宗璟一路相陪。《窜夜郎于乌江留别宗十六璟》一诗，中有"及此二龙随"句，二龙即指宗氏姊弟，谓之"惭君湍波苦，千里远从之"，看来陪送的路程并不短。这首诗全篇二十六行，前述相门宗家的盛衰，后半部分则言与老妻之情而倾诉衷肠，言自己并非东床佳婿，而令姊却颇为贤惠，为其具食不敢仰视，举案齐眉；自己浪迹萍踪，未能出人头地，只博得一个空名；而今落得投狱又流放夜郎的悲惨境地，得其姊弟千里相送，心里甚为惭愧，就此作别，遥望峡江险路，越增加了相思之情。

春末夏初，李白流途至西塞驿，即已至距武昌八十五里处。《流夜郎至西塞驿寄裴隐》一诗曰"我行望雷雨，安得沾枯散。鸟去天路长，人愁春光短"，叹春光之短，该已是初夏。诗言天路之遥，而春光之短，既是时令之说，亦是太白心境的感受，自己是枯败之生命，夏日益加枯瘦，期待雷雨降临，得以滋泽。

五月，太白至江夏（武昌）。时闻张镐罢相，并收到张镐赠衣、赠诗，写《张相公出镇荆州》一诗作答。此前李白于寻阳狱中，先后曾写两诗请张镐援救，想来张相曾予以施救，其后，仍记挂着李白的安危。故太白写此题目颇长的答诗，题为《张相公出镇荆州，寻除太子詹事。余时流夜郎，行至江夏。与张公相去千里。公因太府丞王昔使车，寄罗衣二事，及五月五日，赠余诗。余答以此诗》（流夜郎，至江夏时作）。

诗对张相委托太府丞王昔的使车寄送李白罗衣二件之事颇为感动，其牵挂流谪途中的太白的衰老之身，足见情谊之长。李白引张衡《四愁诗》中四思之典："美人赠我锦绣段（段同缎），何以报之青玉案"，对此质厚而有光泽的绝等绢织物，不知该如何报答，这大抵也是一愁。故李白亦言"惭君锦绣段，赠我慰相思"之语。而对张镐罢相，出镇荆州离京阙凤凰之池，发"荣乐一如此"的感慨，但仍赞誉张镐有如商山四皓的贤德人品。

李白流途，在江夏一带逗留时间较长。其登黄鹤楼，望鹦鹉洲，赋诗言怀；并访李邕故居，赋诗悼念这位正直、颇具英风豪气的李北海。其旧居江夏静修寺已是空庭无对，殿坐幽人，须草留青，琴堂蒙尘，叹盛者必衰，人生无常，大抵也是由彼及此，亦感自己处境的伤感悲凉。八月，其在沔州汉阳县游南湖，有《泛沔州城南郎官湖并序》。看来，李白之流途虽一腔愁思、心中悲苦，但似没有法定抵达夜郎的日期，故一路走走停停，或许由于他名气过大，新朋旧友又多，一路上仍有达官贵人热情相待，饮宴娱游，赋诗应酬。看起来不像是被流放，倒和他之前的浪游天下并无不同。或许，这只是一种形式上的并非切实的惩罚；加之兵连祸结的乱世，大抵也没有人顾及一位流放者的行止吧。其《泛沔州城南郎官湖》诗的自序记下了游南湖时的游宴状况。序曰：

乾元岁秋八月，白迁于夜郎，遇故人尚书郎张谓，出使夏口，沔州牧杜公、汉阳宰王公，觞于江城之南湖，乐天下之再平也。方夜，水月如练，清光可掇。张公殊有胜概，四望超然，乃顾白曰："此湖古来贤豪游者非一，而枉践佳景，寂寥无闻。夫子可为我标之嘉名，以传不朽。"白因举酒酹水号之曰"郎官湖"，亦由郑圃之有仆射陂也。席上文士辅翼岑静以为知言，乃命赋诗纪事，刻石湖侧，将与大别山共相磨灭焉。

这确是雅事。诗人是命名者，能无中生有。如同太白在皖南改"九子山"为"九华山"一样，此后李白为之命名的"郎官湖"，即使所刻之碑石已难寻踪迹，仍与太白的诗与序文而长存不朽，世人皆知。

于江夏一带滞留数月后，秋日李白至江陵（荆州），《赠别郑判官》诗有"浮云本无意，吹落章华台"句，章华台则在江陵府，可知其行止。诗中亦言："远别泪空尽，长愁心已摧。二年吟泽畔，憔悴几时回"，知李白自去岁始流放，到此已是第二年。诗人言其泪已流尽，愁得心碎，真是斯人独憔悴，不知何时才能回来，其心态溢于言表。

冬日，太白入三峡。有《上三峡》诗。

李白于流放途中诗作较多，有二十首左右。除上述外还有《流夜郎赠辛判官》《寄王汉阳》《留别龚处士》《赠易秀才》《流夜郎题葵叶》《放后遇恩不沾》等诗，多悲声苦语，且有怨望之情。

乾元二年（759），春日之时，李白仍在流途，该已入川。春日万物勃生、春花绽放之际，天涯孤旅的李白越加思念老妻宗氏多君，于是写下《南流夜郎寄内》一诗，言怀念牵挂之情。"北雁春归春欲尽，南来不得豫章书"，可知时在春末，其时多君在豫章（南昌），该是李白之流途漫长且没有固定地址，故他一直没有得到宗氏之信息，故李白写诗寄之。

可就在此年三月，李白流途至白帝城，忽得意外喜讯，遇赦，于是他掉转船头，立返江陵。此时的李白已到巫峡，其诗《自巴东舟行，经瞿塘峡，登巫山最高峰，晚还题壁》诗中有"江行几千里，海月十五圆"句，言明他流途之中走走停停，舟船溯流而西上，已有十五个月了，就此可知，其长流夜郎到遇赦，总共一年零三个月的时间。

遇赦的原因为乾元二年三月，因关内大旱，天子曾有一次赦令："天下现禁囚徒，死罪从流，流罪以下一切放免。"（《唐大诏令集》卷八十四）于是太白因为天大旱而得雨之滋泽，得以放免。于几近绝望之际，忽得自由，对于李白这样的放荡不羁者该是何等的恩惠呀！霎时间掉转船头，顺风顺水，天地再新，遂有流传千古的唐人绝句杰作之一的《早发白帝城》问世：

朝辞白帝彩云间，千里江陵一日还。

两岸猿声啼不住，轻舟已过万重山。

　　诗大抵是李白曾于江陵逆行多日而到白帝城，回返时早晨登舟，轻舟一日千里，到晚上又回来了，故诗该是船至江陵时口占，时猿声啼鸣在耳，万重青山已过。这种身轻船轻、心情亦轻快欢畅的语调，与不久前所写的《上三峡》"三朝又三暮，不觉鬓成丝"相较，激流浩荡船之轻快及心境的轻松欢畅，与逆水舟行之迟缓，加之心境的愁苦消沉，两者已是天壤之别。故心理的感受不同，同样的山水于不同的情境里却有着大为相异的景观，也是心境不同所致，诗境即为心境，风景亦随人的主观感受而变。

　　初夏，遇赦的李白又回到了江夏。已非流囚之身的太白又雄心勃勃，大有东山再起之意。其诗《赠江夏韦太守良宰》，系太白少有的长诗，写了自己求仙学剑、涉霸王之略，曾与韦太守于长安相交相别之旧谊。又言及北去幽州时即发现安禄山已有反意，玄宗"扫地借长鲸"之误；以及安史之乱，二京俱失遂成丘墟，二帝避难、中原战事等。在言及入幕永王府时，却称其"空名适自误，迫胁上楼船。徒赐五百金，弃之若浮烟。辞官不受赏，翻谪夜郎天"云云。这两件事，皆事后忆及，与其时之境况颇有出入，显系事后诸葛，为获罪辩解，亦有不实之词、自夸之语。其实李白已遇赦放还，没有必要如此言说。恐只为再度登堂入室、重回宫阙而言吧。至于流放遇赦，情绪为之一变，所谓"暖气变寒谷，炎烟生死灰。君登凤池去，勿弃贾生才"，显然上述种种，皆为李白梦幻中的入仕予以铺垫，他是将自己比作贾谊期待奉诏回宫的。这种比拟，在其他诗文中亦屡屡提及。《送别》诗中有"圣朝思贾谊，应降紫泥书"。《江夏送倩公归汉东序》也有"今圣朝已舍季布，当征贾生，开颜洗目，一见白日"。

　　遇赦的李白似乎有点神经兮兮了，其《自汉阳病酒归，寄王明府》之诗，言其赦放巫山后，感觉长流途中枯槁的砚水重又丰盈，又可以笔走龙蛇、翰墨生辉了；幻想着"圣主还听《子虚赋》"，似乎肃宗又看中了他的文章，如汉武帝读之将司马相如召入京中一样。他等待着，愿意在洁净的鹦鹉洲中，与王明府畅饮百回，仰天长啸，让云飞七泽；纵酒长歌，令三湘的绿水腾起波澜。他要连船沽满美酒，一掷千金以买春芳！其幻梦般的前景何等美好。其想象中，仍是建功立业之举。

其时，由于大旱饥馑，加之宦官弄权，郭子仪所率九节度使的大军与史思明战于河南，溃败。史思明四月杀安庆绪，五月自称大燕皇帝。九月，史思明复陷东京，又占据了洛阳。故李白《赠江夏韦太守良宰》之尾则言及时局："桀犬尚吠尧，匈奴笑千秋。中夜四五叹，常为大国忧。旌旆夹两山，黄河当中流。连鸡不得进，饮马空夷犹。安得羿善射，一箭落旄头！"仍旧是为国担忧，胸怀大志，一扫胡尘的满腔豪气。

然而，幻想只能是虚幻中的想象，一碰到现实，有如吹起的气球，鼓吹得越甚，破灭得越快。李白兴致勃勃，多次求人荐引，又多次无果而归，已是一腔悲愤，前途渺茫，遂以痛饮狂歌发泄胸中郁闷。其慨叹"遭逢二明主，前后两迁逐"（《书怀示息秀才》）之命运；"欲道心下事，时人疑夜光"的无人倾诉；感受"天地再新法令宽，夜郎迁客带霜寒"的遭际，或许只有"愁来饮酒二千石"，才能"寒灰重暖生阳春"。看来，只有酒才能给备受饥寒和冷遇的太白以温暖和安慰；其无限压抑之时，甚至发疯般地呼喊着："我且为君捶碎黄鹤楼，君亦为吾倒却鹦鹉洲，赤壁争雄如梦里，且须歌舞宽离忧"（上引诗句见《江夏赠韦南陵冰》）。一种歇斯底里般的破坏欲宣泄而出，诚然，其衰老的拳头是捶不碎黄鹤楼的，而韦冰亦无法为其倒却鹦鹉洲，诗表达的只是一种情绪。

此时暮年穷途，即使"低颜色"求人汲引亦到处碰壁的李白，有如"严霜五月凋桂枝，伏枥衔冤摧两眉"（《天马歌》）的老马，纵然偶尔仍志在千里，恐怕也只能顾影自怜了。他深知功业难以成就，自信诗文可以流传后世，令其不朽。故作《江上吟》。诗曰："屈平辞赋悬日月，楚王台榭空山丘。兴酣落笔摇五岳，诗成啸傲凌沧洲。功名富贵如长在，汉水亦应西北流。"这也是太白屡败屡争，仕途终于无望，百般无奈之下宽慰自己的话。可他的这种自信却并非狂妄之语，千余年来的事实证明了他的这种判断，太白之诗，确有笔摇五岳、诗啸沧洲、名垂千古的巨大影响和魅力。虽是他此一时彼一时的话，却被其言中。故其在江夏遇倩公，如同托付魏万一样，又将平生诗文尽付之，亦赖以刊布于世，谓之"仆平生述作，罄其草而授之"（《江夏送倩公汉东序》）。然这一次授稿，却没有下文。

江夏似乎是李白喜欢流连之处，他遇赦后在此游住甚久。他在《将游衡岳，过汉阳双松亭，留别族弟浮屠谈皓》中，言："忆我初来时，蒲萄开景风。今兹大火落，秋叶黄梧桐。"可知其来此该是初夏而至深秋了。随后，他又收到裴隐的来信，约他待月满之日泛舟洞庭湖。见《答裴侍御先行至石头驿，以书见招，期月满泛洞庭》。太白自然应约前往，待与裴隐于月圆之日泛舟湖上清酌夜谈。

到洞庭之后，恰逢刑部侍郎李晔、中书舍人贾至先后均遭贬谪南来，同为遭际不佳的贬谪之人，自然多有相同感受和共同语言，三人又结伴同游洞庭，有诗多首。太白有《巴陵赠贾舍人》《陪侍郎叔游洞庭醉后三首》《陪族叔刑部侍郎晔及中书舍人贾至游洞庭五首》；贾至亦有《初至巴陵与李十二白裴九同泛洞庭三首》。

这一年八月，襄州将康楚元、张嘉延据州作乱，九月又袭荆州，至十一月聚众达万人，至十二月乱平。在这期间，李白被乱军所阻，滞留于洞庭至冬日。其诗《九日登巴陵置酒望洞庭水军》，即写水军将往荆襄，征讨康楚元、张嘉延叛军事。他的又一首诗《荆州城贼乱临洞庭言怀作》中，亦有"岁晏天峥嵘，临危人枯槁。思归阻丧乱，去国伤怀抱"之句，已写明滞留之因。

在湘滞留期间，李白于秋日曾去过零陵。贾至有《洞庭送李十二赴零陵》诗言太白行止。在零陵，李白又遇到了僧人书法家怀素，作《草书歌行》，前人曾疑为伪作，但无确证，只是怀疑而已。怀素之书大抵也是国人皆知，其狂草独步天下，至今被奉为至尊。这个狂和尚在芭蕉叶上练字，将废笔埋成"笔冢"，兴起时甚至在人的衣衫上胡涂乱写，那该是最早的文化衫了。李白自称狂人，遇到怀素，两狂相聚，又都嗜酒，两个性情相近的狂人自然会大醉一场，太白写诗赠之，亦是情理中事。

据安旗、薛天纬的《李白年谱》考证,太白的《门有车马客行》亦作于此时。诗中有"叹我万里游,飘飘三十春",为出蜀之年计起,约而言之。又云:"借问宗党间,多为泉下人",显系晚年。还云:"廓落无所合,流离湘水滨",知其时在零陵。

公元七六〇年,即乾元三年,闰四月改元,为肃宗上元元年。此时荆州之乱已平,春日,李白自零陵返洞庭,后又返江夏。诗《春滞沅湘有怀山中》曾记之,沅、湘二水皆经岳州而入大江,故后人以沅、湘为岳州之异称,此诗当作于岳州。而《早春寄王汉阳》及《望汉阳柳色寄王宰》,足见太白已回返武昌。而"岸夹桃花锦浪生"(《鹦鹉洲》);"黄鹤楼前月华白,此中忽见峨眉客"(《峨眉山月歌送蜀僧晏入中京》),两诗均作于春日,李白春日于江夏只此一次,"中京"之称,系至德二载(757)十二月,才"以蜀郡为南京,凤翔为西京,西京为中京"(《新唐书·肃宗纪》)。由此可知,此二诗作于李白从岳州返江夏之后。

是年秋日,李白又去寻阳,再登庐山。《庐山遥寄卢侍御虚舟》一诗,有"手持绿玉杖,朝别黄鹤楼",言明自江夏而来,此时的太白既已持杖,言其"一生好入名山游",其"一生"之称,明显地表明他已入年老力衰的晚年。荆楚之游以后,面对饥年乱世,时政难料,前途渺茫,太白心灰意懒,决意再度游仙学道,以度余年。此诗开篇的"我本楚狂人,凤歌笑孔丘"(又作哭孔丘)句,其意也并非对孔圣人的不敬之语,而是李白引《高士传》典故中的楚人陆通(字接舆),其重修真养性,躬耕以为食。楚昭王时,他见楚政无常,乃佯狂不仕,时人谓之楚狂。其时孔子入楚,陆通谓之曰:"凤兮凤兮,何如德之衰也。来世不可待,往世不可追也"……孔子下车欲和其相谈,陆通却避而不见。楚王闻其贤,重金驷马聘其为官,陆通却笑而不应,随后变名易姓,游诸名山,食桂栌实,服黄精子,隐于峨眉山,寿数百年,俗传以为仙云。李白这里是以陆通自喻,因时无美政而入山学道,于屏风九叠云锦之中,影落明湖青黛之光里,看金阙峰长,银河倒挂,香炉瀑布,青峦叠嶂,翠影红霞,登高望远,北阔的天地之间,茫茫的大江一去不返,黄云万里,白波九道,其兴因庐山而发,歌谣为庐山而唱,石镜清心,晚观明月，亦曰："早服还丹无世情，琴心三叠道初成。遥见仙人彩云里，手把芙蓉朝玉京"，看来李白似已决意背群离党，穷观于六合之外，追寻仙人于不可知处，梦游于九天之外了。

此后，太白又南入彭蠡，有《下寻阳城泛彭蠡寄黄判官》《过彭蠡湖》诗可证。继而冬去豫章郡之建昌，其诗《对酒醉题屈突明府厅》，有"故人建昌宰"句，知李白在建昌，而"风落吴江雪，纷纷入酒杯"，则知时令已是冬日。

岁末，太白去了豫章。太白流放夜郎时，老妻宗氏居于豫章，可遇赦后，太白之诗文再无宗氏任何信息，若在豫章相聚，总该有诗留下，或许宗氏已故去，也许遁入空门，再未与太白相见。

《豫章行》，大抵为此时所作。清王琦称此诗为征戍将士而言。《新唐书·来瑱传》称："上元二年春，破史思明余党于鲁山，俘贼渠，又战汝州，获其牛马、橐驼。"可知其时汝邓之间为贼兵往来之地。《豫章行》中之"胡风吹代马，北拥鲁阳关"乃安史之兵，太白诗写豫章征兵赴邓、汝二州分界的鲁阳关征讨叛军，其时白杨叶落，草木凋枯该是冬日，老母与从军之子别离，呼天抢地、难舍难分，连乘马亦为之感动哀嘶……从诗看来，该是这时所作。

此时的李唐王朝，安史之乱虽也接近尾声，但仍为衰败的乱世，兵连祸结，党项入侵，郭子仪领兵镇之；田神功败史思明于郑州；淮西节度副使刘展反，润州副使李藏用平刘展乱；上元二年（761）三月，史朝义杀其父史思明，即皇帝位；四月，梓州刺史段子璋反，陷绵州，自称梁王，高适等旋平之……其时又遇岁荒，天灾人祸，斗米千钱，濒死之时，已到了人相食的地步。次年，又遇江淮大饥，百姓已挣扎在生死线上，度日如年。

此时的李白已是"天涯失归路，江外老华发"（《江南春怀》），饥肠辘辘的太白流落江南，无可归宿，在金陵一带靠人周济为生，大抵也靠多年积累的名声和一支笔与当地官吏周旋，于大饥之年糊口求生吧。其诗《赠升州王使君忠臣》，有"应须救赵策，未肯弃侯赢"句，仍为借典求助之意；参与钱别润州副使李藏用为平刘展之乱移军广陵时，亦为其作序。在太白后作《献从叔当涂宰阳冰》诗中，有叙及流落金陵时境况数句，云："小子别金陵，来时白下亭。群凤怜客鸟，差池相哀鸣。各拔五色毛，意重泰山轻。赠微所费广，斗水浇长鲸。"是啊，在大饥的荒年，斗米千钱，粟稻之精华的美酒之价自然飞涨，纵有诸多的朋友解囊相助，可一生嗜酒的李白当然会感到"赠微所费广，斗水浇长鲸"了。

秋日，史朝义贼焰复炽，时已官拜太尉，充河南副元帅，都统八道行营节度的李光弼，出镇临淮。其时将士皆惧，请南保扬州。光弼径赴徐州，败史朝义。随后赴浙东镇压起事的袁晁。李白得知光弼出师之际，又雄心再起，欲立功报国，遂忘却衰老之身，仍请缨入幕，但因病半道而返，怅恨不已，并赋诗记之。

李白的这首《闻李太尉大举秦兵百万出征东南，懦夫请缨，冀申一割之用，半道病还，留别金陵崔侍御十九韵》，诗题已清清楚楚地言明事态与行止。诗中有"旧国见秋月，长江流寒声"句，诗当写于是年深秋。

所谓"懦夫请缨"，是太白自知已年老力衰，无力拼杀，故效法汉代终军，入幕军中，要凭三寸不烂之舌说服叛军，一举纳降，尽其"铅刀一割之用"。太白的字里行间，仍充满幼稚的自信，诚然我们不必怀疑他至诚的报国之心，可在人已相食的乱世，那种谈笑之间让叛军闻风而降的事恐怕只是白日梦，只能是一种自负的空想，如他真有如此回天之力，于永王军中入幕数月而败逃，也不至于落得个长流夜郎的下场了。况且此时他已病入膏肓，空有一腔豪情壮志，身子骨已撑不住了，只能半路病还。太白一生怀报国之愿，怀匡扶社稷、救民于水火之中的大志，但屡遭挫折，数度消沉，仍数次死灰复燃，晚年仍以抱病之躯奔赴军中，可谓"烈士暮年，壮心不已"。然而，此举实为回光返照，以悲剧作结。虽然他"恨无左车略，多愧鲁连生"，"愿雪会稽耻，将期报恩荣"，但也只能"半道谢病还，无因东南征"了，只留下痛苦的失意与无奈。其后，李白一蹶不振，只留下病痛和哀伤，于冬初，失魂落魄地去了当涂，寄身于族叔李阳冰的宅下。

李阳冰这位族叔，大抵也是李白以同姓所认的族叔，恐也无血缘关系。故太白《献从叔当涂宰阳冰》诗中，仍有句云："弹剑歌苦寒，严风起前楹。月衔天门晓，霜落牛渚清"，知是冬日，仍为惨兮兮的弹剑求助之意。诗中太白对这位"季父"大加赞美，言其"激昂风云气，终协龙虎精"，"落笔洒篆文，崩云使人惊。吐辞又炳焕，五色罗华星。秀句满江国，高才揽天庭"。对其篆写文字与道德文章盛赞有加。而李阳冰之才艺也当得起这种赞誉。宋代《宣和书谱》卷二（篆书）中亦载，称李阳冰为三唐卓越篆书家，称其善词章，留心小篆，迨三十年。其时颜真卿以书名世，真卿书碑，必得阳冰题其额，欲以擅连璧之美。盖其篆法妙天下如此。议者以虫蚀鸟迹语其形，风行雨集语其势，太阿、龙泉语其利，嵩高、华岳语其峻。实不为过论。有唐三百年以篆称者，惟阳冰独步。唐代舒元舆之《玉筋篆志》亦曰："阳冰之书，其格峻，其力猛，其功备。光大于秦斯信矣。此直见上天以字宝瑞吾唐矣。"其知言哉。宋代御府仍藏有阳冰三幅篆书作品。可见李白对其绝赞并非过誉之辞。

该是艺术家之间的惺惺相惜，当涂令李阳冰真诚且热情地收留了李白，"阳冰试弦歌于当涂，心非所好。公遐不弃我，乘扁舟而相顾"（李阳冰《草堂集序》），看来阳冰对李白仍颇为敬重，亦成为流离失所、落魄无依的太白最后依靠归附的人。

在当涂时，李白又出游与当涂隔江相望的历阳，写下《对雪醉后赠王历阳》，有句云："有身莫犯飞龙鳞，有手莫辫猛虎须"，慨叹其狱流往事。又云："君家有酒我何愁，客多乐酣秉烛游"，亦是苦愁之中取乐，心绪仍是复杂的。此次历阳之游，《醉后赠王历阳》《嘲王历阳不肯饮酒》《赠历阳褚司马》等诗，均为此行所作。

从历阳归当涂，太白便卧病不起，他又把自己喝倒了，难以再爬起来。这一年，杜甫居成都草堂，已五十岁，作有《茅屋为秋风所破歌》，亦贫困无奈。与太白同年的诗人王维卒，终年六十一岁。

公元七六二年，这一年李唐王朝大事连连。四月，玄宗（年七十八岁）、肃宗（年五十二岁）相继去世。张后与越王系图谋废立，欲除李辅国。李辅国杀张后与越王系，太子李豫即位，是为代宗，改元宝应，故此年为宝应元年。随之大封功臣，号李辅国为尚父，所有文武官员皆晋爵加阶。

七月，召还严武，以高适为成都尹镇蜀，剑南兵马使徐知道反，被高适击败。

十月，以雍王李适为天下兵马元帅，会诸道节度使及回纥兵于陕州，进讨史朝义。再复洛阳，河北州郡悉平。

这一年，李白春日仍在当涂养病。其《游谢氏山亭》诗（见《当涂县志》）有"沦老卧江海，再欢天地清"句，那大抵是知安史之乱将平，故有天地清平之谓。然而，诗人"病闲久寂寞，岁物徒芬荣"，大好的时光里，诗人却病痛在身，岁物越是芬荣，自己越寂寞哀伤，盛衰之对比，更令人慨叹。然而，太白病中仍能松下扫雪，扪萝石道之上，看池塘生春草，病中仍旧以酒为伴，"醉罢弄归月，遥欣稚子迎"，看来其病重之际，平阳、伯禽皆来当涂服侍、照料父亲，但却从未言及老妻宗氏多君。

暮春，病情稍有康复的太白进行了此生的最后一次出游。三月抵达宣城，作其千古名作之《宣城见杜鹃花》：

> 蜀国曾闻子规鸟，宣城还见杜鹃花。
> 一叫一回肠一断，三春三月忆三巴。

诗为临终不久之前所作，暮年尚流离漂泊，贫病交加，闻子规而惹起悲苦的乡思，杜鹃啼血，肝肠寸断，诗中的三个"一"与三个"三"字，层层递进，绵延不绝，撕心裂肺。太白年轻时出蜀，一去未归，即枝叶落而不能归根，故分外伤感。其时，太白又作《哭宣城善酿纪叟》《宣城哭蒋征君华》，皆有一个"哭"字，故有论者言，是"盖缘暮年抱病，伤人亦复自伤也"。

离开宣城，穷困潦倒的李白又去南陵，求刘都使周济。《赠刘都使》中有"铜官几万人，诤讼清玉堂"句，铜官地居南陵，刘都使或以幕职兼铜官县令。诗中亦言："而我谢明主，衔哀投夜郎。归家酒债多，门客粲成行。……所求竟无绪，裘马欲摧藏。主人若不顾，明发钓沧浪。"

可见李白流落之时终到了所求无果、酒债累累、艰难度日，无奈之中只能向一位县令哀求的地步。如此境遇，当其秋回当涂，重阳之日扶病登高，再也无深远宏逸之神，而是"九日龙山饮，黄花笑逐臣"（《九日龙山饮》），连菊花也取笑这落魄的诗人；慨叹"菊花何太苦，遭此两重阳"（《九月十日即事》）。那也是诗境即心境，心中凄苦，花也含悲。

此时的太白已近穷途末路，沉疴日亟，而李阳冰已达任满退隐之际，他已无路可走，乃至精神失常。杜甫《不见》诗有"不见李生久，佯狂真可哀"，可见李白的信息已传至蜀中。此时的太白哪里还有心思"佯狂"，倒是一个真的精神病人了。其间的诗作《笑歌行》《悲歌行》（又作《笑矣乎》《悲来乎》），如朱谏所言："言无伦次，情多反复，忿语切切，欲心逐逐"，已无谪仙昔日那种胸豪气壮之态、飘逸高远之风。据此，苏轼、胡震亨、朱谏、沈德潜等诸家，均认为这二诗为伪作。然而，正如安旗、薛天纬在《李白年谱》中所说："此为不察李白作二诗时境况故也。夫李白于病笃之时，以精神失常之人，焉能好整以暇，为飘逸之辞乎？《笑歌行》多反语，《悲歌行》多绝望语，皆至忿至悲至痛之辞也。诗为心声，若无至忿至悲至痛之身世，其何能如此！"诗中的语无伦次，情多反复，正与此时李白的精神状态相符。我认为，安旗、薛天纬的分析是对的，诗非伪作，倒是临终前真实李白的写照。诗中有句云："富贵百年能几何？死生一度人皆有。孤猿坐啼坟上月，且须一尽杯中酒。"病重的李白似已知来日无多，仿佛看到了他的坟墓之上孤猿坐啼，可此时的太白仍旧不忘饮尽杯中之酒。

临终之前，太白将自己尚存的全部诗文交付李阳冰。李阳冰所编之《草堂集序》中称："草稿万卷，手集未修，枕上授简，俾予为序。"记其事。此前，太白曾将手集授过魏颢及汉东倩公，魏颢所编《李翰林集》，乃因战乱章句荡尽复得之残卷。倩公之稿，不知所终。而李阳冰《草堂集序》中亦称："自中原有事，公避地八年。当时著述，十丧其九。今所存者，皆得之他人焉。"故今所传之《李太白全集》，用韩愈的话说，真乃"泰山一毫芒"，令人痛惜。不过，我想，太白的一些力作佳篇，当时便广为流传，其重要作品恐应流传下来，不至于埋没吧。

最终李白卒于当涂。终前留下绝笔《临终歌》：

> 大鹏飞兮振八裔，中天摧兮力不济。
> 余风激兮万世，游扶桑兮挂左袂。
> 后人得之传此，仲尼亡乎谁为出涕。

临终的太白仍是飞于八方的大鹏形象，然而已飞不动了。可他自知其遗风会流传万世，诚然其哀叹自己有如楚辞中的《哀时命》，因其衣长大，袖挂扶桑，不得舒展。德能弘广，不得施用，只留下深深的遗憾。这首骚体的短章，末句则颇为伤感，言子路客死后尚有孔子为之流涕，可孔子早已作古。自己死后，会有谁为之怜惜流泪呢？

就这样，一生孜孜不倦去追求仕途，梦想着施展其政治抱负，却屡遭挫折、终生失意，但却是一位伟大的、作品流传千古的诗人，一个性好游侠、道教、神仙，率真放浪、才华横溢、情感丰富的天才，一个大半生孤独、寂寞，时而豪情万丈、纵酒狂歌，时而激愤、哀伤，一生四处漂泊的流浪者，最终停止了呼吸，在江南当涂悄然逝去了。《新唐书》谓："代宗立，以左拾遗召，而白已卒。"太白于仕途挣扎一生，虽被召入京为"待诏翰林"，但并无官职，仍是一介布衣。其死后才授予一末流小官，可叹！

太白去世，其子伯禽请当时著名的文人李华为其写墓志。墓志序曰：

> （李白）年六十有二。不遇，赋《临终歌》而卒。

墓志为李白之子请李华撰写，故李白死时六十二岁，不会有错。

对于李白之死，所存史料均未言卒时事，或何时而卒。李阳冰《草堂集序》有"公有疾亟"之语，亦只言病重，未言何时而卒。《旧唐书》则言其"以饮酒过度，醉死于宣城"。而晚唐皮日休《七爱诗》（李翰林白），称太白所患病为"腐胁疾"。郭沫若称："腐胁疾"，顾名思义，当是慢性脓胸穿孔。脓胸症的病源有种种，酒精中毒也是其中之一。李白嗜酒，至死不休，更使这样的疾病没有治愈的可能。

五代时王定保所著的《唐摭言》却另有一说，谓："李白着宫锦袍，游采石江中，傲然自得，旁若无人，因醉入水中捉月而死。"这种说法，清代王琦撰《李太白年谱》中称太白捉月而死为"俗传良不可信"，但年谱中仍保留此说。千百年来，诸多的喜爱太白诗的人，倒觉得太白的这种死法，和太白的性格、风度以及极富想象力的诗风相符，皆宁可信其有，不可信其无。

李白，"余风激兮万世"之绝唱的李白，其诗至今仍受无数中外诗人与爱诗者的推崇，其绝唱不绝于耳，我相信，其遗风确能"激兮万世"而不衰。

二〇一二年三月至十月收集、研读资料

二〇一二年十月十三日至二〇一三年十月七日断续草成

二〇一三年十一月三日改毕

附录

李白年表

郭启宏

　　李白的家世籍贯，历来多有歧说。清人王琦广为收录，悉心考据，认为白"系出陇西汉将军李广后，于凉武昭王为九世孙。当隋之末，其先世以事徙西域，隐易姓名，故唐兴以来，漏于属籍。至武后时，子孙始还内地，于蜀之绵州家焉。因逋其邑，遂以客为名，即太白父也"。王琦指出，为李白《草堂集》作序的李阳冰与李白同时代，又是李白族叔，他说，李氏"陇西成纪人，凉武昭王暠九世孙"，"中叶非罪，谪居条支，易姓与名"，"神龙之始，逃归于蜀，复指李树而生伯阳"。又，与李白有通家之谊的范传正在《翰林学士李公新墓碑》中记叙，"公之孙女搜于箱箧中，得公之亡子伯禽手疏十数行，纸坏字缺，不能详备，约而计之，凉武昭王九世孙也。隋末多难，一房被窜于碎叶，流离散落，隐易姓名，故自国朝以来，漏于属籍。神龙初，潜还广汉，因侨为郡人"。李之《序》与范之《碑》，固非同时，却成互文。至于杜甫、元稹称其籍属山东，则是以其流寓之地而言之，不足信也。

　　本年表以清人王琦编著《李太白全集·年谱》为底本，参考《旧唐书》《新唐书》和詹锳主编《李白全集校注汇释集评》，以及有关李白生平的笔记、杂录与逸闻。仓卒成篇，恐有谬误，望方家纠偏摘误。

长安元年（701） 一岁

太白生。

神龙元年（705） 五岁

白能诵六甲。

景云元年（710） 十岁

通《诗》《书》，观百家。

外记:《方舆胜览》载，磨针溪，在眉州象耳山下。世传
李太白读书山中，未成弃去。过小溪，逢老媪，方磨铁
杵，问之，曰欲作针。太白感其意，还卒业。媪自言武
氏，今溪旁有武氏岩。

外记:《开元天宝遗事》云，"白少时，梦所用之笔头上
生花。后天才赡逸，名闻天下。"

开元三年（715） 十五岁

太白自云："十五好剑术，遍干诸侯。"（《与韩荆州书》）
"十五观奇书，作赋凌相如。"（《赠张相镐》）

开元八年（720） 二十岁

性倜傥，喜纵横术，击剑，为任侠，尝手刃数人。轻财重施，不事产业。是年，礼部尚书苏颋出为益州长史，太白于路中投刺，颋待以布衣之礼，因谓群寮曰："此子天才英丽，下笔不休，虽风力未成，且见专车之骨。若广之以学，可以相如比肩也。"

《唐诗纪事》引杨天惠《彰明逸事》云：天惠补令于此……闻唐李太白，本邑人。微时，募县小吏入令卧内，尝驱牛过经堂下，令妻怒，将加诘责，太白亟以诗谢云："素面倚栏钩，娇声出外头。若非是织女，何必问牵牛？"令惊异，不问。……顷之，从令观潮，有女子溺死江上，令复苦吟云："二八谁家女，漂来倚岸芦。鸟窥眉上翠，鱼弄口旁朱。"太白辄应声继之云："绿发随波散，红颜逐浪无。何因逢伍相，应是怨秋胡。"令滋不悦。太白恐，弃去。

开元十二年（724） 二十四岁

有《蟾蜍薄太清》诗。《新唐书》云："开元十二年七月，废皇后王氏为庶人。""旧注谓《蟾蜍薄太清》一篇，为废后而作，玩诗意，当是。"

开元十三年（725） 二十五岁

出游襄、汉，南泛洞庭，东至金陵、扬州，更客汝、海，还憩云梦。是年，故相许圉师家以孙女妻之，遂留安陆者十年。

开元十八年（730） 三十岁

正处酒隐安陆之十年中。自是而出游太原，转诸齐鲁，其苍梧、洞庭、溟海、维扬、金陵、鄂城之游，皆在二十六七以前。曩昔东游维扬，不逾一年，散金三十余万，有落魄公子，悉皆济之。此期间，李白之文，清雄奔放，名章俊语，络绎间起，光明洞彻，句句动人。

外记:《柳亭诗话》云，李白尝作《长相思》乐府一章，末曰，"不信妾断肠，归来看取明镜前。"其妇从旁观之曰，"君不闻武后诗乎？'不信比来常下泪，开箱验取石榴裙。'"太白爽然自失，此即所谓相门女也。具此才情，故当与寻真、腾空为侣……

开元廿二年（734） 三十四岁

魏颢作李白集序有云:"长揖韩荆州，荆州延饮，白误拜，韩让之，白曰:'酒以成礼。'荆州大悦。"

开元廿三年（735） 三十五岁

识郭子仪于行伍中，言于主帅，脱其刑责。

与谯郡元参军携妓游晋祠，浮舟弄水。李白《大鹏赋序》自云:"余昔于江陵见天台司马子微，谓余有仙风道骨，可与神游八极之表，因著《大鹏遇希有鸟赋》以自广。"

开元廿八年（740） 四十岁

是年孟浩然卒。白此前有诗赠孟浩然，如《赠孟浩然》《黄鹤楼送孟浩然之广陵》《春日归山寄孟浩然》等。

开元廿九年（741） 四十一岁

外记:《侯鲭录》云，李白开元中谒宰相，封一板上，题云"海上钓鳌客李白"。相问,"先生临沧海钓巨鳌,以何物为钓线?"白曰,"以风浪逸其情,乾坤纵其志,以虹霓为丝,明月为钩。"又曰,"何物为饵?"曰,"以天下无义丈夫为饵。"时相悚然。

天宝元年(742) 四十二岁

白游会稽,与道士吴筠共居剡中。会筠以召赴阙,荐之于朝,玄宗乃下诏征之。太白至京师,与太子宾客贺知章遇于紫极宫,一见赏之,曰:"此天上谪仙人也。"因解金龟换酒为乐。言于玄宗,召见金銮殿,论当世务,草答番书,辩若悬河,笔不停辍。

又上《宣唐鸿猷》一篇,帝嘉之,以七宝床赐食,御手调羹以饭之,谓曰:"卿是布衣,名为朕知,非素蓄道义,何以及此!"命供奉翰林,专掌密命。

《本事诗》载,贺(知章)又见其《乌栖曲》(或作《乌夜啼》),叹赏苦吟,曰:"此诗可以泣鬼神矣!"

《唐摭言》载,白谒贺知章,贺曰:"公非人世之人,可不是太白星精耶?"

天宝二年(743) 四十三岁

白在长安与贺知章、汝阳王琏、崔宗之、裴周南等为酒中八仙之游。

李阳冰《集序》云:"害能成谤,帝用疏之。公乃浪迹纵酒,以自昏秽。"八仙之游乃被逐以后事。

《开元天宝遗事》云:"白有天才俊逸之誉,每与人谈论,皆成句读,如春葩丽藻,粲于齿牙之下。时人号曰李白粲花之论。"

天宝三载（744） 四十四岁

白在翰林，帝甚才之。因沉醉引足令高力士脱靴，力士耻之，因摘其诗以激太真妃，曰："以飞燕指妃子，是贱之甚矣！"太真妃深然之。帝三欲官白，妃辄沮之。又为张垍谗谮，公自知不为亲近所容，恳求还山，上亦以非廊庙器，乃优诏赐金罢遣之。《酉阳杂俎》云，"（力士脱靴事后）上指白谓力士曰：'此人固穷相。'"李阳冰《集序》又有一说，"丑正同列，害能成谤"，疑其醉中曾泄露禁中事机，或者云云，帝因是疏之。

有《清平调》三章，一时名篇。

外记：《开元天宝遗事》有云，李白撰诏诰，时十月大寒，笔冻莫能书字。帝敕宫嫔数十人侍白左右，各执牙笔呵之，遂取而书其诏。其受圣眷如此。

天宝六载（747） 四十七岁

是年正月，朝廷杖杀北海太守李邕、淄川太守裴敦复，白有《上李邕》诗（青年时旧作），《题江夏修静寺》诗盖伤邕也。

天宝十载（751） 五十一岁

白有《羽檄如流星》诗，有《比干》文。

天宝十一载（752） 五十二岁

是年四月，御史大夫王銇赐死，礼部员外郎崔国辅以銇近亲，贬竟陵郡司马。白有《送崔度还吴度故人礼部员外国辅之子》诗（乃是年后作）。

天宝十二载（753） 五十三岁

白有《书情赠蔡舍人雄》诗，中有"遭逢圣明主，敢进兴亡言。白璧竟何辜，青蝇遂成冤。一朝去京国，十载客梁园"句。白去朝已十年，故定为是时之作。

天宝十三载（754） 五十四岁

白游广陵，与魏万（魏颢）相遇，遂同舟入秦淮，上金陵，别后复往来于宣城诸处。魏颢《序》谈与白相见情状："眸子迥然，哆如饿虎，或时束带，风流蕴藉。颢平生自负，人或为狂，白相见泯合，有赠之作，谓余：'尔必著大名于天下，无忘老夫与明月奴。'因尽出其文，命颢为集。"

《旧唐书》载，崔宗之谪官金陵，与白诗酒唱和。尝月夜乘舟自采石达金陵，白衣宫锦袍，于舟中顾瞻笑傲，旁若无人。

是年，白有《送王屋山人魏万还王屋》《赠宣城宇文太守兼呈崔侍御》等诗。

天宝十四载（755） 五十五岁

太白在宣城。有《赠宣城赵太守悦》《为赵宣城与杨右相书》等。

至德元载（756） 五十六岁

白自宣城之溧阳，之剡中，入庐山。永王璘为江陵府都督，充山南东路及岭南、黔中、江南西路四道节度使，重其才名，辟为府僚佐。及璘擅引舟师东下，胁以偕行。郭案：行前，李璘曾派属吏赴庐山屏风叠三请李白出山，所谓"胁以偕行"实在不确。《旧唐书》有云，"玄宗幸蜀在途，以永王璘为江淮兵马都督、扬州节度使，白在宣州谒见，遂辟从事。"《新唐书》有云，"夫观其（指白）《为宋中丞自荐表》曰，属逆胡暴乱，避地庐山，遇永王东巡偕行，中道奔走，却至彭泽。"当为信史。"偕行"或作"胁行"，据郭沫若氏推测，似为好事者所窜改。

白有《春于姑熟送赵四流炎方序》《赠武十七谔》《经乱后将避地剡中留赠崔宣城》《猛虎行》《赠王判官时余归隐居庐山屏风叠》《门有车马客行》等诗作，可参证。

外记：《清异录》云，旧闻李太白好饮玉浮梁。

至德二载（757） 五十七岁

二月，永王璘兵败，太白亡走彭泽，坐系浔阳狱。

此期间白有《永王东巡歌》诗、《奔亡道中》诗、《南奔书怀》诗、《送张秀才谒高中丞》诗、《上崔相百忧章》诗、《万愤词投魏郎中》诗等。

外记：《鼠璞》有云，唐人言李白不能屈身，以腰间有傲骨。

是年，安禄山为其子庆绪所杀。

乾元元年（758） 五十八岁

白终以永王事长流夜郎，遂泛洞庭，上三峡至巫山。乐史《别集序》云："白有知鉴，客并州，识汾阳王郭子仪于行伍中，为脱其刑责而奖重之。及翰林坐永王之事，汾阳功成，请以官爵赎翰林，上许之，因而免诛。"

白有《窜夜郎于乌江留别宗十六璟》诗（郭案：宗十六即白之继室宗氏之兄弟）、《流夜郎赠辛判官》诗、《赠刘都使》诗、《赠易秀才》诗及《鹦鹉洲》诗、《醉题王汉阳厅》诗、《放后遇恩不沾》诗、《流夜郎闻酺不预》诗、《题葵叶》诗、《上三峡》诗，等等。

乾元二年（759） 五十九岁

未至夜郎，遇赦得释。还憩江夏、岳阳，复如浔阳。

白有《南流夜郎寄内》诗，内有"北雁春归看欲尽，南来不得豫章书"。

上元元年（760） 六十岁

有《江上赠窦长史》诗，内有"万里南迁夜郎国，三年归及长风沙"句。有诗《运速天地闭》，内"胡风结飞霜""六龙颓西荒"句，谓禄山背叛、玄宗西狩，"鸳鸯非越鸟，何为眷南翔"句，谓南迁夜郎。

上元二年（761） 六十一岁

太白游金陵，又往来宣城、历阳二郡间。

有《饯李副使藏用移军广陵序》，有《闻李太尉大举秦兵百万出征东南懦夫请缨冀申一割之用半道病还留别金陵崔侍御》诗。

宝应元年（762） 六十二岁

时李阳冰为当涂令，白往依之。十一月以疾卒。

范传正《新墓碑》曰："晚岁渡牛渚矶，至姑熟，悦谢家青山，有终焉之志。盘桓利居，竟卒于此。"

李华墓志云：年六十二不偶，赋《临终歌》而卒。

刘全白《碣记》云："（白）偶游至此，遂以疾终……代宗登极，广拔淹滞，时君亦拜拾遗。闻命之后，君亦逝矣。"

外记：白身后传说甚多。《唐摭言》曰，"李白着宫锦袍，游采石江中，傲然自得，旁若无人，因醉入水中捉月而死。"《容斋随笔》认为，世传太白因醉溺江，故有捉月台。予按李阳冰《集序》，"公疾极，草稿万卷，手集未修，枕上授简，俾予为序"，俗传良不足信。唐人李华、范传正之《墓志》《墓碑》确凿有据。新旧《唐书》固无溺死一说。王琦感慨，初无捉月之说，岂古不吊溺，故史氏为白讳耶？抑小说多妄，而诗人好奇，姑假以发新意耶？《侯鲭录》载，恐好事者为之。郭子叹曰，史传与说部之间，虽有"模糊带"，若鸿门宴之笔墨，然二者之思维犹有严格区分，操觚染翰者其慎之，望勿过于自负，视天下皆俗众。

郭启宏，1940年生。当代著名剧作家，广东潮州人。现为北京人民艺术剧院一级编剧，兼任北京戏剧家协会名誉主席、中国艺术研究院研究生院导师，著作逾一千万字。主要作品有：话剧"中国文人三部曲"《李白》《天之骄子》《知己》，昆曲《南唐遗事》《司马相如》，合集《郭启宏文集》（戏剧编），传记文学《千秋词主——李煜传》，长篇小说《白玉霜之死》《潮人》等，还出版有文论集、诗集、散文集等。

图书在版编目（CIP）数据

天生我材：李白传 / 韩作荣著． -- 北京：作家出版社，
2019.7

（中国历史文化名人传丛书）

ISBN 978-7-5212-0613-5

Ⅰ．①天… Ⅱ．①韩… Ⅲ．①李白（701—762）– 传记
Ⅳ．①K825.6

中国版本图书馆CIP数据核字（2019）第124278号

天生我材：李白传

作　　者：韩作荣
传主画像：高　莽
责任编辑：秦　悦
书籍设计：刘晓翔+韩湛宁
责任印制：李卫东　李大庆
出版发行：作家出版社有限公司
社　　址：北京农展馆南里10号　　　邮　　编：100125
电话传真：86-10-65067186（发行中心及邮购部）
　　　　　86-10-65004079（总编室）
E-mail:zuojia@zuojia.net.cn
http://www.zuojiachubanshe.com
印　　刷：北京汇林印务有限公司
成品尺寸：152×230
字　　数：380千
印　　张：26.75
版　　次：2020年1月第1版
印　　次：2020年1月第1次印刷
ISBN 978-7-5212-0613-5
定　　价：55.00元